HISTÓRIA E ESCATOLOGIA

Traduzido por
Paulo Benício

N. T. WRIGHT

HISTÓRIA E ESCATOLOGIA

JESUS E A PROMESSA DA TEOLOGIA NATURAL

Título original: *History and Eschatology: Jesus and the Promise of Natural Theology*
Copyright © 2019 por Nicolas Thomas Wright
Edição original por Society for Promoting Christian Knowledge (SPCK).
Todos os direitos reservados.
Copyright da tradução © Vida Melhor Editora LTDA., 2021.

As citações bíblicas são traduzidas da versão do próprio autor *The Kingdom New Testament: A Contemporary Translation* [Novo Testamento do Reino: uma tradução contemporânea] copyright © 2011 por Nicholas Thomas Wright, a menos que seja especificada outra versão da Bíblia Sagrada.

Os pontos de vista desta obra são de responsabilidade de seus autores e colaboradores diretos, não refletindo necessariamente a posição da Thomas Nelson Brasil, da HarperCollins Christian Publishing ou de sua equipe editorial.

Publisher	*Samuel Coto*
Editor	*André Lodos Tangerino*
Copidesque	*Davi Freitas*
Revisão	*Shirley Lima* e *Gabriel Braz*
Diagramação	*Sonia Peticov*
Capa	*Rafael Brum*

DADOS INTERNACIONAIS DE CATALOGAÇÃO NA PUBLICAÇÃO (CIP)
(Benitez Catalogação Ass. Editorial, Campo Grande/MS)

W934h

    Wright, N. T.

      História e escatologia: Jesus e a promessa da teologia natural / Wright N. T.; tradução de Paulo Benício. — 1.ed. — Rio de Janeiro: Thomas Nelson Brasil, 2021.

      432 p.; 15,5 x 23 cm.

      Bibliografia.
      Tradução de *History and escatology*
      ISBN 978-65-56891-96-5

    1. Epistemologia do amor. 2. Escatologia. 3. Filosofia cristã. 4. Teologia natural. I. Benício, Paulo. II. Título.

03-2021/96   CDD: 236

Índice para catálogo sistemático:
1. Escatologia: Cristianismo   236

Aline Graziele Benitez — Bibliotecária — CRB-1/3129

Thomas Nelson Brasil é uma marca licenciada à Vida Melhor Editora LTDA.
Todos os direitos reservados à Vida Melhor Editora LTDA.
Rua da Quitanda, 86, sala 218 — Centro
Rio de Janeiro — RJ — CEP 20091-005
Tel.: (21) 3175-1030
www.thomasnelson.com.br

Impresso na Ipsis

Em memória de Rosemary Wright
2 de junho de 1923 — 1º de junho de 2018

SUMÁRIO

Prefácio e Agradecimentos   9
Lista de reduções   25

I. A TEOLOGIA NATURAL EM SEU CONTEXTO HISTÓRICO

UM O SANTUÁRIO DESTRUÍDO   31
O Sismo de Lisboa de 1755 e o triunfo do epicurismo

DOIS O LIVRO QUESTIONADO   85
A crítica especializada e os Evangelhos

II. HISTÓRIA, ESCATOLOGIA E A APOCALÍPTICA

TRÊS A AREIA MOVEDIÇA   129
Os significados de "história"

QUATRO O FIM DO MUNDO?   207
A escatologia e a apocalíptica na perspectiva histórica

III. JESUS E A PÁSCOA NO MUNDO JUDEU

CINCO A PEDRA QUE OS CONSTRUTORES REJEITARAM   245
Jesus, o templo e o reino

SEIS A NOVA CRIAÇÃO   287
A ressurreição e a epistemologia

IV. O PERIGO E A PROMESSA DA TEOLOGIA NATURAL

SETE INDICADORES FRAGMENTADOS?   327
Novas respostas às perguntas certas

OITO O CÁLICE DA ESPERA   369
Teologia natural e a *Missio Dei*

Bibliografia   405
Índice de autores modernos   424
Índice de passagens   427

PREFÁCIO E AGRADECIMENTOS

QUANDO MINHA MÃE TINHA 94 ANOS, perguntou-me o que eram as Palestras Gifford. Expliquei que algumas pessoas pensam que você poderia começar refletindo sobre o mundo natural até chegar a Deus, enquanto outras acreditam que essa não é uma boa escolha, mas que novos pensamentos sobre a história são capazes de levar a novos conceitos sobre Jesus e que, por esse caminho, é possível chegar ao Deus da criação. E que, nesse trajeto, podemos aprender algo sobre a própria natureza do conhecimento. Minha mãe ficou refletindo por alguns instantes e, em seguida, declarou com firmeza: "Fico feliz por não ter de ouvir essas palestras".

Quem concordar com minha mãe não precisa sentir-se obrigado a prosseguir na leitura deste livro. Mas me permita, antes, oferecer algumas explicações complementares. O que é a "teologia natural" e como um estudioso da Bíblia pode compreendê-la?

• • •

Assim como todos os termos teológicos abreviados, a expressão "teologia natural" é mais bem-compreendida como uma versão drasticamente abreviada de uma frase completa. (Nesse sentido, a palavra "expiação", no discurso cristão comum, é uma abreviação de "o Messias morreu por nossos pecados segundo as escrituras" ou de um entre tantos outros

HISTÓRIA *e escatologia*

relatos. Somente quando conhecemos as versões mais longas, as frases completas, é possível termos a certeza de que não estamos falando de acordo com os propósitos da cruz.)[1] Mas qual é a frase implícita mais extensa da qual "teologia natural" é a redução compacta? Existem muitas possibilidades, e as Palestras Gifford anteriores estão cheias delas. Karl Barth definiu o termo de uma forma indiscutivelmente polêmica: para ele, essa teologia se referia a qualquer tentativa de pronunciamento sobre um ponto teológico de discussão que apelasse a uma fonte que não fosse a autorrevelação de Deus em Jesus Cristo, da forma como testemunhada pelas escrituras.[2] O resultado político disso, na década de 1930, é bem conhecido: ele se opôs àqueles que afirmavam que era possível discernir a vontade de Deus na "história" — aqui "história" significando o aumento observado do nazismo alemão. As restrições de Barth não impediram, para dizer o mínimo, uma discussão dinâmica contínua.[3]

Duas pesquisas recentes mostram um pouco da gama de possibilidades atuais.[4] Christopher Brewer lista cinco opções: (1) *religião* natural, (2) uma prova ou um argumento da existência de Deus, (3) sinais da

---

[1]Cf. meu ensaio, "Get the Story Right and the Models Will Fit: Victory through Substitution in 'Atonement Theology'", in *Atonement: Sin, Salvation and Sacrifice in Jewish and Christian Antiquity*. Cf. também "Reading Paul, Thinking Scripture: 'Atonement' as a Special Study", em *Pauline Perspectives*, p. 356-78, e ainda *The Day the Revolution Began* (daqui em diante, *Revolution*).

[2]Karl Barth, "Nein!" in *Natural Theology: Comprising 'Nature and Grace' by Professor Dr. Emil Brunner and the Reply 'No!' by Dr. Karl Barth*, p. 74.

[3]Para uma pesquisa histórica do desenvolvimento e dos resultados da discussão entre Barth e Brunner, cf. J. W. Hart, *Karl Barth vs. Emil Brunner: The Formation and Dissolution of a Theological Alliance, 1916–1936*. Um debate útil é o de A. Moore, "Theological Critiques of Natural Theology", in *The Oxford Handbook of Natural Theology*, p. 227-44. Para ver de um ângulo diferente, cf. A. E. McGrath, *Emil Brunner: A Reappraisal*.

[4]Essas são somente algumas dentre uma grande variedade de definições possíveis. Devemos citar pelo menos o Lorde Gifford: "[Os teólogos naturais precisam] tratar seu objeto de estudo unicamente como uma ciência natural, a maior de todas as ciências existentes, de certa forma, a única: a do Ser Infinito, sem referência ou confiança em qualquer revelação supostamente miraculosa ou excepcional" (citado por Rodney D. Holder, "Natural Theology in the Twentieth Century", *OHNT*, p. 118). O *Oxford English Dictionary* é mais direto: "A teologia baseada no raciocínio fundamentado em fatos observáveis, e não na revelação". Há outras definições oferecidas, como, por exemplo, W. L. Craig e J. P. Moreland: "O ramo da teologia que tenta oferecer garantia para a crença na existência de Deus além dos recursos da revelação autoritária e proposicional" ("Introduction", in *The Blackwell Companion to Natural Theology*, p. ix). A maioria é composta por definições negativas. Alister McGrath oferece uma positiva: "A teologia natural pode ser amplamente compreendida como um processo de reflexão sobre as implicações religiosas do mundo natural" (*Re-imagining Nature: The Promise of a Christian Natural Theology*, p. 7).

PREFÁCIO E AGRADECIMENTOS

existência de Deus dentro da criação, (4) a "teologia natural cristã", ou seja, a partir de premissas cristãs já existentes e do uso de argumentos do mundo natural para aprofundar ou confirmar o conhecimento de Deus já dado em Jesus Cristo e (5) uma teologia da natureza.[5] (É claro que cada uma delas é uma abreviação que precisa ser analisada.) Alister McGrath, por sua vez, oferece seis opções: (1) "o ramo da filosofia que estuda o que a razão humana, sem a revelação, tem a nos dizer sobre Deus", (2) "uma demonstração ou confirmação da existência divina com base na regularidade e na complexidade do mundo natural", (3) "o resultado intelectual da tendência natural da mente humana de desejar ou de se inclinar para Deus", (4) "a exploração de uma analogia ou repercussão intelectual entre a experiência humana da natureza, por um lado, e o evangelho cristão, por outro", (5) "uma tentativa de demonstrar que os relatos "naturalistas" do mundo e as realizações das ciências naturais são intrinsecamente deficientes e que uma abordagem teológica se faz necessária para oferecer uma interpretação abrangente e coerente da ordem natural" e (6) "uma 'teologia da natureza', ou seja, uma concepção especificamente cristã do mundo natural, refletindo as suposições fundamentais da fé cristã, que devem ser contrastadas com os relatos seculares ou naturalistas da natureza".[6]

Até mesmo para apresentar e discutir esses pontos de vista, um a um, e se envolver nos debates que os cercam, seria necessário contar com uma série de palestras. Acredito firmemente que, por trás de todos esses modos de entender a "teologia natural", encontramos o grande desafio teológico e filosófico de falar sobre Deus e o mundo, bem como sobre a relação entre eles. Tomando por base o fato de ter sido convidado, como um estudioso bíblico, para abordar os tópicos de "Gifford", compreendi que minha tarefa era analisar se havia novas formas de trazer percepções bíblicas para as questões e os assuntos tradicionais ou, falando de maneira mais positiva, verificar se uma teologia bíblica pode oferecer novos parâmetros dentro dos quais as questões antigas apareceriam sob uma luz diferente. Concluí que sim. Este livro representa o experimento mental que resulta dessa reflexão.

---

[5]Christopher R. Brewer, "Beginning All Over Again: A Metaxological Natural Theology of the Arts", tese de doutorado, Universidade de St Andrews, 2015. Cf. também Christopher R. Brewer, *Understanding Natural Theology*.
[6]McGrath, *Re-imagining Nature*, p. 18-21.

HISTÓRIA *e escatologia*

Os estudiosos da Bíblia não costumam envolver-se nos debates acerca de "teologia natural". (Assim, o último exegeta a participar das Palestras Gifford foi James Barr, em 1991, enquanto o último especialista do Novo Testamento foi Rudolf Bultmann, em 1955.[7] Portanto, se nós, exegetas, formos limitados a um especialista por geração, talvez meu sucessor em 2050 ou nos próximos anos continue a conversa a partir deste ponto.) Eles deixam essa discussão para os filósofos e teólogos sistemáticos, sabendo que os estudiosos bíblicos só opinam quando são questionados se "a Bíblia" é "a favor" ou "contra" o projeto como um todo. Neste livro, pretendo ir além dessa tarefa tão limitada, tentando entender algo das origens e configurações dos debates modernos relevantes e sugerindo o que me parece ser um caminho possível a seguir. O fato de, como pesquisador bíblico, ter sido convidado a ministrar essas palestras indica que algumas pessoas gostariam pelo menos de ver se, pela primeira vez, podemos ultrapassar nossos nichos acadêmicos e nos envolver em algum debate de aprendizado mútuo. Ao me debruçar sobre o assunto, acrescento que as citações bíblicas a seguir serão extraídas da *New Revised Standard Version* [Nova Versão Padrão Revisada] para o Antigo Testamento e de minha própria tradução, *The New Testament for Everyone*[8] [O Novo Testamento para todos*].

Um dos motivos óbvios para os estudiosos bíblicos não participarem do debate é que, ao menos no período moderno, a "teologia natural" foi definida negativamente, no sentido de *não* incluir revelação "especial" ou "sobrenatural", da qual a Bíblia, junto do próprio Jesus, era considerada a fonte primária. Mas, independentemente do significado que possamos dar a essa teologia em si e da forma como a avaliemos, há algo estranho em excluir a Bíblia da "natureza". Afinal de contas, a Bíblia foi escrita e editada no mundo do espaço e do tempo, por um grande número de indivíduos situados em comunidades e ambientes "naturais". Essa percepção teve uma recepção heterogênea entre os escritores dos séculos 18 e 19, produzindo um tipo estranho de pensamento duplo. Por um lado, há muito tempo a Bíblia era vista como uma "revelação

---

[7]Discuti o trabalho de Bultmann, principalmente suas Palestras Gifford, nos capítulos 2, 3 e 4.
[8]Londres: SPCK; São Francisco: HarperOne, 2011. *A série de comentários completa foi traduzida e lançada pela Thomas Nelson Brasil já com a tradução bíblica do autor.

PREFÁCIO E AGRADECIMENTOS

especial" de Deus, e isso estava fora de cogitação para a teologia natural. Por outro, o desenvolvimento de estudos históricos críticos resgatou a realidade de que a Bíblia se equipara a outros livros antigos. Nesse ponto, podemos pensar que ela deveria ter sido trazida de volta à discussão. Mas essas confusões — cujos contextos mais amplos estudaremos nos dois primeiros capítulos — parecem não ter sido devidamente percebidas.

Afinal, a Bíblia se propõe não apenas a oferecer ensinamentos "espirituais" ou "teológicos", mas também a descrever eventos do mundo "natural", sem esquecer a carreira pública de Jesus de Nazaré, um judeu do primeiro século que viveu e morreu dentro do curso "natural" da história do mundo. Se apelarmos para a história — como fizeram Hume, Gibbon e Reimarus no século 18 —, é a história que devemos seguir. Isso significa investigar o mundo histórico real de Jesus de Nazaré, um universo turbulento e muito estudado sobre o qual o conhecimento real está disponível e que, quando analisado com cuidado, inclui crenças fundamentais sobre a sobreposição do mundo de Deus e do mundo humano ("céu" e "terra") e a interação comum da Era Vindoura com a Era Presente. Isso contextualiza Jesus e sua proclamação do reino de maneiras desconhecidas nos estudos do "Jesus histórico" nos séculos 19 e 20.

Mas não é fácil integrar "história", em qualquer sentido, principalmente a história real de Jesus e de seus primeiros seguidores, com a discussão atual sobre "teologia natural". Estamos entrando em mares tempestuosos, e os ventos e as ondas parecem ter distorcido a questão.

Na verdade, existem muitos vendavais que convergiram na imagem agora familiar da "tempestade perfeita". Primeiro, houve diversas questões abstratas na filosofia e na teologia: como relacionar Deus e o mundo, o céu e a terra, e como abordar os grandes obstáculos que essa relação gera, principalmente o "problema do mal". Em seguida, esses pontos contínuos se uniram a certos tópicos de debate que se tornaram notáveis no mundo moderno, vagamente identificados por rótulos como "ciência e religião" e "Igreja e Estado". Terceiro, houve vários movimentos de supostos cristãos "apologéticos", alguns deles baseados em estilos teológicos muito mais antigos que tentavam construir um argumento para a existência de um "Deus", talvez até de um "ser perfeito", e começar a partir desse aspecto. Uma das regras do jogo, para a maioria dos praticantes no período moderno, é manter Jesus e a Bíblia fora de questão, a fim de evitar a sugestão de "trapaça" cristã

HISTÓRIA *e escatologia*

que proclamaria a investigação que deveria ser "neutra" sobre o mundo "natural" como um apelo a uma suposta autoridade "sobrenatural". No entanto, ao mesmo tempo, a abordagem reducionista de Jesus e da Bíblia que tem sido comum nas culturas europeia e americana força a questão novamente: se ele era um ser humano real dentro do mundo "natural", e a Bíblia é um livro verdadeiramente humano, então eles não podem ser excluídos da reflexão desde o começo. E, quando permitimos que eles retornem, as coisas podem mudar. Afinal, Jesus era conhecido por acalmar tempestades.

Desse modo, não estou propondo simplesmente uma abordagem nova e esperançosamente "bíblica" da "teologia natural", da forma como concebida e discutida no período moderno. Estou sugerindo que a concepção e a discussão em questão talvez tenham sido distorcidas de formas específicas pelas tendências culturais e filosóficas dos séculos 18 e 19, resultando em muitas falhas, e que o estudo histórico de Jesus em seu contexto do primeiro século nos permitirá analisar as questões subjacentes (olhando para o mundo e pensando em Deus) de diferentes modos. Em outras palavras, "teologia natural" tornou-se um rótulo vago para diversas perguntas, todas ligadas à relação do mundo com Deus. Algumas dessas questões foram isoladas, destacadas e colocadas de maneira que, se bem analisadas, podemos vê-las como estruturas distorcidas. Proponho que as realoquemos dentro dos grupos mais abrangentes de tópicos aos quais elas pertencem historicamente, e que façamos isso com um novo olhar para o próprio Jesus (na verdade, com a própria "história" esclarecida e resgatada de suas distorções similares).

É claro que qualquer pessoa é capaz de afirmar: "Você só mudou as regras do jogo". Minha resposta seria que o jogo atualmente jogado foi reduzido de forma artificial, como se uma partida de críquete fosse disputada em um campo de beisebol, excluindo, assim, dois terços do campo de jogo do jogador de críquete e permitindo que ambos os lados contestassem quaisquer "resultados". Depois de mudar o jogo para o campo de tamanho completo e oferecer o equipamento adequado, as coisas podem funcionar de uma forma diferente.

Em outras palavras, a história importa. Desse modo, Jesus e o Novo Testamento devem, por direito, ser incluídos como possíveis fontes para a tarefa da "teologia natural". Ao fazer tal declaração, certamente não estou tentando reviver o tipo de apologética racionalista que tentaria

PREFÁCIO E AGRADECIMENTOS

"provar" a fé cristã com um suposto "apelo à história". A "história" é muito mais complexa do que isso, como mostrarei no terceiro capítulo. Não seguirei caminhos apologéticos comuns — nem no método nem nos resultados. Para conseguir defender a inclusão de Jesus no assunto como um todo, desmontarei alguns dos mal-entendidos comuns de sua carreira pública e de seu ensino, e continuarei argumentando a favor de uma nova colocação dele no mundo judaico — histórico e simbólico — de seus dias. Então, creio que, com a Páscoa, a ressurreição de Jesus dentre os mortos, somos confrontados com uma renovação da criação que, por uma transformação redentora, constitui a *revalorização da própria criação original*. O novo mundo, que teve início na Páscoa, não é um mero ajuste do mundo atual, nem a substituição total do mundo presente por algo completamente diferente (como foi amplamente suposto ao se declarar que Jesus e seus primeiros seguidores acreditavam que o mundo atual chegaria ao fim para dar lugar ao "reino dos céus"). Há *continuidade* e *descontinuidade* entre o antigo e o novo, e entre os modos de conhecimento necessários à compreensão de um e do outro. A Páscoa diz o "sim" divino à criação original, confirmando de uma nova maneira, por meio do novo tipo de conhecimento necessário a esse novo tipo de mundo, aquelas conclusões que já foram tiradas nas tradições bíblicas e cognatas. (Em outras palavras, a Páscoa *não* defende a "teologia natural" do, digamos, epicurismo, a teologia do "Ser Perfeito", nem os pensamentos dos cristãos alemães na década de 1930.) Isso, explicado no capítulo 6 com base no anterior e desenvolvido e aplicado nos capítulos 7 (por meio da reflexão sobre a crucificação de Jesus) e 8, está no centro de minha proposta neste livro. Com a ressurreição de Jesus, vem a possibilidade — e talvez até a promessa — de uma "teologia natural" renovada.

● ● ●

As palestras planejadas e ministradas, e o livro como apresentado aqui, consistem, como uma sinfonia, em quatro "movimentos" de dois capítulos cada. Dentro de uma continuidade geral de argumentos, cada movimento tem sua própria integridade e seu próprio estilo de apresentação. O primeiro par define o contexto histórico do tópico. Eles precisam e recebem aqui observações bem detalhadas. Os dois seguintes analisam

HISTÓRIA *e escatologia*

três conceitos-chave ("história", "escatologia" e "apocalíptica") e começam a aplicá-los ao assunto. O terceiro par, formado pelas palestras 5 e 6, mergulha no mundo judaico do primeiro século, com o propósito de explorar as maneiras como Deus e o mundo foram vistos juntos e de localizar a questão da ressurreição de Jesus nesse mundo. Os dois últimos, agora em um modo reflexivo que exige comentários menos detalhados, refletem sobre temas amplos da experiência humana e os relacionam primeiro à história da crucificação de Jesus e, em seguida, ao mundo mais abrangente da escatologia e da missão, para completar o caso com uma nova abordagem para as questões que envolvem a "teologia natural". O último par tem em vista a percepção que você pode ter se, após haver subido um longo lance de escada, abrir um alçapão e, repentinamente, tiver acesso a uma visão ampla em todas as direções. A intenção, então, é descrever o que podemos ver, em vez de argumentar, em um passo a passo cauteloso, a favor de uma reconstrução específica. O título dado à Palestra Gifford, refletindo essa linha de pensamento, foi "Discernindo o alvorecer", e eu permiti que alguns ecos dessa expressão da nova criação permanecessem, embora o livro, agora, receba um nome diferente.

Em meus livros "acadêmicos" anteriores, reuni assuntos e temas que estudei e ensinei por muitos anos. No entanto, com esta obra, entro no que é para mim um território comparativamente novo.[9] Novas possibilidades se abriram, lançando luz em muitas direções, incluindo, de modo emocionante, a história de minha própria disciplina principal. Mas, na minha idade, esse momento também é assustador. A cada passo, caminho no campo, e talvez na ponta dos pés, daqueles que trabalham há décadas em áreas que acabo de descobrir. Os riscos do excesso de simplificação e da omissão estranha estão sempre presentes. Acredito que colegas desses outros campos apreciarão pelo menos minha tentativa de levar nossas disciplinas ao campo do debate, mesmo que eu cometa alguns erros ao longo do caminho.

Deixe-me descrever rapidamente a sequência de pensamentos que fundamentam o argumento ao longo dos quatro movimentos. Começarei situando a busca anterior pela "teologia natural", inclusive o legado do senhor Gifford, em seu contexto cultural determinante dos

---

[9]Nisso, recebi muita ajuda do Instituto Logos em St. Andrews, onde funcionários e alunos me ofereceram desafios, estímulos e orientação.

PREFÁCIO E AGRADECIMENTOS

séculos 18 e 19. Ali, seguindo principalmente o golpe dado às possibilidades mais remotas do terremoto de Lisboa de 1755, as filosofias do Iluminismo foram ágeis em reorganizar o discurso em torno de novas formas de Epicurismo.[10] Sugiro que isso distorceu as discussões subsequentes até hoje, introduzindo alternativas falsas e suposições limitadas sobre o próprio conhecimento, incluindo o histórico.

Na segunda palestra, mostrarei como as mesmas perspectivas distorcidas surgiram nos estudos bíblicos modernos, o que inclui a interpretação de Bultmann, em sua Gifford de 1955, de "história e escatologia", a que meu próprio título faz alusão. O estudo histórico da Bíblia, que, até hoje, muitas vezes finge, ao menos na superfície, uma postura "objetiva" ou desapegada, foi radicalmente moldado pelas restaurações variadas do Epicurismo, que incentivavam as pessoas a estudar o mundo sem fazer referência a Deus e a estudar Deus sem fazer referência ao mundo, e especialmente estudar teologia sem fazer referência à história. O que, algumas vezes, é chamado de "naturalismo metodológico" exemplifica o primeiro (o mundo sem Deus), enquanto o deus da teologia do "ser perfeito", o segundo (a teologia sem história). Esse contexto de opinião tornou cada vez mais provável que cristãos e teólogos devotos construíssem primeiro um retrato de "Deus" de outras fontes e, em seguida, tentassem encaixar "Jesus" nesse retrato: boa parte da teologia sistemática nos séculos 18 e 19 se concentrava no Primeiro Artigo do Credo, ou seja, no Deus Pai-Criador, e não no Segundo ou no Terceiro Artigo, sobre o Filho e o Espírito. Mas esse procedimento pode facilmente resultar em um Jesus docético ou "sobrenatural", intocável pela crítica histórica, mas também irreconhecível por qualquer forma de história genuína, o que se encaixa no que muitos cristãos modernos que não refletem acreditam, mas também gera uma reação cética igual e oposta.

Quase é possível pensar que o docetismo tenha vencido no século 18 e talvez isso seja parte do problema. O Jesus "divino" facilmente suposto da ortodoxia cristã e a "inspiração divina" igualmente presumida das escrituras significavam que os apelos a ambos eram vistos pelos devotos e pelos céticos como se resolvessem a questão com antecedência.

---

[10]Sobre as variadas reações ao Sismo de Lisboa de 1755, cf. o capítulo 1. O evento representa um símbolo abreviado de uma mudança complexa da atmosfera cultural, filosófica e teológica.

HISTÓRIA *e escatologia*

Nenhuma obra histórica real foi necessária e, na verdade, propor algo assim pode ser considerado (como ainda é às vezes) um sinal de infidelidade ao evangelho, uma conspiração com uma negação implícita de Deus. Os mundos "natural" e "sobrenatural" foram divididos, e até essa nomenclatura mudou para apoiar uma disjunção tão completa. Por um lado, isso resultou em um "Jesus" que parecia flutuar livremente do mundo "natural", desistindo, sem hesitação, de toda a humanidade pela qual alguns dos mestres cristãos primitivos (a começar no próprio Novo Testamento) lutaram tanto;[11] e, por outro, em um "Jesus" localizado em um mundo judaico hipotético e mal estudado, com qualquer atribuição de "divindade" sendo vista como uma corrupção eclesiástica posterior.

Isso, por sua vez, produziria, e realmente produziu, uma reação natural, uma vez que céticos e críticos, incluindo membros das igrejas que viam os efeitos prejudiciais do docetismo, passaram a pensar em Jesus como "meramente humano". Tudo isso torna muito mais difícil fazer o que deve ser feito e o que este livro tentará fazer, ou seja, *recolocar Jesus e o Novo Testamento dentro do mundo real do primeiro século sem sacrificar sua relevância "teológica"*. No universo dividido do avivamento moderno epicurista, com os deuses e o mundo separados por um grande abismo (relacionado ao "fosso feio e largo" de Lessing entre as verdades eternas da Razão e as verdades contingentes da história), parecia que Jesus deveria pertencer a um lado ou a outro, mas não a ambos. Portanto, os dois primeiros capítulos desta obra abordarão o contexto cultural mais amplo e mostrarão como o estudo de Jesus foi profundamente falho por outros fatores além do estritamente histórico.

No entanto, isso levanta a questão sobre o que realmente é "história" e o que pode e deve conquistar. Esse é o tema do capítulo 3, em que argumentarei que tal conceito foi puxado de um lado para o outro pelas mesmas pressões culturais. A "história" e sua relevância para a teologia foram afetadas pela suposta separação entre "Deus" e o "mundo natural", em que os céticos alegam que ela favorece uma imagem reducionista, enquanto os anticéticos se referem a ela como "tudo o que acontece", sem mencionar a tarefa histórica real de entender Jesus de Nazaré e sua proclamação do reino em seus próprios dias.

---

[11]Cf., por exemplo, 1João 4:2.

PREFÁCIO E AGRADECIMENTOS

Porém, quando tudo isso estiver mais claro, precisaremos voltar nossa atenção (no capítulo 4) para outros dois termos bastante usados: "escatologia" e "apocalíptica", cujos significados inconsistentes costumam dificultar — se não impossibilitar — o trabalho histórico sobre Jesus. No entanto, é simplesmente uma questão de usar as palavras com clareza. Esses dois termos tornaram-se lemas a serviço da teoria de que Jesus e seus primeiros seguidores esperavam o fim do mundo do espaço-tempo, teoria que meramente parodia o imperativo histórico para situar Jesus no contexto judaico do primeiro século. Por sua vez, isso está diretamente ligado ao tema da "teologia natural". Se o mundo atual precisa chegar ao fim para que um novo possa ter início, como alguém poderia argumentar a partir do universo atual até o Deus que estava prestes a aboli-lo? Na verdade, temos aqui um paradoxo: por um lado, Jesus foi mantido longe dessa teologia por muitos cristãos porque era considerado uma "revelação divina"; por outro, porque, ao prever o fim do mundo, ele se equivocou, logo não era a personificação do Deus de Israel. Nem a teologia nem a exegese devem conspirar com confusões desse tipo.

Os capítulos 3 e 4 abrem caminho para as propostas positivas e centrais do livro, que começam no capítulo 5, com o mundo judaico do primeiro século e sua simbologia. O Templo falava da sobreposição do céu e da terra, contradizendo diretamente a visão de mundo dividido do Epicurismo antigo e moderno. O Sábado falava que a Era Vindoura era *realmente antecipada* no tempo presente, desafiando qualquer sugestão de que, se o reino dos céus chegasse, primeiro a "terra" teria de ser destruída. E, se os homens são feitos à imagem do Deus criador, a ideia de que alguém possa, de alguma forma, discernir algo de Deus pensando sobre os seres humanos e seus imperativos vocacionais não é, afinal de contas, tão estranha. Desse modo, isso contextualiza o argumento do capítulo 6, de que, com a ressurreição de Jesus (um evento certamente singular no tempo atual, mas fundamental e paradigmático dentro da nova criação), uma nova ontologia e uma epistemologia corretas são reveladas, uma dimensão transformadora da "epistemologia do amor". Entretanto, isso não cria um universo "espiritual" particular isolado da "realidade comum" e da possibilidade de olhar o mundo e fazer suposições sobre seu criador. Pelo contrário: em vez disso, a ressurreição abre um novo universo público, em que as questões levantadas pelos

HISTÓRIA *e escatologia*

humanos na presente criação podem ser consideradas sinais provisórios para Deus.

Contudo, são "indicadores fragmentados", já que todos os melhores e mais elevados aspectos da vocação humana, da "justiça" ao "amor", criam paradoxos e disjunções incisivas. Nenhum deles nos levará à utopia, muito menos a Deus. O argumento do capítulo 7 é que, exatamente nesse momento de paradoxo obscuro, a história da cruz — sempre a "apologética" mais poderosa, e nessa parte da obra começamos a entender o motivo — entra em cena. No ponto em que pensamos que os instintos vocacionais humanos apontam para Deus, mas falham em fazê-lo, a história de Jesus vem para onde a justiça é negada, o amor é traído e assim por diante. Nesse momento, o tipo específico de "teologia natural" que surge, diferente da maioria dos tipos nos últimos três séculos, assume uma forma especificamente trinitária. A reflexão sobre os "indicadores fragmentados" e sobre a forma paradoxal como apontam para Deus desafia os modelos implicitamente deístas mais antigos, que deixam Jesus fora de consideração ou tentam encaixá-lo em uma fase posterior, em uma imagem de "Deus" gerada sobre outros fundamentos. Essa abordagem é complementada pela missiologia apresentada no capítulo 8. A atual missão — guiada pelo espírito — da igreja é prever, incorporando os indicadores anteriormente fragmentados, o tempo prometido em que Deus será tudo. Se o mundo "natural" do tempo e do espaço for resgatado de sua corrupção e decadência, e transformado pela presença divina gloriosa, essa visão escatológica não apenas sustentará a igreja em sua vocação, como também possibilitará a abordagem retrospectiva da "teologia natural", como argumento no capítulo 7.

O próprio conhecimento forma um subtema essencial ao longo do livro. Explorarei o "amor" como o elo perdido nas diversas epistemologias modernistas que se apegaram à "objetividade" como forma de poder ou migraram para uma "subjetividade" que, na verdade, é uma projeção egoísta.[12] O modernismo reduziu a dimensão do "amor", um movimento drástico reconhecido em nossa cultura no mito de Fausto e em outros lugares. Porém, creio que não é possível alcançar o conhecimento comum do mundo sem "amor" nesse sentido, o que significa

---

[12]Um estudo importante dessa área, que chegou a mim depois de ter descoberto o que gostaria de dizer, é E. L. Meeks, *Loving to Know: Covenant Epistemology*.

PREFÁCIO E AGRADECIMENTOS

que devemos desafiar *tanto* as visões reducionistas que excluem "Deus" *como* as estratégias de "apologética" que tentaram responder a elas. Da mesma forma, o "amor" muda para um novo modo quando somos confrontados com a possibilidade de uma "nova criação", que talvez, de uma forma surpreendente, não seja nem uma simples modificação do antigo nem sua substituição direta. Pelo contrário, o amor deve ser visto como sua *transformação redentora*. Assim, o próprio amor passa a ter um novo formato, uma nova dimensão, produzindo um novo tipo de conhecimento. Entretanto, esse novo "conhecimento" não é algo particular do novo mundo: voltando ao mundo da "criação comum", ele não só o conhece pela primeira vez, como também o ouve corretamente contando a verdade sobre seu Criador.

Tal percepção, apresentada na sexta palestra e analisada posteriormente, está no centro da minha proposta.

● ● ●

Em primeiro lugar, tenho uma grande dívida de gratidão com a Universidade de Aberdeen, pelo convite inesperado e lisonjeiro para ministrar as Palestras Gifford. Sou igualmente grato pela recepção calorosa e a hospitalidade que desfrutei durante as quatro semanas em que as palestras foram realizadas e pelo incentivo alegre com que, sem medo da maior tempestade de neve que o leste da Escócia já havia visto, meus ouvintes apareceram, escutaram atentamente e se envolveram de forma bastante ativa em minhas propostas. O professor Philip Ziegler sediou e organizou todo o evento. Pelo espírito generoso e amigável com que me tratava e me apresentava, ninguém poderia saber a extensão de nossas divergências teológicas contínuas.[13] A maioria do corpo docente de Aberdeen — em especial os professores Tom Greggs e Grant Macaskill — garantiu que eu estivesse bem. Amber Shadle cuidou de centenas de aspectos práticos, grandes e pequenos, com uma eficiência amigável. Meu assistente de pesquisa, Simon Dürr, ajudou nos detalhes do texto, produziu e executou uma sequência maravilhosa de apresentações em *PowerPoint*. Foi uma experiência extraordinária de interação acadêmica e pessoal de alto nível.

---

[13]Cf. P. G. Ziegler, *Militant Grace: The Apocalyptic Turn and the Future of Christian Theology*.

HISTÓRIA *e escatologia*

Preciso agradecer também àqueles que me ofereceram a chance de experimentar nuances do argumento em contextos anteriores. Refleti pela primeira vez sobre a sequência de pensamentos relacionados ao Reverendíssimo Robert Forsyth, que me apresentou suas análises sempre perspicazes do que poderia ou não ser sabiamente tentado. Graças ao convite gentil do Reverendo Dr. Angus Morrison, proferi uma palestra no evento "Enfrentando o problema" da Igreja Escocesa em Glasgow, no dia 1º de setembro de 2016, intitulada "Você não adoraria saber?", descrevendo a "epistemologia do amor", que corre como um fio por toda a linha de pensamento. Apresentei um resumo de uma única palestra sobre o argumento geral das aulas na Biblioteca Lanier em Houston, no Texas, em março de 2017, e sou profundamente grato a Mark Lanier, por haver organizado esse evento, e a seu colega Charles Mickey, por seu trabalho nos bastidores. Apresentei uma versão inicial do terceiro capítulo como "Palestra de Teologia Analítica" durante a reunião anual da Academia Americana de Religião em Boston, Massachusetts, em novembro de 2017, e agradeço muito ao professor Michael Rea e aos seus colegas pelo convite e por sua hospitalidade. (Essa palestra original, devidamente estendida, está publicada no *Journal of Analytic Theology* e pode ser vista como uma versão um pouco mais técnica da análise da "história" encontrada no terceiro capítulo deste livro.)[14] Várias palestras em forma de esboço foram entregues a membros do Instituto Logos em St. Andrews, nos anos de 2016 e 2017, e eu recebi muitos comentários e discussões úteis. Meus velhos amigos Oliver O'Donovan, Simon Kingston, Bob Stewart e Kimberly Yates leram os primeiros rascunhos com cuidado e clareza, e fizeram observações muito sábias. É claro que nenhum deles é responsável por qualquer erro ou confusão que possa ter restado.

Agradeço também aos colegas e alunos que se reuniram em 25 de junho de 2018 para um seminário extraordinário, discutindo as palestras uma a uma em frente a uma plateia em St. Andrews, sob a direção do Instituto Logos de Teologia Analítica e Exegética e a mediação do professor Alan Torance. Nessa ocasião, meus interlocutores foram Tom Greggs, David Ferguson, Andrew Torrance, Carey Newman,

---

[14]"The Meanings of History: Event and Interpretation in the Bible and Theology", p. 1-28.

PREFÁCIO E AGRADECIMENTOS

Judith Wolfe, Elizabeth Shively, Amy Peeler, Scott Hafemann, Mahdavi Nevader, Christa McKirland, Jonathan Rutledge, Philip Ziegler, Angus Morrison, Jeremy Begbie, Mitch Mallary e Trevor Hart. Mais tarde, Brendan Wolfe também contribuiu com comentários significativos e bastante úteis em todas as palestras. Foi um dia verdadeiramente extraordinário em que me senti tanto lisonjeado com a atenção como humilhado ao lembrar que ainda precisava aprender muito. Isso me fez perceber, como eu já tinha começado a pensar, que não havia sentido algum em tentar fingir que o presente volume, em que as palestras foram editadas de forma mais extensa e com mais explicações, poderia ser um relatório provisório de um exercício intelectual (e, espero, espiritual) ainda em andamento. Lamento muito que não tenha sido possível incluir todos os pontos que foram bem expostos naquela reunião memorável e todas as reflexões que eu possa ter feito sobre o assunto. Espero estar livre para refletir sobre todos eles nos próximos dias. Em outras palavras, não tentei fazer com essas palestras o que Charles Taylor fez com suas Giffords, permitindo que se tornassem sua fascinante obra-prima: *Uma era secular*. Em termos de escala, o presente livro é muito mais parecido com o que Rudolf Bultmann fez com suas Giffords, esclarecendo e comentando, mas sem alterar a forma e o argumento originais. Espero que ele redirecione algumas das discussões teológicas e exegéticas atuais para canais novos e frutíferos.

Entre esses debates, a questão da ressurreição de Jesus continua a intrigar muitas pessoas. Espero que este livro, principalmente o capítulo 6, explique algumas coisas que, em meus trabalhos anteriores, tenham parecido vagas para alguns escritores recentes e aborde outros pontos que eles levantaram. Tenho em mente especialmente P. Carnley, *Resurrection in Retrospect: A Critical Examination of the Theology of N. T. Wright* (Eugene, Ore.: Cascade Books, 2019), que chegou quando o presente volume estava em fase de revisão.

No processo de esclarecimento e edição para publicação, o apoio incessante de Simon Dürr e Mitch Mallary foi bastante valioso. Eles me resgataram de inúmeros erros, indicaram pontos nos quais eu estava deixando de dar ao meu próprio argumento a clareza que consideravam necessária e me levaram a diversas fontes de ajuda. Fui ricamente abençoado por tantos assistentes de pesquisa ao longo dos anos, e esses dois jovens colegas estão entre eles.

HISTÓRIA e escatologia

Sou profundamente grato ao Dr. Carey Newman, da Baylor University Press, e à sua equipe, por seu entusiasmo por este projeto e por seu incentivo e sua orientação sábia em diversos estágios. Continuo agradecido aos meus editores de Londres, SPCK, e principalmente a Philip Law, por sua parceria feliz que agora se estende por quase trinta anos. E, como sempre, sou muito grato à minha esposa e a toda a família, por seu amor e apoio — em especial por uma manhã inesquecível em que meu filho Julian leu gentilmente um rascunho do capítulo 3, enquanto Carey Newman lia um esboço do capítulo 6, juntos à mesa, e ambos me ofereceram seus comentários sinceros. Esses momentos enriquecem tanto a vida familiar como a comunidade acadêmica.

Após me oferecer todo o incentivo indireto que citei anteriormente, minha mãe faleceu no dia 1º de junho de 2018, um dia antes de completar 95 anos. Este livro é dedicado, com amor e gratidão, à sua memória.

Tom Wright
St. Mary's College, St. Andrews
Tempo Pascal, 2019

LISTA DE REDUÇÕES

11QMelch Rolo de Melquisedeque

1QS Regra da Comunidade

2Bar. 2Baruque

2En. 2Enoque

AB Anchor Bible

Ant. Josefo, *Antiguidades dos judeus*

Apoc. Mois. Apocalipse de Moisés

ARN 'Abot de Rabbi Nathan

Barn. Epístola de Barnabé

bRos Has. Rosh Hashaná, tratado do Talmude Babilônico

CD Documento de Damasco

Civ. Agostinho, *Cidade de Deus*

Dial. Justino Mártir, *Diálogo com Trifão*

Ecl. Virgílio, *Éclogas*

H&E Bultmann, *History and Eschatology*

Hist. eccl. Theodoret, *Historia Ecclesia*

JBL Journal of Biblical Literature

JSJ Journal for the Study of Judaism

JTI Journal of Theological Interpretation

Jub. Jubileus

HISTÓRIA *e escatologia*

JVG Wright, *Jesus and the Victory of God*

Mek. Exod Mekhilta sobre o livro do Êxodo

mTamid Tamid, tratado da Mishná

Nat. d. Cícero, *De natura deorum* (Sobre a natureza dos deuses)

NTPG Wright, *The New Testament and the People of God*

OHNT Re Manning, ed., *Oxford Handbook of Natural Theology*

PFG Wright, *Paul and the Faithfulness of God*

PLAE *O primeiro livro de Adão e Eva*

PRE Pirke De-Rabbi Eliezer

PRI Wright, *Paul and His Recent Interpreters*

Rep. Cícero, *República*

Rer. nat Lucrécio, *De rerum natura* (Sobre a natureza das coisas)

Revolution Wright, *The Day the Revolution Began*

RSG Wright, *The Ressurection of the Son of God*

ShirShabb Cânticos do Sacrifício Sabático

Test. Dan *Testamento de Dan*

TynBul *Tyndale Bulletin*

I

A TEOLOGIA NATURAL EM SEU CONTEXTO HISTÓRICO

UM O SANTUÁRIO DESTRUÍDO

O SISMO DE LISBOA DE 1755 E O TRIUNFO DO EPICURISMO

INTRODUÇÃO: OS QUEBRA-CABEÇAS QUE HERDAMOS

Quando eu era bispo de Durham, meu escritório no Castelo de Auckland continha uma coleção maravilhosa de obras deixadas pelos ocupantes anteriores. Nós tínhamos a cópia que pertencera ao bispo Lightfoot, uma primeira edição, de *In memoriam*, de Tennyson. Possuíamos também a cópia do bispo Handley Moule de seu próprio comentário sobre Romanos. E muito mais. Porém, uma de minhas lembranças favoritas, que caiu de um livro quando eu procurava outra coisa, era um cartão-postal datado de 1717. Tratava-se de um convite para uma tarde de tênis no Oriel College, em Oxford, dirigido a um jovem que, recentemente, havia decidido abandonar seu presbiterianismo e pedir a ordenação anglicana. Tal rapaz era Joseph Butler, destinado a se tornar um dos grandes nomes da teologia e da filosofia do século 18, que veio a ser bispo de Bristol em 1738, aos 46 anos, e foi transferido para Durham em 1750. Naquele local, ele deixou boas impressões, embora tenha vivido ali menos de dois anos antes de morrer, aos 60 anos.

O bispo Butler representa uma ordem antiga que estava prestes a sumir. Esse desaparecimento e o modo com que movimentos de pensamento muito diferentes substituíram sua abordagem deram forma e

HISTÓRIA *e escatologia*

destaque especiais aos debates subsequentes do que há muito tempo se chama "teologia natural". O novo formato dessa discussão coincidiu, por motivos intimamente relacionados, com novas questões e novos desafios sobre Jesus. Esses dois grupos de temas e seu relacionamento mútuo formam o assunto do presente volume.

As questões da "teologia natural" e de "quem era Jesus?" foram separadas na maior parte das teologias seguintes, e uma maneira de defini-las se assemelhava a "lidar com Deus enquanto colocam Jesus de escanteio".[1] Mas, se o próprio Jesus fosse um ser totalmente humano e, portanto, uma parte verdadeira da realidade histórica do primeiro século, como a igreja sempre ensinou e os críticos modernos insistiram veementemente, não faz sentido excluí-lo do mundo "natural".

O problema aqui é que a própria "história" tem sido tudo, menos uma categoria estável. Os maiores movimentos de cultura e pensamento que tomaram conta da Europa no século 18 tiveram um efeito profundo não só na "teologia natural" e no estudo de Jesus, como também no conceito de "história" em si. Como pretendo me aprofundar aqui nessas questões, analisar por que foram compreendidas da forma como foram e sugerir novos caminhos para reuni-las satisfatoriamente, é importante esboçar a história de como tudo isso aconteceu. Essa tarefa inclui muitas questões complexas e interligadas, algumas das quais — mas nem todas — discutirei posteriormente neste livro. Mas os riscos inevitáveis da simplificação excessiva são superados pelos riscos de tentar abordar os pontos relacionados a Deus, criação, Jesus e história, como se cada um existisse no vácuo, isolado dos outros e do mundo no qual os questionadores viviam.

A obra mais conhecida do bispo Butler é um clássico do início do século 18: *Analogy of Religion*. Escrito em 1736, quando era reitor de Stanhope, a alguns quilômetros do rio Wear, no Castelo de Auckland, ele argumentou que existia uma série do que chamava de "analogias" entre o mundo da natureza e as verdades da fé cristã que davam forte apoio à segunda. Declarou, contra os deístas predominantes na época, que os problemas que eles haviam percebido nas escrituras — os mistérios e as crueldades da "história sagrada", principalmente nos livros de Josué e Juízes — eram comparados aos mistérios e às crueldades inerentes ao

---

[1]Para definições comuns de teologia natural nesse contexto, cf. o prefácio, p. 9-10, com as respectivas notas dessa seção.

O SANTUÁRIO DESTRUÍDO

mundo da natureza da forma como a conhecemos. Parecia que o mundo da criação e o mundo das escrituras estavam intimamente ligados.

Esse resumo não faz jus a um trabalho de sutileza e aprendizado.[2] Butler é importante não só pelo que disse, mas também pelo que representou: uma atmosfera de otimismo, de otimismo *cristão*, que se expressou de diversas formas na sociedade britânica. Os movimentos missionários da época tinham inspiração principalmente pós-milenista, ou seja, acreditavam que o reino de Deus estava crescendo e se estendendo, e que Jesus logo seria aclamado como senhor em todo o universo.[3] Handel falou sobre isso na música imortal *Messias*, composta em 1741. O hino, bem conhecido, embora nem sempre teologicamente compreendido, não alcança seu clímax com uma celestial "vida após a morte", mas, sim, com a missão da igreja pela qual "o reino deste mundo se tornou o reino do nosso Deus". Esse é o tema do "Coro de Aleluia", que encerra a segunda parte, antes da ressurreição geral, na terceira parte.

O mesmo espírito de otimismo, de uma teologia que carrega o sentido da criação em paralelo com um evangelho que transforma o mundo, é visível em Joseph Addison, um dos ensaístas e políticos mais famosos do começo do século 18. No ano de 1712, ele publicou um hino, "O firmamento espaçoso lá no alto", que expressava um ponto de vista semelhante ao de Butler: o céu, o sol, a lua e as estrelas louvam o criador.[4] De certa maneira, essa é simplesmente uma versão em inglês do Salmo 19. De outra, tem o selo da mesma fé cristã que Butler colocou em seus argumentos antideístas:

> Que importa que, no solene silêncio, todos
> / em torno do globo terrestre escuro girem?
> Que importa que nenhuma voz ou som reais
> / entre os Orbes radiantes sejam encontrados?
> Aos ouvidos da Razão, todos se regozijam
> / E proferem uma Voz gloriosa,
> Cantando incessantemente enquanto brilham,
> / A Mão que nos criou é Divina.

---

[2]Sobre Butler e os deístas, cf., por exemplo, H. G. Reventlow, *The Authority of the Bible and the Rise of the Modern World*, p. 345-50.
[3]Cf., por exemplo, Iain Murray, *The Puritan Hope: Revival and the Interpretation of Prophecy*.
[4]Lancelot, o pai de Addison, foi reitor de Lichfield de 1683 a 1703.

HISTÓRIA *e escatologia*

Podemos supor que esse seja o envolvimento cristão com o mundo natural da melhor maneira possível: um reconhecimento escriturístico (que também ressoa intimamente com o *Timeu* de Platão e a discussão de Cícero sobre o sonho de Cipião) de que o mundo natural fala e até mesmo canta sobre seu criador.[5] E o mais importante é que essa razão humana pode ouvir a música. Se alguém considerasse a referência implícita das escrituras um elemento extra e opcional, tornando o envolvimento com o mundo natural uma coisa e a Bíblia outra totalmente diferente, isso poderia ser chamado de "teologia natural".[6]

Em outro nível, porém ainda indicando a atmosfera do início do século 18, observamos Thomas Bewick (1753—1828), o grande artista da Nortúmbria. Bewick recebeu comissões de fazendeiros que queriam mostrar seu gado para registrar touros, ovelhas e cavalos. Contudo, quando lhe pediram para fazer os animais parecerem ainda maiores e mais gordos do que realmente eram, ele recusou. Para o devoto Bewick, "a natureza era Deus tornado visível".[7]

Uma visão nobre e, então, veio a catástrofe. Literalmente, um desastre: o terremoto que atingiu Lisboa no Dia de Todos os Santos de 1755 destruiu 85% das edificações da cidade, matando por volta de um quinto da população local (trinta ou quarenta mil cidadãos de um total de aproximadamente duzentos mil). Muitos dos mortos se haviam reunido na igreja para a festividade. Muitos outros, correndo para o mar, a fim de escapar da queda dos edifícios, foram arrastados pelo tsunami subsequente. O mesmo fenômeno matou mais dez mil na Espanha e até no Marrocos, em parte por causa dos maremotos e incêndios.[8]

---

[5]Para o canto das esferas, cf. Cícero, Rep. 6.18. Sobre a cosmologia do *Timeu*, cf. agora D. J. O'Meara, *Cosmology and Politics in Plato's Later Works*.

[6]Lembro-me da forma como alguns hinários modernos alteraram: "Jesus me ama, isso eu sei / *Porque* é o que a Bíblia me diz" para "Jesus me ama, isso eu sei / *E* é o que a Bíblia me diz".

[7]Morador da diocese de Durham, Bewick nasceu pouco tempo depois da morte de Butler. A ironia é que, naquele momento, os agricultores estavam fazendo o possível para mudar a "natureza" por meio de métodos diferentes de criação e alimentação. Sobre as visões religiosas de Bewick — ao que parece, um tipo de deísmo caloroso —, cf. J. Uglow, *Nature's Engraver: A Life of Thomas Bewick*, p. 79.

[8]Para mais detalhes, cf., por exemplo, E. Paice, *Wrath of God: The Great Lisbon Earthquake of 1755*. Publicado em português sob o título *A ira de Deus: a incrível história do terremoto que devastou Lisboa em 1755*; e, de forma mais geral, B. Hatton, *Queen of the Sea: A History of Lisbon*. Publicado em português sob o título *Rainha do mar*.

O SANTUÁRIO DESTRUÍDO

Esses eventos geofísicos devastadores e seus efeitos humanos catastróficos puseram em foco um momento de desastre filosófico e ideológico.[9] O santuário destruído de Lisboa simbolizava o santuário destruído de uma variante otimista da "teologia natural" que tentava encontrar a bondade divina no curso dos acontecimentos históricos. (Esse não é o único significado, nem o significado normal, dessa teologia, como veremos.) Como alguém poderia acreditar que o mundo estava se tornando cada vez melhor, sob a orientação benevolente de uma providência sábia, se eventos dessa natureza eram autorizados a acontecer? É claro que havia muitas outras justificativas para a reação que se viu. Lisboa não gerou o ceticismo de Voltaire repentinamente, assim como a Primeira Guerra Mundial não gerou o comentário *A carta aos Romanos*, de Karl Barth, a partir do nada, e os eventos de 11 de setembro de 2001 também não geraram do zero a retórica antirreligiosa dos supostos "novos ateus".[10] A atmosfera cultural e filosófica que descreverei em breve já estava em curso algum tempo antes da catástrofe, mas Lisboa deu a ela um novo foco e uma nova energia.

Alguns cristãos, incluindo John Wesley, interpretaram o terremoto como um sinal do juízo divino. (É claro que isso também pode ser visto como uma forma de "teologia natural", deduzindo atos divinos de ocorrências no mundo "natural".) Essa posição estava alinhada com a espécie de "interpretação" segundo a qual James Begg, um ministro ilustre da Igreja Livre, viu o desastre da ponte Tay em 1879 como um julgamento de Deus, tanto no trem — que funcionava em um domingo — como em várias pessoas supostamente perversas que estavam a bordo.[11] Interpretações semelhantes de tragédias existem até os dias atuais, mas

---

[9]Isso foi principalmente explorado por S. Neiman, *Evil in Modern Thought: An Alternative History of Philosophy*. Publicado em português sob o título *O mal no pensamento moderno: uma história alternativa da filosofia*. Cf. também D. Fergusson, *The Providence of God: A Polyphonic Approach*, p. 124-32. Fergusson descreve Lisboa duas vezes como "um evento dobradiça" (p. 124, 130) e destaca (p. 125) que, para Voltaire, tal evento provoca sérias dúvidas sobre a visão otimista da ordem natural observada, por exemplo, em Alexander Pope.

[10]Sobre a origem desse termo e a diferença entre os diversos escritores, cf. T. Zenk, "New Atheism", in *The Oxford Handbook of Atheism*, p. 245-60. Os "novos ateus" são considerados o tipo menos importante no recente *Seven Types of Atheism*, de John Gray, capítulo 1: ele chama o movimento de "uma repetição entediante de uma discussão vitoriana", dizendo que "o ateísmo organizado do século atual é, em grande parte, um fenômeno da mídia e mais considerado um tipo de entretenimento" (p. 9, 23).

[11]Cf. Fergusson, *Providence*, p. 127, 162.

HISTÓRIA *e escatologia*

meu ponto é simplesmente que argumentos como o do bispo Butler, que pareciam ser convincentes para muitos nas décadas de 1730 e 1740, pareciam ser muito menos persuasivos depois do que houve em Lisboa.

É claro que terremotos, fome e afins não eram questões novas. Os judeus e os cristãos devotos sempre souberam deles. Normalmente, esses eventos não eram vistos como um *problema* para a teologia cristã. Os leitores de Paulo se preocupavam com muitas coisas, mas não com essas. Nem os primeiros pais da igreja, nem os grandes pensadores medievais, tampouco os reformadores do século 16, acreditavam que (como passamos a chamar) os "desastres naturais" poderiam ameaçar os fundamentos da fé. Agostinho aborda o tema de por que tanto os justos como os maus são vulneráveis às catástrofes deste mundo e responde que isso não interfere na salvação eterna do povo de Deus, que, de qualquer forma, morreria um dia.[12] Talvez esses eventos somente representassem uma ameaça aparente à fé quando a forma adotada pelo cristianismo era o deísmo ou a resposta semelhante à de Butler. Nesse sentido, Lisboa pode ter sido mais um sintoma do que a causa de um ceticismo que vinha crescendo silenciosamente no cenário do pensamento europeu. Pode ser que os defensores otimistas de uma utopia pós-milenista tenham preferido menosprezar tais acontecimentos. Será que supunham que a propagação do evangelho erradicaria os vulcões e os terremotos, bem como a pecaminosidade humana?

Afinal, o ceticismo em si não era uma nova opção.[13] Fazia mais de um século que o *Cogito* de Descartes havia desencadeado (ao que parece, apesar das grandes intenções do francês) uma onda de pensamento crítico que alguns seguiam na direção cética.[14] Lembranças da Guerra dos Trinta Anos e de outros conflitos intrarreligiosos funcionavam como ventos para agitar aquela onda e transformá-la em um

---

[12]Civ. 1.8-11. Uma resposta parecida é dada por C. S. Lewis em *Cartas de um diabo a seu aprendiz*, Carta XXIV, onde Maldanado repreende Vermelindo por ficar animado com o número de pessoas mortas em bombardeios: "Se eu quiser saber em que estado de espírito morreram, basta-me consultar os arquivos do lado de cá. Que eles morreriam algum dia, eu já sabia. Por favor, mantenha o foco no seu trabalho". No entanto, Lucrécio já usava as "falhas" aparentes no mundo natural como argumento contra o envolvimento divino (*Rer. nat.* 2.180f.).

[13]Para uma breve visão geral do ceticismo antigo, veja, por exemplo, Julia Annas e Jonathan Barnes, *Sextus Empiricus: Outlines of Scepticism*, xvi-xix.

[14]Da literatura volumosa sobre Descartes, veja recentemente H. Cook, *The Young Descartes: Nobility, Rumor and War*.

O SANTUÁRIO DESTRUÍDO

tsunami intelectual para rivalizar com o real que atingira Lisboa. Em outras palavras, as pessoas já tinham o que poderíamos chamar de motivos sociopolíticos para desejar que o cristianismo não fosse verdadeiro ou pelo menos para duvidar de suas declarações absolutistas. Agora elas tinham ferramentas epistemológicas para dar continuidade ao caso.

Um nome marcante dessa narrativa é o do francês Pierre Bayle (1647—1706), um refugiado huguenote que morava na Holanda. Ele argumentava que o ateísmo era mais racional — e mais propenso a gerar harmonia social — do que o deísmo.[15] O terremoto de Lisboa fora, então, usado por aqueles que pretendiam (por tantas razões, principalmente a corrupção da igreja francesa) rejeitar o cristianismo europeu predominante, independentemente de ser católico ou protestante. Os comentários sarcásticos de Voltaire sobre Deus e Lisboa — ele pergunta aos devotos: "Vocês me dirão agora que esse evento terrível simplesmente ilustrará 'as leis de ferro que encadeiam a vontade de Deus'"? — expressaram o que muitos outros pensavam.[16]

Quando a poeira baixou, o resultado foi que o deísmo a que Butler se opunha estava sendo ultrapassado por uma visão de mundo parecida, porém mais clara, ou seja, por um renascimento da filosofia antiga de Epicuro. Pelo menos agora as coisas estavam mais explícitas. Com frequência, as pessoas confundiam deísmo com cristianismo, como ainda o fazem. Isso era muito menos provável com o epicurismo. O deísmo se manteria — alguns sugeriram que continua a ser um padrão para muitos ocidentais que se consideram cristãos —, mas a atmosfera pública e a suposição amplamente defendida mudaram.[17]

---

[15]Cf. A. C. Kors, "The Age of Enlightenment", in Bullivant and Ruse, eds., *Oxford Handbook of Atheism*, p. 195-211.

[16]Voltaire, "Poem on the Lisbon Disaster: or, An Examination of that Axiom, 'All is Well'" (1756, embora, aparentemente, tenha sido escrito no final de 1755: cf. *Toleration and Other Essays by Voltaire*). Voltaire possuía, no mínimo, seis cópias ou traduções de Lucrécio, o grande epicurista romano (Peter Gay, *The Enlightenment: The Rise of Modern Paganism*). Em uma obra, ele se apresentou como "um novo Lucrécio que arrancará a máscara da face da religião" (I.104). A verdade é que, em seu poema pós-Lisboa, Voltaire afirmou rejeitar Platão e Epicuro e preferir Bayle. Talvez o que ele rejeitasse no epicurismo, como nas estrofes finais do poema, não fosse a ideia das divindades ausentes, mas, sim, o fato de que a vida poderia consistir na "regra genial dos prazeres ensolarados". Agora ele contemplava uma perspectiva mais obscura.

[17]Cf. C. Smith e M. L. Denton, *Soul Searching: The Religious and Spiritual Lives of American Teenagers*: foram eles que introduziram a expressão agora popular "deísmo terapêutico moralista".

HISTÓRIA *e escatologia*

O epicurismo estava realmente se tornando cada vez mais popular na Europa, como alternativa à religião oficial, desde a redescoberta de 1417 de Lucrécio, o maior defensor de Epicuro.[18] Foi promovido com entusiasmo por Pierre Gassendi (1592—1655), que o via como um substituto para as análises aristotélicas do mundo e que tentou criar um resumo com as ideias cristãs, algo que seus sucessores consideravam cada vez mais impossível.[19] O epicurismo havia sido influente, ainda que inevitavelmente controverso, nas discussões complexas e politicamente carregadas do século 17, incluindo o surgimento de novos esforços científicos. Edmund Halley (1656—1742) usou Lucrécio como modelo para a ode que escreveu na intenção de celebrar o sistema matematicamente coerente de Isaac Newton (1642—1727).[20] O cônego Robert South, de Oxford, ansioso para dizer as piores coisas possíveis sobre os membros da Royal Society, descreveu-os em 1678 como "filhos de Epicuro, tanto pela voluptuosidade como pela incredulidade".[21] Em sua famosa *Enciclopédia*, Diderot sugeriu que a França estava cheia de epicuristas de todos os tipos.[22] Ao escrever a um amigo, em 1715, Leibniz comentou sobre o surgimento do "materialismo" e do "mortalismo", movimentos que surgiram na Inglaterra (nas palavras de Catherine Wilson) "nas comoções antiautoritárias e na fragmentação

---

[18]Sobre o epicurismo antigo, veja o resumo em meu *Paul and the Faithfulness of God*, Christian Origins and the Question of God 4 (daqui em diante, PFG), 211f. Sobre Lucrécio, veja agora M. R. Gale, *Oxford Readings in Classical Studies: Lucretius*. Sobre o epicurismo nos séculos 17 e 18, veja as obras mais antigas de T. Mayo, *Epicurus in England* (1650—1725); e H. Jones, *The Epicurean Tradition*, e mais recentemente, por exemplo, W. R. Johnson, *Lucretius and the Modern World*; D. R. Gordon e D. B. Suits, *Epicurus: His Continuing Influence and Contemporary Relevance*, e principalmente C. Wilson, *Epicureanism at the Origins of Modernity*, e S. Greenblatt, *The Swerve: How the Renaissance Began* (relato da história da redescoberta de 1417 e suas consequências). O tratamento em larga escala dispensado por Peter Gay ao Iluminismo (*The Enlightenment*) destaca o papel do epicurismo. Gay foi criticado, mas não penso que sua tese implícita tenha sido anulada. Um conjunto de estudos críticos aprofundados importantes de todo o fenômeno, resistindo a simplificações excessivas, mas ainda enfatizando meu ponto principal aqui, pode ser encontrado agora em N. Leddy e A. S. Lifschitz, eds., *Epicurus in the Enlightenment*.
[19]Sobre Gassendi, veja, por exemplo, Gay, *Enlightenment*, 1.305f. Ele era admirado por Locke, Newton, Voltaire e muitos outros.
[20]Cf. W. R. Albury, "Halley's Ode on the *Principia* of Newton and the Epicurean Revival in England", p. 24-43.
[21]Wilson, *Epicureanism*, p. 237; cf. R. H. Syfret, "Some Early Reactions to the Royal Society", p. 234.
[22]Gay, *Enlightenment*, p. 1.307.

O SANTUÁRIO DESTRUÍDO

sectária da Guerra Civil Inglesa".[23] Thomas Hobbes era constantemente denunciado como ateu e epicurista.[24] A combinação explosiva de investigação científica, radicalismo político e ceticismo teológico já estava no ar havia algum tempo. Podemos debater para discernir as raízes de tudo isso no nominalismo de pensadores como William de Occam, muitos séculos antes.[25]

Então, o epicurismo estava mais forte havia um bom tempo. Mas, depois de 1755, tornou-se predominante e (até os dias de hoje) permanente. Esqueça as estrelas e os planetas cantando louvores a Deus. Se existe um deus, ele está muito longe e não conhece nenhum de nós nem as estrelas rodopiantes. A religião é uma invenção humana planejada para manter as massas dóceis.[26] O mundo faz o que faz em seu próprio ritmo. Ele se desenvolve e muda de maneira aleatória, sem interferência externa, à medida que os átomos vão se movendo aleatoriamente e, às vezes, desviando-se, de modo a esbarrar uns nos outros e produzir novos efeitos. Isso é tudo que existe na vida. E, quando morremos, morremos. Portanto, em ambos os sentidos, *nada temos a temer*. Esse é o epicurismo em linhas gerais, desde o grande homem no século 3 a.C., passando pelo poema de Lucrécio no primeiro século a.C., até Maquiavel, Bentham e uma grande multidão desde então, inclusive, como veremos, Thomas Jefferson.[27]

Esses nomes — de pessoas que pretendiam fazer e realmente fizeram grande diferença no mundo — destacam duas diferenças principais entre as formas antiga e moderna da filosofia. Os epicuristas antigos pensavam que não havia muito o que fazer sobre o curso do mundo.

---

[23]Veja particularmente Wilson, *Epicureanism*, p. 200. A primeira carta de Leibniz a Clarke: cf. *Die Philosophischen Schriften von Gottfried Wilhelm Leibniz*, p. 7.352.

[24]Cf. Gay, *Enlightenment*, p. 1.314.

[25]Essa sugestão, que devo ao professor Tom Greggs, é fascinante, mas não pode ser levada adiante aqui. Veja, por exemplo, C. Taylor, *Secular Age*, p. 284. Publicado em português sob o título *Uma era secular*. Cf. também Gillespie, *Theological Origins of Modernity*, p. 36, destacando que a recuperação moderna do antigo atomismo e do epicurismo aconteceu dentro "do que já era uma visão essencialmente nominalista do mundo".

[26]Wilson, *Epicureanism*, p. 6; veja a página 33 para o ataque de Richard Bentley a esse respeito. Veja também a página 28 para Margaret Cavendish, que, na década de 1640, defendia uma forma de materialismo como apoio a uma versão inicial da libertação das mulheres (se o mundo estivesse agora livre da tirania dos deuses...). A ideia de a religião conter a revolução surge mais tarde, obviamente em Marx, que escreveu sua tese de doutorado sobre o epicurismo. Cf. a seguir.

[27]Sobre Jefferson, cf. a seguir.

HISTÓRIA *e escatologia*

Os átomos entravam em ação e realizavam sua própria tarefa. Tudo o que se podia fazer era ficar o mais confortável possível. No entanto, os epicuristas modernos viram nessa cosmologia uma oportunidade de buscar novos objetivos.[28] Os antigos eram uma minoria, uma pequena elite autodenominada. Os modernos passaram a ser maioria, tornando o mundo ocidental — seu habitat natural — a nova elite global auto-proclamada ("o mundo desenvolvido", com toda a ironia pesada que essa expressão agora contém). Friedrich von Schlegel (1772—1829), um filósofo romântico alemão, lamentou que o epicurismo se tivesse tornado a filosofia dominante na segunda metade do século 18.[29] Karl Köppen, um dos amigos mais próximos do jovem Karl Marx, apontava a íntima relação entre o *Aufklärer* do século 18 e o epicurismo, desta-cando que Epicuro era o grande "iluminista" da antiguidade. O próprio Marx defendeu esse ponto de vista em sua tese de doutorado.[30] Esse "materialismo" intenso, como argumenta Catherine Wilson em seu livro convincente, tornou-se tanto a moeda de troca do comércio do mundo ocidental moderno que nem sequer percebemos suas raízes antigas.[31] Wilson diz que, quando lemos os resumos de Lucrécio, as ideias parecem "profundamente familiares", pois "muitos dos concei-tos centrais da obra estão entre os fundamentos sobre os quais a vida moderna foi construída".[32]

Lucrécio realmente ajudou o mundo moderno a articular sua polê-mica padrão contra a religião.[33] A influência crescente do epicurismo (explícito ou não) na modernidade criou um ambiente tanto intelectual

---

[28]Por exemplo, Taylor, *Secular Age*, p. 367. Veja também a página 376: na nova visão "epi-curista-naturalista", "pode-se realmente viver em um mundo que parece proclamar em toda parte a ausência de Deus". Nesse mundo, "toda ordem, todo significado, vem de nós".

[29]G. S. Jones, *Karl Marx: Greatness and Illusion*, p. 613. Publicado em português sob o título *Karl Marx: grandeza e ilusão*. São Paulo: Companhia das Letras, 2017.

[30]Jones, *Karl Marx*, p. 616.

[31]Wilson, *Epicureanism*, v, vi. Ela continua sugerindo que um período de agitação civil e um clima de ceticismo criaram as condições sob as quais um epicurismo reformulado pode-ria "transformar o mundo material segundo os interesses humanos" (2), mudando assim, "as suposições da teoria política e moral de formas que agora vemos como garantidas". Analisamos as teorias rivais com bastante interesse, pois, "de certa maneira, somos todos epicuristas agora" (3). Wilson oferece uma definição mais detalhada de epicurismo nas pági-nas 37-38, explicando que a recuperação de elementos-chave alterou radicalmente a vida intelectual ocidental.

[32]Cf. Greenblatt, *Swerve*, p. 185.

[33]Taylor, *Secular Age*, p. 626.

O SANTUÁRIO DESTRUÍDO

como social, ambiente no qual ele agora sentia que era apropriado estudar e organizar a vida neste mundo sem fazer referência a Deus ou aos deuses e refletir sobre eles sem aludir às verdades contingentes da vida "histórica" neste mundo. Esse é o ponto no qual nosso esboço breve da atmosfera filosófica oferece o contexto vital para entendermos por que todo o projeto de "teologia natural", da forma como anteriormente concebido, acabou se tornando muito mais difícil. Dos grandes medievais, com seu universo profundamente aristotélico, eram esperados vários tipos de comércio entre o mundo atual e a verdade divina. Dentro de uma estrutura epicurista, o teólogo está sendo aparentemente desafiado a fabricar tijolos de teologia natural sem palha. Abriu-se um grande abismo com o "mundo real", incluindo a "história", de um lado, e quaisquer seres divinos do outro. Argumentar de um para o outro — especialmente para o Deus *cristão* — pode parecer algo similar aos humanos que tentam voar.

No entanto, existiriam outros deuses para quem o argumento poderia apontar mais naturalmente? Vale a pena refletir sobre essa distinção. De Demócrito a Epicuro, passando por Lucrécio, aos dias atuais, *existe* uma espécie de "teologia natural" em curso. Mas, diferente do que possam parecer os tipos "normais" dentro do cristianismo, essa teologia seria expressa da seguinte forma: nós olhamos para os átomos em movimento fazendo seu serviço e concluímos que os deuses nunca estiveram envolvidos neste mundo e continuam sem se envolver. Um relato mais cínico pode sugerir que a lógica real acontecia de outra maneira: não desejamos que os deuses se envolvam em nossas vidas, então, quando estudamos o mundo natural, preenchemos as "lacunas" nas quais a influência divina havia sido anteriormente detectada. Esse relato — que coloca o ceticismo contra si mesmo — seria tão plausível para os revolucionários do século 18 quanto para os "novos ateus" modernos. E essa questão da direção da viagem (estamos debatendo do mundo observado para os deuses ausentes, ou da esperada ausência divina para o mundo observado?) apresentaria, então, um paralelo intrigante à mesma questão dentro de uma possível teologia natural "cristã". Os cristãos estão realmente refletindo do mundo observado para o criador cristão ou estão vendo o criador e supondo o mundo como sua obra? Nesse caso, qual "criador" eles defenderiam exatamente?

HISTÓRIA *e escatologia*

Quando a nova situação se estabeleceu, os filósofos começaram a discutir sobre "o problema do mal" de uma nova maneira.[34] Separaram a questão do pecado humano e a solução divina que foi oferecida da razão pela qual as coisas aparentemente "más" acontecem no "mundo natural". O primeiro tema (pecado e salvação) foi passado aos teólogos sistemáticos que escreviam sobre "expiação", geralmente um assunto bem distante da "teodiceia" (a problemática da justiça de Deus), muitas vezes sem se dar conta de que o texto mais famoso do século primeiro a abordar essas coisas indiscutivelmente as manteve juntas (a carta de Paulo aos Romanos, refletindo sobre "a justiça de Deus"). Então, a teodiceia não precisou enfrentar a realidade de Deus lidar com o pecado humano, e sim as diversas versões do deísmo: se o universo atual é obra de um bom Deus, como um famoso humorista contemporâneo afirmou, parece que ele está um pouco insatisfeito.

O resultado de tudo isso, como veremos ao longo deste livro, não é apenas a conclusão de que uma "teologia natural" cristã seria necessária para fabricar tijolos sem palha, como também que ela precisaria construir em terras já inclinadas à subsidência. Não há dúvida de que é por razões tais que (como veremos mais adiante) o pensamento judaico considerava os ensinamentos de Epicuro a palavra final em visões de mundo falsas e perversas. Um envolvimento teológico verdadeiramente cristão com o mundo natural exige, a toda evidência, uma alternativa forte ao epicurismo.

Até o momento, apresentei um esboço rápido em linhas gerais do contexto de pensamento sobre o qual as discussões contemporâneas ligadas à "teologia natural" tomaram forma. Agora, pode ser útil fazer uma pequena pausa e esclarecer alguns pontos.

HISTÓRIA DAS IDEIAS

Primeiro, sobre a história das ideias. Falarei sobre diversos formadores de opinião notáveis, mas não concluo que todos eles tenham sido totalmente consistentes. É claro que temos inconsistências, mais óbvias a distância do que no caos da vida cotidiana. Também não suponho que

---

[34]Essa é a tese principal de Neiman, *Evil in Modern Thought*. Veja minha discussão em *Evil and the Justice of God*. Esse último livro foi publicado em português sob o título *O mal e a justiça de Deus*. Viçosa, MG: Ultimato, 2009.

O SANTUÁRIO DESTRUÍDO

as sociedades em geral adotem novas visões de mundo pelo fato de posteriormente alguém considerado um grande pensador fazer uma declaração específica. Algumas vezes, as histórias da filosofia e da teologia parecem sugerir que, uma vez que Descartes ou Hume tenham dito algo, todos leram e acreditaram rapidamente neles, até que os próximos filósofos se aprofundassem no assunto posteriormente. A vida real é mais complexa do que isso.[35]

Precisamos distinguir pioneiros de popularizadores. As ideias de alguns pensadores inovadores levam algum tempo para penetrar na mente popular. Diz a lenda que o jovem William Temple (1881—1944), que depois acabou se tornando arcebispo, perguntou a seu pai arquiepiscopal Frederick (1821—1902) por que os filósofos não governavam o mundo e recebeu a seguinte resposta: "É claro que governam, cem anos depois de sua morte!".[36] Por outro lado, alguns pensadores percebem uma atmosfera pública e a expressam de forma impressionante, esclarecendo, como na grandiosa poesia, algo "que foi muitas vezes, mas nunca tão bem, expresso".[37] Os pioneiros abrem caminho pela selva. Os popularizadores colocam indicadores claros em um caminho cada vez mais bem trilhado. Alguns, sem dúvida, permanecem no meio dessas opções. Alguns pioneiros são vistos posteriormente como popularizadores, ainda que — como Voltaire e Hume na década de 1750 e Marx por volta de 1850 — tenham sido, em sua própria época, vozes no deserto. Em algumas ocasiões, funciona ao contrário. Em meados de 1880, Nietzsche ouviu e se pronunciou duramente sobre o clima daqueles dias, mas hoje as pessoas olham para trás e o veem como um profeta assustado.[38]

Se decidirmos chamar esse novo mundo de "Modernidade", "Iluminismo" ou qualquer outra opção disponível, usaremos esses rótulos de forma investigativa. As figuras-chave raramente se enxergam

---

[35]Sobre a complexidade fascinante das relações entre pensadores diferentes, veja R. Collins, *The Sociology of Philosophies: A Global Theory of Intellectual Change.*
[36]Não fui capaz de encontrar nenhuma fonte escrita para essa lenda.
[37]A. Pope, *An Essay on Criticism*, p. 2.298. A famosa frase de Pope é, por si só, um exemplo de seu próprio argumento. Publicado em português sob o título *Ensaio sobre a crítica de Alexandre Pope*. S.l.: Forgotten Books, 2018.
[38]Sobre o acolhimento inicial de Nietzsche, veja E. Behler, "Nietzsche in the Twentieth Century", p. 282, dividindo seu impacto nos momentos anterior e posterior à Segunda Guerra Mundial (antes: impacto literário; depois: filosófico).

HISTÓRIA *e escatologia*

nessas categorias. Pensamos em Schubert como uma ponte entre a música clássica e a romântica, mas ele mesmo pensava no amor, na morte e em sua próxima melodia. Só depois colocamos as pessoas em uma classe maior, que sempre será um esboço, muitas vezes, inevitavelmente, até uma caricatura. Seja como for, meu objetivo não é tentar estabelecer uma genealogia exata das ideias em desenvolvimento, mas, sim, chamar a atenção para diferentes correntes de pensamento que moldaram o contexto intelectual em que as pessoas abordaram as questões relacionadas ao mundo, à história e a Deus, e lembrar que, após a destruição do santuário da teologia natural semelhante à de Butler, ele foi substituído, na mente popular, por algo bem diferente que produziu desafios novos e duradouros. Para nossos próprios propósitos, o resultado é claro: nem a busca moderna por tal teologia nem a busca histórica moderna por Jesus nos trazem um projeto "neutro", acondicionado por seu próprio tempo.

É claro que não devemos analisar um fenômeno multicolorido através de lentes monocromáticas. Assim como no mundo antigo, onde o Sêneca estoico podia alegremente tomar emprestadas ideias epicuristas, justificando que, se algo fosse verdade, continuaria a ser verdade, independentemente de quem o dissesse,[39] os grandes pensadores europeus dos séculos 17, 18 e 19 eram capazes de todos os tipos de ecletismo.[40] Na época, o epicurismo "era tudo, menos uma doutrina unificada... foi construído a partir de uma variedade de componentes, muitas vezes aplicados de forma independente uns dos outros, em diferentes cenários e com múltiplas estratégias".[41] Alguns analistas viram os principais conflitos filosóficos da época entre um agostinismo latente e um estoicismo restaurado, com o epicurismo desempenhando um papel menor. Segundo meu ponto de vista, as evidências sugerem que este último se tornou cada vez mais dominante até que (como aponta Wilson) passou

---

[39]Veja, por exemplo, Sêneca, *Cartas* 8.8. Em 2.5-6, ele escreve: "Estou acostumado a atravessar o campo do inimigo, não como desertor, mas como sentinela".

[40]Veja Gay, *Enlightenment*, 1.42f., 304f. e (citando Fontenelle como exemplo) 317f.

[41]N. Leddy e A. S. Lifschitz, "Epicurus in the Enlightenment", 1-11 (2). Eles contrastam essa análise complexa com a aparentemente mais simples oferecida por Gay, *Enlightenment*, p. 1.371 e em outros lugares, mas a abordagem de Gay costuma ser mais moderada que as demais. D. Edelstein, em *The Enlightenment: A Genealogy*, p. 45, sugere que é necessário alterar a tese de Gay sobre o Iluminismo para um "novo paganismo", porém ele admite (4f.) que seu próprio trabalho é alimentado pelo de Gay durante todo o processo.

O SANTUÁRIO DESTRUÍDO

a ser o ar nativo do Ocidente moderno.[42] As especificidades das teorias científicas de Lucrécio foram deixadas para trás, mas, de muitas outras maneiras, ele protege nosso mundo como um Colossus. "O epicurista reflexivo (ou seja, Lucrécio) inspirou o jovem Voltaire e o maduro Holbach, e sua memória sustentou o agonizante David Hume."[43]

Deísmo e epicurismo

Então, quanto à minha segunda pergunta de como esse epicurismo mais recente difere do deísmo que já era difundido nos séculos 17 e 18,[44] sugeri que o segundo criou um ponto de transição fácil para o primeiro. Então, qual é a diferença?

Deístas e epicuristas compartilham a mesma visão, que agora se espalhou pela cultura ocidental, de que existe um grande abismo entre Deus (ou os deuses) e o mundo em que vivemos. Aqui precisamos ter cuidado. Para os epicuristas, pelo menos, os deuses são formados por átomos como todos os demais seres, sendo, então, o mesmo *tipo* de criatura que nós, apenas completamente afastados de nós.[45] Isso contrasta com a visão predominante dos judeus e cristãos, e eu acredito que até mesmo dos deístas, para quem o referente da palavra "Deus" é diferente de nós em *espécie* e em *localização*, pois acreditamos que ele habita um tipo de espaço distinto do nosso, apesar de se sobrepor e se interligar a nós. (Para os cristãos, a encarnação da Segunda Pessoa da Trindade preenche obviamente a lacuna tanto da ontologia como do lugar, resultando em complexidades e possibilidades que abordaremos mais adiante.) Para os deístas, existe um Deus que criou o mundo, o relojoeiro supremo que faz a máquina funcionar e a lubrifica bem. Alguns defensores dessa linha de pensamento, como Newton, acreditam que o relojoeiro, de forma inconsistente, precisa voltar de vez em

---

[42]Sobre o neoestoicismo do período, veja Taylor, *Secular Age*, p. 115-30 e em outros lugares. Para o argumento de Wilson, veja p. 8-9, com p. 282-83, n. 31.
[43]Gay, *Enlightenment*, 1.105, resumindo um debate importante (p. 98-105).
[44]Sobre o deísmo, veja, por exemplo, J. R. Wigelsworth, *Deism in Enlightenment England: Theology, Politics and Newtonian Public Science*.
[45]Sobre o problema da estrutura física dos deuses e a dificuldade de interpretar as evidências relevantes, veja A. A. Long, *Hellenistic Philosophy: Stoics, Epicureans, Sceptics*, p. 46-49; e J. Mansfield, "Theology", p. 472-75, observando (mas rejeitando) a interpretação variante de Cícero, *Nat. d.* 1,49-50, segundo a qual a ideia dos deuses era simplesmente uma projeção da mente humana.

HISTÓRIA *e escatologia*

quando para observar o relógio ou talvez ajustar a hora (por isso alguns deles, como certos Pais Fundadores dos Estados Unidos, ficaram felizes em orar e incentivar outros a fazê-lo, para conseguir resultados específicos).[46] No entanto, para os epicuristas, os deuses nada tinham a ver com a criação do mundo, nem com sua manutenção.[47] O mundo também não é uma máquina racional bem cuidada, já que sua vida contínua é uma questão de tentativa e erro irracional, com átomos colidindo entre si aleatoriamente e, portanto, sem oferecer esperança de "progresso", uma ideia cujas origens logo abordarei. No epicurismo, não há o "problema do mal"; o mundo é o que é. Podemos não gostar disso, mas avaliar a "moralidade" do que acontece em um universo aleatório é fazer uma pergunta sem sentido.[48] Para alguns deístas, Deus se importa com nosso comportamento e pode até nos chamar para prestarmos contas. Para os epicuristas — e essa sempre foi sua atração, nos tempos antigos, medievais e modernos —, os deuses não se importam e não julgam, então a forma como nos comportamos só diz respeito a nós, e a morte nos reduz a nada.[49] Os epicuristas relaxados interpretaram isso como um convite à libertinagem; as pessoas sérias, como um conselho de moderação.[50] Hoje em dia, ao ouvir a palavra "epicurista", muitas pessoas pensam em moralidade ou, mais provavelmente, em imoralidade. Quando uso o termo neste livro, meu foco é principalmente na cosmologia, em que o domínio dos deuses é totalmente tirado de nós e incompatível com isso, embora sirva de modelo para o filósofo que deseja afastar-se igualmente do rebanho comum.[51] Quaisquer seres

---

[46]Para entender se Newton era realmente um deísta, como muitos pensavam, ou se Voltaire estava certo ao vê-lo defendendo uma posição cristã básica, cf. Gay, *Enlightenment*, 1.316f. Sobre os tipos diferentes de deísmo, cf., por exemplo, Taylor, *Secular Age*, capítulo 6.

[47]Na *Cyclopedia, or a Universal Dictionary of Arts and Sciences*, de E. Chambers, p. 1.322, sabemos que os epicuristas pensam que, "sob a majestade da divindade estão as questões humanas" (citado por J. A. Harris, "The Epicurean in Hume", p. 161-81 [166]). Cf. o retrato de Lucrécio de Tennyson, refletindo, embora com perguntas, a "calma eterna e sagrada dos deuses" (*The Complete Works of Alfred Lord Tennyson*, p. 162).

[48]Lucrécio chama a atenção para os defeitos do mundo pelos quais nenhum deus poderia ser responsabilizado: *Rer. Nat.* 2.165-183; 5.195-234.

[49]Cf. Epicuro, *Letter to Menoeceus*, p. 125. Publicado em português sob o título *Carta sobre a felicidade (a Meneceu)*. São Paulo: Unesp, s.d.

[50]Chambers novamente (*Cyclopedia*, 1.322): Os "epicuristas rígidos" se concentram nos prazeres da mente e da virtude, enquanto os "epicuristas desleixados" buscam os prazeres do corpo (citado por Harris, "Epicurean in Hume", p. 165).

[51]Cf. A. A. Long e D. N. Sedley, *The Hellenistic Philosophers*, p. 1.146.

divinos estão fora de nosso alcance. Se você desejar, pode até admitir a existência deles, oferecendo uma análise distante e fria de sua superioridade, mas não deve esperar que a oração, a devoção ou a santidade surtam algum efeito sobre eles, ainda que alguns tipos de afeição possam ter efeito benéfico sobre nós mesmos. Quando pesquisas modernas sugerem que há muito mais pessoas afirmando que "creem em Deus" do que aquelas que vão à igreja, aqui está uma explicação óbvia: por que você se levantaria da cama em um domingo de manhã por um deus deísta distante, e menos ainda pelos epicuristas ausentes?[52]

Iluminismo

Em terceiro lugar, vamos ao significado de "Iluminismo". Responder a esse questionamento nos levará direto à minha análise principal.

A palavra inglesa "Iluminismo" teve origem no século 19, no *Aufklärung* alemão, usado por Immanuel Kant em 1784. Kant estava familiarizado com os pensadores franceses que produziram, em 1751, a famosa *Enciclopédia*, que se referia às *lumières*, as "luzes" que surgiam na época. Seu nome era comum e colocava um rótulo no que parecia estar acontecendo. Ele era ativo, nomeando um plano a ser seguido. A definição do próprio Kant, em seu famoso ensaio *Was ist Aufklärung?*, estava ligada à liberdade de usar publicamente a razão de alguém com o objetivo de libertar a humanidade de sua imaturidade autoimposta.[53] A vertente polêmica em quase todas as palavras aqui nos mostra que *Aufklärung* já estava sendo visto como um lema de campanha.

Tal palavra de origem inglesa ainda estava sendo usada com desdém no final do século 19, justificando uma das definições do *Oxford English Dictionary* que se refere ao "espírito e aos propósitos dos filósofos franceses do século 18 ou de outros que pretendem unir-se a eles na acusação implícita de intelectualismo vazio e pretensioso, desprezo irracional pela tradição

---

[52]De forma irônica, alguns viram a "lacuna" entre Deus e o mundo não tanto com base no ceticismo dos séculos 17 e 18, mas nos próprios grandes reformadores: veja, por exemplo, Edelstein, *Enlightenment*, p. 34: "O calvinismo abriu uma brecha entre este mundo e o outro, a ponto de até os católicos (e principalmente os jansenistas) passarem a considerar a realidade do divino como inerentemente separada do mundo dos seres humanos". Isso me parece controverso, mas digno de reflexão.
[53]Immanuel Kant, "Beantwortung der Frage: ist Aufklärung?", p. 481-94. Cf. J. Robertson, *The Enlightenment: A Very Short Introduction*, p. 7.

HISTÓRIA *e escatologia*

ou autoridade etc.".[54] No entanto, a repulsa inglesa padrão por teorias continentais estranhas não pode mascarar o fato de que a origem do Iluminismo remonta à Inglaterra do século 17. O próprio Kant observou a epistemologia baseada no senso comum de John Locke. Outros pensadores britânicos como Francis Bacon, Thomas Hobbes e David Hume lideravam o mesmo movimento, ainda que não tivessem o nome que usamos agora.[55] No começo do século 19, William Blake (1757—1827) opôs-se não só aos líderes franceses, mas também à filosofia epicurista.[56]

Então, o projeto do "Iluminismo" sempre foi multifacetado. Os historiadores têm opiniões diferentes quanto a quais pensadores e movimentos merecem mais destaque e observam as divergências culturais entre os iluministas alemães, franceses, ingleses e escoceses, além da variedade americana. Porém, todos eles consideram a definição de Kant e o sentido de um *projeto compartilhado* que ele invoca, e de uma nova visão de mundo que assume. Novos *conhecimentos* abriram passagem para uma nova era de *liberdade*, a maioridade humana. A libertação da teologia ou da religião tradicional, junto às novas formas de liberdade política, era interpretada como conectada e, de certa forma, consequente às novas descobertas e teorias científicas. Mais uma vez, o rumo desse argumento implícito levanta questões sobre como uma "teologia natural" implícita realmente funciona. O epicurismo científico veio primeiro, conduzindo (na política) à revolução e (na teologia e na religião) a um Deus ausente e a um Jesus "meramente humano"? Ou foi o contrário? Ou era uma mistura mais complexa disso tudo e mais?

Um movimento tão complexo, contendo elementos filosóficos, teológicos, sociais, culturais e políticos, não aparece num piscar de olhos, com Albert Schweitzer ou A. J. Ayer surgindo totalmente armados da cabeça de Kant, como Atenas da cabeça de Zeus. É claro que, ao longo

---

[54]OED cita J. H. Stirling, *The Secret of Hegel* (1865), p. xxvii-xxviii.

[55]Veja Greenblatt, *Swerve*, 261f. O século 17 assistiu ao surgimento de grandes críticos do Iluminismo, como Vico, Hamann e Herder: veja I. Berlin, *Three Critics of the Enlightenment: Vico, Hamann, Herder*. Gottlieb, *The Dream of Enlightenment*, p. 39, vê "um materialismo revivido", atualizando Demócrito e Epicuro, como "uma das duas principais inovações filosóficas de Hobbes", sendo a outra uma visão romântica do governo. Como vimos, Locke foi influenciado pelos seguidores de Gassendi, que tentaram combinar formas de epicurismo e cristianismo (Gottlieb, *Dream of Enlightenment*, p. 126, 138).

[56]Cf. seu poema "Mock on, mock on, Voltaire, Rousseau...", escrito em algum momento entre 1800 e 1804, e que termina com uma referência insultante aos "átomos de Demócrito", acoplando-os às "partículas de luz de Newton" (William Blake, *Selected Poems*, p. 148).

O SANTUÁRIO DESTRUÍDO

dos séculos 18 e 19, houve pensadores importantes e movimentos cristãos que mostraram poucos sinais das tendências do "Iluminismo". John e Charles Wesley estão entre os grandes nomes do século 18, assim como o dedicado Samuel Johnson. John Henry Newman, igualmente devoto, mas de uma forma diferente, foi um dos escritores mais influentes da Inglaterra do século 19. Mas havia uma maré correndo tão intensamente na outra direção que, quando abrimos um livro intitulado *God's Funeral*, descobrimos que não se trata do movimento Morte de Deus dos anos 1960, ou dos "novos ateus" de Dawkins e Hitchens, mas, sim, da era vitoriana.[57] O ateísmo é o fim da estrada epicurista. Não há muita diferença entre ter divindades distantes, desconhecidas e desinteressadas, e não haver deus algum. No final do século 19, muitos — principalmente aqueles em posição de tirar proveito de tudo — adotaram essa nova visão e supunham fazer isso com base na "ciência".

Na verdade, a palavra *Iluminismo* diz tudo, pelo menos em retrospecto. Tudo o que havia acontecido antes era escuridão e superstição e, agora, vinha a iluminação repentina. A famosa máxima de Alexander Pope capta o sentido:

> A natureza e as leis da natureza se escondiam à noite:
> Deus disse: "Seja Newton!" e tudo se fez luz.[58]

Esse sentido de nova luz substituindo as trevas anteriores sempre foi o apelo do grande poeta epicurista Lucrécio: um mundo novo, livre da ignorância e principalmente do medo da interferência divina ou da condenação final. Esse "novo mundo" foi realmente o resgate de uma das grandes filosofias antigas e foi aclamado como tal por muitos na época. Hoje, ele acaba com a suposição generalizada de que "o mundo moderno" como um todo foi "descoberto" pela pesquisa científica, deixando as visões antigas para trás.[59] Segundo essa suposição implícita,

---

[57] A. N. Wilson, *God's Funeral*.
[58] Pope, "Intended for Sir Isaac Newton", p. 371. Uma nota de rodapé indica que Newton nasceu no mesmo dia em que Galileu morreu. A famosa frase de Pope produziu uma resposta de J. C. Squire (1884—1958): "Não durou: o diabo, uivou 'Ho! Seja Einstein!'" e restaurou o *status quo* (disponível em https://en.wikiquote.org/wiki /J.C.Squire).
[59] Cf. Edelstein, *Enlightenment*, p. 22, 28: as primeiras teorias do "Iluminismo" começaram como histórias comemorativas da "revolução científica", mas, ao mesmo tempo, eram um resgate dos "antigos".

HISTÓRIA *e escatologia*

os cientistas descobriram como o mundo funciona e, como resultado, podemos e faremos as coisas ao nosso modo. Chegamos à maioridade, somos adultos, capazes não só de entender nosso próprio destino, como também de levá-lo adiante. Portanto, os seres humanos devem permanecer firmes e aceitar a fatalidade obscura do mundo aleatório. Tudo isso (além das descobertas científicas modernas específicas) consistia em uma visão mundial bem estabelecida do primeiro século a.C. Naquela época, como já dissemos, essa visão era de uma pequena minoria, mas agora se tornou o entendimento de uma maioria, pelo menos no mundo ocidental.[60] Esse é um dos pontos principais deste capítulo.

Para um bom exemplo de tudo isso no século 19, vale considerar o poeta William Ernest Henley (1849—1903), que foi tão influente em meados do século 19 quanto Samuel Johnson no século 18. Seu "Invicto", escrito em 1875, é bem conhecido por suas últimas frases: "Sou o mestre do meu destino, capitão da minha alma". O poema aceita a nova filosofia e anuncia uma autoconfiança humana de dentro dela. Ele declara: "Minha cabeça está sangrando, mas sem flechas". A própria morte se aproxima como "a ameaça dos anos", que "me encontra e me encontrará destemido".[61] Esse grito desafiador deve ser contextualizado. Após adoecer de tuberculose quando menino, Henley teve sua perna esquerda amputada aos 20 anos. (Ele era o modelo do "Grande John Silver", o pirata vigoroso de uma perna só de Robert Louis Stevenson.) O poema expressa certa resolução estoica, mas não é definido no contexto do panteísmo, em que o orador é, de alguma forma, parte do divino (ou vice-versa), mas de uma independência desapegada, característica de um epicurismo forte. Seja o que for que os deuses estejam planejando, viverei minha vida de forma independente e não haverá "nada a temer" sobre a morte. Vinte anos depois, a Universidade de St. Andrews concedeu a Henley um doutorado em Letras.[62]

Agora, veremos como o resultado de tudo isso foi uma atmosfera de opinião que separava constantemente as coisas. A "teologia natural" se tornaria uma "teologia sem história" (especialmente sem Jesus em

---

[60] Cf. Taylor, *Secular Age*, p. 19.
[61] *The Oxford Book of English Verse*, p. 792.
[62] Cf. *St. Andrews Citizen*, 8 de abril de 1893; *Dictionary of National Biography* (suplemento de 1912), p. 245. Existem sugestões on-line de que o título de divindade parecia estar fora de lugar.

seu contexto do primeiro século). Os "estudos bíblicos" se tornariam "história sem Deus". O primeiro levaria a espécies de "teísmo clássico", buscando em Deus um "ser perfeito" a quem seria difícil associar o verdadeiro Jesus. O segundo levaria ao ceticismo dos estudiosos de Jesus, de Hermann Samuel Reimarus, no final do século 18, a Robert Funk, no final do século 20. Tais correntes de pensamento são eventuais, não necessárias. A compreensão de seus contextos e das forças que os movem nos ajudará a saber como recompor o que nunca deveria ter sido separado.

Gravetos em uma ventania

Para organizar nossa análise, precisamos olhar para além da teologia e da exegese. Nossas disciplinas têm-se inclinado a contar suas próprias histórias como se fossem distantes do mundo como um todo. Em minha área, a história da erudição do Novo Testamento costuma ser contada com referência mínima à cena cultural mais ampla.[63] Mas isso é vago. (Há um paralelo aqui com a história da própria filosofia. Como Jonathan Israel aponta em sua introdução aos estudos de Isaiah Berlin em *Three Critics of the Enlightment*, os filósofos tendem a contar a história de como ideias específicas se desenvolveram no vácuo, enquanto Berlin se preocupa em colocar a história em sua estrutura cultural mais abrangente.)[64] Essa tarefa é necessariamente generalizada e genérica. Mas, nessa fase de minha análise, existem indicações fortes e claras da atmosfera geral.

Observo, especificamente, cinco características da cultura do final do século 18. A princípio, elas podem parecer desconectadas e pouco relacionadas à teologia natural ou (à exceção da última) à exegese bíblica. Mas, juntas, formam um padrão.

Primeiro, as revoluções nos Estados Unidos (1775—1783) e na França (1789—1799). Começando pela ordem inversa, a França testemunhou um ataque desenvolvido há muito (originário do pietismo jansenista) contra a alta religião da corte católica romana. Cada vez

---

[63]Veja, por exemplo, W. G. Kümmel, *The New Testament: The History of the Investigation of Its Problems*. W. Baird, *History of New Testament Research*, oferece um pequeno contexto sociocultural, que consiste principalmente em uma crônica de propostas exegéticas incessantes.
[64]J. Israel, prefácio de I. Berlin, *Three Critics of the Enlightenment*, p. vii.

HISTÓRIA *e escatologia*

mais politizado no século 18, esse ataque conciliou uma nova análise intelectual e um ato reativo às corrupções da coroa e da Igreja.[65] Não devemos supor que os franceses comuns estivessem, no início, ansiosos por destruir a Igreja, mas a Revolução deu força política à ideia de que a sociedade deveria ser reestruturada de cima para baixo. Isso levou à campanha de "descristianização" de 1793, a qual resultou em uma vertente específica da filosofia antideus, estabelecendo a deusa da Razão na Catedral de Notre Dame, com uma festa de inauguração no dia 10 de novembro daquele ano. Para os revolucionários franceses mais radicais, livrar-se dos príncipes e livrar-se de Deus e de seus representantes terrenos eram duas formas de dizer a mesma coisa.

No entanto, Robespierre tentou mediar com uma forma de deísmo. Em seu último discurso na Convenção, ele declarou, de forma enigmática, que a morte não era um sono eterno, mas o começo da imortalidade. Em junho de 1794, ele apoiou o "Culto ao Ser Supremo", mas seus oponentes na extrema-esquerda mostravam-se incansáveis. Sete semanas depois (26 de julho de 1794), quando o guilhotinaram, insistiram, em uma linguagem que todos entendiam, que algo como epicurismo — e não o deísmo — passara a ser a nova ortodoxia.[66]

Enquanto isso, os Estados Unidos estavam ansiosos para se libertar não só da monarquia britânica, como também das estruturas teológicas e eclesiásticas que pareciam sustentá-la. Afinal, Thomas Jefferson viria a declarar posteriormente: "Também sou epicurista", embora, para ser justo, ele fosse também outras coisas.[67] A maioria dos Pais Fundadores

---

[65]Sobre o jansenismo e sobre quão importante foi essa fase da política do século 18 na França, veja D. K. Van Kley, *The Religious Origins of the French Revolution: From Calvin to the Civil Constitution, 1560—1791.*

[66]Veja P. McPhee, *Robespierre: A Revolutionary Life.* Veja também Van Kley, *Religious Origins of the French Revolution*; F. Tallett, "Dechristianizing France: The Year II and the Revolutionary Experience", p. 1-28; e M. Vovelle, *The Revolution against the Church: From Reason to the Supreme Being.*

[67]Jefferson, carta a William Short, 31 de outubro de 1819. Ele explica: Jesus era um grande mestre de moral, mas seus pontos de vista foram corrompidos pelo influxo do platonismo (o verdadeiro incômodo de Jefferson) na igreja. Greenblatt, *Swerve*, p. 263, aponta a ironia: para Lucrécio, a felicidade consistiria em se afastar do mundo, não em tentar reorganizar uma sociedade inteira. Jefferson inverteu isso: "a busca da felicidade" — o objetivo lucreciano — estava agora registrada na Constituição. Gay (*Enlightenment*, 1.105, n. 8) sugere que Jefferson, que possuía "cerca de oito cópias" de Lucrécio, tenha reconhecido posteriormente sua filosofia da natureza insustentável, apesar de sua conexão juvenil, aprendida com Maquiavel (p. 55).

O SANTUÁRIO DESTRUÍDO

era, na verdade, deísta, ainda que a consistência teológica não fosse sua característica mais forte: alguns eram bastante dedicados à adoração e a chamar pessoas para orar por ajuda e orientação de Deus. A tensão entre essa abordagem cuidadosamente integradora e o deísmo mais poderoso existe até hoje nos Estados Unidos, sendo lembrada em debates sobre a oração nas escolas, o lema "uma nação sob [o governo de] Deus" e outros pontos parecidos. Suspeito que pelo menos algumas tentativas americanas de "teologia natural" tenham sido destinadas a encontrar, não o Deus cristão, mas o Ser Supremo que ainda é o centro de muitas religiões daquele país.[68] Podemos deduzir que esse era um compromisso perigoso, já que levou Robespierre à guilhotina. Os líderes do novo projeto americano persistiram. Não queriam rejeitar os bispos e simplesmente não desejavam os funcionários públicos que George III lhes enviava. Vendo os perigos da liderança política da Igreja, pretendiam que seus bispos vivessem em um universo paralelo, impondo uma separação profunda entre a Igreja e o Estado. Isso se refletia exatamente na separação deísta entre Deus e o mundo. A França e os Estados Unidos estavam determinados a afastar Deus do palco público.

Suspeito que algumas das diferenças contínuas entre os Estados Unidos e a França hoje reflitam essa diferença entre epicurismo e deísmo. Suas respectivas abordagens ao multiculturalismo podem ser um bom exemplo disso. Entretanto, suas revoluções geraram enigmas de democracia e revolução que ainda se fazem presentes. Mas, em ambos, o resultado final foi tirar Deus do caminho e deixar que o processo político (assim como os átomos aleatórios de Epicuro) cumprisse seu propósito.[69] Assim, tudo seria melhor. Para eles, essa era a aplicação política do epicurismo, ou pelo menos aquele então recém-vinculado à ideia de "progresso", como veremos. Uma pesquisa mais profunda de Epicuro e Lucrécio poderia ter mostrado que não é garantido que tais átomos aleatórios produzam qualquer coisa que os humanos possam aprovar ou até mesmo considerar agradável. Essa é uma observação cínica de dois séculos de vida política quase epicurista.

A ironia do projeto americano ecoa a ironia implícita do próprio Iluminismo: este é realmente um mundo novo ou é o resgate feliz de

---

[68]Veja Smith e Denton, *Soul Searching*.
[69]Veja Gillespie, *Theological Origins of Modernity*, p. 141.

HISTÓRIA *e escatologia*

um mundo antigo ou ainda, de alguma forma, uma mistura de ambos? A retórica funciona de qualquer maneira, estruturando a mudança de significado pela qual a palavra "novo" deixou de denotar "perigoso, superficial e desordenado" e passou a ter o sentido de "inédito, recém--descoberto e vivificante". De qualquer forma, aqueles que elaboraram a Declaração de Independência dos Estados Unidos escolheram para o Grande Selo e para a nota de um dólar — até os dias atuais — uma cita-ção adaptada de Virgílio: *Novus Ordo Seclorum*, ou seja, "a nova ordem dos séculos".[70] Os Pais Fundadores supõem que a história aconteceu em grandes ciclos, com uma "nova ordem" surgindo aproximadamente a cada dois milênios? Ou veem a era de Augusto, celebrada por Virgílio, como um falso alvorecer, com seu próprio dia como uma realização final e difícil? Eles se importariam se as pessoas descobrissem que estavam reutilizando um lema pesado com nuances imperiais do passado? Os cristãos medievais, seguindo Lactâncio e o próprio imperador Constan-tino, haviam interpretado o poema de Virgílio como uma profecia da vinda de Cristo (uma ideia ainda visível no hino de Natal "Chegou na clara meia-noite", com sua sugestão surpreendente de que os "anos que fluem em círculos" resultarão em uma nova "era de ouro").[71] Reaplicar Virgílio à Constituição americana significava deixar claro o que sempre esteve implícito no Iluminismo: agora, Jesus era, na melhor das hipóte-ses, um precursor da nova era da independência.[72]

Em segundo lugar, ao lado das revoluções políticas, houve a ascen-são do evolucionismo pré-darwiniano.[73] Observe o "-ismo": essa não era apenas uma teoria sobre a biologia, mas, sim, uma visão de mundo

---

[70]Virgílio, *Ecl.* 4.5 A citação original ("*Magnus ab integro saeclorum nascitur ordo*", "o grande objetivo dos séculos nasce novamente") foi adaptada para o reverso no Grande Selo dos Estados Unidos por Charles Thomson. *Ecl.* 4 foi lido como uma profecia quase cristã por muitos anos.

[71]Nº 29 no *The New English Hymnal*. O autor do hino foi E. H. Sears (1810—1876). O problema com essa ideia essencialmente pagã em um contexto cristão é óbvio: se os anos estão realmente "fluindo em círculos", será que a "era do ouro" voltará a ser era de prata, bronze e assim por diante? Sobre a interpretação cristã primitiva, veja R. J. Tarrant, "Aspects of Virgil's Reception in Antiquity", p. 56-72 (70).

[72]Para uma declaração explícita, veja E. P. Sanders, "Christianity, Judaism and Humanism", em seu *Comparing Judaism and Christianity: Common Judaism, Paul, and the Inner and the Outer in Ancient Religion*, p. 429-45. Seus heróis são Jesus, John Locke e Thomas Jefferson.

[73]Veja a discussão em Taylor, *Secular Age*, p. 328, 332. Sobre tudo isso, veja agora T. M. Lessl, *Rhetorical Darwinism: Religion, Evolution and the Scientific Identity*.

O SANTUÁRIO DESTRUÍDO

segundo a qual uma evolução sem orientação divina desempenhava papel necessário. Alguns chamam isso de "naturalismo", o que era inadequado e enganoso. Olhando para trás, vemos — como outras pessoas na época — que era um programa explicitamente epicurista, desenvolvido por homens como o avô de Charles Darwin, Erasmus (1731—1802), que, assim como Addison, moravam em Lichfield, mas adotavam uma visão de mundo bem diferente. Erasmus Darwin e seus colegas (os "Homens Lunares") analisavam ansiosamente a criação em busca de sinais de mudança e desenvolvimento impulsionados internamente, em vez de impostos do alto, enquanto, igualmente, exploravam novas tecnologias para permitir que os humanos resolvessem seus próprios problemas.[74] Vivendo como ele vivia no extremo oeste da Catedral de Close, Darwin literalmente tinha cônegos à sua direita e à sua esquerda, e um deles, Thomas Seward, ao ver claramente as implicações da escolha de Darwin de conchas como símbolos de uma nova teoria das origens, escreveu um poema em 1770 acusando-o furiosamente de epicurismo.[75] Darwin publicou suas análises em *Zoonomia* (1794—1796), explicando as leis da vida orgânica com base no princípio evolutivo. Independentemente de ele ou seus colegas chegarem ou não à conclusão epicurista completa sobre a ausência de Deus, suas teorias e práticas estavam inclinadas nessa direção. Como os átomos de Demócrito, que eram o coração científico do epicurismo, os organismos que eles estudavam (e, curiosamente, também as máquinas que inventavam) fariam suas próprias atividades sem interferência externa.[76] Eles pediam: deixem de lado a questão de Deus e a ciência florescerá.

Em terceiro lugar, havia a teoria econômica radical de Adam Smith, que, em 1776, publicou *A riqueza das nações*. Aqui precisamos ter

---

[74]Veja J. Uglow, *The Lunar Men: The Friends Who Made the Future, 1730–1810*.
[75]Uglow, *Lunar Men*, 152f., citando D. King-Hele, *Erasmus Darwin: A Life of Unequalled Achievement*, p. 89. Thomas Seward (1708—1790), formado pelo St. John's College, em Cambridge, assim como Darwin, morava no Palácio do Bispo, na ala nordeste da Catedral de Close (o Bispo morava em seu castelo perto de Stafford) e conhecia bem os Homens Lunares. Sua filha, a poetisa Anna Seward, tornou-se parte do grupo por mérito próprio (Uglow, *Lunar Men*, 40f. e em outros lugares). O estudo de Uglow sobre a vida pessoal de Darwin mostra que a acusação de epicurismo tinha outras dimensões além das teorias científicas.
[76]Sobre Erasmus Darwin, veja também Greenblatt, *Swerve*, p. 262: a visão de Lucrécio o "influenciou diretamente".

HISTÓRIA *e escatologia*

cuidado porque um estudo recente de Smith argumenta, de forma veemente, que o grande escocês não defendia totalmente a visão *laissez--faire* da economia à qual ele era ligado.[77] Smith, que era um grande polímata, escreveu sobre muitos assuntos além de economia, e a famosa metáfora da "mão invisível" aparece apenas três vezes em toda a sua obra, e somente uma vez em *A riqueza das nações*. No entanto, desde então, suas ideias foram levadas na direção de um interesse próprio que guiaria automaticamente o fluxo de dinheiro para proporcionar melhoria social ou pelo menos riqueza e harmonia, que muitos pensariam que conduz à mesma coisa. (Embora Thomas Hobbes não tenha, como as pessoas supõem, descrito a comunidade humana como um mundo cheio de lobos, seu pessimismo indiscutível provoca um forte contraste aqui com o otimismo de Smith.) Analisar as propostas complexas de Smith está muito além de nossa tarefa atual. Assim como outros na época, ele era eclético e reunia elementos do pensamento estoico, epicurista e platônico.[78] Mas o clima da época parece tê-lo enfraquecido. O modo como ele foi lido, no século 18 e desde então, culminou na proposta de que, assim como o universo mecanicista de Newton traduzido em dinheiro, o relógio funcionaria por si só. Esse raciocínio se tornou altamente influente na economia, sendo usado para justificar a expansão industrial ilimitada nos mundos imperiais em crescimento e resultando na filosofia de que a ganância é algo bom — de Ronald Reagan e Margaret Thatcher. Então, não era necessário conceder subsídios a ideias radicais, como a organização dos cuidados aos pobres, muito menos a remissão de grandes dívidas (o princípio do "Jubileu"). O próprio Smith, completamente ao lado dos pobres, ficaria horrorizado. Mas ele foi lido com base em um movimento cultural mais amplo.

Em quarto lugar, no mesmo ano, surgiu o volume de abertura de *Declínio e queda do império romano*, de Edward Gibbon (1776—1789). Gibbon argumentou, entre outras coisas, que o cristianismo ajudou a semear as sementes do declínio imperial com seus ensinamentos de outro mundo, conflitos internos e inclinações pacifistas não romanas. Gibbon foi um dos principais sinalizadores (ao lado de David Hume)

---

[77]Veja J. Norman, Adam Smith: *What He Thought and Why It Matters*.
[78]Gay, *Enlightenment*, p. 1.172; 2.354; Gay o resume como "um estoico equilibrado moderno" (p. 2.361).

O SANTUÁRIO DESTRUÍDO

do que hoje interpretamos como "crítica histórica". Ele usou uma pesquisa documental ampla e um estilo mordaz para destronar uma visão fácil do cristianismo como o início de uma força direta para o bem no mundo, o ponto de partida para o expansionismo otimista nos anos que se seguiram a 1700. Segundo uma visão otimista, nós teríamos de encontrar outros motivos além daqueles usualmente cristãos. Gibbon queria voltar aos ideais do mundo clássico antigo, tendo como tarefa construir "uma ponte sobre o pântano do milênio cristão".[79] Os santuários estavam caindo para a esquerda e para a direita.

Em quinto lugar, e bem no meio de tudo isso, houve o começo do que foi chamado de "A busca do Jesus histórico". Hermann Samuel Reimarus (1694—1768) era um deísta com uma diferença: ele acreditava em uma divindade boa e sábia detectável pela razão, sem ajuda divina (um tipo de "teologia natural"), o que também era bom, porque ele, além de negar o *status* de revelação divina tanto para o Antigo como para o Novo Testamento, afirmava que o Antigo é repleto de absurdos enganosos, enquanto o Novo é uma ficção egocêntrica inventada pelos primeiros cristãos. Segundo Reimarus, o próprio Jesus fora um Messias revolucionário iludido que morreu fracassado e cujos seguidores esconderam seu corpo e inventaram o novo movimento. Se você tiver uma visão deísta de Deus, isso o ajudará a se livrar do retrato de Jesus de acordo com o evangelho. Gottfried Ephraim Lessing levou a obra de Reimarus a receber atenção póstuma do público, publicando-a em fragmentos (1774—1778) após a morte do autor, já que anteriormente circulava de forma anônima entre amigos.[80] Albert Schweitzer viu o trabalho de Reimarus como o início da "Busca", que o próprio Schweitzer resumiu e adaptou a um novo estilo.

Algo como a proposta de Reimarus sempre seria necessário para os propósitos gerais do Iluminismo. Para que o novo contexto sociocultural prosperasse, precisaria ser ajustado com uma nova leitura dos Evangelhos, fazendo com que sua figura central se encaixasse na teoria.

---

[79]Gay, *Enlightenment*, 1.58, resumindo uma discussão importante.
[80]Mais detalhes em W. Baird, *History of New Testament Research*, p. 77. Veja também as abordagens recentes em M. H. de Lang, "Literary and Historical Criticism as Apologetics: Biblical Scholarship at the End of the Eighteenth Century", p. 149-65; Jonathan Israel, "The Philosophical Context of Hermann Samuel Reimarus' Radical Bible Criticism", p. 183-200. *Fragments*, de Reimarus, está disponível em uma edição de C. H. Talbert.

HISTÓRIA *e escatologia*

Por outro lado, se os Evangelhos atribuíssem um bom sentido histórico ao mundo que estavam descrevendo de forma ostensiva (independentemente de todos os detalhes serem ou não verdadeiros), todo o projeto do revisionismo modernista seria questionado.

Lessing é conhecido por seu "fosso feio e largo" entre as verdades eternas da razão e as verdades contingentes da história. Isso confere destaque particular à separação epicurista entre os deuses e o mundo. Como "as verdades eternas da razão" não correspondem à "teologia", e a "história" é apenas um aspecto do "mundo", parece ser suficientemente claro, inclusive nos séculos seguintes, que os temas de ambas estavam sendo separados. O relato de Reimarus das "verdades contingentes" sobre Jesus fortaleceu o argumento: primeiro, como poderíamos fundamentar as conclusões "eternas" nesse caso? Portanto, a teologia teria de prosseguir sem uma base histórica sólida, como ocorre até hoje. Segundo, ainda que a investigação histórica fosse realizada, Jesus não seria como o Novo Testamento o retratou, nem como a igreja posterior o imaginou. O céu e a terra continuariam a ser vagos. Embora, algum tempo depois, Lessing tenha anunciado sua conversão ao panteísmo de Spinoza, nesse momento suas conclusões baseavam-se nas teorias de Reimarus e se encaixavam perfeitamente na corrente do epicurismo que norteia o fluxo dos estudos modernos.

Todas essas coisas caminham juntas: política sem Deus, ciência sem Deus, economia sem Deus, história sem Deus[81] e, finalmente, Jesus sem Deus. Todas presumem um tipo de "super-reforma": contra a corrupção, não só da igreja medieval, mas também da "igreja" como um todo e do cristianismo tradicional em geral. Todos esses movimentos estudaram e agiram no mundo, deduzindo que ele se fortalece à medida que vai avançando, sem interferência divina. Seu antecessor imediato e influente — seu padrinho, se essa for mesmo a palavra — foi David Hume, cuja *Investigação sobre a compreensão humana*, de 1748, ainda reforça o argumento clássico contra a crença em "milagres".[82] Hume converteu o cuidado epistemológico de Descartes (como podemos ter certeza de que isso é assim?) no ceticismo ontológico (podemos ter

---

[81]Gay, *Enlightenment*, 2.389, fala da "expulsão de Deus da cena histórica".

[82]Adam Smith saudou Hume como, "de longe, o filósofo e historiador mais ilustre dos tempos atuais" (em português, *A riqueza das nações*, p. 742; citado em Gay, *Enlightenment*, 2.359). Sobre Hume, veja agora J. A. Harris, *Hume: An Intellectual Biography*.

O SANTUÁRIO DESTRUÍDO

certeza de que *não é* assim).[83] O contexto da época estava com ele. Desde então, qualquer pessoa no mundo ocidental que acredite em "milagres" está nadando contra a corrente.

As cinco características que citei — e uma sexta, à qual, em breve, dedicaremos uma análise um pouco mais longa — são, de certa maneira, profundamente distintas umas das outras, mas estão unidas em sua essência filosófica. Não são simplesmente gravetos ao vento, mas bandeiras voando firmemente para anunciar um novo mundo, um novo dia. Desse modo, a palavra "Iluminismo", usada de diversos ângulos se olharmos para trás, inclui vários movimentos nos séculos 17 e 18. Esses movimentos eram ecleticamente fundamentados em muitas filosofias diferentes e tinham diversos alvos distintos (embora, em geral, incluíssem o cristianismo e as estruturas sociais opressivas percebidas de seu tempo, muitas vezes conectando-os). Porém, em 1800, o santuário da teologia anterior (a de Joseph Butler e de muitos como ele, incluindo suas versões de "teologia natural") havia sido destruído. Um bravo mundo novo e independente havia nascido.

Então, minha proposta até agora é que o pensamento desenvolvido do Iluminismo tenha sido moldado (de formas diferentes, é claro) por um epicurismo resgatado. Sabemos que existem muitas diferenças entre as versões antiga e moderna. Para começar, os epicuristas antigos acreditavam que os deuses eram compostos das mesmas coisas que nós. Mas, aqui, o ponto principal é o grande abismo que os separa de nós, ao lado da aleatoriedade aparente do mundo e da falta de intervenção de forças divinas.[84] Boa parte da declaração de ser novo, "moderno" e realmente "científico", naquela época e até os dias atuais, refere-se simplesmente à tentativa de justificar uma visão de mundo muito mais antiga, apelando para novas descobertas científicas e realizações tecnológicas. Mas repito que estamos olhando para tudo isso após o evento em si, vendo como as coisas realmente aconteceram e a forma como essa ideia de "era moderna" dominou a imaginação ocidental. Não vejo uma conspiração em que as pessoas digam: "Então, como podemos lançar novamente o epicurismo sem dizer que é isso que estamos fazendo?". Meu ponto é mais sobre os efeitos de longo prazo do que sobre as inten-

---

[83]"Ouse não saber": veja Edelstein, *Enlightenment*, p. 34.
[84]Para as muitas variações, veja Leddy e Lifschitz, *Epicurus in the Enlightenment*.

HISTÓRIA *e escatologia*

ções explícitas, ainda que as intenções, em especial em suas dimensões sociais, políticas e éticas, fossem muitas vezes menos implícitas. O que importa é a maneira pela qual a novidade de certas descobertas científicas foi usada de forma retórica para destacar o apelo da novidade da visão de mundo. Na época, muitos líderes do movimento sabiam perfeitamente que estavam reacendendo chamas antigas. Aqueles que hoje invocam o "mundo moderno" ignoram isso ou optam por esquecê-lo.

Portanto, minha ideia, ao enfatizar a interpretação epicurista do Iluminismo, é, em primeiro lugar, desmascarar a alegação de que a cosmologia era "moderna", e não "antiga".[85] Em segundo lugar, sugerir (como farei agora) que a distinção comum de hoje entre "natural" e "sobrenatural" tornou-se uma função dessa filosofia, e que continuar recorrendo a ela dá um passe livre para Lessing. Em terceiro lugar, mostrar que compreender o Iluminismo dessa maneira nos oferece uma nova percepção sobre o motivo pelo qual tanto a "teologia natural" como o estudo das origens cristãs e o significado e a prática da "história" em si se revezam e lidam com os problemas, o que realmente fizeram. No entanto, antes de podermos desenvolver esses pontos, precisamos observar o desenvolvimento notável, não necessariamente epicurista, embora tenha nascido em sua forma moderna, da ideia de "progresso". O antigo santuário foi destruído, mas isso não se tornou um motivo aparente para o desespero, e, sim, para um novo otimismo secular. A velha esperança "puritana" de que o Deus cristão continuaria concedendo vitória ao evangelho foi substituída pela nova esperança de que tempos melhores surgiriam por si mesmos.

EPICURISMO E "PROGRESSO"

Desse modo, muitas das características centrais em função das quais a vida moderna foi orientada não são ideias novas, apesar da suposição nesse sentido. Elas têm uma corrente epicurista que remete à antiguidade, mais antiga que o próprio cristianismo. Mas, de certo modo, encontramos no Iluminismo uma novidade genuína: a ideia de "progresso". Como eu já disse, até agora vimos política, ciência, economia, história e até Jesus sem Deus. Agora — uma declaração de tirar o

---

[85]Veja Gillespie, *Theological Origins*, p. 5-7.

O SANTUÁRIO DESTRUÍDO

fôlego — também percebemos a escatologia sem Deus ou, pelo menos, sem o Deus cristão. O otimismo nascido do evangelho do início do século 18 manteve o otimismo em si, mas descartou o evangelho. Traduziu-se no sentido de que o mundo estava melhorando constantemente, mas por conta própria, e não pela energia divina externa.[86]

Como isso pôde acontecer? Os filósofos antigos não pensavam que estavam anunciando uma nova era. Eles deixaram isso para os escritores mais tranquilos, como Augusto, Virgílio, Lívio e outros. Os filósofos simplesmente tentavam oferecer sabedoria e serenidade pessoal para quem adotasse suas ideias. Lucrécio nada disse sobre "progresso" nesse sentido. Como vimos, não havia garantia de que átomos aleatórios produzissem resultados dos quais alguém poderia gostar. Entretanto, os filósofos e ativistas sociais do Iluminismo transformaram essa filosofia em um princípio social importante, proclamando que um novo dia havia nascido para o mundo e que continuaria cada vez mais brilhante. O filósofo francês Condorcet (1743—1794) verbalizou o que muitos pensavam: a raça humana, finalmente liberta de suas correntes, agora "avançava a passos firmes e verdadeiros em direção à verdade, à virtude e à felicidade".[87] Smith pode ser visto como um "otimista cósmico", alguém que acreditava que as consequências não intencionais das ações econômicas do homem funcionariam da melhor maneira possível.[88] Quando John Stuart Mill escreveu sua grande obra, *Sobre a liberdade*, não era — como já dissemos — um livro sobre a liberdade, mas, sim, sobre o progresso.[89]

Isso resultou em uma paródia da escatologia judaica e cristã: uma nova forma de *escatologia inaugurada*. Os revolucionários franceses

---

[86]Sobre as muitas escatologias seculares, veja J. Moltmann, *The Coming of God*. Publicado em português sob o título *A vinda de Deus*. Moltmann vê o mito do progresso de Hegel como um "milenarismo sem apocalíptica", permitindo que uma nova era simplesmente tenha origem sem qualquer ruptura e, inversamente, o niilismo de Nietzsche como "apocalipse sem milenarismo", um mundo sem sentido e com um futuro sombrio. Alguns podem chamar isso de "naturalismo escatológico", um rótulo que M. Allen, em *Grounded in Heaven: Recentering Christian Hope and Life on God*, tenta curiosamente atribuir ao meu trabalho e ao de alguns outros. O presente volume, principalmente os capítulos 5 e 6, oferece uma retribuição implícita.

[87]Citado em "Progress", p. 722. O *Esquisse d'un tableau historique des progrès da l'esprit humain*, de Condorcet, foi publicado postumamente, em 1794. "Daniel Malthus, pai de Thomas, acreditava, ao lado de sábios como Condorcet, Jean-Jacques Rousseau e William Godwin, que a sociedade avançava rumo à perfeição" (A. N. Wilson, *The Victorians*, p. 11).

[88]Gay, *Enlightenment*, p. 2.364.

[89]F. M. Turner, *European Intellectual History from Rousseau to Nietzsche*, p. 49.

HISTÓRIA *e escatologia*

foram os mais claros quanto ao assunto, pois, como Simão Barcoquebas na Revolta de Barcoquebas, reiniciaram o calendário com o Ano Um. Embora esse experimento não tenha sobrevivido, o pensamento político francês é assombrado, desde então, pela ideia de que o novo dia ainda não chegou ao prometido meio-dia de sua promessa completa, ou talvez devêssemos dizer, como eles fizeram, o *"grand soir"* da *"bourgeoisie"*.[90] Embora houvesse muitas outras vozes nesse debate, algumas da esquerda estavam prontas para contextualizar momentos posteriores (como as revoluções de 1848, a Comuna de Paris de 1871 e, principalmente, a Revolução Bolchevique de 1917) com a possibilidade de que seriam "os eventos" que, como um navio há muito esperado, finalmente entregariam a carga escatológica.[91] Mas a crença modernista de que um novo dia havia nascido e que agora seria aplicado (na verdade, como já era de se esperar no epicurismo, que se implementava a partir de dentro) constituía um novo fenômeno. No entanto, sem nunca ter feito parte do epicurismo clássico, reprovou muitas características de seu ancestral remoto, enquanto cooptava o senso judaico e cristão do propósito divino. Essa é a origem da doutrina moderna do progresso. Em geral, costumamos associá-la a Hegel, mas ele era apenas um menino quando Adam Smith e Edward Gibbon já estavam escrevendo. Assim como Beethoven e Wordsworth, ele nasceu em 1770. Não inventou a ideia de progresso, mas a moldou de forma decisiva e deu uma base filosófica específica a algo que já era bastante aceito.

Então, essa ideia de progresso era, em parte, uma secularização do otimismo cristão (sustentado pela escatologia judaica) evidente no começo do século 18 e, com isso, uma doutrina mais antiga da Providência.[92] Baseava-se também na antiga mitologia, como podemos ver, por exemplo, no *Hyperion*, de Keats.[93] Sua declaração principal, que se enraizou

---

[90]Veja, por exemplo, M. Tournier, "'Le Grand Soir': Un Mythe de Fin de Siècle", p. 79-94.
[91]"A Revolução Francesa de 1789 introduziu o 'novo tempo' como uma qualidade temporal determinante para a sociedade e a política modernas." (...) "A visão moderna do levante revolucionário moldou a imaginação política francesa do século 19": assim como Julian Wright, *Socialism and the Experience of Time*, p. 13, 14, com várias citações. No entanto, Wright continua afirmando que isso gerou ansiedade sobre como cuidar da sociedade nesse ínterim.
[92]Veja, por exemplo, R. Nisbet, *History of the Idea of Progress*.
[93]Para um estudo relativamente recente do poema, veja o capítulo 4 de John Barnard, *John Keats*.

O SANTUÁRIO DESTRUÍDO

no pensamento europeu, era que a ordem antiga estava se dissipando e que dias novos e melhores não estavam simplesmente acontecendo, mas estavam chegando, de certa forma, *automaticamente*. Bastava embarcar e deixar de lado aqueles que não haviam compreendido o argumento.[94] Hegel representa um ponto alto nesse conceito. Ele acreditava que o progresso racional não era demonstrável somente na ciência, mas também na filosofia, nas artes e até mesmo na história e na religião.

Acredito que a obra de Hegel oferece a pista de como o pássaro do "progresso" nasceu no ninho aparentemente improvável de uma versão renovada do epicurismo. Não era apenas o novo materialismo obstinado em busca de um resultado mais feliz. Uma vez decidido que a velha divindade deísta não estava envolvida na criação do mundo nem interessada em sua manutenção contínua,[95] surgiu a possibilidade intrigante de descobrir uma qualidade divina dentro do processo em si.[96] Assim como a própria natureza, a teologia abomina o vácuo. Por isso, em alguns momentos, o ateísmo pode gerar novas formas de panteísmo (que talvez fosse o que estava acontecendo quando Lessing adotou os pontos de vista de Spinoza). Assim, com Hegel, você também pode, de certa forma, alcançar Deus: o mundo dos átomos indivisíveis de Demócrito, a base "científica" do epicurismo, acaba sendo o veículo do *Geist* permanente de Hegel, avançando inevitavelmente (embora de forma dialética) para um novo objetivo, um novo tipo de *telos*. Em sua tese de doutorado, Marx sugeriu que Epicuro previu o princípio de autoconsciência

---

[94]Sobre o "progresso" como uma crença em desenvolvimento nos últimos séculos, veja J. R. Middleton e B. J. Walsh, *Truth Is Stranger than It Used to Be: Biblical Faith in a Postmodern Age* p. 13-20. Pensadores seminais aqui incluem Francis Bacon, *Nova Atlântida*; Pico della Mirandola, *Discurso sobre a dignidade do homem*; e Kant, "On progress". Estudos mais antigos incluem J. B. Bury, *The Idea of Progress: An Enquiry into Its Origin and Growth*; Nisbet, *History of the Idea of Progress*; mais recentemente, C. Lasch, *The True and Only Heaven: Progress and Its Critics*.

[95]A rigor, isso seria mais complexo do que parece, já que um deus deísta seria espírito puro, enquanto um deus epicurista seria feito de átomos muito delicados. Porém, na consciência popular, o argumento seria irrelevante.

[96]Até Lucrécio pode sugerir isso, ainda que de forma paradoxal: cf. Wilson, *Epicureanism*, p. 140: a confiança de Lucrécio nos poderes renovadores e reconstrutivos da natureza complementou sua teoria dos limites e dissolução, levando-o a atribuir poderes e até mesmo uma condição divina à natureza aparentemente em desacordo com a antiteologia implícita em seu texto. Cf. *Rer. nat.* 1.577ff. Isso também pode explicar a invocação de Vênus de outra maneira intrigante em *Rer. nat.* 1.1-43; veja, por exemplo, Greenblatt, *Swerve*, p. 237, e meus comentários em PFG, p. 212, n. 45.

HISTÓRIA *e escatologia*

de Hegel.[97] Isso se tornaria um elemento-chave nas próprias propostas desenvolvidas por Marx.

No entanto, para os hegelianos de direita, "progresso" seria uma evolução leve. Desse ponto, surgiu a implicação social e cultural de que, dentro do progresso, estava oculto o avanço constante do reino de Deus. Pode parecer um grande passo de Jefferson, Adam Smith, Edward Gibbon e dos demais para Albrecht Ritschl. Mas, tendo Hegel como ponte, com uma simplificação um tanto exagerada, o propósito estava à vista. Kierkegaard, que quase compensou em percepção profética o que lhe faltava em charme e tato, já havia protestado exatamente contra esse tipo de coisa.[98] A mesma energia filosófica que alimentara as revoluções no final do século 18 agora estava direcionada a uma vida burguesa agradável e confortavelmente "religiosa" ("agora, que chegamos às terras ensolaradas, podemos desenvolvê-las com facilidade"). Tudo isso poderia ser incorporado à vida religiosa em vigor, de maneira muito diferente da visão do início do século 18, de que a pregação do evangelho e a conversão dos pagãos levariam as nações a se curvar diante de Jesus. No final do século 19, estava claro, pelo menos na Grã-Bretanha e na Alemanha, que as conquistas e os progressos espetaculares da civilização ocidental faziam parte do que Jesus tinha em mente quando disse que "o reino de Deus" estava próximo. Essa era a "teologia natural" simplificada: olhe para nossa civilização maravilhosa e observe a obra de Deus! O século 19 teve muitas falhas, mas a baixa autoestima não está entre elas.

Existe um sentido, mas apenas um sentido, segundo o qual a doutrina desenvolvida no Iluminismo sobre "progresso" estava atrelada à teoria da evolução. O novo desdobramento, com grande distância do "desvio" aleatório dos átomos, surgiu com a ideia darwiniana de "sobrevivência do mais forte": repentinamente, esse "desvio" foi colocado sob controle teleológico, dando aos teóricos (do ponto de vista deles) o melhor dos dois mundos: por um lado, o ateísmo funcional, mas, por outro, um senso de providência de dentro para fora. Do mesmo modo, toda nova invenção mecânica era "melhor" do que a anterior, com "melhor" significando aqui mais eficiente, portanto mais rentável e compensador para o empreendedor, e

---

[97]Jones, *Karl Marx*, p. 80-82.
[98]Para uma discussão recente, veja, por exemplo, Ø. Larsen, "Kierkegaard's Critique of Hegel: Existentialist Ethics versus Hegel's Sittlichkeit in the Institutions of Civil Society of the State".

O SANTUÁRIO DESTRUÍDO

não necessariamente "mais adequado" ao meio ambiente ou àqueles que perdem empregos por causa da mecanização. Esses universos da biologia e da engenharia deram a outros discursos a sensação de que o mundo estava realmente melhorando: na política e na sociedade, os reformadores europeus "descobriram" que as coisas estavam "melhorando" cada vez mais, por meio de reformas democráticas, ampliação da cidadania, e assim por diante. Entretanto, isso tem pouco ou nada a ver com a evolução biológica real, embora o "evolucionismo" popular (segundo o qual a "história" caminha, inevitavelmente, em uma direção "progressiva") seja considerado, como vimos, enraizado na observação científica. (Costuma-se destacar que as teorias de Darwin foram adotadas com entusiasmo pelos britânicos e por outros que viam nelas uma espécie de validação da nova mobilidade, a evolução social ou, se você preferir, a classe média.)

Mas, mesmo que você adote a teoria da sobrevivência do mais forte — na verdade, principalmente se você adotá-la —, a maioria dos desenvolvimentos evolutivos continua não significando mudanças para "melhor", mesmo supondo que soubéssemos qual o sentido de tal palavra nesse contexto ("valor de sobrevivência", por exemplo? Mas isso seria tautológico: "Você sobreviveu por ter esse valor"). A maioria dos experimentos da natureza acaba em becos sem saída. O que mais você poderia esperar de átomos aleatórios? Igualmente, a ideia (invocando especialmente os desenvolvimentos na medicina) de que a ciência e a tecnologia estão tornando o mundo um lugar melhor é mais do que ambígua. A poluição industrial, as bombas atômicas e as câmaras de gás contam uma história bem diferente. Porém, no nível popular, a ideologia do progresso simplesmente ignora esses contraexemplos. Assim como os socialistas britânicos ansiosos que visitaram a União Soviética primitiva e voltaram a dizer: "Nós vimos o futuro, e ele funciona", a ideologia do pensamento "progressista" e dos movimentos de "perspectiva visionária" dissipa tudo à sua frente em todo programa de entrevistas na televisão ou no rádio. É o que está implícito sempre que alguém diz "nos dias atuais" ou "agora que vivemos no século 21...".[99] O darwinismo social, baseado

---

[99] A frase "Vimos o futuro..." é atribuída a Lincoln Steffens após sua visita à União Soviética, em 1919. O casal britânico Beatrice e Sidney Webb visitou em 1932 e escreveu *Soviet Communism: A New Civilisation?* no ano seguinte (edições posteriores omitiram o ponto de interrogação). Eles expressaram opiniões parecidas em seu último livro, *The Truth about the Soviet Union.*

HISTÓRIA *e escatologia*

na sobrevivência dos mais fortes, era verdadeiramente uma dura realidade na sociedade britânica muito antes de Charles Darwin descobrir
seu equivalente biológico. Em um julgamento que previu, por outras
razões, a visão que apresentei em linhas gerais, A. N. Wilson argumenta
que, ao olharmos para os industriais do início do século 19, "a luta,
a guerra eterna entre os fracos e os fortes, a sobrevivência inevitável
do mais apto, tudo isso parece... ser uma lei da natureza, substituindo
cruelmente a crença anterior de que era o amor que governava o sol e
as outras estrelas".[100] A moderna derrubada epicurista do cristianismo
concedia "liberdade" àqueles que tinham o poder e a oportunidade de
tirar vantagem disso e de seus companheiros humanos.

Então, até o final do século 19, a combinação intrigante e subsequente
de crenças filosóficas e culturais se espalhou. Primeiro, havia a estrutura
epicurista vigente de que Deus ou os deuses estavam concretamente fora
de cena, embora você pudesse adorá-los a distância, se assim o desejasse.
Mas o mundo estava se desenvolvendo e evoluindo por conta própria,
inclusive os motores a vapor faziam parte do entusiasmo daquela época.
Segundo, as investigações científicas que apoiavam o epicurismo, mostrando como os organismos haviam evoluído sem a interferência divina,
também deram credibilidade à crença de que o mundo inteiro estava se
tornando constante e automaticamente "melhor", independentemente
de isso acontecer aos poucos ou por meio de revoluções repentinas e
incertas, como veremos. Terceiro, isso coincidiu com os movimentos
políticos reais de reforma social. Foi uma combinação tóxica cujos resultados em longo prazo ainda permanecem.

Os protestos foram obviamente intensos. Rousseau pensava que os
"avanços" nas artes e nas ciências haviam prejudicado a raça humana,
em vez de aperfeiçoá-la. Charles Dickens retratou graficamente o lado
sórdido da Revolução Industrial. Nietzsche não previa nada além de
um grande desastre. O comentário a *Romanos*, de Karl Barth, foi um
grande contraponto teológico, uma palavra divina de repreensão à Torre
de Babel do século 19: veja até onde seu "progresso" nos levou até agora!
O mesmo aconteceu com Walter Benjamin no fim da década de 1930 e
com Theodor Adorno no final dos anos 1940: ao contrário de Barth, eles
não foram capazes de se basear na ideia de uma palavra nova que vinha

---

[100]Wilson, *Victorians*, p. 15.

O SANTUÁRIO DESTRUÍDO

do alto (daí sua tristeza profunda quando tudo mudou), mas suas críticas às expectativas falsas do "progresso" representavam a mesma coisa. Os movimentos aclamados, como a "pós-modernidade" nos últimos anos do século 20, representaram — entre outros — desafios diretos a essa narrativa. Muitos insistiram que a sabedoria não evolui cronologicamente, mas, mesmo com os horrores do século 20 servindo como contraexemplos, o protesto pós-moderno não durou muito. A ideia de desenvolvimento incorporou seu próprio princípio: acabou de avançar, empurrando todo o resto para fora do caminho. Sustentada em seu otimismo pelos frutos emocionantes da ciência (inclusive da medicina) e da tecnologia, essa ideia foi cada vez mais assumida.[101] Aplicou, no futuro como um todo, o princípio que já havia sido aplicado à política, à ciência, à economia, à história e até mesmo a Jesus, de repensar todos eles sem uma figura divina externa orientando o fluxo. Podemos fazer tudo sozinhos. Providência sem Deus.

Assim como seus antecedentes teológicos, a doutrina modernista do "progresso" enfrentou escolhas. O progresso acontecerá automaticamente ou o pensamento e a ação humanos desempenham papel essencial? Devemos sentar e ficar assistindo ou devemos nos empenhar para garantir que a "história" realmente prossiga na direção que sabemos ser a "correta"? Os novos desenvolvimentos serão graduais (Hegel) ou se assemelharão a espasmos (Marx)? Onde o sofrimento e a morte se encaixam? A linha dos pensadores do século 18, de Hegel a Schopenhauer e Feuerbach e, então, a Marx e Nietzsche, com Richard Wagner, um meio-termo intrigante ao qual ainda retornaremos, já pode ser vislumbrada. Porém, apesar do *Götterdämmerung* que se deu no palco de Bayreuth e depois nos campos de batalha de Somme, o mito do progresso limitou sua influência à consciência ocidental, de modo que todo tipo imaginável de "Iluminismo" ou de "libertação" agora é constantemente defendido e justificado não tanto por seus próprios méritos, mas porque, de alguma forma, todos "sabemos" que é assim que a "história" segue em frente. A partir disso, fluem mil loucuras,

---

[101]Veja, por exemplo, S. Pinker, *The Better Angels of Our Nature* — publicado em português sob o título *Os anjos bons da nossa natureza*; e agora *Enlightment Now: The Case for Reason, Science, Humanism, and Progress* — publicado em português sob o título *O novo Iluminismo, em defesa da razão, da ciência e do humanismo.*

HISTÓRIA *e escatologia*

incluindo a ambiguidade de tal palavra, à qual voltarei no terceiro capítulo. Existe também o mito da erudição, de que os estudiosos constroem firmemente as bases sólidas de seus antecessores, de maneira que o assunto "avança" de forma automática. Sem dúvida, loucura. Mas a questão é que o "progresso", como um tipo de "providência sem Deus" ou até mesmo (por meio do panteísmo hegeliano) de uma força quase divina em si mesma, é um novo constructo, que combina a memória da escatologia judaica e cristã com o epicurismo do século 18. Incentivados por sua leitura unilateral do princípio evolutivo da "sobrevivência do mais forte" (os diversos experimentos aleatórios que se mostram "fracos" são simplesmente ignorados), aqueles que defendem a ideologia do "progresso" hoje parecem supor que, a cada década que passa, haverá um "avanço" moral, social e cultural para se encaixar no "desenvolvimento" tecnológico de *smartphones*, carros sem motorista e, principalmente, armas de alta tecnologia.

Isso produziu um corolário muito importante para contextualizar nosso tópico da teologia natural e das origens cristãs. Esse é um forte senso de superioridade inata. Parte da questão do epicurismo clássico — e o motivo pelo qual ele permaneceu preservado de uma pequena minoria — era que seus seguidores desejavam afastar-se da bagunça e da confusão da vida comum, imitando os deuses, cuja felicidade dependia de se manterem a distância e do seu não envolvimento com o mundo espaçotemporal. Poucas pessoas no mundo antigo poderiam arcar com isso. Tal linha de pensamento eficiente demandava dinheiro, uma boa vinha e escravos obedientes. Mas, com as novas habilidades desenvolvidas na Europa, parecia possível que, finalmente, uma sociedade inteira atingisse esse objetivo. A doutrina do progresso permitiu que as sociedades moldadas pelo epicurismo moderno — Europa Ocidental, América e seu entorno — aceitassem o prestígio social previsto por seus ancestrais filosóficos, erguendo-se acima do rebanho comum para se tornar "os iluminados", os países "desenvolvidos" ou "evoluídos", agindo de acordo com princípios diferentes e seguindo padrões distintos.[102] Nos dias atuais, no mundo ocidental, vivemos em uma espécie de paraíso

---

[102]É claro que a Europa Oriental viveu por duas gerações com o mito de que sua linhagem marxista a tornava automaticamente "superior", uma ficção ainda com base na Coreia do Norte. Nesse sentido, a Guerra Fria foi travada entre o epicurismo de direita e de esquerda.

O SANTUÁRIO DESTRUÍDO

epicurista. Isso tem um custo, que é suportado por outras pessoas, algumas das quais estão encalhando em nossas terras, enquanto nós refletimos sobre os problemas a uma distância segura.

As moradias ocidentais modernas, o aquecimento, as comunicações e, principalmente, os cuidados com a saúde, além de muitas outras coisas, são realmente desejáveis. Por essa razão, tantos de fora da bolha epicurista querem compartilhá-los. Porém, com base nesse fato, como acontece o tempo todo em um nível popular, deduzir que os modismos culturais ou morais ocidentais mais recentes são igualmente "superiores" às crenças e práticas em sociedades menos "desenvolvidas" é algo absurdamente falso. Não causa admiração que não possamos lidar facilmente com a combinação de multiculturalismo e políticas de identidade pós-modernas. Não temos narrativa para gerar ou sustentar uma reflexão sábia. Nossa base filosófica não nos oferece uma análise clara do que aconteceu, nem as ferramentas para lidar com os resultados disso.

Os protestos do pós-colonialismo costumam ser barulhentos, simplistas e meramente pragmáticos, mas isso aponta em que direção as ambições do século 18 estavam conduzindo. Até hoje, as implicações sociais e *políticas* do epicurismo continuam poderosas em muitos pressupostos e políticas ocidentais. Atualmente, nossas discussões "seculares" refletem os anteriores debates teológicos, com a questão da "intervenção" geopolítica produzindo um reflexo estranho da questão dos teólogos quanto à "intervenção" divina. Os deístas newtonianos nos Estados Unidos querem "intervir" nos problemas globais. Os epicuristas da França preferem se conter. (Os britânicos, como sempre, fingem não entender o assunto e se satisfazem com decisões e gestos pragmáticos de curto prazo.) Debates sobre teologia natural, exegese bíblica e origens cristãs costumam ser um reflexo disso — infelizmente, mas não menos importante, na limitação segundo a qual esses debates, incluindo o presente trabalho, permanecem no nível da discussão ocidental interna.

Se o mundo secular do Iluminismo foi capaz de descobrir uma forma de panteísmo progressivo dentro de sua estrutura epicurista, aqueles que desejavam apegar-se à crença cristã invocavam um modelo diferente. Muitos se viram recorrendo novamente a Platão para conseguir ajuda. Para saber como isso aconteceu, precisamos retornar ao mundo teológico dentro do contexto complexo que passamos a resumir.

HISTÓRIA *e escatologia*

A TAREFA REIMAGINADA

Onde o surgimento poderoso do epicurismo deixa as questões levantadas pela expressão "teologia natural"? O tema principal — se pudermos chegar a verdades sobre Deus pela observação e a dedução de aspectos do mundo à nossa volta — vem acompanhado de outros dois temas essencialmente modernos, desconfortáveis e tensos entre si. Em primeiro lugar, Deus "intervém" no mundo realizando "milagres"? O apelo ao milagroso desempenhou — e continua a desempenhar — papel central, particularmente na resistência anglo-saxônica ao epicurismo, ou, falando de forma mais positiva, no caso da dedução da verdade cristã a partir dos acontecimentos supostamente históricos sobre Jesus. Mas essa questão entra em conflito com a segunda: e o chamado "mal natural"? Se Deus foi capaz de "interferir" para ressuscitar Jesus dentre os mortos, por que não impediu o terremoto de Lisboa, o Holocausto ou os horrores de 11 de setembro de 2001?

Acredito que a intenção do Lorde Gifford, ao criar suas palestras, era saber se alguém seria capaz de abordar o assunto principal (inferir verdades sobre Deus) e, ao mesmo tempo, presumir que não seria possível apelar para os "milagres", esperando, o tempo todo, que o "problema do mal", afinal de contas, não representasse uma dificuldade. Na verdade, mais uma vez, esse é um tópico importante. Como argumentei em outro momento, um dos aspectos estranhos da virada epicurista é que a teologia em si foi deixada com uma pergunta sobre a "expiação" (como meus pecados podem ser perdoados?), enquanto o chamado "problema do mal" (por que terremotos acontecem? e assim por diante) foi entregue a algo agora chamado de "filosofia da religião", sem que as duas questões recebessem atenção.[103] Mas o elemento que falta na discussão é a *história*, mais especificamente a história de Jesus. A história está ligada a coisas que realmente acontecem no mundo "natural". Por que, então, a vida humana, os pensamentos e as intenções de Jesus deveriam ser excluídos da "teologia natural"?

A resposta é que não deveriam ser. Na realidade, muitos céticos de Reimarus em diante fizeram um relato "histórico" redutor de Jesus e dos

---

[103]Cf. meus *Evil and the Justice of God* [no Brasil, publicado sob o título *O mal e a justiça de Deus*] e também *Revolution*.

O SANTUÁRIO DESTRUÍDO

Evangelhos como parte de seu arsenal controverso.[104] Em outras palavras, a história é verdadeiramente permitida na conversa, mas supõe-se que conteste as reivindicações pela verdade da "religião", especificamente aqui do cristianismo.

Deixando de lado a incerteza da palavra "religião" no momento, encontramos um paradoxo na discussão da "teologia natural". Nossa evidência histórica de Jesus consiste quase completamente no Novo Testamento. Para muitos, nos séculos 18 e 19, o Novo Testamento era o principal documento da "revelação especial", portanto exatamente o tipo de coisa a que tal teologia não podia apelar. Mas isso é vago, e parece que a confusão, originada na postura defensiva dos cristãos, arrastou-se a ponto de envolver também os céticos. Ela parece supor que o Novo Testamento ofereça um tipo de ensino abstrato isolado e vindo do céu sem envolvimento humano. Boa parte da tradição cristã popular, principalmente após a Reforma, quando a Bíblia foi escolhida para carregar o peso da autoridade anteriormente compartilhada com a tradição da Igreja, estava inclinada a vê-la assim. Mas extensos trechos bíblicos e, obviamente, em particular os Evangelhos pretendem concentrar-se na história, em coisas que realmente aconteceram no mundo "natural" e, na verdade, apontam para longe de si, para esses eventos reais. Esse é o motivo pelo qual os Evangelhos nem sempre foram de fácil compreensão para os "teólogos", a não ser como uma série de ilustrações de ideias abstratas cujas bases podem ser encontradas em outros lugares. Porém, o resultado foi que os céticos adotaram a visão de "revelação especial" da Bíblia e, desse modo, muitas vezes a deixaram de lado com um estudo concreto mínimo, contando com abordagens de desmistificação conhecidas para apoiar seu afastamento.[105]

O que vale para um vale para os demais. Se Hume, Reimarus e outros podem apelar para a "história" para mostrar que Jesus era apenas um homem de sua época, talvez alguns possam recorrer a ela também para

---

[104]Isso costuma ser deduzido por comentaristas ateus, por exemplo: revisando *Seven Types of Atheism*, de Simon Blackburn, de John Gray, e *Five Proofs of the Existence of God*, de Edward Feser, in *the Times Literary Supplement*, de 7 de setembro de 2018, 4, eles falam da "evidência da insegurança histórica" como um dos três motivos para a disseminação do abandono ocidental das "religiões", sendo as outras o "ceticismo filosófico" e "uma aversão liberal por ordens e proibições autoritárias, mas aparentemente arbitrárias".

[105]Em muitos casos, observei a citação de Geza Vermes, cujas obras em número abundante, começando com *Jesus the Jew* — publicado em português sob o título *A religião de Jesus, o judeu* —, apoiaram sua própria desconversão, que ele descreve vividamente em sua autobiografia, *Providential Accidents*.

HISTÓRIA *e escatologia*

testar a suposição. Na verdade, quanto mais alguém segue o caminho de Hume e Reimarus (Gibbon, mesmo quando discute a igreja primitiva, não tem praticamente nada a dizer sobre Jesus), mais nos diz que Jesus deve ser visto como parte do fluxo regular da história e da ordem natural. Essa é a base da versão deísta da "teologia natural": analisamos as evidências de Jesus e parece que, afinal de contas, ele não era particularmente especial. E, embora os Evangelhos sejam, de fato, as principais fontes sobre Jesus, muitos pensadores do século 18 leram Josefo na tradução de Whiston, de 1737, e muitos também leram Tácito, traduzido da mesma forma nos séculos 16 e 17. Ambos mencionam Jesus. Ninguém poderia afirmar que ele seria encontrado apenas nos escritos que supostamente constituíam uma "revelação especial". Ele exigia pesquisa, e os verdadeiros historiadores não deveriam concluir precocemente que determinadas pessoas ou eventos precisavam ser estudados de forma diferente de outros simplesmente porque a igreja e os teólogos sugeriam que fosse assim.

Então, não se pode estar dos dois lados. Hume, Gibbon e Reimarus ofereceram acidentalmente um desafio: a história faz parte do "mundo natural", então o que você fará com isso? Essa era uma boa pergunta, que tanto a igreja como a teologia evitavam havia muito tempo ou pelo menos não foram capazes de abordar. Hume e os outros, ao questionarem o Jesus sobre-humano da cristologia popular, pavimentaram impensadamente a trilha para uma redescoberta do judeu do primeiro século de Nazaré. Como Ben Meyer lembra de maneira agradável, com Reimarus, o instinto da imaginação histórica está presente: "doente, mas vivo".[106] Precisamente ao dizer que o verdadeiro Jesus seria encontrado na história real, Reimarus chamou a atenção para um estudo mais aprofundado dos próprios Evangelhos, que os séculos seguintes estavam ansiosos para oferecer. Mas o problema aqui é que *os mesmos pressupostos culturais que moldaram o pensamento iluminista como um todo também moldaram a prática da história e, com ela, o estudo histórico de Jesus.* Como resultado, a teologia aspirante à ortodoxia ignorou e até mesmo zombou dos supostos retratos "históricos" de Jesus e permaneceu com uma construção cristológica projetada no primeiro século a partir das ideias dos pais da igreja, dos medievais e dos reformadores. É verdade

---

[106]B. F. Meyer, *The Aims of Jesus*, p. 29.

O SANTUÁRIO DESTRUÍDO

que a teologia posterior parece concordar com Lessing: nós desejamos as verdades eternas, por isso não nos preocuparemos muito com a história. Como o evangelho deve ser contextualizado em diferentes contextos, por que se importar com o original? Mas o desafio de Lessing pode facilmente funcionar de outra forma.[107] Podemos supor que criamos a história por conta própria, para ver se Reimarus estava certo? Logicamente, não devemos insistir na questão de Jesus como verdadeiro ser humano do primeiro século, fora das possíveis fontes da "teologia natural". Pelo menos não sem fazer uma pergunta central e vital. O problema é como impedir que ambas as questões (história e teologia) sejam fatalmente distorcidas pelas pressões da cultura atual.

Aqui chegamos a um ponto vital ao qual voltarei. Quando digo que os pressupostos do Iluminismo formataram o estudo de Jesus, *não* busco dizer que, se as pessoas se aprofundaram no assunto do ponto de vista do chamado "naturalismo", devemos responder usando o "sobrenaturalismo". Retornarei a isso em breve. Meu ponto é que os dois "lados" desse debate chegaram a um contraste falso ou aparente — *ambos/ou* —, que caracterizei como epicurismo, com o céu e os deuses radicalmente separados do mundo em que vivemos. Isso simplesmente repete o argumento de Lessing em um registro diferente. Como veremos no segundo capítulo, esse entendimento de "ambos/ou" causou interpretações equivocadas e influentes de Jesus e seus primeiros seguidores que condicionaram diversas discussões teológicas, inclusive acerca da "teologia natural" em suas várias formas. O problema é como impedir que ambas as questões (Jesus na história e "teologia natural") sejam distorcidas por causa da cultura presente. E uma característica específica dessa cultura, usada para ajudar os cristãos a enfrentar a maré crescente do secularismo, atrapalhou mais do que ajudou. Estou me referindo ao resgate cristão de Platão.

Você pode estar perguntando: o que acontece se alguém quiser ser um cristão criterioso no contexto em que o epicurismo triunfou, onde supomos que Deus e o mundo estejam totalmente separados um do outro? Poderíamos esperar que a resposta óbvia fosse a seguinte: leia a Bíblia e descubra como os judeus antigos e os primeiros cristãos pensavam

---

[107] É claro que Lessing acreditava que, até mesmo se os Evangelhos fossem historicamente precisos, a "história" ainda não poderia ser a base para conclusões teológicas. Reimarus argumentou que, de qualquer maneira, os Evangelhos eram fictícios.

73

HISTÓRIA *e escatologia*

em Deus, no universo e em sua interação. Entenda que as divisões entre Deus e o mundo, entre "natural" e "sobrenatural" e entre o futuro prometido e o presente são erros de categoria. Afinal de contas, são bem diferentes do modo como os judeus e os cristãos primitivos realmente viam o mundo. É isso que tenho a intenção de propor no momento certo. Mas essa resposta parece não ter sido dada.

Por que isso aconteceu? Há três motivos que falam por si.

Primeiro, existe uma tradição cristã — que vem desde pelo menos Clemente de Alexandria, no final do segundo e início do terceiro século — de análises filosóficas da escritura e da doutrina. Essas interpretações tentaram alcançar, pela análise filosófica, o que, no pensamento judaico e cristão, foi entendido dentro da cosmologia hebraica que estudaremos em capítulos posteriores.[108] No entanto, as interpretações acabaram se tornando mais conhecidas do que a cosmologia original e, na realidade, sem ela, tais interpretações costumam ser vistas como normativas. Isso, com frequência, deixou a Bíblia, em seu contexto judeu, como um indicador generalizado e desconfortavelmente "histórico", apontando, de forma vaga, para a verdade supostamente clara que os intérpretes posteriores discerniram, como se a Bíblia não tivesse uma estrutura metafísica e precisasse de uma que viesse de outro lugar.

Segundo, os reformadores, especialmente os luteranos, evitavam qualquer coisa muito "judaica". Isso acontece, em parte, devido ao antijudaísmo europeu anterior, mas igualmente à polêmica do século 16, em que a imagem de um catolicismo medieval corrupto, legalista e sacerdotal foi projetada no ensino judaico de justiça das obras, ensino supostamente combatido por Paulo. As múltiplas confusões nesse contexto foram amplamente expostas nas últimas décadas, mas sua influência ainda é aparente.[109]

Terceiro, e ainda mais obscuro, esse mesmo antijudaísmo remanescente, transformado em antissemitismo conforme as teorias "raciais" do século 19, que flutuavam como detritos marinhos no mar fétido do darwinismo social popular, consistia em excluir tudo o que pudesse invocar

---

[108]Nessa análise posterior, a exceção óbvia é Fílon de Alexandria, que, assim como Clemente, usou uma filosofia helenística sofisticada para interpretar suas tradições judaicas.

[109]Famosa por E. P. Sanders, *Paul and Palestinian Judaism*, mas também por muitos outros antes e depois. Houve também uma reação forte a Sanders. Cf. meu *Paul and His Recent Interpreters*, caps. 3-5.

O SANTUÁRIO DESTRUÍDO

símbolos judaicos como o Templo ou o Sábado como pistas da cosmologia ou da escatologia ou de qualquer coisa, da cristologia à espiritualidade e até (como explicarei mais adiante) à teologia natural. Foi exatamente nesse período que Graf e Wellhausen propuseram que o material "sacerdotal" nas escrituras hebraicas era uma forma tardia e degenerada da religião israelita: *Spätjudentum*, um termo agora mencionado com uma espécie de calafrio.[110] Não por acaso Hegel via o judaísmo como o "tipo errado de religião", baseado, como realmente era — oh, a ironia! — no sangue e no solo.[111] O mundo judaico estava fora dos limites. O pensamento era que o cristianismo genuíno devia ter raízes diferentes (daí a busca fútil por um "gnosticismo pré-cristão": qualquer coisa servia, contanto que não fosse judaica) e ser moldado de uma forma distinta. A polêmica de Paulo contra a "justiça pelas obras", incompreendida e generalizada, havia sido agregada a um programa ideológico de limpeza étnica.

Desse modo, se o cristão devoto, ao enfrentar os ataques céticos do século 18, não invocasse o mundo judaico e suas formas de pensamento (dentro das quais, como explicarei mais adiante, as primeiras ideias cristãs significavam o que significavam), qual era a alternativa? Uma possibilidade natural era recorrer a Platão — ou pelo menos, embora ele continuasse sendo importante, ao pensamento do médio platonismo de Plutarco e de outros, particularmente o neoplatonismo de Plotino e seus sucessores. Como esse era o contexto — e a suposição modeladora — de muitos dos mestres mais influentes dos séculos 3, 4 e 5 d.C., era possível percorrer certa distância por essa estrada sem perceber que as escrituras, assim como crianças rebeldes sendo levadas para uma caminhada contra sua vontade, estavam arrastando os pés e apontando em uma direção diferente. Os pais, resistindo corretamente a qualquer forma de marcionismo, encontraram maneiras de fazer as escrituras se alinharem. Eles têm seus sucessores modernos.

Uma vez mais, existem aqui mil implicações, das quais só posso citar duas como realmente relevantes para nosso tema.

---

[110]Veja, por exemplo, D. A. Knight, "The Pentateuch", p. 263-96; J. Conrad, *Karl Heinrich Grafs Arbeit am Alten Testament*; e E. Nicholson, *The Pentateuch in the Twentieth Century: The Legacy of Julius Wellhausen*. Para uma percepção judaica da erudição alemã envolvida, cf., por exemplo, C. Potok, *The Promise*.

[111]Veja, por exemplo, Hans Küng, *The Church*, p. 136: "para o idealismo alemão, principalmente para Hegel, o judaísmo representava uma manifestação do princípio do mal".

HISTÓRIA *e escatologia*

Em primeiro lugar, é bem clara a facilidade com que o cristianismo ocidental moderno abandonou a esperança bíblica da nova criação e da ressurreição corporal. O caminho havia sido preparado pelo pensamento medieval posterior, em que o céu, o inferno e o purgatório dominavam o horizonte escatológico. Porém, como destaquei dez anos atrás,[112] houve uma mudança decisiva na visão popular da Grã-Bretanha, ao menos perceptível nas lápides e em outros memoriais, aproximadamente entre 1700 e 1900. A esperança mais antiga ainda era a da ressurreição. *Resurgam*, "eu ressuscitarei", falava de um descanso presente e de uma reencarnação futura.[113] Mas a linguagem clássica do século 19, inclusive entre os evangélicos fervorosos, incluía "voltar para casa", estar "finalmente com Deus" e assim por diante. O protestantismo ocidental, ao desistir do purgatório, passou a pensar no contexto de uma realidade *post mortem* de estágio único: "ir para o céu", sem pensar em novos céus *e nova terra* ou mesmo em "nova criação". Os hinos de Charles Wesley, brilhantes e amados em outros aspectos, incorporaram e reforçaram poderosamente esse erro.[114] Essa tendência tem sido tão difundida que teólogos cristãos respeitados falam tranquilamente de nossas "almas" estarem atualmente "exiladas" neste mundo e no corpo material e do nosso desejo de voltar ao nosso lar verdadeiro, ou seja, o céu. Porém, esse é o pensamento explícito, não de Jesus ou do Novo Testamento, mas de Plutarco.[115] O problema aqui é o da percepção popular. O antigo

---

[112]Cf. *Surprised by Hope*. Publicado em português sob o título *Surpreendido pela esperança*. Além disso, *The Resurrection of the Son of God* (daqui em diante, RSG). Em português, publicado sob o título *A ressurreição do filho de Deus*.

[113]Essa é a palavra na pedra, encontrada entre as ruínas da antiga Catedral de São Paulo depois do incêndio em Londres em 1666, que Christopher Wren viu como o lema de sua própria reconstrução: cf. L. Jardine, *On a Grander Scale: The Outstanding Career of Sir Christopher Wren*, p. 428.

[114]Veja, por exemplo, "Leader of Faithful Souls, and Guide of All That Travel to the Sky", cuja segunda estrofe declara que "sabemos que a terra não é o nosso lugar", já que iremos rapidamente "nos mudar para nossa nação celestial, nosso lar eterno lá no alto". Do mesmo modo, a estrofe final de "Love Divine, All Loves Excelling" apresenta uma cena final ("Até que no céu ocupemos nosso lugar"), que é baseada, não na visão final de novos céus e nova terra de Apocalipse 21, mas no "céu" *atual* de Apocalipse 4 e 5 ("até lançarmos nossas coroas diante de ti").

[115]Veja seu tratado *On Exile* 607C-E. Cf. E. Radner, "Exile and Figural History", p. 273-301, e minha resposta no mesmo volume, p. 328-32. É claro que muita piedade popular continuou a percorrer o mesmo caminho (veja *Surpreendido pela esperança*, cap. 2, com muitos exemplos). Para um apelo explícito a uma síntese cristão-platônica na teologia contemporânea, veja, por exemplo, H. Boersma, *Heavenly Participation: The Weaving of a Sacramental Tapestry*.

O SANTUÁRIO DESTRUÍDO

ensinamento de que vamos para o céu está agora tão arraigado em nossa cultura que qualquer menção a uma nova criação ou a uma ressurreição corporal é "traduzida" em uma metáfora imprecisa da "vida celestial" ou é recebida com choque e incompreensão.

Em breve, vamos nos ocupar do tema da nova criação neste livro. Minha motivação para destacá-lo aqui é dupla. Primeiro, sua ausência constante nos séculos 18 e 19 mostra até que ponto os cristãos devotos estavam realmente conspirando com os objetivos do Iluminismo, aceitando o mundo desnivelado do epicurismo (em outras palavras, deixando política, economia, ciência, história e o mundo em si para as autoridades seculares e tentando conquistar de volta um Jesus docético dos reducionistas) e encontrando um caminho alternativo para expressar um tipo de fé. Alguns podem até ter acolhido e incentivado o mundo dividido do Iluminismo, permitindo que a igreja se concentrasse em questões "espirituais", e não nas preocupações "mundanas" (embora muitos cristãos devotos, como o exemplo óbvio William Wilberforce, tenham resistido firmemente a essa divisão). Segundo, ele enfatiza a maneira como o problema da "teologia natural" foi intensificado e, com ele, as questões decorrentes do chamado "mal natural", por um lado, e a "ação divina no mundo" por outro. Se é verdade que "este mundo não é meu lar" e que nosso verdadeiro lar é radical e ontologicamente diferente deste mundo presente, qualquer tentativa de olhar para este universo atual e descobrir as verdades sobre Deus torna-se não só muito mais difícil do que foi para os Salmos, para Isaías ou até mesmo para Jesus; torna-se suspeita. Por que olhar o mundo corrupto para aprender sobre o Deus santo? Até mesmo a menor possibilidade que observamos anteriormente, uma espécie de "teologia natural" dentro do próprio epicurismo ("o mundo cria e governa a si mesmo, *ergo*, Deus está fora de cena"), foi descartada dentro de um dualismo platônico.[116]

Da mesma forma, a necessidade de explicar o "mal natural" é reduzida. Este mundo é um mero vale de lágrimas. Nunca deveríamos esperar que

---

[116]Veja, por exemplo, Bispo Berkeley, opondo-se ao materialismo com um dualismo platônico explícito, em que "a matéria é tanto irreal *como* má" (Wilson, *Epicureanism*, p. 177, itálico original; cf. Berkeley, *Works*, 5.164). O filósofo sobe uma escada do sensual para o intelectual, mas não podemos deduzir o último do primeiro (cf. Berkeley, *Works*, 5.137). É o mesmo que o fosso feio e largo de Lessing. Plutarco, novamente (*On Exile* 1086C–1107C): O epicurismo é incapaz de proporcionar a verdadeira felicidade.

HISTÓRIA *e escatologia*

fosse agradável. Quanto antes conseguirmos escapar, melhor. ("A manhã do céu nasce e as sombras vãs da terra fogem", diz o hino vitoriano.)[117] Enquanto isso, para muitos cristãos devotos, a ideia de Deus "intervindo" no mundo, de "milagres" e da própria encarnação é tranquilamente aceitável. Na verdade, é isso que muitos concluem que seja a crença cristã. Essa devoção obstinada continuou, como as orações de Daniel, mesmo em meio ao epicurismo da Babilônia. O paradoxo de uma estrutura basicamente epicurista ou, pelo menos, deísta (com Deus "fora" do processo do mundo) com "intervenções" ocasionais (algo que um deus respeitável nunca faria, mas um deísta newtoniano poderia gerenciar) é exatamente como cristãos ocidentais enxergam o mundo até hoje, como veremos ao discutir a ideia de "milagre". Deus "intervém" no mundo para oferecer ajuda temporária no presente. (Nos últimos anos, isso criou alguns exemplos preocupantes, como histórias de pessoas sendo "milagrosamente" impedidas de chegar a seus escritórios nas Torres Gêmeas no dia 11 de setembro de 2001, ignorando o destino daqueles que foram trabalhar normalmente.) A versão extrema disso prevê uma intervenção final, o "arrebatamento", que levará todos os cristãos de uma vez.[118]

Pode parecer um ato de equilíbrio estranho imaginar alguém defendendo uma espiritualidade neoplatônica dentro de uma metafísica epicurista. Afinal, o epicurismo era a única coisa que os neoplatonistas originais descartavam, já que o comércio que imaginavam entre o que é terrestre e o que é celeste era exatamente o que Epicuro havia rejeitado. Mas acredito que isso faça parte do dilema atual do cristianismo ocidental: tentar expressar novamente, em diferentes contextos, ideias que talvez não combinem naturalmente nesse novo ambiente e acabar com uma mistura eclética e inconsistente. Assim, como me proponho a fazer, para abordarmos as questões da teologia natural e das origens cristãs históricas umas em relação às outras, o problema será simplesmente destacado. Se desejarmos analisá-lo de modo coerente, precisaremos entender como ele foi moldado por seu contexto maior.

---

[117]"Comigo habita" (nº 331 no *The New English Hymnal*. O autor do hino foi H. F. Lyte [1793–1847]). Allen, *Grounded in Heaven*, p. 4, sugere que essa frase não é platônica, mas defende que a luz do céu brilha na terra em um novo alvorecer. Mas, no contexto, a frase fala claramente da morte em si em termos de deixar a terra e ir para o céu (como Plutarco, em outras palavras).

[118]Sobre o "arrebatamento", veja minha discussão em *Surpreendido pela esperança*, contra a famosa série de romances "Left Behind", de Tim LaHaye e Jerry B. Jenkins.

O SANTUÁRIO DESTRUÍDO

A segunda consequência de tentar manter uma espiritualidade platônica, particularmente uma abertura mística ao "divino" no presente e a imortalidade da alma aqui e no futuro, tudo dentro de uma metafísica epicurista implícita, é que ela consiste em um convite aberto a diversas formas de gnosticismo. Não é de se admirar que isso tenha sido visto por alguns críticos como o modo padrão da religião americana.[119] O elitismo do epicurismo, interiorizado e individualizado, une-se ao sentido platônico de uma realidade interior secreta — talvez uma "alma" — para gerar não o sentido de uma alma pecaminosa que precisa ser redimida e transformada, como na teologia cristã clássica, mas, sim, um "eu verdadeiro" que precisa de "salvação" das distorções que o mundo exterior e até mesmo seu próprio corpo pode tentar lhe impor. Os espectadores não conseguem adivinhar a "identidade" secreta que é conhecida exclusivamente pelo possuidor. O gnóstico não acredita em "redenção", mas em "revelação", a descoberta do verdadeiro eu, em vez de sua morte e ressurreição. Assim como o próprio "progresso", esse tipo de gnosticismo de baixo nível tornou-se praticamente a única ortodoxia em alguns segmentos, em que "descobrir quem realmente sou" é o objetivo maior, e qualquer desafio a esse projeto é considerado a negação máxima dos direitos humanos. Essa visão assume com facilidade as cores aparentemente cristãs, apropriando-se da distinção bíblica da aparência externa e da condição do coração.[120] Desse modo, o elitismo sociopolítico que permite que os ocidentais "iluminados" olhem para o restante do planeta e lhe concedam bênçãos (ou, por assim dizer, bombas) combina com um elitismo interior de tais "iluminados", que sabem que são espiritualmente superiores, os verdadeiros heróis morais.

Assim, uma opção minoritária antiga tornou-se a nova maioria, ao menos no Ocidente. Epicuro nunca ganhou muita força fora de um pequeno círculo na Grécia e em Roma, mas finalmente se destacou, produzindo o que Charles Taylor, em sua obra-prima, chamou de "uma Era Secular". É claro que a situação é muito mais complexa do que se pode esboçar aqui, mas já dissemos o suficiente para indicar que o ressurgimento do epicurismo no Ocidente moderno tem sido o principal fator

---

[119]Veja, por exemplo, H. Bloom, *The American Religion: The Emergence of the Post-Christian Nation*, e, pela relevância disso para as igrejas, P. J. Lee, *Against the Protestant Gnostics*. Cf. a discussão em meu *Judas and the Gospel of Jesus*, cap. 6.
[120]Veja a observação de Samuel sobre a escolha de Davi em 1Samuel 16:7; 2Coríntios 4:18.

HISTÓRIA *e escatologia*

de contextualização, tanto cultural como filosoficamente, dentro do qual as grandes questões foram estabelecidas e as respostas, oferecidas. Essa é a coisa nova. Mesmo aqueles que queriam modificá-la, propondo um "progresso" panteísta ou encontrando uma rota de fuga platônica a partir dela, viveram nesse mundo. Nunca houve uma época na história do mundo em que, em uma cultura como um todo, as pessoas pudessem organizar a vida pessoal e social com base no fato de que nosso mundo e o mundo dos deuses, se ele existir, eram radicalmente separados um do outro. Então, nunca antes houve um tempo em que fosse mais difícil (especialmente para um cristão que buscava ser fiel ao Deus revelado no Jesus de Nazaré) obedecer às instruções de Lorde Gifford e falar sobre "teologia natural", ou tentar o que considero o passo necessário para isso, que é falar sobre as origens cristãs. E, se alguém responder que, para ser verdadeira consigo mesma, tal teologia precisa atuar independentemente dos pressupostos cosmológicos, a resposta seria que não há território neutro.

No entanto, a tese de Charles Taylor nos alerta para quatro pontos vitais que devemos evidenciar ao concluir este capítulo, com a intenção de iniciar nossas discussões posteriores.

CONCLUSÃO

Primeiro, "o mundo moderno". A ideia de que a ciência moderna descobriu uma nova visão do cosmos, tornando todas as visões anteriores ultrapassadas, é incorreta.[121] A cosmovisão ocidental atual é uma variação de uma cosmovisão antiga bem conhecida, defendida no começo do período moderno em termos sociais, culturais e políticos muito antes de Charles Darwin ou até mesmo de seu avô conseguir possíveis evidências científicas. Se essa visão é verdadeira ou não, essa é outra questão, porém não é algo novo. O apelo ao "progresso" é ambíguo, fundindo uma teologia da Providência judaica e cristã não histórica com o mundo (mais ou menos) ateu de Epicuro ou com o mundo panteísta de Hegel.

Segundo, nesse contexto, a palavra "religião" é praticamente inútil. A separação moderna entre "religião" e o resto da vida era desconhecida,

---

[121]Uma contraexplosão marcante foi a de C. S. Lewis em sua palestra inaugural em Cambridge, "*De Descriptione Temporum*", cap. 1.

O SANTUÁRIO DESTRUÍDO

talvez até mesmo impensável, no mundo antigo.[122] O uso contemporâneo considera o movimento cristão primitivo uma "religião" no sentido moderno orientado pelo Iluminismo, que era projetado exatamente para marginalizar sua identidade social, política, filosófica e cultural. Essa confusão dividiu as áreas de estudo relevantes: a "filosofia da religião" (que, em geral, exclui a exegese bíblica) assumiu o controle das temáticas-chave, incluindo a "teologia natural", enquanto a "história da religião", até recentemente, dominou a análise do cristianismo primitivo, sugerindo que, no fundo, essa era uma "religião" no sentido moderno, a ser historicamente estabelecida em relação a outros cultos antigos do Oriente Próximo (em geral, como vimos anteriormente, excluindo o mundo judaico).[123] O estudo histórico verdadeiro do cristianismo inicial produz um resultado muito diferente, um significado distinto de "religião", um conjunto diverso de ferramentas analíticas e a perspectiva de resultados muito contrastantes.

Isso nos leva, em terceiro lugar, à questão do "naturalismo", ou melhor, à suposta divisão entre natureza e "sobrenatureza". Um conceito mais antigo (sem dúvida, foram muitas variações ao longo de tantos séculos) imaginava o criador sempre trabalhando no mundo "natural" e, às vezes, fazendo coisas "sobrenaturais", mostrando não a *abolição* da natureza pela graça, nem sua *invasão* de fora, mas, sim, a *superabundância* da graça sobre a natureza. (Em qualquer caso, a palavra "natureza" em si também pode sugerir algum tipo de independência em relação ao criador.) No entanto, "natureza" e "naturalismo" costumam ser usados em alusão à metade da falsa antítese do Iluminismo, e a consequência é que o "naturalismo metodológico" exclui o "sobrenaturalismo" e vice-versa.[124]

---

[122]Sobre isso e o que vem a seguir, veja *PFG*, cap. 4, 13. Sobre a estrutura da religião em todas as partes da vida antiga, cf., por exemplo, O'Meara, *Cosmology and Politics in Plato's Later Works*, p. 122-29. Sobre o significado moderno de "religião" (que, antes do século 17, referia-se principalmente à organização correta do culto), veja, por exemplo, W. Pannenberg, *Christianity in a Secularised World*, e K. Barth, *Church Dogmatics*, vol. 1, *The Doctrine of the Word of God*, parte 2, trad. G. T. Thomson e Harold Knight, p. 284, discutindo Paul de Lagarde quanto à maneira como a "religião" passou a ser colocada contra a "revelação".

[123]Sobre a *religionsgechichtliche Schule* e sua influência poderosa na erudição do Novo Testamento do século 20, veja *PRI*. Muitas das hipóteses em desenvolvimento de Bultmann sobre o cristianismo primitivo incluíram (de forma claramente malsucedida) tentativas de tal genealogia.

[124]O Lorde Gifford certamente parecia pressupor algo como essa antítese: cf. o prefácio, nota 4.

HISTÓRIA *e escatologia*

A palavra "milagre" é igualmente distorcida, trazendo um sentido de "invasão externa" que os naturalistas (a partir de Hume) negarão e os "sobrenaturalistas" confirmarão. No entanto, essas novas aplicações meramente conspiram com Lessing.[125] Eles concordam que seu "fosso feio" existe e simplesmente afirmam que (com a ajuda de Deus) podemos ou não pular sobre ele, reforçando uma antítese falsa e até mesmo antibíblica do céu e da terra.[126] Afinal de contas, não foram só os neoplatonistas que rejeitaram o epicurismo; também os rabinos e os escritos judaicos anteriores, como o Sabedoria de Salomão, o rejeitaram.[127]

Todas essas questões retornam, finalmente, à epistemologia: como conhecemos? A seguir, argumentarei que, devido, em grande parte, ao seu epicurismo subentendido, a *ontologia* dos pontos de vista dominantes do Iluminismo estava em uma relação simbiótica com sua *epistemologia* implícita, uma teoria do conhecimento a partir da qual um elemento crucial havia sido excluído. Tal elemento é o "amor", uma palavra quase sem sentido por causa de seu uso excessivo, mas empregada aqui de forma heurística. Como explicarei a seguir, o "amor" supera a falsa polarização entre "objetivo" e "subjetivo" e entre o idealista e o empirista. Ele preenche a lacuna, ou melhor, insiste que, em primeiro lugar, nunca houve esse tipo de espaço vazio.

O epicurismo clássico sempre foi cuidadoso em relação ao amor. Lucrécio, assim como Oscar Wilde, avisou que se apaixonar atrapalharia o prazer erótico.[128] Essa renúncia ao amor se tornou um princípio epistemológico. A investigação racional desvinculada é o correlato epistemológico do materialismo atomístico.

Isso está codificado quase profeticamente na lenda de Fausto. Mefistófeles lhe promete tudo o que ele poderia desejar, com uma condição:

---

[125]Lessing declara: "vivo no século 18, em que milagres não acontecem mais" ("On the Proof of the Spirit and of Power", p. 52). C. S. Lewis inclui esse tipo de pensamento nas histórias de Nárnia, quando as crianças analisam o guarda-roupa e descobrem que se trata realmente apenas um guarda-roupa. É uma pena que Lessing nunca tenha conhecido Wesley ou Whitefield.

[126]Cf., por exemplo, C. Rowland, "Natural Theology and the Christian Bible", p. 31: em referência a Mateus 25, "a divisão entre natural e sobrenatural não é tão grande quanto imaginávamos".

[127]Cf. Wis 2 (cp. *PFG*, cap. 3, p. 239-43); mSanh. 10.2.

[128]Cf. Lucrécio, *Rer. nat.* 4.1058-1191, com Wilson, *Epicureanism*, 255f. Sobre Wilde, cf., por exemplo, "The Picture of Dorian Gray", p. 137: "Um homem pode ser feliz com qualquer mulher, contanto que não a ame".

O SANTUÁRIO DESTRUÍDO

ele nunca pode realmente *amar* o que está apreciando. Fausto faz sua promessa: jamais dirá, em seu momento de satisfação, "*Verweile doch! du bist so schön*".[129] Thomas Mann torna isso explícito, com seu mensageiro satânico instruindo o herói: "*Tu não podes amar*".[130] É uma parábola para nosso tempo.[131] O Iluminismo racionalista, ao separar a dimensão divina da realidade, filtrou o amor ao mesmo tempo *e pelo mesmo motivo*: confirmou o conhecimento "objetivo" do mundo físico, conquistado e explorado pela ciência e a tecnologia, e descartou os elementos "subjetivos" como meras opiniões ou algo pior: meras projeções. De uma forma ou de outra, o resultado era o monstro de Frankenstein.[132]

É claro que nossa cultura também reagiu de forma incisiva. O movimento romântico, acompanhado do discipulado cristão fervoroso nas tradições pietista e metodista, seguiu o outro caminho, concentrando-se naquilo que aquece o coração, no que "conhecemos" profundamente. Porém, infelizmente, podemos ser tocados, de uma forma estranha, por coisas que se revelam falsas. O romantismo não é suficiente. Acredito que tanto Goethe como Wagner — dois dos maiores heróis de Albert Schweitzer — tentaram abordar exatamente esse problema e transcender as falsas polaridades que viam se desenvolvendo.[133] Simplificando, precisamos tanto do polo subjetivo como do objetivo, do romântico e do racional, assim como necessitamos do diálogo contínuo entre o ideal e o empírico (que, assim como a galinha e o ovo, pode não ter um ponto de partida óbvio). O que podemos contar sobre esse conhecimento?

---

[129]J. W. Goethe, *Faust: Eine Tragödie. Erster Theil*, org. E. Gaier (Stuttgart: Reclam, 2011), p. 71 (frase 1700): "Por favor, fique, você é tão bonita!".

[130]Thomas Mann, *Doctor Faustus: The Life of the German Composer Adrian Leverk*ühn *as Told by a Friend*, p. 361: "Não amais"; p. 242: "O amor é proibido para você, na medida em que aquece". Obra publicada em português sob o título *Doutor Fausto: a vida do compositor alemão Adrian Leverkühn narrada por um amigo*.

[131]Wagner entende o mesmo ponto em que a trama do *Ring* tem início: Alberich, o Niebelung, desiste do amor para conquistar o ouro do Reno e, com ele, o poder sombrio que guia a história.

[132]Esse é exatamente o cognato da tese impressionante de Iain McGilchrist em *The Master and His Emissary: The Divided Brain and the Making of the Western World*: o lado esquerdo do cérebro assumiu o controle do direito. Acabamos nos tornando uma cultura esquizofrênica, em que música, fé, metáfora e amor são interesses marginais e minoritários.

[133]Sobre Schweitzer e Goethe, cf., por exemplo, T. X. Qu, "In the Drawing Power of Goethe's Sun: A Preliminary Investigation into Albert Schweitzer's Reception of Goethe", p. 216-33. Schweitzer ganhou o Prêmio Goethe em 1928. Ele tinha a obra completa de Goethe com ele em Lambarene e, aparentemente, costumava ler *Fausto* todos os anos na época da Páscoa (Qu, "In the Drawing Power of Goethe's Sun", p. 218).

HISTÓRIA *e escatologia*

Como veremos em mais detalhes no momento certo, o "amor", simultaneamente, *afirma e celebra a alteridade* do amado (seja uma pessoa, uma árvore, uma estrela) e deseja que seja ele mesmo, não para ser uma mera projeção de suas próprias esperanças ou desejos, e também *se deleita* com esse conhecimento, indo além da mera avaliação para um senso de volta ao lar, de pertencimento a alguém.[134] Nesse sentido, o amor compreende outros modos de conhecê-lo, reformulando muitos debates, incluindo esses com os quais as Palestras Gifford se preocupam.[135]

É claro que, na teologia cristã, o amor tornou-se humano em Jesus de Nazaré, mas essa afirmação pode ser avançada de maneira a encerrar um pensamento mais aprofundado ou pode ser desprezada como uma fantasia acrítica sem base histórica. No entanto, neste livro, proponho resistir a ambas as tendências. Após apresentar, no presente capítulo, uma interpretação particular dos contextos sociais, culturais e políticos em que a questão da "teologia natural" foi abordada, passamos, no próximo capítulo, às formas pelas quais os mesmos contextos moldaram e, muitas vezes, distorceram as leituras do Novo Testamento e as construções históricas de sua figura central.

---

[134]Sobre o amor como volta ao lar, cf. agora S. May, *Love: A New Understanding of an Ancient Emotion*.

[135]Sobre a proposta de Bernard Lonergan para uma "epistemologia ampliada", veja seu *Method in Theology*, p. 28-56, 81-84, 155-265 e 311-37. Abordar o "amor" como fundamental para o conhecimento remete ao menos a Tomás de Aquino (eu argumentaria que recua até Paulo) e foi algo poderosamente expresso por von Balthasar, entre outros. Há um sentido segundo o qual é isso que a "hermenêutica" trata desde Gadamer e em um trecho que lembra GB Vico em sua oposição (na frase de Thiselton, em *Hermeneutics of Doctrine*, p. xvii) ao "racionalismo atemporal e individual de Descartes": cf. H.-G. Gadamer, *Truth and Method*, p. 17 — publicado em português sob o título *Verdade e Método: traços fundamentais de uma hermenêutica filosófica*; e I. *Three Critics of the Enlightenment*, p. 26-207. Berlin declara (2006) que a insistência de Vico na especificidade de diferentes culturas "torna difícil, se não impossível... retornar às concepções da natureza humana e do mundo real defendidas por Descartes, Spinoza, Voltaire ou Gibbon". No entanto, isso foi o que a suposta "crítica histórica" fez.

DOIS · O LIVRO QUESTIONADO

A CRÍTICA ESPECIALIZADA E OS EVANGELHOS

INTRODUÇÃO: DEBATES CONFUSOS

No primeiro capítulo, esbocei os contextos nos quais, nos últimos séculos, tiveram lugar as discussões sobre o que passou a ser chamado de "teologia natural". (Na verdade, as reflexões sobre esse assunto remetem aos tempos antigos, mas é a abordagem moderna específica que nos preocupa.) Os debates não foram neutros nem desinteressados. Ninguém faz perguntas sobre Deus e o mundo de um ponto de vista isolado. Uma objetividade simulada é meramente ingênua. Os movimentos maiores da cultura e da política, da filosofia e da revolução estão todos interligados a uma realidade histórica multidimensional que devemos reconhecer, ainda que nunca possamos descrevê-la correta ou "objetivamente". Mais vale uma admissão de complexidade impossível do que uma suposição falsa de simplicidade. E, dentro dessa mesma mistura inquieta de elementos, encontramos a questão de Jesus e dos Evangelhos.

O deísta inglês Matthew Tindal (1657—1733) e o racionalista irlandês John Toland (1670—1722) já haviam levantado pontos críticos

HISTÓRIA *e escatologia*

sobre os Evangelhos.[1] Se o questionamento dos Evangelhos os levou ao deísmo ou vice-versa ou se ambos surgiram por meio das preocupações mais amplas do século 17, como sugeri no capítulo anterior, não podemos analisar aqui.[2] Mas, certamente, descartaram a resposta ortodoxa padrão aos céticos. Os céticos questionariam o envolvimento divino no mundo e os ortodoxos responderiam que Deus se havia revelado em e como Jesus de Nazaré, inclusive seus "milagres" — Q.E.D. [*Quod erat demonstrandum*]. Desse modo, se alguém desejasse adotar algum tipo de deísmo, o registro precisaria ser contestado; ou, em outras palavras, se as pessoas desafiassem os Evangelhos, talvez o deísmo pudesse ser a única forma possível de escape. De qualquer modo, Hume e outros céticos investigam o milagroso, como vimos. E coube a Reimarus e Lessing, que publicaram seu *Fragments* após a morte de Hume, apresentar o caso revisionista sobre Jesus e os Evangelhos de maneira mais organizada.[3]

Albert Schweitzer estava certo sobre muitas coisas, inclusive em pôr Reimarus em destaque em sua famosa crônica dos escritos alemães sobre Jesus.[4] Como o que Reimarus — e também Lessing — dizia acerca de Jesus seria um elemento crucial em todos os planos deístas, que, conforme já expliquei, nessa fase foi fortemente influenciado pelo epicurismo da cultura da época, essa é uma indicação de que, comparativamente, poucas pessoas que escreveram sobre teologia natural se envolveram nessas questões.[5] De fato, a "teologia natural" tem sido estruturada como se as questões sobre Jesus fossem automaticamente excluídas. Alguns que reagiram contra ela reforçaram essa impressão ao insistir em colocar a "cristologia" à frente de tudo.[6] Esses problemas parecem voltar para muito

---

[1] Detalhes e um contexto mais amplo em, por exemplo, Reventlow, *Authority of the Bible and the Rise of the Modern World*, Parte III.
[2] Sobre a relação e a influência de Toland na filologia e na crítica bíblica, veja Luisa Simonutti, "Deism, Biblical Hermeneutics, and Philology", p. 45-62.
[3] Sobre Reimarus e Lessing, veja cap. 1.
[4] A. Schweitzer, *The Quest of the Historical Jesus: First Complete Edition*, p. 14-26.
[5] O OHNT não tem os termos "Jesus" ou "Evangelhos" no índice e, em "Cristologia", encontramos apenas referências breves, incluindo as duas citadas na próxima nota.
[6] É claro que, na última categoria, encontramos Karl Barth, tanto em sua famosa resposta negativa a Emil Brunner quanto em suas Palestras Gifford de 1937 (K. Barth, *Nein! Antwort an Emil Brunner*, e *The Knowledge of God and the Service of God according to the Teaching of the Reformation*, trad. J. L. M. Haire e Ian Henderson). Cf. a breve discussão em Russell Re Manning, "Protestant Perspectives on Natural Theology", *OHNT*, p. 197-212. T. F.

O LIVRO QUESTIONADO

além do que simplesmente o século passado. Alguns teólogos católicos, já no século 16, desenvolviam argumentos para a existência de Deus em bases puramente filosóficas, sendo cuidadosos para não parecer que insistiam na pergunta referindo-se a Jesus ou ao espírito.[7] No entanto, quando reunimos todas essas suposições, podemos descobrir que o próprio Jesus, um ser humano de carne e osso, fazia parte concretamente do mundo "natural" de espaço, tempo e matéria, razão pela qual não deveria ser isento das questões referentes a tal teologia, independentemente de quão moderno isso possa ter sido.

É difícil prosseguir com essa afirmação porque o problema é duplo. Por um lado, estão os céticos, que queriam excluir Jesus da pergunta, para que isso não significasse falar de Deus de forma camuflada. Mas, por outro, há supostos professores ortodoxos que pensaram em Jesus da maneira que tem sido efetivamente docética, de modo que qualquer menção a ele — principalmente quando ele é chamado simplesmente de "Cristo", como se esse fosse um título "divino" — causa a impressão do uso de uma auréola. Então, ele é, por definição implícita, afastado da inquietação da vida real, por mais que todos os quatro Evangelhos o coloquem exatamente ali. Parece ser esse o caso, por exemplo, daqueles que, assim como Barth na década de 1930, acreditam que "cristologia" é o meio pelo qual podemos *evitar* a expressão "teologia natural", como se o "Cristo" da fé cristã estivesse apenas superficialmente relacionado ao Jesus inserido no espaço-tempo, que se opõe à afirmação de João de que a Palavra se tornou "carne" e do escritor aos Hebreus, que insiste em dizer que Jesus é "como nós em todos os aspectos". Assim, Jesus foi excluído da questão tanto pelos céticos (para que o argumento não tivesse uma conclusão cristã) como pelos ortodoxos (para que não fossem arrastados para as incertezas históricas). E, como estou avançando, neste livro, a sugestão ultrapassada não só de que devemos incluir a questão de Jesus e dos Evangelhos na discussão dessa teologia, mas também de que, por uma nova investigação histórica desses temas, podemos encontrar novos

---

Torrance, pelo menos em alguns escritos, seguiu Barth a esse respeito: cf. R. D. Holder, "Natural Theology in the Twentieth Century", p. 127-29).

[7]Cf., por exemplo, L. Lessius e M. Marsenne, discutidos por M. J. Buckley in *At the Origins of Modern Atheism*, citado por D. Edwards in "Catholic Perspectives on Natural Theology", *OHNT*, p. 183-84.

HISTÓRIA *e escatologia*

caminhos rumo ao centro do assunto — em outras palavras, entrando na cova do dragão para recuperar o tesouro roubado —, precisamos claramente analisar os fatores que, nos últimos dois séculos ou mais de reflexão, aparentemente afastaram o estudo de Jesus e dos Evangelhos de qualquer utilidade teológica.

Antes de entrarmos na questão do que os pesquisadores críticos estavam fazendo com os Evangelhos e com o próprio Jesus, contribuindo para diversos pontos teológicos em discussão, incluindo o da teologia natural, devemos destacar uma observação específica. Na cultura popular britânica atual, o único debate teológico real que a maioria das pessoas conhece é o que aconteceu entre os dois maiores grupos em meados do século 18: aqueles que pensam que o Deus distante (talvez deísta) em alguns momentos "intervém" no mundo e os que pensam que não. Isso foi reduzido à suposição agora comum de que os cristãos precisam crer em um Deus que faz coisas estranhas (como nascimentos virginais e ressurreições), enquanto aqueles que "sabem" que Deus não age dessa forma são ateus *de fato*, embora muitos ainda professem crer em algum tipo de divindade não intervencionista. Isso sempre surge quando jornalistas entrevistam líderes de igrejas como, por exemplo, arcebispos recém-nomeados: eles realmente creem no nascimento virginal e na ressurreição corporal? Esse é o equivalente às perguntas traiçoeiras que as pessoas fizeram ao próprio Jesus. O arcebispo aparecerá como um fundamentalista ingênuo ou um liberal perigoso.[8]

Essa suposição cultural agora padrão (de que as duas opções disponíveis são a divindade intervencionista e a não intervencionista) é refletida em uma troca que se tornou famosa graças à socióloga Grace Davie. Um de seus entrevistados, ao ser perguntado: "Você acredita em um Deus que pode mudar o curso dos acontecimentos na Terra?", respondeu: "Não, somente no deus comum".[9] Sobre isso, o poeta Donald Davie (sogro de Grace) comenta:

---

[8]Isso, por sua vez, torna-se uma caricatura, já retratada na série de TV *Yes, Prime Minister*. O primeiro-ministro explica à esposa que eles precisam manter o equilíbrio na Igreja da Inglaterra. "Que equilíbrio?", pergunta ela. "Entre aqueles que acreditam e os que não acreditam em Deus", responde ele.

[9]Grace Davie, *Religion in Britain: A Persistent Paradox*. Cf. Jeff Astley, *Ordinary Theology: Looking, Listening and Learning in Theology*, 45f., discutindo Michael Langford e Maurice Wiles representando diferentes tipos de teísmo não intervencionista.

O LIVRO QUESTIONADO

> O tipo comum
> De crente não enganado
> Não espera recompensa imediata
> De um senhorio verdadeiramente fiel
> Mas também preocupado.

A metáfora é significativa: Deus como um senhorio que, se não é realmente ausente, está "preocupado". Dentro desse "deísmo terapêutico moralista",[10] Deus se importa com nosso comportamento. Crer nele pode ser bom para nós, pelo menos em longo prazo, embora ele não se envolva. Em geral, ele se "preocupa". Se você perguntar a alguém na rua se essa pessoa crê em Deus, é a esse Deus que eles deduzem que você está se referindo. Supõe-se que exista um bom precedente bíblico, com Jesus dormindo no barco, mas o ponto principal da história é que ele acorda e acalma a tempestade. Na verdade, o popular "ambos/ou" de "natural" *versus* "sobrenatural" não se encaixa na evidência.

Afinal de contas, acalmar tempestades não é o que você espera de um "deus comum", daí o protesto de Reimarus e de tantos outros. Eles diziam que os Evangelhos foram escritos em parte para ocultar a mensagem politicamente revolucionária original (é claro que Reimarus viveu em um momento epicurista e de revolução) e em parte para lançar uma nova religião segundo a qual um ser chamado "Deus" encarnou em um homem chamado "Jesus" e provou isso com truques sobrenaturais. Por isso, os questionamentos quanto ao nascimento virginal e ao túmulo vazio. Nas conversas modernas que refletem esses movimentos do século 18, supõe-se que todos nós sabemos o que é o "verdadeiro cristianismo", ou seja, que cremos nesse tipo de Deus, que realmente "intervém" de determinadas maneiras. Um Deus de quem Jesus era o "filho" em algum sentido "sobrenatural" (em oposição a qualquer um dos sentidos disponíveis para essa frase no mundo judaico do primeiro século). E costuma-se concluir que, quando as pessoas estudam "teologia natural", por um lado, ou os Evangelhos, por outro, é isso que pretendem testar. Um "Deus" como esse existe verdadeiramente?

Não sei em quantos outros países esse impasse teológico do Reino Unido, de pouca importância, é reproduzido. (Certamente, foi no

---

[10]Cf. cap. 1, em alusão à tese de Christian Smith.

HISTÓRIA *e escatologia*

contexto britânico que o Lorde Gifford criou suas palestras.) Porém, ele tem pouca relação com os debates que eram travados na Alemanha aproximadamente entre 1800 e 2000, discussões que tiveram influência notável na definição de como as perguntas foram formuladas. (Também tem pouco a ver com o mundo judaico do primeiro século, mas esse ponto marcante precisa ser deixado de lado até o capítulo 5.) Os debates alemães sobre Deus e o mundo, sobre Jesus e os Evangelhos, sempre fizeram parte de discussões muito mais amplas e complexas, estruturadas pelos esquemas enormes de Kant e Hegel, que direcionaram de um lado para o outro as diversas propostas de Schelling, Schopenhauer, Feuerbach e outros, bem como os movimentos políticos turbulentos que dominaram a Europa por todo esse período. Os britânicos, de forma geral, não entendiam. Estavam muito ocupados administrando um império e dominando os mares para se preocupar com essas coisas. Quando Schweitzer escreveu seu *Von Reimarus zu Wrede*, estudava a escrita de Jesus em seu contexto mais abrangente. A tradução em inglês deu um novo título ao livro, concluindo que se tratava da *Busca pelo Jesus histórico*, simplesmente "tentando chegar aos fatos".[11] Entretanto, a vida era mais complicada do que isso. Schweitzer não tentava "encontrar" um Jesus que (como o título traduzido parecia sugerir) estivesse "perdido" em algum lugar. Esse foi um ponto sutilmente diferente. Os escritores que Schweitzer pesquisou, bem como ele mesmo, além de autores posteriores como Bultmann e Käsemann, não estavam envolvidos em uma tentativa quase positivista de "descobrir" ou "provar" Jesus ou "chegar aos fatos". As pesquisas sobre Jesus faziam parte de um todo cultural maior relacionado à igreja alemã e às suas relações conflitantes com questões sociais, culturais e políticas. E meu argumento é o seguinte: que esse todo maior era geralmente ignorado no mundo anglo-saxão, onde se supunha que, como os alemães eram críticos históricos tão exigentes, deviam estar realmente tentando "chegar aos fatos" em um sentido neutro ou novamente positivista.[12] Desse modo, o Mar do Norte funcionava

---

[11]Isso parece ser ignorado por N. O. Oermann, o recente biógrafo de Schweitzer, que se refere ao livro simplesmente por seu título em inglês. Cf. as observações de D. E. Nineham em seu "Prefácio à Edição Completa" na edição de 2000 de Schweitzer's *Quest*, p. xiv, xxii, embora Nineham, aqui e em outros momentos, pareça não compreender todo o significado.
[12]Cf. cap. 3 sobre o suposto positivismo de von Ranke.

O LIVRO QUESTIONADO

como o "fosso feio e largo" de Lessing. Os britânicos buscavam verdades contingentes da história; os alemães, verdades eternas da razão.

É claro que essa é uma simplificação exagerada, mas esclarece o ponto. As propostas apresentadas dentro do contexto cultural alemão foram "ouvidas" nos círculos anglo-saxões como "resultados garantidos", principalmente por aqueles que aceitariam bem essas conclusões. Esses "resultados" poderiam, então, ser definidos e defendidos, não por argumentos, mas por esse tipo específico de desprezo que teólogos e críticos ingleses tomam por empréstimo de seu mundo de esnobismo social. Questionar os "resultados garantidos" dos grandes alemães seria como comparecer a um jantar formal usando jeans e camiseta. Se você desejar se sentar à mesa principal, é melhor ter boas maneiras. Os desafios de Reimarus (de que Jesus teria sido um revolucionário judeu fracassado) e de Schweitzer (de que Jesus teria sido um visionário fracassado do fim do mundo), ainda que curiosamente incompatíveis, foram suficientes para gerar o "resultado garantido" negativo que os Evangelhos haviam recebido de maneira equivocada. Afinal, ele não era o que havia sido criado para ser. Qualquer Jesus não bíblico, "reconstruído" ou ao menos reimaginado, acabaria com esse propósito. (Gibbon e, antes dele, Tyndall e Toland mencionaram o argumento do fim do mundo, mas, até então, esse argumento ainda não havia sido aderido.[13] Certamente Reimarus, que os seguiu em seu deísmo, não via Jesus como um profeta apocalíptico fracassado, mas, sim como um revolucionário messiânico fracassado.) Então, você precisa de explicações alternativas, por isso a popularidade contínua da teoria engenhosa (ou bizarra, como alguns diriam), mas de longa data de William Wrede sobre o "segredo messiânico", segundo o qual, como Jesus não se considerava o Messias, Marcos deve ter criado *tanto* essa afirmação *como* a ordem de mantê-la em segredo. Daí também as propostas de Rudolf Bultmann sobre a crítica da forma: Bultmann imaginava uma imagem de Jesus semelhante à de Wrede e desenvolveu suas teorias sobre os hábitos de contar histórias da igreja primitiva.[14]

---

[13]Cf., por exemplo, E. Gibbon, *The Decline and Fall of the Roman Empire*, p. 347. Publicado em português sob o título *Declínio e queda do império romano*.
[14]Sobre Wrede, cf. *JVG*, 28f, 478; e cf. as discussões, por exemplo, em C. Tuckett, ed., *The Messianic Secret*. Schweitzer critica Wrede (*Quest*, cap. 19, 20), mas ele usa um esquema de desenvolvimento semelhante, colocando-o na mente de Jesus, e não na ficção posterior dos evangelistas (*Quest*, cap. 21). Sobre Bultmann e os motivos para sua crítica da forma, cf.

HISTÓRIA *e escatologia*

Assim, em ambos os lados do Mar do Norte, concluiu-se que "os eruditos", com seu estudo histórico rigoroso, haviam tomado o partido dos deístas do século 18. A ciência provou a evolução, a economia científica insistiu em políticas de *laissez-faire*, a historiografia científica provou que Deus não intervém e o estudo científico dos quatro Evangelhos mostrou que eles eram, em grande parte, fictícios. Enquanto isso, os supostos "crentes simples", que tomam como verdades a encarnação, os milagres, a ressurreição e todo o resto, pareciam viver ainda no início do século 18 ou até mesmo — no sentido polêmico e tolo como se fala o tempo todo — no período "medieval". Essas falsas antíteses são apresentadas até hoje, especialmente nos Estados Unidos, no contexto das "guerras culturais" em que todos os outros tipos de questões, incluindo criação e evolução, juntam-se em polarizações enganosas e prejudiciais.

Tudo isso está em jogo quando mergulhamos na "busca" multifacetada, atentos para as maneiras pelas quais o que foi dito sobre Jesus e os Evangelhos refletiam e condicionavam as questões maiores sobre Deus e o mundo.

A chamada busca por Jesus fazia parte do mundo complexo da crítica bíblica moderna. Isso combinou pelo menos dois aspectos bem diferentes:

1. Primeiro, os reformadores e seus sucessores apelaram para os "significados originais" das escrituras como evidência principal da fé cristã primitiva "real" em oposição à adição de especulações e "tradições" posteriores. De Lutero a Wesley e daí em diante, a busca era por uma forma de fé mais pura e autêntica do que a encontrada na Idade Média ou nas igrejas adormecidas e corruptas, como muitos viam, dos séculos 16, 17 e 18. Assim, a Bíblia passou a ter, pelo menos em tese, cada vez mais peso na vida da igreja. Os "significados originais" foram estudados para dar firmeza e direção à fé cristã.

2. Porém, perturbadoramente entrelaçado com isso, houve um movimento bem diferente: o apelo racionalista ou cético aos "significados originais", como a principal evidência que poderia *destruir* a fé cristã antiga e qualquer tentativa de resgatá-la na Europa moderna. Dessa

---

The New Testament and the People of God, Origins and the Question of God 1 (daqui em diante, *NTPG*), cap. 14; *JVG*, 113F. Para a longa explicação da visão de Wrede, cf. *JVG*, cap. 2, *passim*.

O LIVRO QUESTIONADO

maneira, o impulso protestante dos primeiros significados pelos quais a igreja poderia ser *rejuvenescida* poderia ser aproveitado para apoiar uma busca cética por significados antigos pelos quais ela poderia ser *minada*. Como muitos supõem, a história exporia a falsidade do cristianismo dogmático, não apenas para combater a corrupção e a opressão eclesiástica, nem só para substituir as guerras religiosas pela "tolerância", mas também para substituir a "superstição", incluindo o próprio cristianismo, pela racionalidade científica.

Como reformadores e racionalistas se opuseram ao cristianismo medieval e ao seu legado contínuo, suas tarefas totalmente diferentes foram combinadas de forma acidental, mas efetiva. Isso trouxe uma energia e um estilo protestantes à função cética, deixando os protestantes, que pretendiam manter a fé cristã, com um idealismo platônico profundamente histórico. Se isso soa confuso, é porque efetivamente foi e é. Mas essas confusões desenfreadas nos centros de estudos continentais foram bastante reduzidas nas pesquisas britânicas (e americanas) da questão concretamente positivista: Isso aconteceu? Os Evangelhos são "verdadeiros"?

Portanto, o que realmente se seguiu é bem diferente do que encontramos em algumas histórias de estudos bíblicos, com sua suposta progressão *wissenschaftlich* de um "resultado garantido" para outro.[15] É muito mais o ruído confuso que se segue da busca de objetivos sociais e culturais por outros meios, bem como a redução da perspectiva esboçada por Iain McGilchrist enquanto o lado esquerdo do cérebro assume o papel do lado direito na cultura ocidental.[16] Assim, encontramos os racionalistas negando elementos-chave da fé, como a ressurreição de Jesus, e os românticos tentando atrasá-los por outros meios (pense em Ernst Renan como uma espécie de resposta a David Friedrich Strauss).[17] Encontramos as discussões entre as alas direita e esquerda da filosofia hegeliana no impasse implícito entre (a) as teorias do "progresso",

---

[15]Por exemplo, Kümmel, *New Testament*, e Baird, *History of New Testament Research*, citado no cap. 1.
[16]Sobre McGilchrist, *Master and His Emissary*, e a verdade de sua análise dos estudos do Novo Testamento, cf. minha primeira palestra, "Imagining the Kingdom: Mission and Theology in Early Christianity", p. 379-401.
[17]Sobre Strauss e Renan, cf. Schweitzer, *Quest*, cap. 7—9, 13.

HISTÓRIA *e escatologia*

na esteira de liberais como Ritschl e dos defensores conservadores do século 19 do *Heilsgeschichte*,[18] e (b) a proposta apocalíptica revolucionária de Schweitzer e, depois, do célebre marxista suíço Karl Barth.[19] Tudo isso, destinado a confundir os estudantes anglo-saxões como se fossem os resultados sólidos e garantidos do estudo histórico-crítico moderno, tornou cada vez mais difícil que o estudo real de Jesus e de seus primeiros seguidores desempenhasse um papel sério na reconstrução teológica, não só na "teologia natural" (a tentativa de descobrir sobre Deus), mas até mesmo, com certa ironia, na própria cristologia (a tentativa de estudar verdadeiramente sobre Jesus Cristo). Falar sobre "o Cristo" — que costuma ser uma abreviação de uma entidade metafísica que flutua livre da história — sem mencionar o próprio Jesus pode ser apenas uma estrada para a fantasia.[20] Como estou argumentando aqui que estudar Jesus é um elemento vital na missão mais ampla de articular a teologia cristã e, particularmente, na função mais específica da "teologia natural", partindo do mundo criado para o criador, não podemos evitar nos aprofundar e ver o que estava acontecendo — e o motivo disso — antes de propor alternativas.

No presente capítulo, pretendo argumentar especialmente que a ideia do "fim do mundo" literal e imediato como uma crença central dos judeus do primeiro século, incluindo Jesus e seus primeiros seguidores, é um mito moderno. O "Jesus do fim do mundo" tornou-se parte vital do argumento para mantê-lo fora de foco na construção teológica, assim como foi parte essencial da posição desenvolvida por Rudolf Bultmann em suas Palestras Gifford e onde mais for enfatizado por seus seguidores até hoje.[21] Porém, essa ideia é um mito.

---

[18]Para as teorias da história da salvação do século 19, cf. R. W. Yarbrough, *The Salvation Historical Fallacy? Reassessing the History of New Testament Theology.*

[19]Sobre a simpatia inicial de Barth pelo marxismo, levando-o a ser chamado de "pastor vermelho de Safenwil", cf., por exemplo, E. Busch, *Karl Barth: His Life from Letters and Autobiographical Texts*, e K. Barth e E. Thurneysen, *Revolutionary Theology in the Making: Barth-Thurneysen Correspondence, 1914–1925.*

[20]Um exemplo, embora controverso, pode ser a posição cristológica amplamente adotada, conhecida como *extra-Calvinisticum*, que defende que o Logos permaneceu no céu enquanto Jesus estava na terra.

[21]Um exemplo recente e óbvio é D. W. Congdon, tanto em *The God Who Saves: A Dogmatic Sketch* como em seu livro mais curto *Rudolf Bultmann: A Companion to His Theology.* Cf. também, por exemplo, seu artigo sobre a pneumatologia de Jüngel, "The Spirit of Freedom: Eberhard Jüngel's Theology of the Third Article", p. 13-27.

O LIVRO QUESTIONADO

Ao usar o termo "mito" — esse um conceito altamente controverso —, refiro-me não apenas ao sentido popular de "uma fábula falsa",
mas também ao senso mais técnico de uma história contada por uma
comunidade para sustentar uma visão específica de sua vida e de seu
propósito comuns.[22] Com frequência, esses mitos são acompanhados
por um ritual. Nesse caso, pelo murmúrio constante das palavras "bem,
é claro que Jesus esperava o fim do mundo a qualquer momento",
seguido por uma seleção de respostas congregacionais como "então precisamos repensar a teologia tradicional" ou "então podemos relativizar a
ética de Paulo", e de um aceno de cabeça solene, mas arrogante, diante
das coisas estranhas nas quais as pessoas costumavam acreditar antes
do Iluminismo. Na verdade, todo esse programa é uma vaca sagrada
engordada que precisa ser abatida. Qualquer pródigo que desejar um
banquete deve voltar para casa imediatamente.[23]

A visão predominante entre os estudiosos ocidentais do século 20
era que, no final do século 19, dois jovens acadêmicos alemães pioneiros, Johannes Weiss e Albert Schweitzer, encontraram uma verdade
oculta: que os escritos "apocalípticos" judaicos haviam previsto o fim
do mundo, que Jesus compartilhara essa visão e que, após a sua morte
decepcionante, seus seguidores mantiveram a mesma mensagem. Dessa
vez, estava vinculado à *segunda* vinda, ou à *parousia* de Jesus, mas isso
ainda era muito esperado.[24] Essa esperança também foi frustrada.

A pergunta que devemos fazer sobre essa suposta "descoberta" de
Weiss e Schweitzer é a seguinte: por que ela se destacou tão rapidamente? E por que se tornou, no intervalo de algumas décadas, a ortodoxia recebida em estudos no mínimo alemães e anglo-americanos?

---

[22]Sobre os diferentes significados de "mito", cf. A. C. Thiselton, *The Two Horizons: New
Testament Hermeneutics and Philosophical Description with Special Reference to Heidegger,
Bultmann, Gadamer and Wittgenstein*, p. 252-58.
[23]Estou aqui e no capítulo 4 relembrando grande parte do argumento que apresentei em
meu artigo "Hope Deferred? Against the Dogma of Delay", p. 37-82. Um exemplo óbvio
da linha de pensamento a que me oponho é o prefácio de Nineham à edição moderna do
Quest de Schweitzer (cf. acima).
[24]Cf., por exemplo, A. Schweitzer, *The Mysticism of the Apostle* Paul, p. 23-25, propondo que
o "misticismo" de Paulo, diferente das variedades helenísticas, fundiu-se com "a expectativa
do fim do mundo" (p. 24) que, para Paulo, "pela morte e ressurreição de Jesus Cristo, o
fim do domínio dos poderes angélicos e, com isso, o fim do mundo natural, é alcançado",
significando que a segunda vinda não demorará muito (p. 25). Cf. também W. Wrede, *Paul*,
p. 47, 105.

HISTÓRIA *e escatologia*

A resposta certamente não é que Weiss e Schweitzer tenham descoberto textos que realmente previam o fim do mundo. Não existem evidências de que algum deles tenha feito uma pesquisa histórica extensiva ou cuidadosa dos textos judaicos relevantes em seus contextos sociais, culturais e linguísticos. Se tivessem feito isso, perceberiam que sua leitura do fim do mundo era um erro literalista ingênuo, supondo que, quando Isaías descreveu a queda de Babilônia, ao falar do escurecimento do sol e da lua, e das estrelas caindo do céu, estava realmente falando sobre eventos astrais que podiam ser vistos no céu. Na verdade, como Klaus Koch aponta, em sua monografia ainda muito importante, a teologia e a exegese ocidentais (principalmente alemãs) eram muito ignorantes em relação à escrita apocalíptica judaica na época.[25] Então, por que tal abordagem repentina ao mito moderno?

Para responder a esse questionamento e esclarecer o mito da "esperança adiada", devemos olhar rapidamente para as raízes da confusão, como são chamadas por alguns escritores essenciais. Nosso ponto é o seguinte: os debates intelectuais e culturais que estudamos no primeiro capítulo tiveram um efeito significativo e, sem dúvida, prejudicial na forma como o próprio Jesus foi percebido. O mito do "adiamento da *parousia*" é um excelente exemplo disso. Enquanto esse mito persistir, qualquer esperança de trazer Jesus de volta à questão da "teologia natural", ou mesmo da teologia sistemática comum, será perdida. Mas, para entender como esse mito surgiu, precisamos analisar rapidamente os momentos-chave das discussões acadêmicas recentes.

DE STRAUSS A KÄSEMANN: HISTÓRIA, ESCATOLOGIA E MITO

D. F. Strauss

Já apresentamos Hermann Samuel Reimarus como parte de nossa contextualização do século 18, mas agora começamos com um personagem bem diferente. David Friedrich Strauss (1808—1874) é estranhamente descrito na Wikipedia como alguém que retratou um "Jesus histórico",

---

[25]K. Koch, *The Rediscovery of Apocalyptic: A Polemical Work on a Neglected Area of Biblical Studies and Its Damaging Effects on Theology and Philosophy*, cap. 1. Cf. também meu *PRI*, cap. 6, esp. 136f.

O LIVRO QUESTIONADO

"cuja natureza divina ele negou". Esse é um exemplo clássico do argumento que acabei de frisar, da incompreensão anglófona dos contextos e significados alemães. De fato, Strauss defendeu um caso sofisticado, com fundamento na filosofia idealista e enraizado no grande fascínio alemão pela mitologia antiga. Seu ponto era que os Evangelhos deveriam ser considerados a "mitologização" de verdades maiores, da maneira como os mitos nórdicos ou germânicos contavam grandes verdades sobre o mundo e a condição humana quando falavam dos deuses e seus caminhos. Em especial, Strauss aplicou a dialética de Hegel às fontes, justificando que havia forças conflitantes em ação no início do movimento cristão — forças das quais, como em uma síntese hegeliana, uma verdade religiosa superior surgiria. Ele relatou que, no segundo século, os Evangelhos foram escritos como a personificação lendária das esperanças e crenças a que, naquela fase de desenvolvimento, a comunidade havia chegado. Levando em conta que, para ele, as religiões em geral e, principalmente, o cristianismo eram constituídos basicamente por ideias, e não por eventos, ele supunha que isso seria algo sem complicação. As ideias importantes ainda estavam presentes, intactas e poderiam manter-se sozinhas, sem necessidade de se basear em eventos reais. Strauss continuou a apresentá-las, em estilo dogmático, em uma obra de 1840.[26]

O motivo pelo qual me refiro ao resumo na Wikipedia é que ele ilustra o equívoco na compreensão entre o pensamento alemão e anglófono que já citei anteriormente. Seu comentário sobre Strauss, como se ele negasse a natureza divina de Jesus, está cometendo o mesmo erro que John Hick e seus colegas convidaram os leitores britânicos a cometer em 1977, quando publicaram *The Myth of God Incarnate*. Para alguém comum, a palavra "mito" no título significava simplesmente que "as pessoas acreditavam que Jesus era Deus encarnado, mas agora sabemos que isso não é verdade". Essa simplificação excessiva foi mantida pelo American Westar Institute, componente do agora extinto movimento Simpósio de Jesus, que instituiu uma "Ordem de David Friedrich Strauss", honrando estudiosos que, segundo eles, haviam "aplicado corretamente o método histórico-crítico ao estudo de Evangelhos e credos

---

[26]D. F. Strauss, *Die christliche Glaubenslehre in ihrer geschichtlichen Entwicklung und im Kampfe mit der modernen Wissenschaft*, 2 vols.

HISTÓRIA *e escatologia*

que Strauss iniciou". De fato, não existia nada nos dias do autor (assim como não há em nossos dias) que pudesse ser chamado de "o método histórico-crítico". Ele não realizava nenhuma das atividades principais (investigação histórica real ou ensaio da narrativa histórica) que agora se enquadram nesse título, como veremos no próximo capítulo.

É claro que, se chegarmos a Strauss com a pergunta "Os eventos relatados nos Evangelhos aconteceram?", ele dará mais ou menos a mesma resposta do movimento Simpósio de Jesus. Mas esse não era seu objetivo primário. Penso que ele viu sua proposta de maneira muito mais positiva. Opunha-se aos racionalistas (e o movimento "Simpósio de Jesus" era precisamente racionalista quanto à inspiração e ao método), tanto quanto aos "sobrenaturalistas". Tentava afastar-se do que via como as banalizações da fé, principalmente da piedade ingênua que supunha que os Evangelhos eram uma mera transcrição das coisas que haviam acontecido, mas seu propósito não era simplesmente dizer (com os racionalistas) "portanto, nada de grande significado é encontrado aqui". Ele convidava seus leitores a contemplar o alcance profundo da verdade supra-histórica da forma como é refletida na roupagem mitológica. O "mito" era muito popular na Alemanha de meados do século 19, permitindo explorar, assim como as tragédias gregas, o *interior* dos eventos e das motivações humanas de modo universalmente relevante.[27] Strauss fazia um movimento pós-Lessing: esqueça as incertezas históricas e vá direto para as verdades eternas.

Sabemos que Rudolf Bultmann confundiu diferentes sentidos da palavra "mito" cem anos depois.[28] Não compartilho a opinião de que Strauss tenha feito a mesma coisa. Ele pedia uma versão idealista da fé cristã, para a qual os acontecimentos reais na Palestina do primeiro século seriam um tanto irrelevantes. (Só para esclarecer: aqui, ao usar a palavra "idealista", não quero dizer "ilusório ou inviável", mas, sim, *filosoficamente* "idealista", considerando eventos históricos meramente ilustrações de princípios atemporais ou absolutos ou vendo as próprias ideias, como "liberdade" ou "justiça", como as principais forças causais ou impulsionadoras do processo de desenvolvimento de fatos históricos. Embora isso não signifique necessariamente um sistema totalmente

---

[27]Cf. B. Magee, *Wagner and Philosophy*; e cf. cap. 3, abaixo.
[28]Cf. novamente A. C. Thiselton, *Two Horizons*, p. 252-63.

O LIVRO QUESTIONADO

platônico, o efeito de desistir de uma fé fundamentada em casos do primeiro século e encontrar uma "base" em outro lugar tem muita analogia com a divisão platônica entre as "ideias" eternas e atemporais e o mundo material mutável e passageiro.) Esse é o ponto no qual ele anseia por Bultmann, que não era nada menos que um idealista neokantiano. Nenhum dos dois era realmente racionalista ou "naturalista" como o Instituto Westar imaginava e como os apologistas "sobrenaturalistas" também supunham. Eram idealistas filosóficos.[29] Eles representam um aspecto do quadro platônico dentro da estrutura epicurista mais ampla. Para eles, Deus e o mundo ainda eram completamente diferentes. Mas Platão, ou algo parecido com ele, permitiria que preenchessem a lacuna. Se isso significava que eles teriam de deixar de lado ou transformar em "mito" os acontecimentos que eram supostamente deste mundo e que agora eram suspeitos de "críticas históricas", que assim fosse!

Albert Schweitzer

Saltamos de Strauss, na década de 1830, para Albert Schweitzer, nos anos 1890 e início de 1900, parando apenas para observar a ênfase dada por Richard Wagner e Friedrich Nietzsche a "mito".[30] Profundamente influenciado por ambos, Schweitzer é famoso por muitas coisas, desde seu livro extraordinário sobre Bach até sua vida inteira de trabalho como médico missionário na África. Mas o que importa para nós é a crença de que Jesus e seus primeiros seguidores esperavam o fim imediato do mundo.[31]

Assim como em Strauss e em Reimarus, temos aqui, entre os pontos interessantes, o contraste entre o contexto cultural e filosófico da proposta original e a recepção positivista e desorientada do conceito dentro do mundo anglo-saxão.[32] Mas o ponto central é que a proposta de fim

---

[29]Contra, por exemplo, D. W. Congdon, *The Mission of Demythologizing: Rudolf Bultmann's Dialectical Theology*, p. 407-31.
[30]Cf. recentemente, por exemplo, C. Grottanelli, "Nietzsche and Myth", p. 3-20, sobre a mudança de atitudes de Nietzsche em relação ao "mito" e a ligação disso com sua nova postura em relação a Wagner.
[31]Para um contexto mais amplo das expectativas escatológicas em tradições religiosas diferentes, veja, por exemplo, J. L. Walls, ed., *The Oxford Handbook of Eschatology*.
[32]Uma leitura mais suave da divisão cultural é oferecida por F. C. Burkitt em sua "Preparatory Note", de Schweitzer, *Mysticism* (v-vi).

HISTÓRIA *e escatologia*

do mundo foi concebida dentro e depois propagada avidamente como parte do mundo cultural e filosófico complexo que esboçamos em linhas gerais. Não foi enfaticamente um "resultado garantido" do estudo histórico dos textos do primeiro século.

Dois fatores específicos precisam ser colocados em foco para fundamentar esse ponto. Em primeiro lugar, como vimos, os estudos contínuos dos tipos de "teologia natural" no século 19 evitavam envolver-se com a tarefa da história, particularmente com a história de Jesus. Eles haviam adotado algo como o fosso feio de Lessing (ele mesmo, que, como sabemos, é um primo próximo da divisão epicurista céu/terra) e algo como o questionamento crítico de Reimarus sobre os Evangelhos, razão pela qual se concentravam no primeiro artigo do credo (Deus, o Pai), e não no Filho (sem mencionar o espírito, que poderia ter despertado o espectro do "entusiasmo"). Eles seguiam os argumentos-padrão (ontológico, cosmológico, teleológico e moral), agindo sempre em direção a alguma variante do que é vagamente conhecido como "teísmo clássico".[33] Inserir o Jesus dos Evangelhos na imagem resultante era difícil, especialmente quando consideramos a agonia no Getsêmani e os "gritos de angústia" da cruz.[34] Então, a tendência era ler os quatro Evangelhos sob o ângulo docético, apresentando Jesus como uma exceção às regras normais da "natureza". Isso se aplicava igualmente aos devotos, que acreditavam que Jesus realmente "declarou ser Deus" de modo descomplicado, e aos céticos, que argumentavam que os Evangelhos haviam sido escritos obviamente mais tarde, duvidando da origem "meramente humana" de Jesus. A "teologia natural" passou a construir um "ser perfeito" com pouquíssima referência a Jesus ou à Bíblia. Isso abriu caminho para interpretações bem diferentes de Jesus, cujos resultados teológicos não podiam ser facilmente previstos.

Em segundo lugar, ao mesmo tempo, o otimismo secular da Europa do século 19 se havia desenvolvido a tal ponto que muitos acreditavam genuinamente que o aparente "progresso" social era realmente a chegada do reino dos céus à terra. Filosoficamente motivado pelo panteísmo

---

[33]Cf. M. D. Eddy, "Nineteenth Century Natural Theology", *OHNT*, p. 100-117. A ideia de "teologia natural" estava muito presente na cultura britânica no século 19, resultando em expressões muito variadas, como, por exemplo, o poema de R. Browning, "Caliban upon Setebos; ou Natural Theology in the Island", in *The Poems of Robert Browning*, p. 650-55.
[34]Cf. Mateus 26:36-46 / Marcos 14:32-42; Mateus 27:46 / Marcos 15:34.

O LIVRO QUESTIONADO

do desenvolvimento de Hegel, isso atingiu o pico na teologia otimista de Albrecht Ritschl. Ainda seria possível supor que Deus estivesse, de alguma forma, encarregado desse processo, mas, para fins práticos, a suposição epicurista do século 18 de um mundo desnivelado permanecia verdadeira. O "progresso" estava chegando por conta própria, mas isso gerou graves protestos. Kierkegaard é o exemplo óbvio do início do século 19; Nietzsche, dos tempos subsequentes. Entre ambos, veio Marx, cuja tese de doutorado foi sobre Epicuro.[35] Assim como os sinais do epicurismo no século 18 (ciência sem Deus, história sem Deus e assim por diante), o "progresso" de Hegel era basicamente providência sem Deus (exceto a força divina panteísta imanente ao processo). A ideologia revolucionária de Marx era apocalíptica sem Deus. Era necessário haver uma nova ordem mundial e, para isso, a antiga teria de ser completamente abolida.

Schweitzer deu grande ênfase à pura estranheza de seu "Jesus" proposto no mundo moderno. Isso foi necessário ao seu projeto, para traduzir a "vontade moral" e a "personalidade" de Jesus no novo desafio que ele considerava necessário para o novo dia (e ao qual, com um heroísmo consciente, ele dedicou a própria vida).[36] Disse que ele "passa pelo nosso tempo e volta ao dele".[37] Isso significa que "é bom que o verdadeiro Jesus histórico derrote o Jesus moderno, levante-se contra o espírito moderno e envie sobre a terra, não paz, mas uma espada".[38] Aqui e em outros lugares, identificamos ecos de Nietzsche, e talvez também de Marx. Para Schweitzer, Jesus e seus primeiros seguidores anunciaram uma versão "sobrenatural" dos protestos do primeiro e das profecias do segundo. Como seria esperado dentro de um epicurismo que assumia a incompatibilidade radical do céu e da terra, para que o reino dos céus chegasse, a terra teria de desaparecer. O entendimento de Schweitzer do Jesus "escatológico" se devia muito à percepção histórica genuína de que Jesus estava anunciando não só uma moralidade nova ou fortalecida, mas também uma nova ordem mundial. Contudo, sua interpretação

---

[35]Cf. Jones, *Karl Marx*, p. 79-92.
[36]Cf., por exemplo, Schweitzer, *Quest* (ed. 2000), p. 478-87.
[37]Schweitzer, *Quest*, p. 478.
[38]Schweitzer, *Quest* (ed. 1954), p. 401. Essa frase parece ter desaparecido a partir da edição de 2000, embora o mesmo argumento seja apresentado de outras formas.

HISTÓRIA *e escatologia*

da nova visão do Filho estava muito mais ligada à cosmologia epicurista implícita de sua cultura (segundo a qual "céu" e "terra" eram radicalmente incompatíveis) e à ideologia revolucionária de seus dois grandes heróis, Nietzsche e Wagner: o moralista e o músico.

Portanto, é necessário fazer uma análise diferente da proposta de Schweitzer. Às vezes, em pesquisas dos estudos do Novo Testamento, Schweitzer e seu contemporâneo Johannes Weiss são creditados como exploradores vitorianos destemidos na selva perigosa do pensamento apocalíptico judaico antigo, retornando com a notícia assustadora de que alguns judeus da época criam no fim imediato do mundo e que o próprio Jesus compartilhava essa crença e estava claramente decepcionado. Mas, nesse ponto, a retórica de culturas radicalmente distintas (a cultura apocalíptica de Jesus contra uma cultura moderna, de progresso constante) era uma cortina de fumaça. O próprio Schweitzer apreciava, vivia e *mergulhava* em uma subcultura musical cujo mito controlador alcançava seu auge na chegada do fim do mundo. Ele era um fã de Wagner.

Esse fato foi notavelmente esquecido na maioria dos estudos de Schweitzer. Teólogos interessados em suas teorias do fim do mundo não questionaram seus gostos musicais. Os instrumentistas interessados em sua tentativa de vincular a "música pura" de Bach ao emocionalismo expressivo de Wagner não quiseram saber de suas teorias sobre cristianismo primitivo. Os biógrafos perceberam seu amor pela música, seu estado de transe após ouvir *Tannhäuser* aos dezesseis anos de idade, sua amizade contínua com Cosima Wagner e depois com Siegfried, filho de Wagner. O próprio trabalho intenso de Schweitzer sobre Bach volta repetidamente às comparações com Wagner, argumentando que a música de Wagner havia preparado a Alemanha para uma nova apreciação do próprio Bach.[39] Mas eles prestam pouca atenção ao panorama cultural e filosófico que Wagner expressava, então subestimam ou desconsideram totalmente o motivo do "fim do mundo" na obra de Wagner como um fator significativo no desenvolvimento jovial da tese básica de Schweitzer

---

[39]A. Schweitzer, *J. S. Bach*, por exemplo, 1.257-259; 2.21-23, 48-51. Em correspondência particular (22 de janeiro de 2018), N. O. Oermann me sugeriu que o "*proprium*" de Schweitzer, sua principal tarefa nesse contexto, foi "superar a diferença profunda entre Jesus e Nietzsche, por um lado, e Bach e Wagner, por outro".

O LIVRO QUESTIONADO

sobre Jesus e o cristianismo primitivo.[40] Um livro recente sobre Schweitzer e música se concentra naturalmente em Bach.[41] Um artigo bastante atual sonda os pontos principais, mas ainda há muito a explorar.[42]

Para começar, observe o seguinte: uma das ideias mais importantes em todo o *Ring* é a sensação do mundo chegando ao fim. Há um livro recente de reflexões sobre a tetralogia intitulado *Finding an Ending*.[43] Quando o musicólogo Deryck Cooke morreu, em 1976, ainda não havia trazido seu enorme trabalho sobre o ciclo dos anéis até a própria *Götterdämmerung*, mas o título publicado até a primeira parte do trabalho planejado foi *I Saw the World End*.[44] Esse tema teve claramente impacto em Schweitzer quando era jovem, dominado por Wagner em geral e especificamente pelo ciclo de anéis. Ele assistiu ao ciclo *Ring*, em Bayreuth — todas as suas vinte horas de duração —, quando foi reencenado, em 1896, e compartilhou com seu então professor de teclado, Eugène Munch, o êxtase das páginas finais de *Götterdämmerung*, "quando todos os temas da trilogia estão reunidos e engolidos, e o mundo cai em ruínas!".[45]

Munch morreu não muito tempo depois dessa experiência compartilhada, mas Schweitzer foi novamente a Bayreuth nada menos que três vezes nos mesmos anos em que escrevia sua obra de três partes sobre Jesus (os livros sobre a Última Ceia e o segredo da Paixão e, depois, *Von Reimarus zu Wrede*) e, então, seus estudos paulinos. (Durante esse tempo, é claro que ele também realizava recitais de órgão em toda a Europa e escrevia artigos sobre a produção desse instrumento.) Aqui está o quase inacreditável calendário:

1892, *Jesus' Proclamation of the Kingdom of God*, de J. Weiss
1894—1895, Serviço militar de Schweitzer (lendo os Evangelhos em grego, em seu tempo livre)

---

[40]Cf., por exemplo, C. R. Joy, ed., *Music in the Life of Albert Schweitzer*; e E. R. Jacobi, *Albert Schweitzer e Richard Wagner: Eine Dokumentation*.
[41]Harald Schützeichel, *Die Konzerttätigkeit Albert Schweitzers*.
[42]P. Berne, "Albert Schweitzer und Richard Wagner", em *Die Geistigen Leitsterne Albert Schweitzers*, p. 55-76.
[43]P. Kitcher e R. Schacht, *Finding an Ending: Reflections on Wagner's Ring*.
[44]D. Cooke, *I Saw the World End: A Study of Wagner's Ring*.
[45]Joy, *Music in the Life of Albert Schweitzer*, p. 15. Talvez seja surpreendente que o biógrafo recente de Schweitzer não tenha estabelecido essa conexão (N. O. Oermann, *Albert Schweitzer: A Biography*, cf., por exemplo, p. 57-59).

HISTÓRIA *e escatologia*

1896, Primeira visita de Schweitzer a Bayreuth

1898—1899, Estada em Paris e Berlim, estudando órgão com Widor e teologia com von Harnack

1899, Doutorado em filosofia em Kant

1900, Licenciatura em teologia (*The Problem of the Last Supper*)

1901, Segunda visita a Bayreuth

1901, Habilitação (*The Secret of the Messiah and the Passion*) (publicado no mesmo dia que o livro de Wrede sobre o segredo messiânico)

1903—1906, Reitor do St. Thomas's College, em Estrasburgo

1904—1905, Escrita do estudo de dois volumes sobre Bach

1905, Início dos estudos de medicina

1906, Terceira visita a Bayreuth

1906, *Von Reimarus zu Wrede*

1909, Quarta visita a Bayreuth

1911, *Geschichte der paulinischen Forschung* (ET 1912); graduação em medicina

1912, Doutorado em medicina (*The Psychiatric Study of Jesus*).

Os paralelos entre a epopeia de Wagner e as reconstruções de Jesus por Schweitzer são muito próximos para se mostrar uma coincidência. Seria ir longe demais sugerir que o retrato de Jesus feito por Schweitzer devesse algo ao Siegfried de Wagner, embora eu pense que, se pesquisássemos uma combinação de Siegfried e Brünnhilde (os filhos de Wotan que fazem e não fazem sua vontade), encontraríamos percepções fascinantes, ao menos em Wagner, se não também em Schweitzer. Mas meu ponto aqui é que o mito de Valhalla, dos antigos deuses, de sua luta com amor e poder em face de forças obscuras que renunciaram ao amor em nome do poder, segue na direção do grande clímax, rumo à destruição final e necessária da própria Valhalla, que, obviamente, não é em si o mundo inteiro, mas, sim, o lar dos deuses. Na verdade, os deuses é que são condenados no *Götterdämmerung* definitivo, e não o mundo inteiro. Mas, como já vimos, a empolgação de Schweitzer já foi despertada por sua (talvez exagerada) interpretação de Wagner em termos do mundo caindo em ruínas. Afinal, já em *Das Rheingold*, a primeira ópera da sequência, encontramos Erda informando Wotan da "verdade de que tudo acaba".[46]

---

[46]R. Scruton, *The Ring of Truth: The Wisdom of Wagner's Ring of the Nibelung*, p. 199.

O LIVRO QUESTIONADO

No final do ciclo, Brünnhilde, confrontada com a corrupção total do mundo de deuses e mortais, reconhece "que, de certa maneira, tudo é como deveria ser" e realiza "um ato que incinera toda essa corrupção". Nesse "crepúsculo dos deuses", "a vontade dela coincide novamente com a de Wotan, e o que ele sofre passivamente, ela — em um gesto magnífico — deseja a todos".[47] Alguns atribuíram esse desfecho, diferente da concepção original de Wagner, à mudança de sua aliança filosófica com Feuerbach para Schopenhauer. Porém, recentemente, argumentou-se, de forma convincente, que o tráfego poderia estar indo em outra direção: em outras palavras, que Wagner fora levado à conclusão de uma "aceitação conformada" da própria *Götterdämmerung*, por sua própria intuição artística de como o mito, e a igualmente importante música, tiveram de se empenhar, e que foi isso que gerou sua admiração por Schopenhauer, e não o contrário.[48]

Meu argumento é simples. Existem diferenças óbvias entre a escatologia implícita de Wagner, em que o crepúsculo dos deuses deixa um mundo puramente secular para se defender, e a visão de Schweitzer da proclamação de Jesus, em que o reino divino acaba com o mundo para substituí-lo. Mas ambos convergem, principalmente na proposta hermenêutica de Schweitzer para o que pode ser feito agora, contanto que a previsão cristã do fim do mundo não tenha levado a nada. Agora, o mundo sobrenatural está fora de cena. Os seres humanos precisam agir de forma heroica para criar um novo caminho a seguir.

Tudo isso traz o selo inconfundível da cosmologia profundamente epicurista, a incompatibilidade entre os mundos celestial e terreno, que caracterizou os tempos. A grande epopeia de Wagner, aliada, é claro, à filosofia de Nietzsche, deu a Schweitzer a pista de que ele precisava: a ideia de uma cultura e seu horizonte rumo ao desastre. Isso lhe permitiu retratar Jesus como um novo tipo de herói moral, anunciando a tragédia iminente e correndo ao seu encontro, para tomar toda a sua força sobre si. Em certo nível — bem poderoso — de generalidade, o conceito de fim do mundo (de certa forma) como o desfecho necessário de todas as coisas, simultaneamente trágicas e heroicas, o resultado de um novo tipo de poder e a força do amor autossacrificial: tudo isso estava

---

[47]Ibidem, p. 145.
[48]Ibidem, 46f.

HISTÓRIA *e escatologia*

na ópera, antes de estar nos livros que Schweitzer escreveu no intervalo de suas viagens a Bayreuth. Em outras palavras, o fim próximo do mundo não era uma ideia judaica do primeiro século que Schweitzer e Weiss haviam descoberto e apresentado como algo desconhecido aos seus tempos, mas, sim, uma peça gloriosa da mitologia alemã do final do século 19.

É claro que, como Kierkegaard havia apontado, parecia novo e estranho em um mundo cheio de otimismo hegeliano. Johannes Weiss, que, muitas vezes, era considerado um parceiro de Schweitzer na defesa da noção de fim do mundo de Jesus, reverteu em sua própria teologia a visão hegeliana e ritschliana do reino que surgia aos poucos.[49] Alguns sugeriram que, se as propostas de Schweitzer sobre Jesus fossem verdadeiras, ele deveria sofrer delírio psicológico. O autor levou esse desafio a sério, a ponto de produzir uma refutação como seu doutorado em medicina.[50]

O próprio Schweitzer não chegou à mesma conclusão a que alguns chegaram, de que Jesus estava simplesmente errado e que não deveríamos ter mais nada a ver com ele. Assim como Weiss, ele também não recuou de seus ensinamentos por um reino que chegava progressivamente. Correndo o risco de uma simplificação excessiva, podemos dizer que, diante do conceito de fim do mundo de Jesus, Weiss voltou ao hegelianismo de direita, e Schweitzer, à variante de esquerda. Para ele, não havia como esperar o reino chegar gradualmente. Era preciso agir de forma heroica. E foi o que ele fez. Portanto, seu esquema estava muito mais próximo de seu herói Nietzsche, a quem ele imitava até mesmo no detalhe do famoso bigode. É claro que Nietzsche já se havia desencantado com Wagner e verbalizado isso. Porém, as diferenças entre o filósofo e o compositor não afetam a conclusão de que, quando Albert Schweitzer propôs o Jesus do fim do mundo, refletia — como ele mesmo disse em um momento de sinceridade — ideias que estavam realmente "no ar" na ocasião. Recentemente, essa atmosfera pública foi bem demonstrada pelo historiador alemão Lucian Hölscher.[51]

---

[49]Cf. J. Moltmann, *Theology of Hope: On the Ground and Implications of a Christian Eschatology*, cap. 1, esp. p. 37-42.

[50]Cf. Oermann, *Albert Schweitzer*, p. 74-76.

[51]A. Schweitzer, *The Mystery of the Kingdom of God: The Secret of Jesus' Messiahship and Passion*, p. 3, cf. p. 25. Cf. Lucien Hölscher, *Weltgericht oder Revolution: Protestantische und sozialistische Zukunftsvorstellungen im deutschen Kaiserreich*; bem como "Mysteries of

O LIVRO QUESTIONADO

As ideias do fim do mundo também estavam evidentes em outros contextos. É um grande salto partir da epopeia de Wagner e chegar aos romances e contos da época. Mas esses podem ser indícios. Desafiando a ideia de progresso sem-fim, *A máquina do tempo*, de H. G. Wells (1895), supõe que o mundo possa eventualmente acabar. E, mais uma vez, em um registro diferente, Oscar Wilde, em *O retrato de Dorian Gray* (1890), oferece a faísca reveladora de um diálogo. Um personagem, comentando sobre os estilos de vida degenerados da década de 1890, sussurra *"Fin de siècle"* e seu companheiro responde tristemente: *"Fin du globe"*. Não só o século, como também o mundo.

Metafórico? Talvez. Provavelmente Wagner, Wells e Wilde não estivessem dizendo exatamente as mesmas coisas, mas a questão é a atmosfera geral. Um dos motivos pelos quais as ideias de Schweitzer encontraram terreno fértil também na Grã-Bretanha foi a percepção, na década eduardiana, de que a torre do otimismo vitoriano, semelhante à de Babel, estava balançando e não podia mais permanecer de pé.[52] As pessoas desmistificaram facilmente o retrato de Jesus de Schweitzer, aplicando-o ao fim percebido de um modo de vida particular: um sentimento bem eduardiano. Hensley Henson, reitor de Durham nesse período e depois bispo, costumava pregar sobre o texto do salmo: "Tenho constatado que toda perfeição tem limite; mas não há limite para o teu mandamento" (Salmos 119:96).

Meu ponto principal é que, em tudo isso, dos estudos do Evangelho às ansiedades culturais eduardianas, encontramos uma consequência profunda para a "teologia natural". Se o mundo está chegando ao fim, para ser substituído pelo "reino de Deus" totalmente diferente, a chance de ser capaz de deduzir qualquer coisa sobre o segundo a partir do primeiro é realmente nula. É claro que podemos ainda olhar para o velho mundo e voltar ao criador. Mas agora a questão de "natureza e graça" estava intimamente ligada à questão da "era atual e da era por vir". Desse

---

Historical Order: Ruptures, Simultaneity and the Relationship of the Past, the Present and the Future", p. 134-51.
[52]Cf. M. D. Chapman, *The Coming Crisis: The Impact of Eschatology on Theology in Edwardian England*, p. 81-86. Cf. também, por exemplo, F. C. Burkitt, "The Eschatological Idea in the Gospel", p. 193-214, insistindo que a mensagem de Jesus era relevante exatamente por ser orientada "às expectativas de uma catástrofe súbita e completa", e não a uma "mudança evolutiva gradual e progressiva" (p. 208).

HISTÓRIA *e escatologia*

modo, se a "era por vir" era completamente desconhecida, sendo a chegada de "outra" para substituir o mundo atual, a implicação era que existia uma barreira epistemológica semelhante entre a terra e o céu. Assim, a chamada atmosfera "apocalíptica" da época, personificada exatamente por Schweitzer, mostrou firmemente pontos contra qualquer tipo de "teologia natural". Em outras palavras, há uma linha reta entre as ideias de fim do mundo de Schweitzer — e seu contexto cultural — e o comentário pós-guerra de *Romanos*, de Barth e, em seguida, sua rejeição furiosa a Brunner. Ele reagia, como Schweitzer e, sem dúvida, com uma razão política muito mais recente, contra o liberalismo progressivo incorporado em seu professor Adolf von Harnack.

No entanto, o enigma permanece. Weiss e Schweitzer declararam ao mundo o que "reino de Deus" significava para Jesus, com base na suposta descoberta de textos apocalípticos judaicos. O livro de 1Enoque é bastante citado, ao lado de 4Esdras e 2Baruque. Não sei se os dois autores chegaram a pesquisar mais a fundo.[53] Mas a seguinte questão deve ser apresentada: o que nesses textos os fez pensar que alguém falava realmente sobre o fim do mundo? Um vislumbre em Josefo ou até mesmo um aceno aos movimentos revolucionários do período herodiano e, depois, das décadas de 60 e 130 não sugeriria que as pessoas estivessem esperando pelo fim do mundo. Josefo discute os diferentes partidos e movimentos — saduceus, fariseus, essênios e a revolucionária "quarta filosofia" —, mas nunca cita especuladores do fim do mundo. Ele não tem uma categoria que seja parecida com a ficção moderna "apocalíptica". Todo o nosso trabalho recente sobre textos de Ezequiel e Daniel até 4Esdras e 2Baruque mostra que o que eles discutiam era, na verdade, a *transformação* do mundo atual até o *final do estado presente das coisas*, ou seja, o estado em que o povo judeu se via na condição de escravidão e, de certo modo, de "exílio", e olhava para Daniel e outros textos que

---

[53]Em uma nota reveladora no prefácio de *Mysticism* (ix), Schweitzer reconhece a ajuda de G. Kittel e K. H. Rengstorf nos mundos de *Spätjudentum* e Rabbinics. Isso mostra claramente (entre outras coisas) que no período inicial ele não estava familiarizado com os textos relevantes. Mesmo em *Mysticism*, ele cita principalmente *2Baruque*, *2Esdras* e *1Enoque*, com referências breves a *Jubileus* e aos *Salmos de Salomão* e uma referência ao *Testamento de Moisés*, ao *Primeiro livro de Adão e Eva* e ao *Testamentos dos Doze Patriarcas*. Sua abordagem indica que ele compartilhou com seus contemporâneos uma compreensão profundamente histórica (e certamente a política) desses textos (Cf. novamente *PRI*, cap. 6). Infelizmente, as diversas edições de *Quest* não têm índice de textos antigos.

O LIVRO QUESTIONADO

lhes garantiam que, por meio do cumprimento estranho e poderoso das promessas divinas, essa condição não duraria para sempre. E, comum à maioria das escolas de pensamento judaicas, incluindo, mais adiante no tempo, os rabinos, encontramos o conceito de "era atual" e "era por vir". Isso não é — alguns sugeriam — peculiar à literatura "apocalíptica" ou mesmo à teologia.[54] É uma forma bíblica de encarar os propósitos finais do Deus da criação e da aliança.[55] Essa estrutura de duas eras da história costuma ser usada pelos rabinos, que, quase por definição, rejeitaram os sonhos "apocalípticos", os quais conduziram a revoluções desastrosas. Então, a expectativa era no sentido de uma grande transformação, não do fim do mundo de espaço, tempo e matéria.

Assim, por que alguém pensaria o contrário? Aqui, analisamos não apenas Wagner, Nietzsche e outros pensadores anti-hegelianos do final do século 19, mas também, mais uma vez, como a estrutura epicurista moldou a reflexão sobre muitos assuntos. Para aprofundar o que já dissemos: se falamos sobre o "reino dos céus" ou o "reino de Deus" vindo "tanto na terra como no céu", se aceitamos como axiomático que o céu e a terra são totalmente diferentes, e principalmente que o "céu", a morada dos deuses, é removido do mundo atual e não quer nada com esse mundo, então a única forma pela qual esse reino pode tornar-se realidade é se a "terra", o mundo presente, for abolida. É claro que o próprio epicurismo não tinha essa escatologia. Os humanos deixariam de existir na morte e, um dia, o mundo inteiro seguiria o mesmo caminho, sem nada para tomar seu lugar. Mas, quando a divisão céu/terra inclui uma suposta escatologia cristã, produz um jogo sem resultado. Você não pode ter os dois juntos. Lembrando o famoso lema racionalista de Lessing de mais de um século atrás, se houver um fosso feio e largo entre as verdades eternas da razão e as verdades contingentes da história, o único caminho para as verdades eternas se tornarem reais será a abolição da própria história, no sentido do mundo de espaço, tempo e matéria.

Então, obscuramente, se a "história" (o fluxo contínuo de eventos do presente mundo) precisa ser descartada, por que se importar em fazer

---

[54]Contra, por exemplo, P. Vielhauer, seguido aqui, a título de exemplo, por J. L. Martyn em seu comentário de *Gálatas*: Cf. *PRI*, Parte II.
[55]Cf. "nos últimos dias" etc. em, por exemplo, Oseias 3:5; Miqueias 4:1; Isaías 2:2; Jeremias 23:20; 30:24. Elas remetem a Gênesis 49:1; Números 24:14; Deuteronômio 4:30; 31:29.

HISTÓRIA *e escatologia*

a "história" real (o estudo do passado)?[56] Um rápido olhar "histórico" em mais textos judaicos — talvez em Josefo ou na evidência reconhecidamente mais resumida da Revolta de Barcoquebas — teria mostrado que o cenário do "fim do mundo" não tinha relação com as crenças dos judeus reais do primeiro século.[57] Alguns judeus realmente esperavam que o reino viesse por meio de atos milagrosos da providência divina, mas o novo "reino" ainda consistia em *um novo estado de coisas na terra*, e não em sua destruição e em sua substituição por algo completamente diferente.[58] Eles discutiam sobre a forma de ajudar esse projeto a avançar. Os saduceus colaboraram com Roma. Os fariseus instigaram Israel a obedecer à Torá mais rigorosamente. Os essênios fizeram suas orações e esperaram. Os revolucionários afiaram suas espadas. Na verdade, a "apocalíptica" é um gênero *político*. Trata-se de uma grande revolta no âmbito espaçotemporal do mundo. Não temos indícios de que as pessoas pensem que o mundo acabaria.[59]

Mas essa visão judaica não era entendida nem desejada no final do século 19 e no começo do século 20. A verdadeira leitura histórica ficou indefinida. De um lado, a visão ocidental de "salvação", "indo para o céu", zombada por Nietzsche como "platonismo para as massas". De outro, a "teologia judaica", da forma como imaginada e insultada por protestantes liberais: sangue, solo, sacerdócio, justiça pelas obras. As verdadeiras expectativas judaicas e suas reformulações cristãs iniciais reais não estavam à vista. A história como uma *missão* fora deixada de lado.

Então, o que poderia realmente significar "reino dos céus"? Aqui, como tantas vezes naquele tempo, o que faltava ao epicurismo (qualquer visão definitiva do céu) o platonismo era capaz de suprir. As imagens vitorianas comuns do "céu", com almas desencarnadas sentadas nas nuvens tocando harpas, estavam radicalmente desconectadas do mundo de então. Como é geralmente idealizado, o céu não caberia nem na sala

---

[56]Para os diferentes sentidos da "história", veja o cap. 3.

[57]Sobre a Revolta de Barcoquebas, cf., por exemplo, P. Schäfer, *The Bar Kokhba War Reconsidered: New Perspectives on the Second Jewish Revolt against Rome*; e W. Horbury, *Jewish War under Trajan and Hadrian*.

[58]Cf. Schweitzer, *Mysticism*, p. 54: "Jesus Cristo pôs um fim ao mundo natural e está trazendo o Reino Messiânico".

[59]Cf. E. P. Sanders, *Judaism: Practice and Belief*, 63 AEC-66 CE, por exemplo, p. 298, 303, 456f.; na p. 368, ele diz, como se o argumento fosse óbvio, que "assim como os outros judeus, os essênios não pensavam que o mundo acabaria".

O LIVRO QUESTIONADO

de visitas da rainha Vitória nem no escritório de Albert Schweitzer no *Stift*, em Estrasburgo. Nem o epicurismo nem o platonismo conseguiram colocar o céu na terra ou vice-versa. Portanto, se o reino dos céus estivesse chegando, a terra precisaria ser descartada.

Então, Schweitzer afirmou colocar Jesus em seu contexto do primeiro século e descobrir que ele acreditava no fim do mundo. Estou retomando o complemento. Ao inserir Schweitzer em seu contexto do final do século 19, concluo que ele acreditou naquelas coisas sobre Jesus porque, no turbilhão complexo de filosofias e visões de mundo disponíveis para ele, era isso que ele praticamente supunha ser o "reino de Deus", e a ideia do mundo "chegando ao fim" estava, de qualquer maneira, como vimos, prontamente disponível em uma parte de seu contexto cultural pelo qual ele se entusiasmara profundamente. Assim, quando a Europa foi tomada pelas loucuras dos netos confusos da rainha Vitória — o imperador, o czar, o rei e todos os demais, partindo rumo ao que todos esperavam que fosse uma boa guerra, em 1914 —, havia a noção de que tudo aquilo se tornara realidade. A Valhalla europeia caiu e, com ela, a *Kulturprotestantismus* tranquila dos grandes teólogos da época, como von Harnack e Hermann — na verdade, os professores de Barth, Bultmann e Schweitzer. Logo após a guerra, quando Barth escreveu seu comentário sobre *Romanos*, insistindo que não se podia construir de baixo e que era preciso haver uma nova palavra "verticalmente de cima", ele estava certamente lendo Paulo, bem como Karl Marx. Mas, nesse sentido, estava olhando para o universo descrito por Albert Schweitzer: o mundo que havia chegado ao fim para que algo novo pudesse nascer.

Sabemos que foi Barth quem, mais tarde, disse "NEIN" a Emil Brunner. É aí que minha narrativa sobre Schweitzer se junta mais obviamente à questão que vigora sobre a "teologia natural". De certo modo, ele havia preparado o caminho, embora a transição de Barth para a escatologia não pareça ter sido diretamente influenciada por ele, mas, sim, pelos Blumhardt e por Franz Overbeck. O que Schweitzer considerava o "fim" necessário para o mundo atual é paralelo, em alguns aspectos, ao que Barth via como a incapacidade natural da razão humana. Seja como for, se o mundo está chegando ao fim, há um fosso muito feio e largo entre ele e qualquer verdade sobre Deus. O que pensadores anglo-saxões pensaram como "resultados", em um sentido positivista bastante direto, sobre o Jesus histórico — que ele era um "profeta apocalíptico" à espera

HISTÓRIA *e escatologia*

do "fim do mundo" — está, portanto, umbilicalmente relacionado às questões teológicas mais amplas. É apenas explorando como ambos os lados dessa equação realmente funcionam que podemos ensaiar qualquer tipo de reconstrução baseada em Jesus e na Bíblia.

Rudolf Bultmann

Com isso, avançamos rapidamente para as décadas de 1920 e 1930, e saudamos, com o devido cuidado, meu antecessor Rudolf Bultmann, como *Neutestamentler* de Gifford.[60] Para ele, é claro que a língua do fim do mundo nos Evangelhos e em Paulo havia sido falsificada no sentido literal, mas agora deveria ser resgatada pela *desmistificação*. Esse lema confuso combinou três significados para "mito": (1) o sentido raso, como "histórias antigas nas quais não conseguimos mais acreditar hoje"; (2) o sentido mais interessante, como "as histórias contadas pelas culturas para explicar a condição humana", como nas tragédias gregas antigas, incluindo, principalmente, (3) os mitos cósmicos nos escritos apocalípticos que codificam um tipo diferente de verdade. Bultmann usou esse terceiro sentido para se concentrar no que era fundamental para ele. O principal impulso de suas Palestras Gifford era rotular como "escatologia" a experiência existencialista que, para ele, era o aspecto vital, a fim de "traduzir", nesses termos, a linguagem "apocalíptica" de Jesus e usar a construção resultante para se opor ao historicismo determinista, que ele via como a maior ameaça de sua época.[61]

Assim, Bultmann estava restaurando simultaneamente o idealismo de David Friedrich Strauss, adotando a retórica modernista pós-Hume sobre aquilo em que nós, modernos, podemos e não podemos acreditar,

---

[60]É claro que existem incontáveis fontes secundárias sobre Bultmann em geral, especialmente em suas Palestras Gifford. O estudo mais aprofundado de D. W. Congdon (*Mission of Demythologizing*) é complementado por seu estudo mais curto, *Rudolf Bultmann*. Eles continuam sendo úteis, embora eu tenha críticas sérias a certos pontos. Um estudo importante mais antigo é D. Fergusson, *Rudolf Bultmann*. Cf. também o estudo clássico em Thiselton, *Two Horizons*, cap. 8, 9 e 10.

[61]Sobre Bultmann e o "mito", cf. seus diversos trabalhos relacionados: *The New Testament and Mythology* (1941), *Kerygma and Myth* (1953) e *Jesus Christ and Mythology* (1958). Ele argumentou em seu comentário sobre João (1941; ET 1971) que o quarto Evangelho representava uma desmistificação da tradição anterior, que, para Bultmann, era algo necessário. Veja, entre muitas discussões, Thiselton, *Two Horizons*, p. 252-63. Discutirei mais detalhadamente as palestras Gifford de Bultmann no cap. 3.

O LIVRO QUESTIONADO

e combinando ambos em sua própria restauração de Schweitzer. (Deveríamos incluir nesse quadro Ernst Troeltsch; em breve, no próximo capítulo, voltarei a ele.) Penso que essa combinação obscureceu o fato de que havia uma semente importante de verdade no programa de desmistificação. Muitos estavam preocupados com a aparente capitulação de Bultmann aos objetivos modernistas e não foram capazes de focar no fato de que ele estava correto ao dizer que a antiga linguagem judaica do mito não deveria ser interpretada de forma literal. A questão, evidentemente, é o que o representante pretendido realmente era. Nenhum leitor sábio de 1Enoque no primeiro século, ou mesmo no vigésimo primeiro, imagina que o escritor preveja um touro branco verdadeiro liderando um rebanho de outros animais de fazenda. Se "desmistificar" significa decodificar a linguagem visual usada por esses escritores, deveríamos dizer simplesmente que estamos aprendendo a ler. Mas qual é a linguagem *dessa* imagem? Como veremos em breve, todas as evidências sugerem que era (o que chamaríamos de) *política*. No entanto, para Bultmann, era "interna", "existencial" ou (nesse sentido) "espiritual", sem relevância óbvia para o mundo de espaço, tempo e matéria. Desse modo, diversas questões e objetivos diferentes são confusos entre si. Quando, ao defendermos o argumento sobre o mito antigo como linguagem visual, confundimos, por um lado, com narrativas formadoras de comunidades e, por outro, com "coisas nas quais não podemos acreditar hoje em dia", voltamos a *tohu wa'bohu*. Confusão e caos.

Parte do problema aqui, relacionado diretamente à questão de Deus e do mundo implícito à exegese e à "teologia natural", é que, embora Bultmann estivesse (do meu ponto de vista) prestes a tocar a verdade, ele nunca poderia fazer o movimento final. Sua posição teopolítica (veja a seguir), como uma cerca resistente e espinhosa entre dois caminhos, não lhe permitiria mudar de rumo. Como praticamente todos os estudiosos de 1Enoque, 4Esdras e Daniel diriam agora, a linguagem apocalíptica vívida é realmente um roteiro codificado, mas para (o que chamaríamos de) *realidades políticas*.[62] No primeiro século, ninguém pensou que o sonho de Daniel, da estátua com seus quatro metais

---

[62]Cf., por exemplo, A. Portier-Young, *Apocalypse against Empire: Theologies of Resistance in Early Judaism*. Cf. também *NTPG*, p. 280-86.

HISTÓRIA *e escatologia*

e a pedra cortada da montanha que a esmaga e a substitui por uma nova montanha, fosse a previsão de uma estátua real e de uma pedra milagrosa. Daniel 7 não é sobre monstros marinhos e viagens espaciais humanas pioneiras. Seus capítulos 2 e 7, bem como os trabalhos posteriores que os ecoam e desenvolvem, eram sobre os reinos reais do mundo (e certamente os poderes sombrios que estavam por trás deles e agiam por meio deles) e a vitória de Deus que estabeleceu o reino, que os desafiaria, destruiria e substituiria.

Olhando para trás, vemos que isso causou a Bultmann um problema duplo, ao qual as voltas e reviravoltas da desmistificação (sem citar as teorias ainda mais tortuosas da crítica da forma) foram sua resposta inadequada. Primeiro, ele não queria encontrar uma mensagem política deste mundo. Segundo, ele não queria aceitar a possibilidade de haver poderes obscuros e não humanos por trás das realidades políticas. A ironia desse problema duplo, nas décadas de 1920 e 1930, não deve ser ignorada. Deixe-me explicar rapidamente.

Em primeiro lugar, Bultmann jamais aceitaria uma leitura "política". Isso aconteceu em parte por causa de sua teologia luterana de "dois reinos", que, quando lida sem as nuances que já teve, resultava em uma divisão direta: Deus e a política não combinam. De certa maneira, isso ocorreu por causa de seu idealismo neokantiano, segundo o qual a verdade suprema seria encontrada na abstração quase platônica, e não em detalhes concretos. Foi parcialmente por causa dos elementos do modernismo liberal ainda claros em sua obra que ele simplesmente deduziu que a ressurreição de Jesus não havia acontecido (e que o apelo de Paulo às testemunhas oculares em 1Coríntios 15 foi um erro preocupante por parte do apóstolo), de forma que nem na Páscoa nem em outro momento houve qualquer sinal de nova criação real surgindo no mundo antigo, nada para desafiar o *status quo* na terra. Em parte, isso se deveu ao seu existencialismo, em que a estranha linguagem apocalíptica se tornava código, não para realidades políticas, mas, sim, para a decisão pessoal da fé, e precisou ser despida de sua ligação com uma cosmologia antiga inaceitável.

A leitura de Bultmann do primeiro século foi condicionada pelo nascimento do partido nazista. A única declaração política que ele conseguiu extrair de sua leitura da apocalíptica cristã desse período foi um apelo ao quietismo. Ao longo da década de 1930, seu texto de pregação

O LIVRO QUESTIONADO

favorito era 1Coríntios 7, no qual Paulo afirma que, devido às aflições atuais (ele provavelmente tem em mente a fome em grandes proporções, mas, desde Schweitzer, costumava-se atribuir a angústia ao fim do mundo, que estava próximo), seria necessário viver no mundo presente "como se não": os casados, "como se não" fossem casados, os comerciantes, "como se não" comprassem e vendessem, e assim por diante.[63] Para Bultmann, isso deveria ser lido como uma forma realista de dizer o que ele disse em suas Palestras Gifford: que a resposta às declarações políticas historicistas ("é assim que a história avança") era compreender o momento escatológico.

Pode-se simpatizar facilmente. Se você estivesse pregando em Marburg naqueles tempos, principalmente se fosse um amigo e discípulo filosófico de Heidegger, um membro do partido nazista (embora, aparentemente, tolerante com outras visões no cenário universitário e também cada vez mais inquieto), talvez isso fosse tudo o que você poderia dizer. Bultmann volta ao tema de maneira bem explícita em suas Palestras Gifford de 1955: o teólogo e pregador nada tem a dizer sobre a atual situação política, a não ser que estamos vivendo em um plano diferente e, portanto, que tocamos o mundo apenas em uma tangente, "como se não". A analogia com a posição inicial de Barth sobre a teologia natural é fascinante, embora ele tenha sido capaz de iniciar um protesto muito mais intenso, em parte porque estava de volta à Suíça, então podia falar "verticalmente de cima" para a situação, e em parte por ser calvinista, não luterano. (Para ser justo, é claro que Barth se opôs abertamente a Hitler enquanto ainda ensinava em Bona, e muitos luteranos, como Bonhoeffer e Niemöller, eram e ainda são famosos por sua oposição ativa ao regime.)

Se, inicialmente, o problema de Bultmann foi sua indisposição em reconhecer que os textos abordavam (o que chamaríamos) realidades políticas e profetizavam mudanças socioculturais reais, o segundo aspecto desse problema pode ser apresentado de forma resumida. Bultmann não desejava reconhecer a realidade dos poderes supra-humanos obscuros.

---

[63]Cf. A. Standhartinger, "Bultmann's *Theology of the New Testament* in Context", p. 233-55. Sobre a fome, cf. B. Winter, *After Paul Left Corinth: The Influence of Secular Ethics and Social Change*, p. 216-25, e, por exemplo, A. C. Thiselton, *The First Epistle to the Corinthians: A Commentary on the Greek Text*, p. 578-86.

HISTÓRIA *e escatologia*

Acredito que isso se deve, de certo modo, ao seu modernismo pós-Hume, mas também ao seu existencialismo. Quando Paulo falou do "pecado" como um *poder* que age sobre os seres humanos, e não simplesmente como um ato humano, Bultmann se comprometeu a entender isso em termos de mitologização da luta humana interna cuja resposta era que alguém deveria entender ou despertar a possibilidade escatológica latente.[64]

Pode-se, em nossa opinião, simpatizar com Bultmann, pessoal e politicamente. Mas sua posição é exegeticamente indesculpável para alguém mundialmente renomado como *crítico histórico*, o principal herdeiro, em seus dias, do chamado "movimento histórico-crítico". Para entender historicamente Jesus e o cristianismo primitivo, seria preciso compreender o mundo judaico do primeiro século. Porém, um dos princípios fundamentais de Bultmann, em seu DNA teológico de Lutero e Kant, bem como de Hegel e F. C. Baur, era a rejeição a todas as coisas judaicas. Judaísmo significava justificação pelas obras, tanto em sua forma moralista supostamente pelagiana ("praticando boas ações para merecer o favor de Deus") como na versão existencialista ("percebendo minha própria identidade"). Se Bultmann tivesse simplesmente dito: "Minha construção não pretende ser histórica, pois se trata de uma proposta teológica e/ou existencial", teria sido de uma maneira. Mas ele não disse. Estava continuamente envolvido em uma tentativa de encontrar uma genealogia *religionsgeschichtlich* das ideias cristãs primitivas no universo não judaico. Isso o levou de seu interesse inicial pelas religiões misteriosas ao seu investimento posterior pesado (e totalmente a-histórico) no gnosticismo. Nenhuma das alternativas funcionou como história real. Quando se tratava do mundo judaico atual do primeiro século, ele se interessava pouco e seguia contente (como Sanders apontou uma geração atrás) com as caricaturas de Schürer e Billerbeck. Nunca visitou a Terra Santa para ver com seus próprios olhos, literalmente, como a terra estava. Ignorou os movimentos históricos da revolução (Reimarus fora esquecido havia muito tempo) e analisou a forma pela qual textos importantes como Daniel eram lidos como parte dessa aspiração nacional. Afinal de contas, ninguém queria basear a fé na história, o que, para

---

[64]R. Bultmann, *History and Eschatology: The Presence of Eternity* (daqui em diante, *H&E*). A paginação da nova edição segue a original, 154f.

O LIVRO QUESTIONADO

os neokantantianos luteranos, ofereceria o risco de transformar a fé em uma "obra", além de confundir os "dois reinos".[65]

Assim, o mito do fim do mundo se adequava à filosofia de Bultmann, à sua teologia, à sua política e à sua exegese. Até os dias atuais, seus seguidores continuam sugerindo que qualquer pessoa que questione esse fundamento precisa dedicar-se a súplicas especiais. Penso que seja o contrário.[66] E, como o trabalho de Bultmann moldou grande parte dos estudos contínuos sobre o evangelho, é inútil procurar algo que nos possa ajudar a tentar conseguir um novo ponto de vantagem sobre a questão de Deus e o universo, seja a *ação* dele *no* mundo, seja a inferência de Deus *a partir do* mundo.

"Atraso" reformulado: Conzelmann, Käsemann, Werner

O terceiro movimento a usar o mito do fim do mundo como ferramenta hermenêutica foi formado por alunos de Bultmann, como Hans Conzelmann e Ernst Käsemann, e o sistemático Martin Werner, este último amigo de Albert Schweitzer. Isso também precisa ser contextualizado.[67] No meio e no final da década de 1930, muitos na Alemanha concentraram suas esperanças em algo novo e maravilhoso que surgiria da perigosa turbulência dos eventos europeus. Talvez, afinal de contas, fosse um "progresso" hegeliano, um movimento constante em direção à luz, ou talvez, mais provavelmente, uma revolução ao estilo marxista, também emergindo de dentro do mundo, embora mais se assemelhando a uma explosão vulcânica. De uma maneira ou de outra, haveria um novo dia em que os erros antigos seriam finalmente consertados. Entre os esperançosos, estava o crítico cultural Walter Benjamin, amigo próximo de Gershom Scholem. Quando isso não aconteceu — para Benjamin, quando Molotov e Ribbentrop assinaram o pacto entre Stalin e Hitler —, a esperança caiu por terra. A obra final de Benjamin, pouco antes de seu suicídio, denunciou a "história" por falta de significado ou

---

[65]Contra basear a fé na história, veja, por exemplo, R. Bultmann, *Theology of the New Testament*, p. 2.127. Publicado em português sob o título *Teologia do Novo Testamento*. Rio de Janeiro: Academia Cristã, 1984.

[66]Cf., por exemplo, Congdon, *Rudolf Bultmann*, 10f.

[67]Cf. meus comentários anteriores sobre um ponto semelhante em *PFG*, cap. 16.

HISTÓRIA *e escatologia*

esperança. O famoso quadro de Paul Klee, "The Angel of History", foi invocado: afinal, a história era apenas uma pilha de lixo. Adeus ao "progresso" e, particularmente, a Hegel.[68]

A atmosfera de desastre e de esperanças frustradas se manteve no período pós-guerra. Barth voltou da Suíça e, ao dar uma palestra em Bona, falou dos jovens de sua plateia que haviam esquecido como sorrir.[69] Mais tarde, Käsemann falaria de sua geração como "filhos queimados" que não estavam mais dispostos a colocar novamente as mãos no fogo pela "história da salvação".[70] Conzelmann argumentou que Lucas, considerado a voz máxima da *Heilsgeschichte* no Novo Testamento, representava o fracasso radical da ousadia por parte da igreja pós-70. Em vez de viver por uma fé "vertical" na iminente vitória de Deus, esse evangelista ofereceu um relato "horizontal" de Israel, de Jesus e da igreja, uma história aparentemente imanente na qual alguém mergulharia em vez de esperar que Deus fizesse algo totalmente novo.[71] Então, escrever um "Evangelho" já era perder a noção, sugerir que as "boas-novas" eram uma *história* sobre *coisas que aconteceram sequencialmente no universo espaçotemporal*. Käsemann e Conzelmann, e com eles uma geração inteira, mantiveram, assim, a crença de Schweitzer no fim do mundo para Jesus e seus primeiros seguidores, e *projetaram de volta aos primeiros cristãos a decepção radical que toda a sua geração na Alemanha sentiu ao ver suas esperanças frustradas*. Isso articulou uma nova forma da retórica protestante padrão: a primeira geração acertou (em sua confiança "vertical" em Deus) e a segunda fracassou, procurando a "história em andamento". Não é de admirar que Bultmann e muitos de seus seguidores se tenham voltado para o gnosticismo, exatamente como muitos judeus decepcionados começaram a fazer em meados do segundo século, após a derrota da Revolta de Barcoquebas. Na verdade, como argumentei em outro

---

[68]Cf. W. Benjamin, *Illuminations*, p. 1473-84. A pintura de Klee, "Angelus Novus", está agora no Museu de Israel, em Jerusalém. Benjamin interpretou a obra de arte, em que o anjo olha para a "história" como uma pilha de escombros, como um sinal de que nada de bom poderia resultar do "progresso".

[69]K. Barth, *Dogmatics in Outline*, p. 7. Cf. também K. Koch, *Rediscovery of Apocalyptic*, 67f. ("quase todos os cristãos sábios perderam finalmente a fé em um progresso divinamente desejado na história após o início da Segunda Guerra Mundial"), p. 70.

[70]E. Käsemann, *Perspectives on Paul*, p. 50-53.

[71]H. Conzelmann, *The Theology of St. Luke*.

O LIVRO QUESTIONADO

lugar, o paralelo entre a desilusão de 135 d.C. e a de 1940 (e suas respectivas consequências) é revelador.[72]

Toda essa escola de crítica articulou um problema de duas fases. Em primeiro lugar, Jesus esperava o fim muito em breve, e isso não aconteceu. Ele morreu decepcionado. (Na verdade, esse resumo em si elimina dois estágios para Schweitzer: primeiro, Jesus esperava que "o filho do homem" chegasse rapidamente e ele não chegou, então enfrentou a morte para forçar a mão de Deus e falhou igualmente.) Em segundo lugar, seus primeiros seguidores transferiram essa esperança para sua própria geração: o fim chegaria enquanto ainda estivessem vivos. Isso também não ocorreu. Essa segunda frustração compeliu a igreja a se reestruturar — na verdade, a se transformar no "catolicismo primitivo". Assim como Barth, ao rejeitar a versão de Brunner da "teologia natural", com armas pesadas emprestadas da retórica protestante padrão, chamar algo de "católico" deveria soar condenatório.

É claro que existem duas (mas somente duas) evidências anteriores de que qualquer um, na igreja primitiva, pensava da maneira sugerida pelos sucessores de Bultmann. Existe uma passagem bem conhecida em 2Pedro que parece refletir uma ansiedade de que a geração apostólica esteja morrendo, e também em João 21.[73] Às vezes, o trecho petrino é lido como versão de uma escatologia estoica, esperando uma conflagração cósmica. Porém, no estoicismo, o fogo que pode consumir o mundo é a vida divina interior, atraindo final e alegremente o mundo inteiro para a chama, enquanto, para 2Pedro, parece que o fogo executa o julgamento. Seja como for, a passagem é única entre os primeiros escritos cristãos e não pode ser usada como um indicador daquilo em que Jesus e seus seguidores iniciais acreditavam. Ela também contém alguns dos enigmas textuais mais estranhos do Novo Testamento, provavelmente um sinal de que os primeiros escribas a consideraram tão impressionante quanto nós.

---

[72]Cf. novamente *PFG*, cap. 16.

[73]Sobre 2Pedro 3:10, cf. *RSG*, 462f. Para uma discussão, cf., por exemplo, R. J. Bauckham, *Jude, 2Peter* (Waco, Tex.: Word, 1983), p. 283-322, e B. W. Witherington, *Letters and Homilies for Hellenized Christians*, p. 363-91. De qualquer maneira, "Pedro" alerta contra o que certos "enganadores" podem dizer, sem relatar aquilo em que a igreja primitiva como um todo acreditava. O final de João dá facilmente espaço a muitas interpretações. Na medida em que expressa incerteza sobre o momento da volta do Senhor, expressa precisamente dúvida, e não a certeza necessária para a teoria.

HISTÓRIA *e escatologia*

Essas passagens foram muito usadas para apoiar um projeto exegético inteiro, aparentemente analisando onde estavam os diferentes movimentos e escritos cristãos antigos em relação ao choque do ano 70 d.C., embora, nos pais apostólicos e no segundo século, não houvesse sinal de qualquer problema. Käsemann e outros recorreram a essa análise como um meio de produzir uma crítica pesada da forma como a piedade burguesa alemã se estabeleceu após a guerra e se sentiu à vontade mais uma vez: uma espécie de paralelo quase teológico ao crítico secular rigoroso retratado na peça de J. B. Priestley, *An Inspector Calls*.[74] Käsemann, em particular, via com muita clareza em que medida o mundo ainda era escuro e perigoso. Assim, ele e outros trouxeram de volta a categoria *Frühkatholizismus*, de F. C. Baur, para descrever o suposto mundo dos escritos deuteropaulinos, das pastorais e, principalmente, do eminente historiador Lucas. Segundo o ponto de vista de Käsemann, a "apocalíptica" era a mãe da genuína teologia cristã, mas a segunda geração desistiu e se entregou a uma existência menos angustiante.

Tudo isso fez muito sentido na segunda metade do século 20, mas restou pouca semelhança com o que as pessoas pensavam no primeiro século. Um momento de reflexão sobre o mínimo que sabemos sobre os seguidores de Jesus de 70 a 150 d.C. mostrará em que medida essa foi uma projeção da Alemanha pós-guerra, e não uma avaliação histórica do cristianismo de segunda geração.[75] A ideia de fim do mundo funcionou bem para Schweitzer e seus seguidores imediatos. Desmistificada, também foi positiva para Bultmann, na década de 1930. Esse conceito *decepcionante* de fim do mundo serviu bem para a geração pós-Bultmann nas décadas de 1940 e 1950. E, como destaco, em nosso contexto atual essa reconstrução múltipla e essencialmente não histórica ajudou a sustentar um contexto teológico no qual o próprio Jesus e os escritos de seus antigos seguidores simplesmente não estariam disponíveis para uso por parte dos teólogos intrigados com a relação entre Deus e o mundo. Pior: a visão recebida de Jesus e desses devotos — de que eles pensavam que o mundo acabaria e não acabou — *reforçou* a tendência de pensar em Deus e no mundo a distância, tendo, assim, a "teologia

---

[74]J. B. Priestley, *An Inspector Calls: A Play in Three Acts*.
[75]Sobre a história vaga, mas dificilmente livre de problemas, do cristianismo primitivo, cf. *NTPG*, Parte IV.

O LIVRO QUESTIONADO

natural" de um lado e a ação divina no mundo do outro, de uma forma cada vez mais incrível.

Enquanto isso, na Inglaterra e nos Estados Unidos, algo bem diferente aconteceu com os mesmos dados. Pelo menos na Inglaterra (na Escócia, sede das Palestras Gifford, talvez fosse diferente), um pequeno número de pessoas leu Hegel. Poucos acreditavam em seu progresso inflexível, embora dialético, ainda que o Império Britânico também tivesse sua própria versão: sem dúvida, "cada vez mais abrangente". Muitos se preocupavam com Marx. Schweitzer e Barth foram recebidos com respeito, mas também com certa inquietação. Bultmann, com incompreensão ansiosa. Os britânicos tendem a desconfiar da teoria, preferindo o pragmatismo confuso. (E, afinal, a Grã-Bretanha e os Estados Unidos venceram as guerras. Tivemos outros problemas, mas não esperávamos que nossos teólogos, muito menos nossos estudiosos da Bíblia, nos ajudassem a resolvê-los.)

Aqui vemos um fenômeno de não transferência cultural que encontramos também em outras áreas. Observe Ludwig Wittgenstein. Nascido e criado no universo altamente culto da Viena do final do século 19, ele carregou em sua filosofia toda essa cultura de multicamadas, abordando até o fim as questões fundamentais que o haviam intrigado no início de sua vida. Entretanto, na Grã-Bretanha, após se unir a Bertrand Russell, o próprio Russell — como praticamente todo mundo — deduzia que Wittgenstein era basicamente um filósofo da linguística cujo trabalho poderia ser bem-sucedido dentro de algum tipo de positivismo.[76] Os ingleses têm uma tendência facilmente procrusteana, com ideias continentais bem eloquentes: vamos eliminar a filosofia incompreensível e usar o que resta para responder às questões nas quais estamos interessados. O mesmo aconteceu com o grande historiador von Ranke. Ele era um historicista (em certo sentido, como discutirei no próximo capítulo), mas sua famosa declaração de intenções, de que ele estava tentando descobrir "o que realmente acontecera", foi muitas vezes mal compreendida. Von Ranke dizia, com bastante cuidado, que *não* estava tentando oferecer uma ampla gama de "significados" históricos, mas apenas desejando determinar a matéria-prima

---

[76]Cf. A. S. Janick e S. E. Toulmin, *Wittgenstein's Vienna*.

HISTÓRIA *e escatologia*

a partir da qual seria possível avançar para teorias tão maiores. Mas sua declaração cautelosa foi adotada por gerações de leitores ingleses, significando que ele era um positivista que pensava que a história seria capaz de produzir fatos não revelados.[77]

Algo semelhante aconteceu com Bultmann. Os leitores falantes de língua inglesa deixaram de lado suas explorações filosóficas aparentemente atormentadas e contestadas. Tudo o que viram foi um alemão muito culto lendo os Evangelhos e tudo o que queriam saber era: esse estudioso tão desenvolvido pensa que Jesus fez e disse o que os Evangelhos afirmam que ele fez e disse, ou não? Ele apoia um deísmo intervencionista ou não intervencionista? No entanto, Bultmann não estava abordando essa questão. Ele foi — e ainda é — reverenciado por muitos na Alemanha por sua pregação e espiritualidade, com sua postura silenciosa em relação a Hitler sendo justificada ou ignorada, mas nos círculos de língua inglesa foi considerado simplesmente um "liberal", palavra que, como tantas outras, tem um significado muito diferente quando você atravessa o Mar do Norte, ainda mais o Atlântico. Aqueles que o defenderam no mundo anglo-saxão, como Norman Perrin nos Estados Unidos, ou John Robinson ou Dennis Nineham na Inglaterra, saudaram-no como um mestre exegeta, encontrando, em seu trabalho, uma base útil para a teologia e a ética que desejavam promover: uma teologia que reduzia os aspectos que a ciência moderna tornara questionáveis e uma ética mais adequada à modernidade progressiva.[78] Para muitos de ambos os lados do Atlântico, ele era visto simplesmente como o inimigo, o negador da fé.

Meu propósito aqui não é entrar nessa discussão, mas tão somente destacar que, quando as pessoas na Inglaterra ou nos Estados Unidos viram o "Jesus do fim do mundo" de Schweitzer e as tentativas de Bultmann de desmistificar os Evangelhos, entenderam de forma equivocada a motivação e o significado de toda a sequência. Em diversas ocasiões, o pagamento representava pouco mais do que um convite aberto ao revisionismo. Jesus e a igreja primitiva (assim se pensava) esperavam o fim do mundo e estruturaram sua teologia e sua ética de acordo com isso.

---

[77]Cf. cap. 3.

[78]Cf. também Longenecker e Parsons, eds., *Beyond Bultmann*, e as diversas obras de D. W. Congdon já citadas.

O LIVRO QUESTIONADO

Estavam errados, de modo que podemos organizar nossa crença e nosso comportamento de maneira diferente. Esse é o verdadeiro pretexto, a real bandeira da conveniência. E esse não é o modo de se construir uma teologia, seja a teologia natural ou qualquer outra.

Entretanto (o leitor pode contestar neste momento), os textos não estão claros? O Jesus de Marcos não declarou que alguns que estavam ali não experimentariam a morte até verem o reino de Deus chegar com poder? O que devemos fazer com passagens como essa e tantas outras? A essa questão, repleta de desafios históricos e teológicos, retornaremos mais tarde. Este ainda não é o momento adequado.

CONCLUSÃO: A NECESSIDADE DE HISTÓRIA

A conclusão temporária que podemos extrair desta pesquisa sobre o livro questionado — os desafios do retrato evangélico de Jesus e o que ele pode significar em um novo dia — é que a tarefa histórica atual, o estudo de Jesus dentro de sua complexa cultura judaica do Oriente Médio do primeiro século, ainda espera ser abordada, por mais que isso pareça ser o que Reimarus e outros deveriam, pelo menos oficialmente, ter feito. Contudo, como veremos no próximo capítulo, o desafio de toda investigação histórica genuína é entrar na mente de pessoas que pensavam de uma forma muito diferente de nós. Os estudos de escatologia do século 20, independentemente de haverem apoiado Schweitzer, em suas teorias do fim do mundo, ou de, como Bultmann, haverem desmistificado e visto a "escatologia" como a mudança interna existencialista, falharam notoriamente em lidar com o cenário histórico visível das pretensões, com o resgate de textos fundamentais e os planos do judaísmo do Segundo Templo. Como veremos no capítulo a seguir, o movimento que transitou pela bandeira da "crítica histórica" recebe críticas demais e pouca história. E se fizéssemos de maneira diferente? Afinal de contas, isso pode ajudar-nos a discutir as questões relacionadas à "teologia natural" de novas formas? Podemos olhar para qualquer coisa do mundo, *inclusive para a história*, e vê-la como um ponteiro verdadeiro (talvez quebrado) para a nova criação e, portanto, para uma reafirmação do próprio Criador?

Enfatizei que todo o movimento variado e complexo do pensamento europeu, a partir de meados do século 18, foi cada vez mais moldado

HISTÓRIA *e escatologia*

pelo contexto epicurista. O céu e a terra foram radicalmente separados um do outro, como a analogia teológica do fosso feio entre as verdades máximas da razão e as meras verdades contingentes da história. A esfera de Deus foi removida do reino terrestre, com a primeira não envolvida no segundo e o segundo concebido como um jogo aleatório das forças do acaso. Porém, como argumentarei ao longo deste livro, o ponto que precisamos entender é que poucos — para não dizer nenhum — judeus do primeiro século teriam visto desse modo. As filosofias ocidentais modernas e suas variações continuam sendo estranhas aos textos, às formas de pensamento e às visões de mundo de Jesus e seus contemporâneos. É claro que, nesse ponto, o esnobismo cronológico familiar se estabelece: eles adotaram uma visão de mundo antiga, mas nós adotamos uma nova, e a anterior não está mais disponível para nós agora, que temos a medicina e a eletricidade modernas (Bultmann disse isso explicitamente). Na verdade, é claro que — esse tem sido um dos meus pontos essenciais — se trata de uma ficção. A suposta nova cosmovisão é simplesmente a versão nova de uma antiga, o epicurismo, com algumas mudanças radicais (a doutrina do "progresso") e afirmando oferecer novas evidências de apoio (ciência moderna). Isso foi ignorado. A retórica modernista, mesmo que às vezes desperte intencionalmente o mundo clássico antigo (mas não o cristão ou o judeu), não queria admitir que sua proposta implícita é simplesmente uma nova versão de uma visão de mundo muito antiga.

Hoje, certamente sabemos coisas sobre o mundo físico que Tomás de Aquino e Calvino não sabiam. O que dizer, então, de Platão ou Aristóteles, Plutarco ou Sêneca, Jesus ou Paulo! Mas essa não é a questão: não se trata de eles serem antigos e nós, modernos. O epicurismo também pertence à primeira categoria. O modernismo usou os avanços científicos como pretexto para uma cosmovisão abrangente que eles de fato não demonstram. O argumento implícito estava caminhando em outra direção: o já poderoso epicurismo do século 17 oferecia uma visão de mundo social, cultural e politicamente atraente, para a qual os sinais da evolução biológica (bem como o dramático desenvolvimento médico e tecnológico) podiam ser julgados por oferecer apoio. Assim, a divisão entre o céu e a terra, entre Deus e o mundo, continuou a dominar a discussão, seja por parte daqueles que desejavam enfatizar o mundo e questionar Deus (Feuerbach e seus seguidores), seja por parte daqueles

O LIVRO QUESTIONADO

que queriam dar ênfase a Deus e à sua revelação e se colocar contra o mundo (Barth e Bultmann, cada um a seu modo).

A relevância teológica da história de Jesus não foi, de maneira alguma, a única vítima nesse debate de longa data. A própria história — como disciplina, como tarefa — foi excluída do caminho da teologia. Faltava especificamente um relato histórico de como os judeus do primeiro século entendiam seu mundo, incluindo sua própria e longa narrativa. Consideravam-se as formas de pensar dos judeus, por definição, contraditórias às dos primeiros cristãos e, particularmente, à forma de pensar do próprio Jesus, oferecendo aparente justificativa teológica para ignorar a verdadeira missão histórica de examinar o mundo do primeiro século de todos os ângulos e tentar entender o que pode significar ver Jesus dentro desse mundo. Não fazer isso significa que a "crítica" se expandiu para preencher todos os objetivos e o "histórico" desapareceu completamente. Não podemos avançar sem um relato de como os judeus dessa época entendiam seu contexto, bem como sua própria narrativa. É isso que, agora, precisamos tentar oferecer.

No entanto, como primeiro passo, temos de dar uma boa olhada no que a "história" em si pode significar. Os sentidos desse termo foram entendidos no tumulto que descrevi e precisam ser analisados. Como essa disciplina afirma estudar eventos e motivações no mundo "natural", não se pode estudar esse mundo ou fazer as perguntas teológicas que queremos fazer sobre ele sem compreender como ela é afetada pela atmosfera cultural que estamos desenhando. Esse será o tema do próximo capítulo.

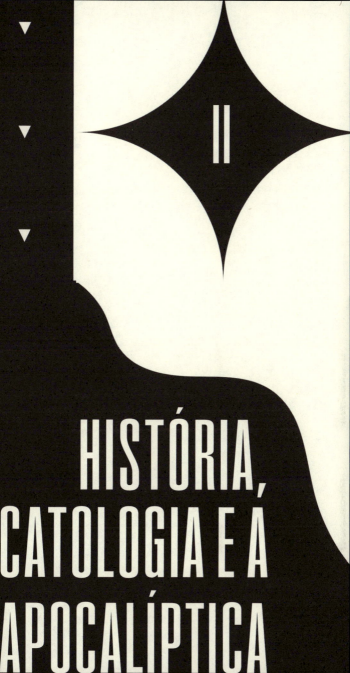

II
HISTÓRIA, CATOLOGIA E A APOCALÍPTICA

TRÊS A AREIA MOVEDIÇA

OS SIGNIFICADOS DA HISTÓRIA

INTRODUÇÃO

No outono de 1973, quando eu estava começando meus estudos de doutorado, encontrei o professor Henry Chadwick, então decano da Igreja de Cristo, no cruzamento perto do teatro Sheldonian, em Oxford. Eu estava claramente muito impressionado com esse homem, cujas palestras eu frequentava. O adjetivo "magistral" pode ter sido inventado apenas para ele. Há pouco tempo, eu o ouvira na rádio da BBC, fazendo a divulgação da recente publicação do novo livro *A religião de Jesus, o judeu*, de Geza Vermes, que ainda é uma referência.[1] Ele havia intitulado sua palestra, com base em um olhar irônico sobre uma famosa expressão de Swinburne, "Um galileu pálido".[2] Falamos rapidamente sobre o livro e a declaração de Vermes de estar escrevendo simplesmente "como um

---

[1] Cf. a discussão em *JVG*, p. 84-97.

[2] A. C. Swinburne (1837—1909), cujo "Hino à Proserpina", um ataque amargo a um cristianismo ressentido, contém as seguintes frases: "venceste, ó galileu pálido; o mundo ficou cinza de tua respiração". Nesse caso, essa é também uma alusão às palavras finais do imperador Juliano, o Apóstata (por volta de 331—363), "*Vicisti, Galilaee*", "venceste, galileu" (Theodoret, *Hist. eccl.* 3,20). A percepção de Chadwick, de alinhar Vermes com Swinburne e Julian segundo seu envolvimento, foi típica do homem.

HISTÓRIA *e escatologia*

historiador". Chadwick comentou: "Quando as pessoas que invocam a palavra 'história' nos mostram que entendem o que isso realmente significa, precisamos levá-las a sério".

Alguns tipos de "teologia", mesmo aqueles tipos que têm uma vertente embasada na tradição, não precisam da história, nem a desejam, mas uma teologia especificamente *cristã* não é a opção.[3] A teologia cristã precisa de história, mesmo que nem sempre saiba como fazê-la ou o que fazer com ela. Não é só o fato de a exegese bíblica — a tentativa de descobrir o que os textos originais queriam dizer em seus contextos — ser um ramo da história antiga. Diz respeito à essência das declarações cristãs centrais. Existe uma razão para Pôncio Pilatos aparecer no Credo. O teólogo cristão enfrenta questionamentos sobre encarnação, "história da salvação" e assim por diante, mas isso é só o começo. "História" não é simplesmente uma porção de argila impedindo que os balões docéticos de ar quente subam verticalmente para as nuvens e nunca mais sejam vistos. Aqueles que oram para que o reino de Deus venha e para que sua vontade seja feita "tanto na terra como no céu" são *ipso facto* comprometidos em se concentrar na vida real, na existência verdadeira de espaço--tempo-matéria, *não como uma ilustração da verdade abstrata, mas, sim, como a realidade máxima da qual as melhores "verdades abstratas" prestam humilde testemunho.* Segundo o Novo Testamento, o próprio Jesus — o ser humano, o homem da Galileia que morreu na cruz — é a revelação completa e definitiva de quem o Único Deus Verdadeiro realmente é e do que ele pode fazer. Ele não é um "exemplo" ou uma "ilustração", nem mesmo a ilustração principal, de um princípio abstrato ou de uma verdadeira doutrina. Os princípios e as doutrinas se referem a ele e devem submeter-se a ele. Isso significa história. E ela é inevitável. Fazer teologia (incluindo teologia natural) sem se envolver nas funções da história é como tocar violino sem um arco. Teologia Pizzicato, se preferir.

Parte do meu argumento principal neste livro é que a tarefa da história é um ingrediente necessário, mas, em geral, ausente, na "teologia natural". Jesus viveu no mundo "natural" da Galileia do primeiro século. Reimarus e outros insistiram em procurá-lo ali. Do ponto de vista deles,

---

[3]A presente discussão é baseada na do *NTPG*, cap. 4. Uma versão anterior do capítulo foi oferecida como a palestra de Teologia Analítica de 2017, na reunião de Boston da Academia Americana de Religião (cf. prefácio, nota 14).

A AREIA MOVEDIÇA

isso poderia ter sido um "objetivo próprio": supondo que sim, ele estava lá? O fato de nossas maiores fontes históricas, os Evangelhos, fazerem parte das escrituras cristãs não pode ser considerado uma ajuda especial ("nós, cristãos, temos uma pista interna"), nem ser descartado como um apelo especial ("é uma revelação exclusiva, por isso não conta"). Os textos ainda estão lá, e alegam estar falando sobre acontecimentos reais no mundo "natural".

Deixe-me preencher um pouco dessa lacuna. Quero sugerir — ainda que isso seja uma tentativa de investigação, e não uma apresentação completa — que a história, quando corretamente compreendida, pode ser um aspecto que falta para ajudar a teologia a realizar o que parece, para um observador externo, estar entre seus propósitos. Às vezes, parece ao espectador que certos movimentos da teologia natural de hoje em dia tentam alcançar, apenas por deduções lógicas, o que o bispo Butler esperava conquistar cerca de trezentos anos atrás, mas que parecia quase impossível depois de 1755: uma apologética cristã que pode começar no mundo do espaço, do tempo e da matéria, e terminar falando do único Deus verdadeiro. É claro que, se começássemos com Jesus e os escritos bíblicos a seu respeito, isso não seria o significado primordial para uma "teologia natural", pois, se fizéssemos isso, usaríamos fontes consideradas normalmente parte da "verdade revelada", e não da "natureza". Mas o próprio Jesus era uma figura do mundo real, do qual os Evangelhos são documentos concretos. Recusar-se a tratá-los como evidência "natural" porque a tradição cristã os vê como "revelação", e rejeitar Jesus da mesma forma porque tal tradição o confessou como Deus encarnado, assemelha-se ao cético que suborna os juízes diante do tribunal. Como uma "história" pós-Hume demonstrou com satisfação própria que o Jesus docético da imaginação cristã popular não podia ser encontrado nos textos, foi preciso apenas um pequeno passo para concluir (de forma equivocada, mas compreensível) que ele não tinha o menor significado teológico, natural ou não. Mas isso é um erro. Descartar os Evangelhos é tão pouco científico quanto colocá-los em um pedestal, protegidos de uma rigorosa investigação histórica.

Tudo isso sugere realmente uma mentira na forma como a "teologia natural" costuma ser estruturada. Os seres humanos e seus escritos fazem parte do "mundo natural". Ou a ideia sempre foi, desde o começo, descartar os elementos "naturais" — os escritos dos primeiros

HISTÓRIA *e escatologia*

cristãos — que algumas tradições cristãs viam como "divinamente inspirados"? Alguns críticos exigiram que a crença em Deus fosse estabelecida sem apelo a essas fontes. Outros começaram a miná-las, vendo-as como propaganda egoísta, deixando o próprio Jesus simplesmente como um mestre ou um revolucionário judeu. Essa última posição ainda é bastante adotada. A teologia não pode afastar-se desses desafios. Se os primeiros cristãos estavam errados em declarar que Jesus era a "imagem do Deus invisível", é possível que ainda se queira salvar elementos da teologia ou da espiritualidade cristã do que restou, mas a própria iniciativa seria uma espécie de coisa muito diferente. Para uma teologia totalmente cristã, precisamos da história, embora — não, exatamente porque — ela lide com o "mundo real", que é desconfortável e tumultuado. E é nesse mundo confuso que Jesus foi crucificado, o acontecimento que seus primeiros seguidores viram à luz da Páscoa, acima de tudo, como a revelação da natureza e do propósito salvador do Deus Triúno.

Para levar isso adiante, precisamos começar bem do início, com algumas reflexões cautelosas sobre o que é "história" e como a produzimos em relação ao Novo Testamento. Isso pode acabar se revelando mais do que simplesmente um complemento necessário à missão teológica: pode ser o motor central. Aqueles cujo encontro com o estudo supostamente histórico do cristianismo primitivo é desconcertante e negativo podem não apreciar essa conclusão. Mas isso, por si só, à medida que o argumento vai se desenvolvendo, pode fazer parte do objetivo.

Afinal, a "história" não é neutra. É como areia movediça. O conceito de "história" e a área de estudo que leva esse nome fizeram parte das lutas culturais, sociológicas e políticas discutidas até o momento. Épocas anteriores conceberam uma conexão fácil entre passado e presente, mas, a partir do Renascimento, a ideia de ruptura temporal tornou-se mais clara.[4] *Esse é o equivalente, no entendimento do tempo, à ruptura epicurista entre nosso mundo e o divino.* O passado tornou-se distante e vazio. As revoluções estavam moldando o presente e o futuro. Desse modo, uma nova historiografia profissional se fazia necessária, com historiadores nomeados para cátedras oficiais nas universidades, treinando pessoas para compreender o que antes era considerado comum. E, à medida que

---

[4] Cf., por exemplo, R. Koselleck, *Futures Past: On the Semantics of Historical Time*. Publicado em português sob o título *Futuro passado: contribuição à semântica dos tempos históricos*.

A AREIA MOVEDIÇA

os racionalistas iam separando as duas épocas, os românticos olhavam tristemente para trás, tentando vislumbrar um mundo perdido. Schiller pergunta: "Schöne Welt, wo bist du?" Schubert, estabelecendo essa estrofe,[5] transita de forma comovente entre menor e maior. O poema diz que, somente na terra mágica da música, a doce primavera da natureza está viva. "Keine Gottheit zeigt sich meinem Blick": nenhuma divindade aparece ao meu olhar. A vala de Lessing separa não só o passageiro e o eterno, mas também o passado e o presente, permanecendo apenas uma sombra.[6]

"História", portanto, significa agora investigação racionalista, imaginação romântica ou ambas ou nenhuma ou uma mistura ou o quê? Outras vozes logo propuseram novas maneiras de conectar o passado e o presente. Talvez houvesse temas abrangentes, padrões, movimentos internos, a noção de uma jornada que poderia ser "cientificamente" resgatada. Talvez a sensação de um objetivo, um *telos*: a "história" estava sempre *indo para algum lugar* e quem sabe estivesse quase lá... Talvez alguém possa entender isso revisitando os mitos daquele velho mundo grego e permitindo que voltem a falar com a condição humana. Os alemães do século XIX adoravam esses mitos, pois viam neles uma reconexão verdadeira com o passado e, portanto, com um significado mais profundo. É aí que entra D. F. Strauss. Classificar a história de Jesus como "mito" era sua forma de dizer que *essa* era a maneira de se conectar com o passado, enquanto os anglo-saxões, surdos no sentido cultural, apenas o ouviam dizendo: "Então, a maioria dessas coisas não aconteceu". Essas propostas estavam intimamente ligadas aos movimentos políticos da época, em uma Europa cheia de novas possibilidades e riscos. Supunha-se que a "história" pudesse ser uma nova opção para descobrir quem somos e para onde estamos indo em um mundo totalmente novo e sem raízes.

Assim, a disciplina moderna da história nasceu da mesma crise cultural que já descrevi. Não existe uma área neutra e confiável com esse nome na qual possamos nos refugiar, cuidar de nossas feridas e planejar outras estratégias. "História" é o território contestado, parte do campo

---

[5] De *Die Götter Griechenlands*, escrito em novembro de 1819 [D677]. O poema original de Schiller foi publicado em 1788 e uma versão mais curta em 1800.
[6] "Ach von jenem leben warmen Bilde / blieb der Schatten nur zurück."

HISTÓRIA *e escatologia*

de batalha. A disciplina que investiga o incerto se desenvolveu de forma duvidosa. As areias estavam se movendo e ainda estão.

Parte do meu propósito neste livro é destacar que, de um ponto de vista teológico, é assim que deve ser. Um olhar sobre o tema principal já deixa claro esse ponto. Acredito que a história seja o discurso público arriscado que combina e celebra o risco divino, a humildade divina da encarnação. Temer esse perigo é endêmico entre os seguidores de Jesus desde o começo. Os cristãos em geral e os teólogos em particular sentem-se frequentemente tentados a imitar Pedro em Cesareia de Filipe, deduzindo, contra o protesto do próprio Jesus, que sabemos o que seu messiado (mais ainda, sua "divindade") significa e para onde conduz. Eles são tentados a copiar Pedro no Getsêmani, em um minuto tentando defender Jesus e, no minuto seguinte, negando-o. (Os evangelistas sugerem que talvez a tentativa de defesa tenha sido uma forma de negação.[7]) Essas são as tentações petrinas padrão, exigindo a penitência e o recomissionamento de João 21:15-17 ("Simão, filho de João, você me ama?"). Jesus — aquele de nossas fontes históricas e teológicas — resiste às tentativas de defini-lo ou defendê-lo, sabendo que ambos já podem envolver ou terminar em negação. Ele pede que prestemos atenção ao que realmente está fazendo, dizendo e sendo. E isso significa levar a história a sério.

Portanto, penso que a história exige humildade, paciência, penitência e amor. Só porque queremos refletir com clareza, isso não significa que possamos fugir das necessidades metodológicas da virtude cristã. Colher os frutos disso requer humildade para entender os pontos de vista das pessoas que pensavam de uma forma diferente de nós, paciência para continuar trabalhando com os dados e resistindo a conclusões prematuras, penitência para reconhecer que nossas tradições podem ter significados originais distorcidos e que preferimos as distorções aos originais. E o amor, nessa história verdadeira, como todo conhecimento genuíno, envolve a confirmação satisfeita de realidades e eventos fora de nós mesmos e de ideias diferentes das nossas.

No presente capítulo, tentarei fazer seis coisas. Em primeiro lugar, distinguirei os significados bem diferentes que a palavra "história"

---

[7]Cf., por exemplo, Marcos 8:31-33; 14:47 (com João 18:10f, identificando Pedro como o autor dos ataques); 14.66-72.

A AREIA MOVEDIÇA

carrega. Com frequência, a confusão a esse respeito atrapalha a discussão antes mesmo de começar, e a clareza é fundamental. Segundo, apresentarei alguns resultados iniciais desse esclarecimento, analisando especificamente o estudo histórico do Novo Testamento e argumentando em prol de uma visão particular sobre a tarefa do historiador. Terceiro, tentarei explicar o termo controverso "historicismo", trazendo um alerta saudável contra seu uso casual. Quarto, retornarei rapidamente à questão de Jesus em seu contexto histórico. Quinto, defenderei uma nova compreensão de como a história pode e deve contribuir. Sexto e último, refletirei mais profundamente sobre a tarefa do historiador cristão.

O QUE É "HISTÓRIA"?

Então, o que queremos dizer com a palavra "história"? Muitos historiadores profissionais escreveram livros questionando "o que é história?", lidando com o assunto em uma dimensão ampla, mas eu prefiro analisar dados ainda mais básicos.[8] O termo em si é incerto e ambíguo, e existem sinais de que algumas discussões, principalmente sobre a relação entre história e teologia, oscilam de um lado para outro entre diferentes significados, causando confusão.

Em um nível popular, a inconsistência é tão comum que mal a percebemos. Um comentarista esportivo, assistindo a um piloto bater o carro, declara: "Ele é história". No minuto seguinte, um político diz que é importante estar "do lado certo da história". A primeira declaração significa "acontecimentos passados que se foram para sempre". A segunda, "o inevitável movimento de eventos rumo a um objetivo desejado". Um artigo do periódico *Foreign Affairs* afirma que "a história é cheia de surpresas" e, em seguida, no mesmo parágrafo, que "a história é conduzida pela interação da geopolítica com as instituições e ideias". O primeiro significa "a soma total de todos os acontecimentos passados"; o segundo, "a forma como esses eventos importantes aconteceram".[9] Na mesma

---

[8]Cf., por exemplo, E. H. Carr, *What Is History?*; G. R. Elton, *The Practice of History*; e muitos outros textos clássicos. Recentemente, por exemplo, P. Burke, *What Is History Really About?*. Uma nova abordagem criativa é a de S. Mason, *Orientation to the History of Roman Judaea*, parte I. Meu relato anterior está em *NTPG*, cap. 4.

[9]Stephen Kotkin, "When Stalin Faced Hitler", p. 54.

HISTÓRIA *e escatologia*

edição, um revisor descreve um livro como "uma história exaustiva" e relata alguém dizendo a um primeiro-ministro: "Espero que a história seja gentil com você". O primeiro caso se refere à "história" como um *conjunto* de tudo o que se sabe sobre o passado relevante; o segundo diz respeito à *avaliação resultante* de um conjunto específico de ações.[10] O dramaturgo e roteirista Alan Bennett comenta ironicamente sobre *Wolf Hall*, de Hilary Mantel: "A história é um *playground*. Os fatos são peças de Lego. Faça com eles o que você desejar".[11] Em outras palavras, a história não se limita a coletar fatos; trata de organizá-los em padrões que façam sentido para nós. Pensando nos tutores de seus tempos de graduação em Oxford, Bennett separa os historiadores que se concentraram no "que realmente aconteceu" daqueles para quem "a história era uma pista de patinação na qual podiam demonstrar suas técnicas, transformando seus paradoxos".[12] O romancista Malcolm Bradbury, atento a muitas ironias, apresenta *To The Hermitage*, seu romance quase histórico cujo herói é o intelectual francês Denis Diderot, do século 18, explicando que "a história é a mentira que o presente conta com o propósito de dar sentido ao passado", e que o próprio Diderot sabia que a história era "a queixa do futuro contra o presente".[13] Nesse nível de uso popular, com certeza, existe pouca confusão. Oscilamos tranquilamente entre essas e outras nuances de significado, mas na teologia eles causam problemas reais, e os teólogos não se dão por satisfeitos — sobretudo com tamanha ambiguidade.

Pesquisando as origens latinas e gregas da palavra em inglês, o termo "história" é muitas vezes definido como: *relatos* de eventos antigos; uma *narrativa* escrita e contínua sobre eventos passados selecionados; a área do conhecimento que lida com essas coisas; e, por último, o termo é definido como os próprios *eventos passados*. Essa ordem, assim como no *Oxford English Dictionary* (*OED*), baseia-se na etimologia, segundo a qual a *história* latina se refere principalmente a um relato escrito a partir do qual os significados maiores se ramificam no grande gesto de aceno de "o conjunto dos acontecimentos passados em geral".

---

[10]Anand Menon, revisando livros sobre Brexit na mesma edição, p. 122-26.

[11]Alan Bennett, *Keeping On Keeping On*, p. 347.

[12]Bennett, *Keeping On Keeping On*, p. 43. Ele coloca K. B. McFarlane na primeira categoria e H. Weldon e o célebre A. J. P. Taylor na segunda. Cf. von Ranke.

[13]M. Bradbury, *To the Hermitage*, p. xxi.

A AREIA MOVEDIÇA

No entanto, hoje muitos fariam de outra forma. Como, recentemente, disse um escritor, "história" pode referir-se ao passado em si, ao estudo do passado ou à sua representação.[14]

Dois outros significados, não citados no *OED*, surgiram nos últimos dois séculos. Primeiro, começamos a usar a expressão "eventos em geral" para incluir tanto o futuro como o passado ("a história futura do nosso país" significa "qualquer que seja o curso dos eventos aqui"). Isso pode ser justificado com base na perspectiva dos futuros historiadores, olhando para o que agora nos parece futuro. Mas, quando alguém diz no presente "A qualquer momento da história" significando eventos passados ou futuros, essa abordagem não serve mais e é substituída por uma generalização. Segundo, conectado a isso, outro significado relativamente recente é tratá-la no contexto de uma *direção específica em que os acontecimentos estão em movimento* (por isso a expressão "estar no lado correto da história").

Para assimilarmos tudo isso — e nos prepararmos para nossas reflexões bíblicas e teológicas —, proponho aqui um relato bastante rigoroso dos usos atuais da palavra "história", começando pelo ponto no qual o *OED* termina ("acontecimentos") e, depois, fazendo o caminho de volta, com mais sofisticação no trajeto. As quatro opções são que o termo se refere a *eventos*, *narrativas* sobre eventos, à *tarefa* dos historiadores e ao *significado* que eles e outros discernem em tais acontecimentos, especialmente em sua sequência. Somente dessa maneira podemos analisar as formas pelas quais os diferentes objetivos culturais e teológicos tendem a favorecer um ou outro desses sentidos e, com isso, os métodos que exigem.

Então, temos aqui o primeiro significado. **"História" se refere a acontecimentos**, geralmente no passado, mas às vezes também no futuro: o grande acúmulo de ocorrências, quase todas desconhecidas e incognoscíveis. Quando dizemos "em algum ponto da história", esse é o sentido que temos em mente. Assim, se disséssemos que "a história é o teatro da ação divina soberana", estaríamos nos referindo a todo o fluxo, não só dos eventos passados, mas também dos futuros. Falar da história nesse sentido não requer pesquisa. Declarações a seu respeito são infalsificáveis,

---

[14]Joel Green, "History, Historiography", p. 830.

HISTÓRIA *e escatologia*

pois resultam, *a priori*, de um compromisso teológico. Quando os teólogos a mencionam, estão trazendo à tona essa totalidade.[15]

Uma subcategoria importante usa a palavra para **o passado cognoscível**, o conjunto muito menor de eventos dos quais, na maioria das vezes por acaso, temos evidências. Isso inclui ocorrências que não contam com registro escrito. Sabemos, sem sombra de dúvida, que os dinossauros foram exterminados em determinado momento, embora nem eles nem ninguém mais tenham escrito sobre o assunto na época. Fósseis e outros indícios arqueológicos falam por si. É possível estabelecer uma série de etapas: o passado inteiro, o passado hipoteticamente conhecível e o passado demonstrável.[16]

Eis que surge a questão do que é considerado "cognoscível", apresentando-nos a escala móvel da epistemologia. O cético cartesiano (ou o cínico irônico, como nas citações de Bennett e Bradbury) lançará dúvidas para todos os lados, mas, na vida real, quase sempre nos contentamos com o que parecem fortes probabilidades. Às vezes, as pessoas falam como se todos os fatos históricos fossem duvidosos. Porém, para prever para onde essa discussão nos levará, quase ninguém duvida que Jesus de Nazaré foi crucificado ou que Jerusalém foi destruída pelos romanos em 70 d.C. E, como veremos, pontos fixos dessa natureza costumam oferecer uma plataforma sólida para muito mais.

Esse primeiro significado ramificado (a história como *eventos*, desconhecidos ou conhecidos) incluirá percepções, reflexões e reações, caso existam, dos participantes ou observadores da época. Como veremos, no sentido de "o que aconteceu", a história exige que estudemos os motivos e as intenções dos personagens envolvidos. Investigar o que Josefo pensava enquanto percorria os muros de Jerusalém, vendo milhares de judeus crucificados e tentando resgatar seus amigos, faz parte da

---

[15]Foi por essa razão que Pannenberg ficou surpreso com o fato de Collingwood pensar que os gregos, e não os israelitas, teriam inventado a "história". Collingwood estava pensando em *investigação*, já Pannenberg no "curso maior dos eventos sob o propósito divino". Cf. suas *Basic Questions in Theology*, p. 1, 67: "é obviamente necessário que se considere a história como um todo, correspondendo à universalidade de Deus".

[16]C. S. Lewis, *Reflexões cristãs*, p. 179-180, distingue (a) todos os acontecimentos do passado, presente e futuro; (b) todos os eventos passados; (c) todos os acontecimentos passíveis de serem descobertos; (d) todos os eventos passados realmente descobertos; (e) todos os acontecimentos passados agora escritos por historiadores e (f) "aquela imagem vaga, complexa do passado, que flutua, de um modo um tanto nebuloso, na mente do homem educado comum".

A AREIA MOVEDIÇA

"história" geral de 70 d.C. Perguntar se Jesus de Nazaré acreditava que ser crucificado era sua vocação e, em caso positivo, qual significado ele atribuía a isso, faz parte da história nesse sentido. Como já dissemos, a história geralmente envolve a tentativa de entrar na mente de pessoas que pensam diferente de nós.[17] Essa tarefa de descrever como as pessoas pensavam na época está profundamente relacionada à missão de analisar *por que* os acontecimentos específicos se concretizaram, apontando para os outros sentidos a seguir.

A esse significado ("evento"), associamos o adjetivo "histórico". Assim como o substantivo, ele transmite a sensação de que algo *realmente aconteceu*, em oposição à possibilidade de ser fictício. Desse modo, "o falecimento da primeira esposa do Sr. Rochester" não é "histórico", mas "a morte do último pterodáctilo" é, pois sabemos que aconteceu mesmo sem saber quando ou onde. Há uma confusão a ser esclarecida aqui. O idioma inglês usa o adjetivo "histórico" para indicar que um evento, ou mesmo um local ou uma construção, carrega um *significado específico*. A eleição do primeiro presidente afro-americano foi um acontecimento *histórico* e ninguém duvida disso, ou seja, todos têm certeza de que realmente aconteceu. Porém, de forma confusa, esse termo costuma ser utilizado nos dias atuais com o sentido de "significativo", embora o uso tecnicamente correto seja "histórico".[18] Usar esse termo significa normalmente que algo *realmente ocorreu* no passado, algo *não fictício*, e que é, *a princípio, cognoscível*.

O próximo significado é o de **"História" como o relato escrito de acontecimentos passados**. Uma distinção importante aqui é entre a "história" em si e os meros "anais" ou "crônicas". A primeira conta uma narrativa inteira, fazendo contínuo *sentido* dos fatos, procurando e mostrando conexões e consequências. Exige continuidade, uma noção de causa e efeito, uma sequência de avanços, rupturas, recapitulações e resultados. História inclui "relato", tanto lógica como etimologicamente, e isso implica mais do que uma visão indiferente de tudo que

---

[17]O grande historiador Asa Briggs explicou por que ele e outros colegas de profissão foram recrutados para a tarefa de decifração de códigos em Bletchley Park durante a Segunda Guerra Mundial: segundo ele, os historiadores eram "bem estudados, atraídos pelo pensamento lateral e ensinados a entrar na mente de pessoas totalmente diferentes de si mesmas" (A. Briggs, *Secret Days: Code-Breaking in Bletchley Park*, p. 78).
[18]Cf. *RSG*, 12, n. 21.

HISTÓRIA *e escatologia*

já aconteceu. Às vezes, um relato pode afirmar presunçosamente e ser exaustivo ou definitivo (*a* história da Guerra Civil), mas, na verdade, toda a sua redação resulta de uma seleção e de uma organização. A única ocasião em que você pode dizer tudo é quando não há quase nada a ser dito. É claro que a escolha e a estruturação envolvem o julgamento interpretativo do historiador (cf. a seguir), mas, até agora, estamos falando de como a palavra é usada, diferenciando "história" como *eventos* (por exemplo, a guerra que, de fato, ocorreu entre Atenas e Esparta no final do século 5 a.C.) e "história" como *relato escrito de eventos* (por exemplo, *História da Guerra do Peloponeso*, livro de Tucídides).[19] É por isso que, às vezes, falamos de fatos "pré-históricos", que ocorreram antes de qualquer coisa sobre a qual possamos escrever e/ou antes que alguém tenha escrito sobre eles. Com frequência, os historiadores antigos falam do momento, seja com Heródoto ou com a narrativa da Sucessão Salomônica, em que passamos da pré-história para a "história".

Esses dois primeiros significados nos apresentam uma barreira linguística importante. Em alemão, história "como eventos passados" é *Geschichte*, enquanto "como narrativa escrita" é *Historie*. No entanto, Rudolf Bultmann usou esses termos de forma diferente. Para ele, *Historie* combina ambas as expressões, enquanto *Geschichte* denota eventos e/ou ocorrências que carregam uma carga teológica.[20] Como veremos a seguir, isso produziu uma grande confusão nas discussões sobre o "Jesus histórico". Muitos ainda usam essa expressão no primeiro sentido: "Jesus como ele realmente era". Outros insistem em usá-la — e frequentemente a criticam — no segundo sentido: "Jesus como os historiadores o reconstroem". Retornaremos também a isso.

A próxima definição é a de **"História" como tarefa de pesquisar e escrever sobre coisas que realmente aconteceram**, em vez de produzir ficção ou fantasia. É isso que os historiadores atuais acreditam

---

[19]"O ateniense Tucídides escreveu a história da guerra entre os espartanos e os atenienses, começando no momento em que irrompeu e acreditando que seria uma grande guerra e mais digna de comparação do que qualquer outra que a tivesse antecedido." (Tucídides, *War* 1.1.1, trad. R. Crawley.) É claro que escrever um livro é em si um evento, mas não (ou não costuma ser) aquele ao qual a obra está se referindo. No Brasil, essa obra foi publicada como *História da Guerra do Peloponeso*.

[20]Cf. a discussão em J. Moltmann, *God in Creation: An Ecological Doctrine of Creation*, p 130 — publicado no Brasil como *Deus na criação: doutrina ecológica da criação*; Pannenberg, *Basic Questions in Theology*, 1.21, 24.

A AREIA MOVEDIÇA

que estão fazendo: "produzindo história". Os teólogos inclinados ao "teísmo clássico" não costumam referir-se a esse significado da palavra, a não ser, talvez, ao discutir a "crítica histórica" como um problema para a teologia.

Distinguimos "produzir" nesse sentido de, como dizemos, *fazer* história, ou seja, criar coisas que trazem certos efeitos cheios de significado. Júlio César tanto *fez* história como *escreveu* história. Winston Churchill também, mas isso é raro. A maioria dos romanos só saberia o que César havia realizado na Gália por meio de seu próprio relato, de modo que ele não apenas concretizava "fatos sólidos", como também por meio de seus escritos, garantindo a vitória de sua forma de enxergar os eventos sobre quaisquer possíveis rivais. Churchill fez algo semelhante ao escrever a história da Segunda Guerra Mundial, embora, claro, no seu caso, existissem — como existem — milhões de outras fontes em face das quais seu relato poderia ser verificado. Em geral, os historiadores precisam perder muito tempo vasculhando as fontes e lutando com editores para mudar o mundo, exceto na medida em que seus textos, como o bater das asas de uma borboleta, algumas vezes podem causar uma tempestade em algum lugar.

A distinção entre as duas partes da missão — descobrir o que aconteceu e, em seguida, organizar tudo em uma sequência significativa — é sutil, mas importante. Quando um parente desesperado chega ao cenário de uma tragédia, pode dizer: "Só quero saber o que aconteceu". Haverá um tempo de análise, para culpar ou desculpar, mas o primeiro passo é estabelecer os fatos. Quando Leopold von Ranke, grande historiador alemão do século 19, declarou que seu objetivo era dizer ao leitor "wies es eigentlich gewesen" ("como realmente ocorreu"),[21] não estava declarando um positivismo ambicioso, como alguns concluíram. Na verdade, ele se recusava modestamente a oferecer estruturas interpretativas abrangentes, como alguns de seus contemporâneos tentavam fazer, segundo as quais o passado poderia ser "julgado" e as lições aprendidas para o futuro.[22] Ele não estava, como as pessoas

---

[21]L. von Ranke, *Sämtliche Werke*, v. 33-34, p. vii. Muitas vezes, as pessoas acrescentam equivocadamente "ist" a esse trecho, mas von Ranke não faz isso. Cf., por exemplo, J. B. Bury, "History as a Science", p. 216; C. A. Beard, "Historical Relativism", p. 327.

[22]Sobre von Ranke, cf. Stern, *Variety of History*, p. 16, e a seção referente a von Ranke, na p. 55; e cf. M. Bentley, *Modern Historiography: An Introduction*, p. 39.

HISTÓRIA *e escatologia*

imaginam, declarando que tudo poderia ser conhecido ou que aquilo que poderia ser conhecido seria quase matematicamente verificado. Ele apenas contrastava a própria tentativa de uma simples *descrição de eventos* com a então ambição popular de *avaliação e previsão* profunda. Ele se voluntariava a pesquisar e produzir uma *narrativa* sobre os *eventos* que realmente aconteciam, incluindo coisas que, embora não deixassem vestígios, seriam certamente deduzidas de eventos para os quais havia evidências. No percurso, ele repudiava qualquer avaliação mais abrangente que os hegelianos desejassem oferecer. É claro que ele também precisava selecionar e organizar. Estava perfeitamente ciente de que, por aquela porta, necessariamente deixada aberta, já que a única alternativa é uma mera "crônica" vaga, poderiam surgir tipos mais sutis de avaliação pessoal.

Aqui a complexidade do uso começa a ficar totalmente visível, na medida em que vemos como as diversas correntes do pensamento filosófico e teológico afetaram o que as pessoas supõem que a própria "história" possa ser. Os idealistas filosóficos (Hegel e seus seguidores) lidarão com ela no sentido de "eventos passados", como a matéria-prima ocasional de grandes teorias abrangentes. Em uma clara distinção, von Ranke via os "eventos", "o que realmente aconteceu", como o objetivo.

E von Ranke ecoava um objetivo que remete à escrita da história. No século 14, John Barbour sabia e mostrava a diferença entre (a) o prazer de uma boa narrativa (independentemente de ser verdadeira ou não), (b) a importância de lembrar os grandes atos daqueles que já se foram há muito tempo e (c) a satisfação de aprender o que realmente aconteceu ("o fato como realmente é").[23] Entretanto, como toda história que vai além da mera crônica ou dos anais envolve seleção e organização, e como toda seleção e toda organização exigem algum princípio, e como os princípios são sustentados pelos seres humanos responsáveis por isso, temos uma definição adicional: a de história como *significado*. No entanto, seria um erro juvenil supor que, como a escolha e a estruturação estão sempre envolvidas, nunca podemos alcançar o verdadeiro conhecimento do passado, pois precisamos sempre recorrer ao

---

[23] Cf. C. S. Lewis, *The Discarded Image*, p. 177. Publicado em português sob o título *A imagem descartada: para compreender a visão medieval do mundo*.

A AREIA MOVEDIÇA

subjetivismo, ao "conhecimento" do interior de nossas próprias imaginações.[24] Só porque tenho motivo para querer lhe contar algo, isso não significa que eu esteja inventando.

"História" como missão pode exigir ainda mais o trabalho de **discernir e mostrar alguma espécie de conexão, padrão ou princípio — e, portanto, algum *significado* — nas coisas que realmente aconteceram.** A seleção e a organização envolvem determinado tipo de princípio, e a questão, então, é se o historiador permite que a evidência sugira o princípio ou se insiste na sobreposição de um princípio estranho à evidência.

Então, o que o "significado" em si quer dizer nesse contexto? Se, seguindo o filósofo Ludwig Wittgenstein, vemos o sentido de uma palavra como seu uso na frase e o sentido de uma frase como seu uso em um parágrafo ou em uma unidade maior, então o "sentido" de um evento, ou de uma sequência de eventos, será *seu papel percebido dentro de uma narrativa mais ampla ou de um conjunto de símbolos*. Mas narrativa de quem? E qual conjunto de símbolos?

Isso pode variar. Alguém em um bar de Sarajevo, no dia 28 de junho de 1914, poderia dizer que o assassinato do arquiduque Francisco Fernando "significava" que você nunca poderia confiar nesses motoristas. O indivíduo deu uma volta errada e ali estavam os assassinos. Gavrilo Princip, o próprio assassino, pode ter interpretado um "significado" muito diferente, ou seja, um golpe de sorte impressionante: ele havia falhado na primeira tentativa e recebera uma segunda chance. No dia seguinte, os jornais de Viena podem ter visto como "significando" que os sérvios precisavam agora aprender uma lição. O *Chicago Daily Tribune* entendeu errado, pois publicou: agora que Fernando se foi, há uma chance maior de paz.[25] Os generais e monarcas de toda a Europa compreenderam isso, fatidicamente, como o chamado às armas para o qual estavam se preparando. *Viram que a história estava "seguindo esse caminho" e se prontificaram a ajudá-la.* Um século depois, *damos* a esse evento, mais uma vez, um significado diferente: o gatilho para quatro

---

[24]Na teoria histórica, isso seria o equivalente à armadilha do fenomenalista, supondo que, quando pensamos que estamos falando sobre realidades materiais cotidianas, na verdade estamos simplesmente falando sobre nossos próprios dados sensoriais. Aí está o solipsismo. Cf. a discussão em *NTPG*, p. 33.
[25]Mason, *Orientation to the History of Roman Judaea*, p. 55.

HISTÓRIA *e escatologia*

anos de carnificina louca e cinquenta anos de perversidade desumana. Vemos isso como uma tragédia, reconhecendo — ao olhar para trás — que Fernando era o homem que poderia ter evitado tudo.[26] O sentido de um acontecimento é seu uso em uma narrativa mais ampla.

Esses exemplos funcionam de modo diferente. O homem em Sarajevo e os jornalistas estariam simplesmente acrescentando novas reviravoltas às histórias antigas. À medida que as consequências continuam se desenrolando, nossa longa retrospectiva gera uma penitência preocupante para o otimismo do século 19. Mas, para a realeza da Europa, principalmente para os generais, já havia uma narrativa sólida e mais ampla em vigor. Os planos haviam sido traçados. As tropas haviam sido preparadas. Eles "sabiam" qual direção a história estava tomando. Diziam isso havia algum tempo. Agora as pessoas só precisavam embarcar. O significado varia de acordo com o que é contado.

Voltando a von Ranke, por mais que ele negasse ter grandes ambições, precisava contar com alguns princípios organizadores, com uma narrativa geral, ou nem mesmo poderia começar a trabalhar. Ele não tinha a intenção de contar "o que realmente aconteceu" em cada momento do dia, em todas as casas e ruas da Alemanha. Assim como os demais, ele teve de selecionar e organizar. O motivo para isso — e os critérios pelos quais isso é feito — tem a ver com o "significado" que estamos analisando. Como veremos, nesse aspecto, a tarefa do historiador, bem como a do cientista, é trazer indícios e sentido hipotético (portanto, a seleção e a organização propostas) ao diálogo. Trabalhar sem evidências e somente com um mero "significado" hipotético é render-se a algum tipo de idealismo. Fingir que não há sentido deduzido, que estamos simplesmente agindo de forma indutiva a partir de dados brutos, é ingenuidade. Esse é o ponto de apoio por meio do qual a gangorra do debate moderno aconteceu, com ambos os lados se acusando reciprocamente de impropriedade metodológica.[27] Sugiro que é por isso que precisamos de uma forma madura de realismo crítico, a aplicação cuidadosa da epistemologia do amor, em que a espiral hermenêutica de hipóteses e tentativas de verificação pode prosseguir em seu próprio passo.

---

[26]M. MacMillan, *The War that Ended Peace*, citando a restrição anterior de Francisco Fernando ao belicismo primitivo.

[27]Sobre isso, veja meu *The Paul Debate*, p. 100-107.

A AREIA MOVEDIÇA

Muitas vezes, o "significado" envolve o estudo das consequências. Quando fui apresentado à obra de Martinho Lutero, ouvi que a igreja medieval havia omitido a Bíblia e o evangelho, e que Lutero os havia devolvido ao mundo, resultando — como se pensava — em um novo florescimento do cristianismo. Essa não é a interpretação de todos. Alguns ampliaram isso, vendo Lutero (para o bem ou para o mal) como o precursor do Iluminismo. Alguns o saudaram como o pai da América do Norte e da Europa modernas, incluindo sua ideologia ambígua de "liberdade". Muitas repetições "históricas" atuais de sua jornada são realizadas para trazer isso à tona, seja para exaltar o herói que criou o mundo moderno, seja para sacudir a cabeça para o vilão que abriu a caixa modernista de horrores de Pandora. Todas essas versões estão ligadas ao conceito de "significado".

A missão de investigar o "significado" dos eventos inclui, ainda que muitas vezes vá muito além, o estudo da intencionalidade humana, como parte da resposta à pergunta "por que" algo aconteceu. Comparativamente, poucos acontecimentos (exceto eventos como terremotos) são uma questão de causa inanimada aleatória. Até mesmo um terremoto pode ter efeitos que envolvam o fato de os humanos haverem escolhido construir cidades em locais perigosos. Portanto, boa parte dessa tarefa de investigação envolve o estudo da intencionalidade dos personagens envolvidos, o que, como vimos, está, de qualquer forma, implícito na análise do próprio evento. Isso implica entender o que às vezes é chamado de "interior" dos fatos, não apenas os fatos físicos "exteriores". E isso, por sua vez, como veremos, envolve estudar o mundo como um todo e a cosmovisão de suas sociedades e culturas, sempre atentos à possibilidade de inovação radical ou de mutação nessas visões de mundo. O que essa variação na "tarefa" quer dizer na prática será discutido em seguida.

O termo "História" também é usado com a noção de "uma sequência significativa de eventos", tanto no sentido de que a sequência ou os eventos têm significado em si como no sentido de que estão "indo a algum lugar", que têm um "objetivo" em vista. Esse é o sentido de "história" quando as pessoas falam de estar "do lado certo da história": uma versão popularizada de Hegel, Marx ou outros, de que os eventos mundiais estão necessária ou automaticamente ocorrendo de maneira determinada, em uma sequência contínua e fechada, com um

HISTÓRIA *e escatologia*

propósito predeterminado, talvez em um grande retorno a uma era de ouro anterior. A afirmação de saber "em que direção a história estava indo" foi feita explicitamente pelas novas monarquias da Grã-Bretanha no final do século 17 e da nova república nos Estados Unidos no fim do século 18: a História (segundo a mensagem) virou uma esquina e nós somos o futuro, recapitulando as grandes civilizações clássicas da antiguidade.[28] Na verdade, esse tipo de leitura da narrativa de uma nação remete a uma época muito mais remota. Desde que as pessoas começaram a contar sobre a Grã-Bretanha a partir da Magna Carta, o princípio de "ampliar a liberdade" tem sido um tema controlador, apelando tanto aos homens de Cromwell na década de 1640 como aos restauracionistas na década de 1660.

Isso nos reconduz ao choque de narrativas no século 18. A pergunta feita pelos historiadores raramente era apenas "O que houve?", mas, sim, "O que isso quer dizer?". A cultura europeia viveu de diversas narrativas, incluindo versões da história cristã em que (a) Deus está finalmente no controle, (b) a história alcançou seu ponto máximo com Jesus e (c) nós estamos nos esforçando bastante, muitas vezes com dor e dificuldade, para confiar (i) e viver de acordo com a história (ii). No entanto, como o deísmo deu lugar ao epicurismo completo, todos os três elementos tiveram de ser descartados, ou melhor, substituídos por equivalentes "seculares". Desse modo, (a) a história estava se controlando internamente; (b) a história havia acabado de chegar ao clímax no próprio Iluminismo; (c) nós precisamos "chegar ao lado certo da história", desenvolvendo a causa da "liberdade". Esse "significado" complexo, mas poderoso, está por trás do chamado "crescimento da consciência histórica" associado a David Hume, William Robertson e Edward Gibbon.

Isso realmente não foi um deleite no passado por si só. Não se fingia que nenhuma história anterior tivesse sido empreendida. Hume e os demais conheciam Heródoto e Tucídides, mas as visões de mundo

---

[28]Para a primeira: um bom exemplo está no "salão pintado" da Chatsworth House, em Derbyshire. Como o website explica, o primeiro duque de Devonshire, que construiu o salão entre 1689 e 1694, optou por bajular o novo rei, William de Orange, decorando-o com cenas da vida de Júlio César: cf. https: //www.chatsworth.org/media/11113/chatsworth_room-cards_english_web-allcompressed.pdf. Para a segunda: a recuperação de Jefferson da frase "Novus Ordo Seclorum", de Virgílio, presente nas cédulas dos Estados Unidos até hoje. Veja p. 285, n. 70.

A AREIA MOVEDIÇA

tinham de ser mais explícitas. Como em outras esferas, se Deus estava fora de cena, os acontecimentos seguiam seu próprio curso. Observamos a "necessidade": um senso interno de causalidade que assumiu o lugar da providência.[29] Assim, o relato do passado, tanto positiva como negativamente (pense na desmistificação de Gibbon da igreja primitiva), foi visto como parte de um projeto epicurista maior, fundamentado em política, ciência, economia e história. O "movimento histórico" era uma forma de assumir o controle sobre o passado, a fim de fazer o mesmo com o presente e o futuro, assim como Voltaire e outros.[30] Para Hegel, *os acontecimentos em si* eram a "história", a qual chamava as pessoas a se juntar "ao lado correto".

Em breve, chegarei à tentativa da *escrita* com significado. O ponto aqui é que, nesse período, os escritores argumentavam que *os próprios eventos carregavam o significado de "progresso"*. O auge desse momento, que produziu muitos córregos e rios de pensamento e ação política, foi o próprio Hegel. Na teologia, e acredito que também na filosofia, e certamente na cultura popular, esse tema fica visível por todos os lados. Assim, quando as pessoas dizem que "a história nos ensina" isso ou aquilo, não querem dizer que aqueles que escrevem história (narrativas apresentando acontecimentos) tenham inserido uma "moral" em seu relato (embora isso também possa ser verdade), mas, sim, que os próprios eventos transmitem uma mensagem, geralmente sobre o "avanço" impulsionado internamente e pelo qual a cultura prossegue de forma inevitável rumo à realização do sonho libertário do Iluminismo. Em outras palavras, o "significado" é encontrado na essência dos próprios acontecimentos, pois são percebidos como portadores de um propósito e de um objetivo final definido. *Uma bela quantidade de escritos filosóficos e teológicos sobre "história", em oposição aos textos dos próprios historiadores, tem algo como isso em mente.* Se, com o epicurismo moderno padrão, não existe um "deus" no cenário, os eventos — tanto em grande escala como em pequena escala — devem ser completamente aleatórios e sem sentido ou carregar algum significado em si. Como a teologia abomina o vazio, tais "significados" podem facilmente invocar tipos diferentes de

---

[29]Sobre a "providência", cf. recentemente G. Lloyd, *Providence Lost*; M. W. Elliott, *Providence Perceived: Divine Action from a Human Point of View*; e Fergusson, *Providence of God*.
[30]Cf. Moltmann, *God in Creation*, p. 135.

HISTÓRIA *e escatologia*

divindade (Mamon? Marte? Afrodite?), ainda que isso, em geral, seja deixado nas entrelinhas.[31]

É claro que, para mostrar esse senso de significado, os escritores recorrem a um uso adicional: que **"a 'História' é um relato significativo de eventos"**. Pensamos mais uma vez em Hegel e Marx, e naqueles que escreveram história para apresentar suas teorias na prática. Além disso, ponderamos também sobre a escrita hebraica antiga. Os compiladores do Pentateuco, de Josué e Juízes, dos livros de Samuel, Reis e Crônicas, todos escreveram com o sentimento de que os eventos do passado de Israel deveriam ser vistos como parte de um propósito divino maior, ainda que muitas vezes perturbadores, e que foram chamados para expor os acontecimentos de modo que essa ação trouxesse à tona, ou pelo menos sugerisse, esse objetivo. Às vezes, isso era feito de maneira severa, como, por exemplo, quando os livros de Reis atribuem bom e mau comportamento a esse ou àquele rei e apontam quase mecanicamente o que aconteceu como resultado. Mas isso também pode ser feito com um toque leve. O escritor de 2Samuel não afirma que foi o adultério de Davi que causou a rebelião de Absalão, mas nós somos convidados a deduzir que sim. O texto hebraico de Ester, após explicar que os judeus em Susã praticavam um jejum de três dias para orar por libertação, conta resumidamente: "Naquela noite o rei não conseguiu dormir" (Ester 6:1).[32] A ação divina costuma ser deduzida, inclusive por meio de remissão intertextual. Quando os primeiros cristãos escreveram a história de Jesus, sua insinuação clara foi: "Vamos explicar a vocês que esses acontecimentos eram o objetivo da grande história de Israel e, graças ao seu significado que mudou o mundo, nós temos a criação de uma nova narrativa sobre o mundo". Dentro disso, suas referências textuais também diziam: "A pessoa cuja história estamos contando deve ser vista como a encarnação viva do Deus de Israel".[33] As únicas outras pessoas que conhecemos no mundo antigo e fizeram algo assim foram Virgílio, Lívio e seus antecessores, explicando que a longa narrativa de Roma havia sido uma preparação para as glórias de Augusto e sua era de

---

[31]Explorei isso no capítulo final de *Revolution* e em *Spiritual and Religious*.
[32]O tradutor da Septuaginta, incapaz de imitar a boa moderação literária, explicou que "o Senhor tirou o sono do rei".
[33]Cf. R. B. Hays, *Echoes of Scripture in the Gospels*.

A AREIA MOVEDIÇA

ouro. Um relato complexo com um sentido teleológico: era "para onde tudo estava caminhando".[34]

Sem dúvida, existem muitos outros subsignificados que a palavra "história" carregou no uso popular ou acadêmico. Entretanto, esses quatro — como *eventos*, *narração*, *tarefa* e *significado* — oferecem um ponto de partida. Sabemos que, quando as pessoas estão "fazendo história", a maioria desses sentidos pode ser usada ao mesmo tempo. Não estou sugerindo que esses sentidos denotem *atividades* diferentes ou mutuamente exclusivas. O que estou afirmando é *que a maneira como a palavra é aplicada* desliza de um lado para outro entre essas percepções, e claramente outras também. É aí que a confusão surge facilmente, em especial na teologia.

RESULTADOS INICIAIS

Essa análise requer três comentários iniciais. Primeiro, consideraremos a questão da epistemologia histórica, incluindo as propostas de Rudolf Bultmann. Depois, de forma mais breve, a ontologia histórica. Em seguida, finalmente, as questões combinadas de cosmologia e escatologia.

EPISTEMOLOGIA HISTÓRICA

O primeiro uso do termo "história", "história como *evento*", estabelece uma dicotomia clássica no pensamento moderno: a tentação do positivismo pode gerar sua dúvida radical e oposta.[35] Dificilmente, existem questionamentos sobre "o que houve", inclusive nos tempos modernos. A história admite precisão absoluta, principalmente quando acrescentamos, como observamos anteriormente, que a investigação inclui o estudo da motivação humana. Somos capazes de realmente "saber"? Os advogados enfrentam esse problema o tempo inteiro. Um júri mergulhado em Descartes, ou mesmo em Troeltsch, pode ser perseguido por uma dúvida radical, mas, enquanto o historiador pode esperar eternamente, o tribunal precisa de um veredicto. Os júris detectam a culpa, ou a deduzem, e condenam com base no equilíbrio de probabilidades. Na verdade, todos nós lidamos com a mesma coisa. Às vezes, os cientistas

---

[34]Cf. meu *PFG*, cap. 5.
[35]Todo o contexto da obra de Taylor, *Secular Age*, permanece influente.

HISTÓRIA *e escatologia*

fingem ter conhecimento absoluto até que novos dados apareçam, exigindo que as hipóteses sejam revistas.

No campo da investigação histórica da Bíblia e do cristianismo primitivo, existe outro fator a ser considerado. A narrativa que apresentamos nos dois capítulos anteriores influenciou o modo como a palavra "história" e as atividades e os produtos a ela associados são entendidos e praticados. Grande parte da investigação inicial do Novo Testamento foi realizada na Alemanha entre o final do século 18 e o início do século 20, precisamente quando o Iluminismo alemão — que tinha Kant como seu patriarca, Hegel como seu Moisés e uma linha de profetas de Goethe a Feuerbach, entre outros — ansiava por desafiar o cristianismo tradicional e reduzi-lo. O propósito não era exatamente entender "o que realmente aconteceu" de uma forma supostamente "neutra", mas, sim, "descobrir" *o que deveria ter acontecido* se os ideais do Iluminismo e, com eles, o grande novo projeto cultural europeu como um todo fossem válidos. Assim, *a pressão pelo cuidado epistemológico, se não pelo ceticismo absoluto, foi fortemente reforçada pela pressão social, cultural e teológica em relação* às *formas de protestantismo radical.*

Aqui está a ambiguidade da expressão controversa "o método histórico-crítico". Para muitos na Alemanha, incluindo os exegetas da década de 1960, esse método era uma maneira de usar ferramentas "históricas" — crítica de fontes e afins, mas também um ceticismo inato, em alguns casos associado a Ernst Troeltsch (cf. a seguir) —, para produzir os "resultados" de um cristianismo limitado, de fato um protestantismo raso, a fim de se adequar à filosofia e à cultura da época. No entanto, muitos no mundo anglo-saxão, que não estão relacionados a Hegel, Feuerbach e aos demais, continuaram usando a expressão "histórico-crítico" em um sentido muito mais aparentemente "neutro". Desse modo, C. K. Barrett declarou que o grande J. B. Lightfoot usava apenas um método em seus comentários, o método acima citado, significando que "a tarefa primária e inevitável da exegese é determinar o sentido preciso das palavras em questão no contexto em que foram faladas ou escritas pela primeira vez".[36] Com ênfase nessa declaração do método, se

---

[36]C. K. Barrett, "J. B. Lightfoot as Biblical Commentator", p. 302. Barrett (1917—2011) foi professor de Novo Testamento em Durham; Lightfoot (1828—1889) foi um professor de Cambridge antes de se tornar bispo de Durham, em 1879.

A AREIA MOVEDIÇA

você dissesse que *não* o seguia, estaria confessando ser arbitrário e adepto da pseudoexegese caseira, possivelmente determinada por alguma espécie de fundamentalismo, e produzindo desonestidade histórica. Então, quando os falantes do idioma inglês souberam que os alemães, usando o método histórico-crítico, haviam alcançado "resultados" garantidos, ouviram isso dentro de uma suposta filosofia anglo-saxônica inclinada ao positivismo, e não de uma alemã emprestada do idealismo. Isso causou uma reação negativa que levou alguns a rejeitarem não só os planos céticos, como também o método Barrett/Lightfoot. Assim, essa expressão, agora bastante usada com um significado mais amplo, ainda é recebida com um sentido totalmente negativo, o que produz suspeita e confusão. Às vezes, os teólogos cautelosos citam a denotação negativa como uma forma de não precisarem mais se preocupar com a história — como se, ao ouvir uma música desagradável e estridente, alguém jogasse fora o rádio em vez de sintonizar uma estação mais suave. Esse é o contexto em que alguns preferiram invocar a "história" no sentido abrangente, não só de "eventos", mas de "tudo o que acontece", como uma espécie de movimento fortalecedor. Como já sabemos que Deus é o senhor da "história" nessa ótica, não há nada mais a ser dito — e até mesmo tentar dizer algo, tentar realizar pesquisas reais, constituiria uma forma de infidelidade.[37]

Então, como, epistemologicamente falando, a história "funciona"? Certamente não seguindo os três princípios do teólogo, filósofo e político Ernst Troeltsch (1865—1923), que lecionou sucessivamente em Bona, Heidelberg e, finalmente, em Berlim. Ele estabeleceu os critérios de (1) ceticismo ou "crítica" (a suposição cartesiana de que é preciso duvidar de tudo que não possa ser totalmente provado), (2) analogia (só podemos aceitar os acontecimentos que guardam semelhança com nossa própria experiência) e (3) correlação (os eventos devem pertencer a uma sequência contínua e fechada de causa e efeito).[38] Estes obtiveram o retorno desejado, embora cada um, obviamente, se mostre ineficiente. O ceticismo é necessário para descartar o positivismo ingênuo ou

---

[37]Esse é o efeito, por exemplo, de Murray Rae, *History and Hermeneuticss*, p. 2, 17, 55, 147, 154f. Cf. mais a seguir.
[38]Sobre os três princípios, cf., por exemplo, M. Hengel, *Acts and the History of Earliest Christianity*; e R. Deines, *Acts of God in History*, p. 10-13.

HISTÓRIA *e escatologia*

impensado, mas conduz a novas narrativas de busca da verdade. Na vida real, ninguém vive sozinho pelo ceticismo. A analogia falha em levar em consideração tanto as práticas antigas bem fundamentadas, desconhecidas em nosso mundo moderno (exposição de crianças do gênero feminino, por exemplo), como as possibilidades de inovação radical (a primeira viagem para a lua). A correlação e a leitura essencialmente epicurista da história que ela pressupõe servem para afastar o tipo de "deísmo intervencionista" que invoca uma ação divina "exterior" repentina para explicar fenômenos intrigantes. Mas, em primeiro lugar, isso nunca foi um bom modelo. Muitas coisas no mundo acontecem por causa do desejo, da intenção e da decisão do ser humano. O determinista firme pode esperar o dia em que tudo isso será cientificamente registrado e, em tese, até mesmo previsto, mas a "sequência contínua fechada" proposta seria tão *a priori* quanto qualquer compromisso judeu ou cristão possível. Os judeus ou os cristãos podem sugerir aqui que as mentes e os corações daqueles criados à imagem de Deus podem ser um lugar (entre outros, talvez) no qual se espera que a ação divina — não a "intervenção externa" — seja silenciosa, mas às vezes decisiva. "Naquela noite o rei não conseguiu dormir."

RUDOLF BULTMANN: HISTÓRIA E ESCATOLOGIA

Uma grande influência na narrativa dos estudos do Novo Testamento foi Rudolf Bultmann, principalmente na versão publicada de suas Palestras Gifford, intituladas *História e escatologia*. Estudamos os temas gerais de sua obra no capítulo anterior e agora analisaremos especificamente as propostas de Bultmann sobre história.

Bultmann trabalhou com um conceito particular de "história" que, dentro de seus próprios limites, era relativamente incontestável. Assim como von Ranke, ele estava determinado a rejeitar o "historicismo" do tipo que via a narrativa como um todo ininterrupto, um "*continuum* fechado", embora agora com significado social e político, e não meramente científico.[39] Voltando à década de 1950, Bultmann, assim como muitos de seus contemporâneos (como Karl Popper em seu famoso livro *The Poverty of Historicism*), viu que o problema não dizia respeito

---

[39]Cf. *H&E*, p. 141-43. Discutiremos o "historicismo" no devido momento.

A AREIA MOVEDIÇA

apenas a um líder louco, mas a uma ideologia inteira. (Discutiremos tipos de "historicismo" muito em breve.) Ele enxergou com muita clareza que isso produzia apenas uma prisão da qual os humanos jamais conseguiriam se libertar. Argumentou que o futuro de Deus nunca poderia ser o resultado natural do desenvolvimento histórico.[40] Para esclarecer, seguiu o italiano Benedetto Croce, o alemão D. F. Strauss e o inglês R. G. Collingwood ao focar (como von Ranke não fez) não apenas no "exterior" (o evento físico), mas no "interior" (a motivação e a intencionalidade humanas), e usá-lo como uma forma de evitar a conclusão determinista.[41] A "história", como uma potência monolítica, talvez pareça estremecer de forma inevitável, mas os seres humanos têm a chance e até mesmo a responsabilidade de tomar decisões por si mesmos, despertando o que Bultmann chama de "momento escatológico", de modo a escrever sobre o passado e trazer à tona o que ele chamou de significado *geschichtlich*, em oposição ao seu caráter de evento meramente *historische*, uma distinção que pode ser cuidadosamente traduzida como seu significado "histórico", e não meramente "passado".[42]

Juntando tudo isso, a própria identidade de alguém se torna o indício para pensar em outras. Portanto, o verdadeiro conhecimento histórico é uma forma de autoconhecimento.[43] Basicamente, a "fé" é a "decisão" de se abrir ao futuro de Deus, então é precisamente oposta à "história" em qualquer sentido que limite essa liberdade.[44] Assim, os crentes recebem sua própria realidade, alegrando-se, pois, afinal de contas, ela não é determinada pela "narrativa". Essas intenções, que pareciam boas para Bultmann — sua insistência no afastamento interno das restrições externas, ao lado de sua inclinação ao existencialismo heideggeriano e de sua suposta derivação da teologia cristã primitiva de fontes não judaicas —, prepararam o caminho para algo perturbadoramente semelhante ao gnosticismo. De forma irônica, isso provou estar entre suas propostas menos historicamente sustentáveis.

---

[40]Cf. Bultmann, *H&E*, p. 40, 51, 73, 141-43.
[41]Bultmann, H&E, 125f. Sobre Croce, cf., por exemplo, Stern, *Varieties of History*, p. 323-25. Para Strauss, cf. acima. Para Collingwood, cf. especialmente *The Idea of History*. Seria esse, eu me pergunto, o único momento em seu trabalho que Bultmann apoia um escritor britânico?
[42]Cf., p. 90, sobre o uso diferenciado desses termos por Bultmann.
[43]Bultmann, *H&E*, p. 131, 144. Portanto, resulta em autobiografia (146f., 149).
[44]Cf. *H&E*, p. 150-51.

HISTÓRIA *e escatologia*

O "historicismo" que Bultmann rejeitava começou com uma interpretação particular da história como significado e a aplicou de volta como evento, sem passar por nenhuma de suas fases exigidas como tarefa (nenhuma investigação real foi necessária), e sem tentar produzir, por seleção e organização, uma narrativa na qual a motivação humana desempenharia papel central. Outra ironia: Bultmann parece ter feito algo muito parecido. De modo intrigante para um candidato a historiador, parece que ele não estava interessado na *realia* verdadeira da Palestina do primeiro século. Nunca visitou a Terra Santa e não demonstrou preocupação com os movimentos sociais e políticos que apareceram com tanto destaque no primeiro século. Seu forte idealismo neokantiano não precisava de nada disso. Como os historicistas a que ele se opunha, ele sabia "para onde a narrativa estava caminhando" e não tinha a menor necessidade de fazer prisioneiros, muito menos de convertê-los. Suas inclinações luteranas estavam, havia muito tempo, condicionadas a ver os judeus e sua lei como parte do problema. Não eram úteis em sua imagem do cristianismo primitivo, a não ser como uma película sombria do evangelho atemporal e não histórico.

A rejeição de Bultmann às disciplinas verdadeiramente históricas e sua tentativa de substituir o que chamava de "história" pelo que passou a chamar de "escatologia" carregam analogias profundas com o que outros fizeram mais recentemente com aquilo que chamaram de "apocalíptica".[45] Fomos informados, em um relato recente, que invocar essa palavra significa colocar uma "teologia da história" em primeiro lugar, antes de tudo, para que "o conhecimento que nos foi transmitido na narrativa de Jesus, expresso na confissão de quem ele é, seja um conhecimento do fim da história humana e o começo de um novo tipo de história".[46] Como nos dizem, esse "é um argumento sobre a grande variedade de eventos humanos e sobre seus significados mais profundos".[47] Desse modo, para fortalecer o que acabamos de afirmar, como o historicismo hegeliano que Bultmann corretamente rejeitou, essa visão oscila entre história como "todos os eventos" e como "o maior significado" sem passar por — na verdade, enquanto rejeita como "naturalista" ou "imanentista" — qualquer

---

[45]Cf. cap. 4 e *PRI*, parte II.
[46]S. V. Adams, *The Reality of God and Historical* Method, p. 185.
[47]Ibidem, p. 185.

A AREIA MOVEDIÇA

sentido de tarefa ou de um relato histórico. Ele sabe antecipadamente o que "encontrar". Pode-se simplesmente olhar para baixo de uma suposta grande altura, vendo a história do mundo do começo no horizonte e acreditando que Deus em Cristo é seu verdadeiro "senhor", balançando a cabeça em frustração por causa das pobres almas ignorantes que insistem em estudar evidências e tentar produzir narrativas coerentes sobre o tema, como se, por alguma razão, esse tipo de coisa importasse, denunciando-as como "naturalistas metodológicas". Algumas vezes, essa posição provavelmente "sobrenaturalista" também usa a palavra "apocalíptica", argumentando que esse termo flerta com a liberdade soberana de Deus sem fazer referência a eventos humanos, ou mesmo à *investigação* humana dos acontecimentos. Assim, essa abordagem *sabe antecipadamente o que encontraremos*, então encontra, chamando esse processo, de forma surpreendente, de "historiografia".[48] Esse é o "fim" da história em ambos os sentidos: (1) alega que, em Jesus, a história do mundo antigo chegou ao fim, em sua plenitude; e (2) usa essa posição *a priori* como motivo para se recusar a fazer "história" no sentido de "tarefa" ou "narrativa", com base na ideia de que tal atividade "deve" ser "naturalista", rejeitar a "transcendência" e aceitar a "imanência". (Aliás, essas categorias são quase tão ilusórias quanto "sobrenaturais" e "naturais".) Como já vimos, nesse sentido amplo, "história" não requer nem deseja pesquisa. Não pode ser falsificada. Não é apenas ela que acaba aqui. O discurso acadêmico também esbarra em uma parede de tijolos.

No entanto, assim como outras áreas do conhecimento, a história abomina o vácuo. Bultmann apresentou diversas propostas concretas,

---

[48]Tenho em mente particularmente Rae, *History and Hermeneutics*, por exemplo, p. 74, 154. Cf. sua declaração programática (2): ele pretende oferecer "um relato da narrativa retirado da própria Bíblia, em que a mesma é reconhecida como o espaço e o tempo dados à humanidade para ser verdadeiramente a parceira da aliança de Deus", de modo que "é dentro dessa estrutura da criação e da promessa divina que um relato é dado sobre o que é a história humana". Esse é um tipo de movimento que cerca, usando um significado de "história" (tudo o que já aconteceu ou acontecerá, sob a providência divina geral) para apagar seus outros significados normais (e, no meu ponto de vista, necessários), conforme explorado no presente capítulo. Rae parece deduzir que toda a escrita histórica do tipo normal esteja fatalmente infectada pelo ceticismo de Troeltsch, exigindo algo que ele chama de "uma nova historiografia" ou "uma historiografia diferente" (p. 74, 154), em que os objetivos, ferramentas e métodos de historiadores comuns não são necessários. Assim como Bultmann, podemos nos contentar com um *Dass*, mas dessa vez com um máximo (tudo o que acontecer), e não com o minimalismo de Bultmann.

HISTÓRIA *e escatologia*

tentando, entre outras coisas, entender sua crença inquestionável de que a ressurreição de Jesus não foi um evento envolvendo uma tumba vazia ou uma pessoa viva real que já estivera morta e que, como ele e seus seguidores, esperava o fim do mundo em pouco tempo e que, obviamente, ficara decepcionada. Sua proposta mais conhecida, que já mencionamos, foi a de que deve ter havido algum tipo de "gnose" pré-cristã — não necessariamente um gnosticismo profundo, como descobriremos mais adiante — que formou a matriz da fé primitiva, segundo o entendimento de Bultmann. A segunda, e relacionada a essa, é que ele viu os quatro Evangelhos como testemunhas principais da autoexpressão da fé da igreja, e não com a intenção de relatar eventos reais. (Isso se tornou um exemplo clássico de equívoco entre canais: Bultmann pensou que estava enfatizando a fé, mas os positivistas anglófonos pragmáticos interpretaram que ele argumentava com dúvida.) A terceira, ele considerava um triste declínio de segunda geração as obras que, afinal de contas, pareciam defender que a história importava: aqui, ele incluiu até mesmo a lista de Paulo das testemunhas oculares do Jesus ressuscitado em 1Coríntios 15:3-8, mas seus alvos óbvios eram o trabalho em dois volumes de Lucas e a suposta eclesiologia de Efésios e Colossenses. Rejeitar esses dois continuou a ser a posição moderna em muitos estudos do Novo Testamento. As outras propostas de Bultmann foram deixadas de lado, pela razão bastante óbvia de que exigiam evidências básicas e não aderiram à crescente ênfase no cenário judeu.

Então, para Bultmann, com o evangelho de Jesus crucificado, a "história" foi encerrada. Ao ver o horror do Terceiro Reich, ele decidiu viver e pregar na prática o conceito do "como se não fosse".[49] O crente é retirado do mundo, enquanto, em outro sentido, ainda vive nesse mundo.[50] No ápice de seu livro, Bultmann leva quase uma página inteira para citar com entusiasmo a frase de Erich Frank, que insiste que os acontecimentos relacionados a Jesus consistiam em "um evento... no reino da eternidade, um momento escatológico no qual... essa história profana do mundo chegou ao fim". Portanto, o crente "já está acima do

---

[49]Bultmann, *H&E*, p. 153; cf. p. 62. A percepção de Bultmann sobre isso, incluindo sua ideia de que Cristo é "o fim da história" como é "o fim da Lei", é então uma desmistificação do que ele considerou ser a visão dos primeiros cristãos, de que o universo do espaço-tempo logo deixaria de existir. Cf. as discussões nos cap. 2 e 4 do presente livro.
[50]Isso corresponde a *mutatis mutandis*, ao luterano *iustus et peccator*.

A AREIA MOVEDIÇA

tempo e da narrativa", pois "um evento eterno" aconteceu "na alma de qualquer cristão".[51] É aqui que a recuperação e a desmistificação simultâneas de Bultmann da hipótese padrão do fim do mundo atingem seu próprio objetivo. Com o evangelho, o relato chegou ao fim. Embora o autor não tenha demonstrado nenhum instinto por algo chamado "apocalíptica", nem qualquer inclinação para resgatá-la, sua conclusão foi rapidamente percebida por aqueles que querem dizer que, sendo o evangelho um evento "apocalíptico", isso significa que a "história" normal não pode, por assim dizer, tocá-lo.[52] Se a "narrativa" chegou a um fim, algo bastante novo e descontínuo deve tomar seu lugar. Isso produz simplesmente uma nova versão de Lessing: fazer história comum não pode contribuir para as verdades da teologia.[53] Toda essa discussão destaca meu ponto implícito no presente capítulo. O termo estudado aqui tornou-se muito escorregadio por conta própria. E, nas mãos de Bultmann e de escritores recentes como Rae e Adams, essa é tanto uma tarefa como uma narrativa necessária.

Assim, embora boa parte do relato da história de Bultmann se sobreponha ao meu (sua rejeição ao historicismo determinista e sua ênfase no "interior" dos eventos), aqui, de forma específica, nos opomos radicalmente. Ele estava, de modo compreensível, filosófico e político, lutando bastante contra o "historicismo", que reunia o significado mais amplo de história "como evento" (tudo o que acontece) com uma compreensão *a priori* da história "como significado". Para ele, o "sentido" em questão era o conceito hegeliano de "progresso", imposto ao mundo sem a possibilidade de que novos dados pudessem ou fossem desafiá-lo, mesmo que, na década de 1930, as informações reais funcionassem exatamente assim. Ele encontrou seu caminho para sair desse dilema escolhendo a "escatologia", um tema essencial para Jesus e seus primeiros seguidores, e simultaneamente, entendendo-o de maneira equivocada (supondo que se referisse ao fim do universo espaço-tempo) e desmistificando-o (ao transformá-lo em uma forma de existencialismo platônico, ou até mesmo de autodescoberta gnóstica). Ele viu, com razão, que a pesquisa

---

[51] *H&E*, p. 153.
[52] Por exemplo, Adams, *Reality of God and Historical Method*, p. 232 e em outros lugares.
[53] Adams, *Reality of God and Historical Method*, p. 166. Isso resulta, por exemplo, em uma "ressurreição" que parece não estar relacionada com o corpo de Jesus, portanto com uma tumba vazia.

HISTÓRIA *e escatologia*

real exigia uma visão receptiva do mundo do "outro". Mas as próprias tentativas de Bultmann na história verdadeira — sua compreensão do mundo judaico antigo, por exemplo, ou de possíveis fontes de expressões cristãs primitivas nas religiões ou filosofias helenísticas — fazem parecer que o olhar acolhedor estava realmente no espelho.[54] Há verdade na máxima que diz que o conhecimento histórico é uma forma de autoconhecimento. No entanto, considerado por si só, a impressão é que só resta o autoconhecimento. Nem precisamos nos esforçar para pensar como as pessoas que pensam diferente de nós.

Então, o que podemos dizer sobre Bultmann e história? Ele tem muito pouco a contribuir com um método genuíno. Para ele, a "história" está sempre correndo o risco de se tornar algo sobre a salvação judaica incompreendida ou o que não é tão diferente para ele — um historicismo determinista hegeliano, que ele sabe ser politicamente desastroso. Ele vê que a história tem um "interior" e um "exterior", possibilitando uma decisão individual, uma motivação e assim por diante, e isso atrapalha o determinismo aparentemente inabalável na superfície. Porém, não mostra como essa bilateralidade pode aplicar-se à narrativa real do primeiro século (explorando o "interior", as motivações humanas de Jesus, de Paulo e dos demais). Seu propósito sempre foi falar sobre a autocompreensão atual do crente. Quando diz que a pesquisa histórica precisa de um diálogo sujeito/objeto, tende a eliminá-lo sempre em relação ao sujeito.[55]

História, na verdade, sempre parece ameaçadora para Bultmann, apesar de sua suposta posição de "crítico histórico". Não acredito que isso se deva unicamente à sua rejeição ao historicismo político da década de 1930. Isso estava mais registrado em seu DNA teológico e cultural, muito tempo antes. Seus primeiros mestres, incluindo J. Weiss e A. von Harnack, mantinham a tradição segundo a qual a "fé" era, quase por definição, um "evento presente", em vez de estar ligada aos "acontecimentos objetivos no passado". (Isso pode levar a relembrar a ênfase de Melanchthon no *pro me* essencial do evangelho, ainda que esse seja outro relato.) Sua referência aos primeiros cristãos dentro de uma "história das religiões", especialmente quando sua moldura judaica nativa

---

[54]Cf. a abordagem completa no cap. 2.
[55]*H&E*, p. 110, 111, 131.

A AREIA MOVEDIÇA

foi excluída, o impulsionou dessa maneira também. Sua própria reconstrução narrativa do primeiro século foi totalmente determinada pelo desejo de tirar Paulo e João em particular do fluxo e das esperanças da vida judaica na época, o que significa relegar para uma segunda geração (degenerada) qualquer coisa que possa parecer muito judaica, que tenha a ver com a lei, com Apocalíptica, e assim por diante.[56] Ele comemorou a desmistificação da *"parousia* iminente" em termos da "história chegando ao fim", mas o que isso realmente significava para ele era que *não somos determinados pela história* no sentido de sermos aprisionados pelas forças cegas do processo narrativo. Precisamos tomar a decisão existencial que resulta em liberdade. Na conclusão das palestras, ele afirma que esse momento está sempre ali como a verdadeira possibilidade e "vocês devem despertá-lo".[57] Essa ideia guarda analogia com o tema que Walter Benjamin resgatou de Gershom Scholem: a todo instante, há a possibilidade de que o Messias chegue.[58] Aqui, quer tenha percebido ou não, talvez Bultmann estivesse mais perto da percepção judaica genuína.

É preciso ficar claro que considero os métodos e as conclusões desse autor historicamente infundados e teologicamente inúteis. A forma como ele usa a palavra "escatologia" (cf. o capítulo 4, a seguir) com um significado existencialista tenta dizer algo muito importante — para ele e para suas congregações, em um momento tão difícil —, mas ele usa uma linguagem bastante enganosa, com todos os tipos de conotações injustificadas. Como resultado, falta, em suas construções textuais — a todo momento —, a dimensão genuína do Novo Testamento, que, por todas as razões possíveis, ele já havia descartado: a nova criação. Esse é o tema que analisaremos mais adiante neste livro.

Realismo crítico e a tarefa histórica

Portanto, se o próprio ceticismo de Troeltsch e o existencialismo de Bultmann forem submetidos a críticas nocivas, como a *tarefa* da história deve ser realizada? Quando as pessoas tentam pesquisar e produzir *relatos* escritos que genuinamente abordam eventos passados concretos,

---

[56]Seu livro *Primitive Christianity in Its Contemporary Setting* é um exemplo fascinante de colocar o telescópio à vista.
[57]*H&E*, p. 155, a última frase do livro.
[58]Benjamin, *Illuminations*, p. 264. Cf. minha discussão em *PFG*, p. 1473-1475.

HISTÓRIA *e escatologia*

que espaço existe para qualquer senso de *significado* na narrativa e como podemos ter certeza de que isso resulte do estudo e que não seja simplesmente sobreposto a ele?

Em outro momento, seguindo Ben Meyer e Bernard Lonergan, propus uma forma de *realismo crítico*.[59] Essa expressão controversa foi contestada. Eu a adoto no senso comum de modo heurístico. Dito de forma mais direta: existem notícias falsas, mas isso não significa que nada tenha acontecido. Um problema logo surge: quando analisamos o paradigma crítico-realista para fazer história, percebemos imediatamente que a *imaginação compreensiva* do historiador desempenha papel vital. Isso não conduz ao comentário de que essa ideia deixa a porta aberta para que o historiador simplesmente invente tudo?

Na verdade, não. O historiador crítico-realista trabalha com controle rígido. Os indícios acumulados e detalhados são básicos e precisam permanecer sempre assim: evidências tanto do assunto central como do mundo em geral e das cosmovisões mais amplas, em que os eventos principais ocorreram e foram percebidos e registrados. Há também o "controle" do sentido abrangente da narrativa que é finalmente oferecido e sua coerência com áreas de estudo mais amplas. De fato, devido ao envolvimento pessoal do historiador na reconstrução, a carga potencial do subjetivismo não é tão diferente do problema do observador em experimentos científicos. Como os físicos há muito reconhecem, o "efeito observador" entra em jogo: não há como aferir um sistema sem afetar aquilo que está sendo aferido.[60] Na verdade, esse envolvimento pessoal, longe de questionar o trabalho histórico (como se não fosse "objetivo" o suficiente), constitui elemento-chave na tarefa da historiografia criticamente realista.

Então, como os historiadores lidam com isso? A missão passa por três fases *normais*. Em primeiro lugar, investiga-se o material de origem

---

[59]Wright, *NTPG*, parte II, com base especialmente em Meyer, *Aims of Jesus*. Cf. também, por exemplo, Meyer, *Critical Realism and the New Testament*. Para uma crítica recente do meu trabalho nessa área, cf. S. E. Porter e A.W. Pitts, "Critical Realism in Context: N. T. Wright's Historical Method and Analytic Epistemology", p. 276-306. J. Bernier responde na próxima edição (14 [2016], p. 186-93) e Porter e Pitts respondem novamente (p. 241-47). Este não é o lugar adequado para prosseguir com a discussão.

[60]Isso está relacionado, embora não seja idêntico, ao "princípio da incerteza" de Heisenberg, que observou que, quanto mais precisamente a posição de uma partícula pudesse ser determinada, menos certa ela poderia estar quanto à sua dinâmica e vice-versa. Cf. W. Heisenberg, "Über den anschaulichen Inhalt der quantentheoretischen Kinematik und Mechanik", p. 172-98.

A AREIA MOVEDIÇA

(esse é o significado original de *história* usado por Heródoto). Segundo, formam-se hipóteses sobre como as evidências podem "fazer sentido", e essas hipóteses são testadas contra os dados e quaisquer teorias opostas que possam ter sido desenvolvidas. Terceiro, trabalha-se com uma *narrativa* segundo a qual os leitores conhecerão e entenderão os *eventos*.[61] Isso costuma envolver certos gestos que dizem respeito ao "significado", embora existam formas divergentes.

Vamos expandir um pouco essa ideia. As diversas atividades envolvidas nessas três missões são interligadas e mutuamente informativas. A princípio, podem ser distinguidas, embora, em relação ao trabalho, estejam todas simultaneamente em jogo. Em outras palavras, não são sequenciais, como se fosse necessário completar cada uma antes de prosseguir para a próxima.

Em primeiro lugar, *a tarefa histórica está sempre enraizada na atenção especial reservada aos dados*. Isso pode parecer óbvio, mas alguns considerarão um tanto entediante e se sentirão tentados a pular essa etapa. Trevelyan descreve isso como "o trabalho diário que todo historiador realiza bem e de forma verdadeira se quiser ser um membro sério de sua profissão".[62] No estudo das origens cristãs, é impossível escapar da imersão total no mundo do primeiro século: judeu, grego, romano e cristão primitivo. Todo texto, toda moeda e toda inscrição contam.

Em segundo lugar, sem dúvida, começando enquanto a primeira tarefa está em andamento, *a história acontece por meio de hipóteses e verificações*, assim como a ciência. A hipótese em si é formada na mente imaginativa da pessoa que está imersa nos dados, na matéria-prima: há um padrão, um tema comum, um modo de entender os dados divergentes ou intrigantes? Existem conexões, ligações vitais, causas e consequências ocultas? A hipótese é rigorosamente testada em relação aos dados, exatamente com as mesmas três perguntas que o cientista faz: ela coleta as informações? Ela faz isso com a simplicidade apropriada? Ilumina outras áreas além do objeto de estudo original? É claro que essas questões são tão flexíveis para o historiador quanto, em muitos casos, para o cientista:

---

[61]Cf. G. M. Trevelyan, "Clio Rediscovered", p. 239, chamando as três fases de "científica, imaginativa ou especulativa e literária". Compare os três passos apresentados por Martin Hengel (*Acts and the History of Early Christianity*, p. 131: conhecer, entender e se reunir; cf. Deines, *Acts of God in History*, 25f.).

[62]Trevelyan, "Clio Rediscovered", p. 239.

HISTÓRIA *e escatologia*

o que conta como "coleta de dados"? Que espécie de simplicidade é "apropriada" e como podemos reconhecê-la? O que se considera "iluminar" outras áreas? Todas essas perguntas convidam a uma reflexão mais intensa. O que importa é a interação dos *dados cuidadosamente estudados* com a *imaginação humana interpretativa*. Seu "cenário geral" em desenvolvimento e a análise estão em diálogo contínuo.

Existem duas diferenças principais entre o estudo das chamadas "ciências naturais" e o estudo da história. Primeiro, a ciência estuda o repetível: o que pode ser reproduzido em condições de laboratório (as exceções incluem astronomia e geologia). A história estuda o irrepetível: o que já aconteceu e sempre será único, colocando em questão o princípio da analogia de Troeltsch.[63] O elemento "replicável" na história está em outro lugar: o "experimento" que se repete no estudo histórico-científico é que, a princípio, todos os historiadores estudam a mesma evidência.

A segunda diferença nos leva ao centro da tarefa histórica. História, diferentemente de química, por exemplo, inclui principalmente *o estudo das motivações humanas*. Queremos saber "o que houve", é claro. Mas, se nos for possível, também desejamos saber *por que o evento ocorreu*, não só em termos de causalidade física ("o arquiduque morreu porque levou um tiro"), mas especialmente no que diz respeito à intenção humana ("o arquiduque morreu porque Gavrilo Princip era um revolucionário altamente motivado"). Às vezes, essa intenção aparece na superfície dos dados, como, por exemplo, quando Júlio César escreve sobre o que tentava fazer em suas campanhas militares (ainda que o historiador sempre deseje sondar também os motivos ocultos por trás do que está escrito). Geralmente, é um questionamento constante em muitos níveis diferentes, que surgem gradualmente como parte da formação de hipóteses, quando as evidências estão sendo estudadas.

À medida que este estudo vai prosseguindo, nós vemos que um elemento central, como já dissemos, é a tarefa de entrar na mentes da pessoas que pensam diferente de nós. A "imaginação compreensiva", necessária à formação de hipóteses, nunca deve significar que idealizamos pessoas de outras culturas e idades como se fossem iguais a nós. Isso já era fundamental no protesto anticartesiano de Giambattista Vico, no

---

[63]Cf. *RSG*, p. 16-18.

A AREIA MOVEDIÇA

século 17. Ao resumir a insistência de Vico no estudo da motivação humana, Isaiah Berlin declara:

> Em poucas palavras, julgamos a atividade humana com base em propósitos, motivos, atos de vontade, decisões, dúvidas, hesitações, pensamentos, esperanças, medos, desejos e assim por diante. Essas são algumas das formas pelas quais distinguimos os seres humanos do restante da natureza.[64]

Isso faz parte do que chamo livremente de "epistemologia do amor": não somos moscas na parede, "observadores neutros", mas também não estamos reduzindo as evidências aos nossos próprios modos de pensar. Assim, no resumo de Berlin acerca do filósofo alemão J. G. Herder (1744—1803),

> Foi Herder quem deu atenção à ideia de que, uma vez que cada uma dessas civilizações tem sua própria perspectiva, modo de pensar, sentir e agir, e cria seus próprios ideais coletivos em virtude de sua condição de civilização, pode ser verdadeiramente entendida e julgada apenas nos termos de sua própria escala de valores, de suas próprias regras de pensamento e ação, e não daquelas de alguma outra cultura, menos ainda com base em alguma escala universal, impessoal e absoluta.[65]

Assim, nas palavras de J. G. Hamann, mentor de Herder,

> Cada um tem seu próprio vocabulário, [que só pode ser entendido com a paixão de] um amigo, um familiar, um amante.[66]

Um amante! Sim, de fato: alguém que entra compreensivamente na vida do amado, honrando e celebrando as diferenças vitais entre ambos.

---

[64]Berlin, *Three Critics of the Enlightenment*, p. 52. O capítulo inteiro é relevante para a presente discussão.
[65]Ibidem, p. 19.
[66]J. G. Hamann, *Sämtliche Werke*, citado em Berlin, *Three Critics of the Enlightenment*, p. 19.

HISTÓRIA *e escatologia*

Esse é o paradoxo da epistemologia do amor, e nós o percebemos com clareza na obra do historiador, assim como em qualquer outro lugar. E, como vimos no capítulo 1, é justamente o amor que foi descartado pela tradição epistemológica, que remete a Descartes, que se tornou dominante em muitos segmentos do pensamento pós-iluminista, de que Vico, Hamann e Herder foram os primeiros e grandes críticos.

Podemos não conseguir. Isso faz parte do trabalho "científico" constante. A evidência precisa ter todas as oportunidades para responder a nuances alternativas e sugeri-las. A questão do que conta como imaginação compreensiva apropriada (como ela surge e como a impedimos de colidir com um idealismo que simplesmente sobrepõe sua própria narrativa à evidência) continua a ser importante. Os exemplos de pessoas errando são inúmeros.[67] Entretanto, para a tarefa da história, é possível e necessário discernir, descrever e habitar fantasiosamente outras mentes e visões de mundo para compreender como as pessoas que enxergavam o mundo dessa forma planejavam, tomavam decisões, reagiam a eventos e assim por diante. Isso é fundamental para o que os historiadores fazem.[68]

Para satisfazer os objetivos e as motivações de pessoas diferentes de nós mesmos, eu e outros desenvolvemos modelos de cosmovisões, os "imaginários sociais" e afins.[69] Como em outras ferramentas de pensamento, uso a "visão de mundo" de forma heurística, sem desejar importar qualquer abstração grandiosa, mas pretendendo ser claro quanto à reconstrução de propósitos e intenções diferentes dos nossos. O modelo de cosmovisão que desenvolvi, composto por histórias, símbolos, práticas e questões-chave, permite-nos ter certeza de que não nos satisfazemos com generalizações e, principalmente, que não estamos simplesmente projetando nossas próprias suposições em pessoas muito diferentes de nós mesmos, para garantir que realmente estamos experimentando, a

---

[67]Um exemplo óbvio: E. P. Sanders, perguntando sobre a motivação de Jesus em enfrentar a cruz, sugere que, se ele realmente esperasse e pretendesse morrer, isso o tornaria "estranho" (*Jesus and Judaism*], p. 333: "a ideia de que ele planejou sua própria morte redentora o torna estranho em qualquer século").

[68]Um dos meus exemplos favoritos é de *The War that Ended Peace* [no Brasil, publicado como *A guerra que acabou com a paz*], de MacMillan, cap. 9, intitulado "O que eles estavam pensando? Esperanças, medos, ideias e suposições não ditas". O fato de muitas dessas esperanças, desses medos e dessas suposições não ditas parecerem completamente estranhos para a maioria dos europeus apenas um século depois mostra a importância da tarefa.

[69]Isso foi explicado detalhadamente no *NTPG*, parte II, e novamente de diferentes ângulos no *PFG*, p. 23-36, 63-66 e em outros lugares.

A AREIA MOVEDIÇA

cada passo, hipóteses sobre as outras mentes que estamos investigando, que podem ser testadas contra dados históricos. Essa não é, como se sugeriu recentemente, uma forma de reduzir os eventos a um padrão pré-formatado ou importar um pressuposto "naturalista" que nos impediria de falar de Deus.[70] A divisão natural/sobrenatural era, de qualquer modo, o caminho equivocado para se abordarem essas questões, como já argumentei.[71] Usar uma ferramenta como a "visão de mundo" da maneira como eu e outros fizemos envolve simplesmente o devido cuidado do historiador, que respeita a multifacetação das circunstâncias e mentalidades envolvidas.

Podemos ver o efeito disso em alguns exemplos óbvios. As pessoas pensavam que Jesus se envolvia em confusões por aparente transgressão do Sábado e por sua demonstração no Templo, porque os judeus eram legalistas ou ritualistas, enquanto ele acreditava na graça livre. Isso é simplesmente um erro. O Sábado e o Templo eram *símbolos* fundamentais com significados conhecidos que funcionavam dentro de *narrativas* fortes (embora geralmente implícitas), dando origem a uma *prática* específica e oferecendo respostas vagas às *perguntas* essenciais da cosmovisão (quem somos nós, onde estamos, o que está errado, qual é a solução e que momento é este?). O anúncio radical do reino de Jesus ressoou em seu mundo de forma opaca por muitas gerações (ainda que um estudo cuidadoso de fontes judaicas conhecidas possa ter revelado coisas tempos atrás, não fosse o fato de muitos teólogos estarem condicionados a considerar automaticamente perigoso o pensamento judaico).[72] O modelo de visão de mundo é uma maneira de disciplinar a imaginação compreensiva, alertando-nos para o perigo de meramente projetar nossas próprias ideias (até mesmo nossas próprias ideias de novidade radical) de

---

[70]Contra Adams, *Reality of God and Historical Method* 211f., p. 250-258 e outros. Cf. Berlin, *Three Critics*, 111f. sobre Vico, destacando a necessidade de levar em conta a grande complexidade social: "a cada estágio da mudança social, há seus próprios tipos de lei, governo, religião, arte, mito, linguagem, costumes correspondentes... que juntos formam um padrão único, em que cada elemento condiciona e reflete os outros, e esse padrão é a vida de uma sociedade".

[71]Cf. Adams, *Reality of God and Historical Method*, p. 251. Ele confunde "cosmovisão", uma ferramenta heurística que serve para garantir que entendemos objetivos e motivações, com uma categoria teológica (p. 251, 256), e imagina equivocadamente que usá-la significa que o método histórico de alguém "continua vinculado" à "imanência" (p. 255). Esse é um resultado em longo prazo dos erros que destaquei no primeiro capítulo.

[72]Sobre o Sábado, no contexto das visões de mundo judaicas, cf. cap. 5.

HISTÓRIA *e escatologia*

volta a um contexto fictício.[73] Assim, analisar a mente das pessoas que pensam de uma forma diferente de nós é um aspecto da *epistemologia do amor*, segundo o qual, em vez de tentarmos arrastar as pessoas para nosso mundo, apreciamos o fato de elas viverem no delas.

Essa tarefa é vital, mas intensa. A insistência de Vico em estudar outras mentes é diferente do reducionismo antropocêntrico de Voltaire, embora Pannenberg possa escrever como se fizesse a mesma coisa.[74] Para qualquer historiador do início do movimento cristão (sejam quais forem suas crenças pessoais), é fundamental levar totalmente em conta a questão do que os primeiros seguidores de Jesus pensavam que estavam fazendo e o respectivo motivo, além, é claro, de questionar de forma semelhante a vocação humana e os objetivos do próprio Jesus. Investigar a motivação humana continua a ser essencial na tarefa histórica. E não tem ligação alguma com o "naturalismo" ou o "reducionismo".

Portanto, a segunda fase do trabalho histórico diz respeito à formação e ao teste de hipóteses dentro das quais é provável que o estudo cuidadoso da motivação e da mentalidade humanas seja central. Isso nos leva ao tema de como as hipóteses são criadas e experimentadas, e de como a "verificação" — se houver — pode acontecer.

Com frequência, o processo de hipótese e verificação é mal compreendido. Existe um termo técnico para isso: "abdução", como explicado pelo filósofo C. S. Peirce.[75] Em alguns momentos, os estudiosos falam como se a história simplesmente se limitasse a acumular dados, sem envolver hipóteses. Qualquer tentativa de uma narrativa maior, que mostre como tudo se encaixa, é descartada. Ouvimos de um crítico: "Ah, você tinha

---

[73]Cf. Berlin, *Three Critics of Enlightenment*, sobre a forma como Vico já via a importância das múltiplas diferenças sociais, muito antes de o tema ser abordado por Hegel e Marx.

[74]Pannenberg, *Basic Questions in Theology*, 1.39f.; cf. p. 33, abordando uma "deterioração" em que "desde o iluminismo, desde Vico e Voltaire, o homem é exaltado para o lugar de Deus como aquele que contém história". Tal ideia ignora o fato de que Vico foi um dos principais críticos do início desse movimento.

[75]Esta palavra e esta linhagem também são muitas vezes desconhecidas, ainda que o processo seja familiar: assim como o Senhor Jourdain de Molière, surpreso por ele ter falado em prosa a vida toda, as pessoas mudam sem perceber. O método de Pierce é claramente resumido em A. J. P. Kenny, *A New History of Western Philosophy*. Publicado em português como *Uma nova história da filosofia ocidental*. Cf. também particularmente C. Ginzburg, *Clues, Myths and the Historical Method* — publicado em português como *Mitos, emblemas, sinais*; e U. Eco, "Horns, Hooves, Insteps: Some Hypotheses on Three Types of Abduction", p. 198-220.

A AREIA MOVEDIÇA

essa narrativa na cabeça o tempo todo e a estava impondo aos dados". Em outras palavras, fazendo "dedução" em vez de "indução". A forma como algumas pessoas *trazem* relatos em suas cabeças antecipadamente e os impõem é algo que precisamos distinguir.[76]

Pense nas alternativas. Começando de baixo, a "indução" nunca é suficiente. Nenhum cientista se limita a coletar amostras aleatórias. Você precisa peneirar e classificar, selecionar e organizar, o que exige certos princípios ou questões básicas. Isso, por sua vez, resulta de saltos imaginativos informados e disciplinados para hipóteses, que, então, são testadas incessantemente contra as evidências.[77] Isso é abdução.

Da mesma forma, começando de cima, a "dedução" nunca é suficiente. À luz das evidências, as grandes teorias precisam testar e modificar ou abandonar completamente. Sem isso, podem estar certas, mas também podem ser fantasia. Você só conquista conhecimento real por meio da abdução.

Então, para resumir até aqui: a tarefa histórica avança pela coleta de evidências, concentrando-se na construção e no teste rigoroso de hipóteses, especialmente sobre as motivações e os objetivos humanos que fazem sentido dentro de sua própria cultura e de sua visão de mundo complexas, sempre trabalhando de forma abdutiva na direção da narrativa mais ampla, aquela que melhor explica as evidências. Então, em terceiro e último lugar, finalmente, *a história trabalha a favor de uma apresentação narrativa dos resultados*. O relato do historiador é mais que uma crônica. A história propõe e tenta mostrar causas, conexões e consequências. Mais uma vez, essa será uma hipótese, e a busca pela verificação incluirá a confirmação de outros dados que estudaram todos os indícios. Isso envolve novamente *seleção e organização*. Seleção: como já vimos, você só pode dizer tudo quando não existe quase nada a dizer. Organização: você não pode simplesmente listar "o que houve", mas, sim, mostrar as ligações das narrativas, enfatizando os eventos e expondo as motivações.

---

[76]Cf. novamente, *Paul Debate*, p. 100-107.

[77]Pierce fala de "suposições", assim como Trevelyan, "Clio Rediscovered", p. 239. Trevelyan claramente não sugere que essas suposições sejam aleatórias. E devemos lembrar que, quando um americano diz "suponho que esteja certo", isso significa o que se pode dizer em inglês britânico com "penso que está certo". Na Grã-Bretanha, a palavra "suponho" pode ser um tiro no escuro. Nos Estados Unidos, "penso" pode indicar incerteza.

HISTÓRIA *e escatologia*

Quando essas três tarefas funcionam bem e de forma harmônica, a consequência é que *a história produz conhecimento real*. Não resulta simplesmente em "opinião" ou "crença" (como um platônico nervoso poderia pensar). É um entendimento mental real e, possivelmente, emocional de algo que não seja nós mesmos. Assim como nas ciências naturais, isso é sempre provisório, mas não significa que não seja conhecimento. Como o filósofo Karl Popper insistia, até mesmo as hipóteses científicas bem testadas, embora consideradas "leis", são apenas ideias que ainda não foram comprovadas. Somente a matemática escapa do caráter provisório, pelo menos quando é vista de fora da área de estudo. O historiador, como o cientista, usa adivinhações qualificadas e disciplinadas para criar especulações. Mas as hipóteses não permanecem como suposições: são postas à prova. Portanto, existe uma série contínua — em vez de um grande abismo — entre "ciência" e "história". Temos conhecimento real sobre a queda de Jerusalém em 70 d.C., bem como sabemos sobre a queda das Torres Gêmeas em 2001. A princípio, podemos entrar na mente dos romanos que cercaram Jerusalém e também dos terroristas que atacaram Nova York. Igualmente, temos consciência do que a expressão "reino de Deus" quer dizer no primeiro século e do fato de que Jesus de Nazaré redefiniu esse significado no contexto de si mesmo e de sua futura morte.

Novamente, assim como na ciência, existe uma série de resultados possíveis — da certeza virtual à indeterminação contínua. Sabemos que os romanos destruíram Jerusalém em 70 d.C. com a mesma certeza que temos de que a "água" consiste em "hidrogênio mais oxigênio". Desconhecemos o que Paulo fez na década silenciosa que passou em Tarso antes de Barnabé procurá-lo para ajudar na igreja de Antioquia, ainda que possamos supor todo tipo de coisa com base no que ouvimos seguramente sobre a pessoa que ele foi nos vinte anos seguintes.[78] Contudo — e aqui está a recompensa para nosso projeto atual —, *se a história é um conhecimento real sobre o mundo real, deve ocupar seu lugar perto do coração de qualquer investigação teológica que tente envolvê-la com a questão de Deus*. Então, é essencialmente errado excluí-la, em todos os sentidos que exploramos, do que pode ser conhecido sobre Deus e de como podemos conhecê-lo.

---

[78]Cf., de minha autoria, *Paulo: uma biografia*, cap. 3.

A AREIA MOVEDIÇA

Se isso parecer um salto repentino, podemos preencher o argumento um pouco mais. É claro que o "mundo real" inclui seres humanos em dois níveis. As *decisões* e *ações* do homem são fundamentais para o objeto de estudo. Da mesma forma, como vimos, os *objetivos* e as *motivações* dos agentes investigados formam as articulações e os tendões da própria história. É isso que alguns entendem por "exterior" e "interior" dos eventos. Ambos são vitalmente importantes. Manter as pessoas fora da equação, em qualquer sentido, produziria uma epistemologia incompleta a serviço de uma conclusão específica (talvez essa história possa ser uma série contínua fechada de causas físicas). Há uma subestrutura teológica aqui: se você se livrar dos portadores de imagens, poderá vislumbrar algum tipo de deus, mas não será o judeu ou o cristão.

Tudo isso nos leva a um ponto crucial, especificamente contra Lessing, mas também contra muitos que o seguiram. A tarefa histórica de investigar eventos no mundo natural é, na verdade, um primo próximo das ciências naturais, que estudam objetos e organismos no mesmo mundo. Obedece a regras muito parecidas e tem resultados também muito semelhantes. É por isso que, voltando a dizer, em todos os sentidos, a história realmente pertence ao projeto geral da "teologia natural". Lessing parece agir dentro de uma mistura de influências filosóficas, em que o que ele quis dizer com "história" nunca alcançaria nenhuma "certeza" real e, portanto, não poderia ser usado como base para conclusões acerca da doutrina cristã. Mas, como os defensores da "abdução" insistiram, isso é equivocado em sua invocação de algo chamado "certeza". Existe uma sequência contínua. O aceno de cabeça de Lessing pela incapacidade de a história produzir a "garantia" que ele precisaria ter para chegar a conclusões teológicas pode estar fora de questão. Isso não coloca apenas a "narrativa" em uma estrada longa e irregular, ao lado de outras pesquisas, como também pressupõe o que falta provar: que as verdades teológicas estariam realmente fora de alcance a partir daí. Lessing já havia negado o que os escritores do Novo Testamento afirmavam. Ele elaborou o experimento de uma forma que provavelmente falharia. Não é de admirar que estivesse interessado em publicar Reimarus. Um relato mais sondador de Jesus dentro de seu contexto histórico talvez tivesse denunciado todo o projeto.

Como Rudolf Bultmann viu claramente, o centro dessa questão é o papel dos *homens* nos dois níveis principais, ou seja, tanto no objeto

HISTÓRIA *e escatologia*

como no estudo. Os seres humanos, seus objetivos, suas ambições, motivações, esperanças, seus medos e as ações resultantes, tudo isso é o tema principal da pesquisa histórica. E aqueles que são chamados a ter essa imaginação compreensiva estão inevitavelmente envolvidos no processo. Não são moscas neutras na parede. Isso significa que *a história não é simplesmente uma parte necessária da "natureza" envolvida na "teologia natural": centrada em seus agentes humanos e investigada por pesquisadores humanos, a história traz pistas fundamentais para a busca dessa teologia.* Afinal de contas, é isso que devemos esperar se — independentemente do que isso signifique — os homens, em qualquer sentido, foram criados à imagem divina. Descartar a "história" da busca, talvez por parecer incerta demais para criar uma base para mais estudos teológicos, implica excluir a área mais promissora de todas.

Desse modo, a história avança por *abdução* (hipótese e verificação) e inclui o estudo dos *objetivos e motivações humanas*, mapeados pela análise da *cosmovisão* ou de algo parecido, resultando em uma *narrativa* que apresenta causas e consequências. Isso envolve o exercício da *imaginação* disciplinada, mas compreensiva, assim como na elaboração de hipóteses nas ciências naturais. É dessa forma que se produz *conhecimento real*. Às vezes, quando os estudiosos falam sobre "historiografia científica", referem-se a começar com ceticismo cartesiano ou reducionismo humeano, ou mesmo a terminar com uma projeção "científica" no futuro. Alguns alinham dessa maneira como um meio de insistir que a "historiografia científica" reprove as maiores declarações cristãs. Outros, para "provar" tais afirmações quase racionalmente. Outros novamente, como um caminho para insistir que, se acreditarmos nessas declarações, não deveria haver espaço para esse tipo de trabalho histórico. Mas, quando permitimos a diferença de objeto de estudo, a história é totalmente "científica" em seu método. Assim como a ciência, a pesquisa histórica deve questionar tudo e depois contar histórias novas que abordem o conhecimento verdadeiro por hipótese e verificação. Quando isso acontece, alcançamos o tipo de saber apropriado ao tema. A *tarefa* criticamente realista da história, produzindo uma *narrativa*, pode, de fato, nos colocar em contato com os *acontecimentos*, não de maneira positivista ou baseada na certeza (uma "objetividade" hipoteticamente realçada a partir de um ponto de vista "neutro"), mas, sim,

A AREIA MOVEDIÇA

por meio de um envolvimento adequado (a "epistemologia do amor", permitindo que as fontes sejam elas mesmas), resultando não em meras suposições aleatórias, mas no tipo de "conhecimento" em que pessoas reais realmente apostam suas vidas reais.

Enquanto esse trabalho está em andamento, o historiador é obrigado a lidar com a questão do *significado*. Isso já é exigido pelo desafio da seleção e da organização, bem como pela urgência de entrar na mente das pessoas que pensam diferente de nós. História, assim como todo conhecimento humano, é autoenvolvente. Então, a questão é: como o nosso *eu* está envolvido nisso? Como isso pode evitar o risco (que já vimos em Bultmann) de fazer o passado meramente à imagem de alguém?

Esse risco pode ser ilustrado por dois exemplos bem conhecidos. Primeiro, temos *Declínio e queda do império romano*, de Gibbon. O objetivo estabelecido do autor, alinhado a outros planos de meados do século 18, era desestabilizar a narrativa recebida, confortável e egoísta, sobre a igreja primitiva. Segundo, há o famoso trabalho de Ronald Syme sobre o imperador Augusto, escrito na primeira metade do século 20, com um olhar claro para os paralelos implícitos entre os ditadores do primeiro século e seus sucessores modernos.[79] Em ambos os casos, há um apelo sutil ao público leitor: essa seleção e essa organização dos dados fazem sentido ou não? Qualquer pessoa pode lembrar Gibbon (e seus sucessores!) de todas as coisas boas que a igreja primitiva fez.[80] Qualquer um pode escrever mais sobre Augusto e sugerir que o paralelo estabelecido por Syme com Hitler e Mussolini distorceu o retrato. Na verdade, quem quiser pode estudar as fontes para perguntar *o que o povo, na época, estava fazendo com tudo isso* e se esse senso de "significado" imediato é recuperável por nós nos dias atuais.

Parte da resposta a tudo é novamente a epistemologia do amor. A questão do amor é que não é consideração nem assimilação: nem desapego, nem desejo, objetividade positivista ou projeção subjetiva. Quando eu amo, envolvo-me deliciosamente com aquilo que é diferente de mim.

---

[79]R. Syme, *The Roman Revolution*.
[80]Um sucessor moderno de Gibbon: C. Nixey, *The Darkening Age: The Christian Destruction of the Classical World*. Por outro lado: por exemplo, R. Stark, *The Rise of Christianity*. Obra publicada em português como *O crescimento do cristianismo: um sociólogo reconsidera a História*.

HISTÓRIA *e escatologia*

Parte do prazer consiste justamente em permitir que ele — ou ela — seja o "outro", alguém diferente. Nos últimos duzentos anos, como sugeri no primeiro capítulo, a epistemologia ocidental oscilou entre os polos objetivo e subjetivo, entre o racionalismo e o romantismo, entre a lógica e a luxúria. O sonho do cientificismo é uma certeza objetiva pela qual se pode governar o mundo. A ciência genuína explora e observa com admiração e humildade. Reconhecendo que todo conhecimento humano é autoenvolvente, o historiador aprende a disciplinar o eu envolvido, de maneira que a mente se abra a diferentes formas de pensar, a motivações até aqui insuspeitas e ao controle de visões de mundo narrativas. E, independentemente de o historiador chamar ou não de "amor", esse exercício da imaginação compreensiva é exatamente o ponto no qual a busca pelo *significado* entra, permitindo-nos, na *tarefa* da história, fazer um *relato* do passado, realçando eventos reais no passado cognoscível, de maneira a discernir *o sentido ou o padrão dos acontecimentos nas visões de mundo dos envolvidos*. E talvez também — a missão do teólogo? — nas cosmovisões das pessoas em nossos dias.

O assunto continua, como nos estudos bíblicos realizados nas últimas duas gerações: em que sentido, então, podemos tornar o significado do primeiro século o nosso significado? Precisamos fingir (como as pessoas costumam perguntar, algumas vezes com desdém) que somos judeus apocalípticos como eles? Essa é outra questão, mas a resposta é sim e não. Não devemos fingir que estamos vivendo no primeiro século, mas faz parte de ser um cristão fiel acreditar que, com os eventos relacionados a Jesus de Nazaré, o Deus criador trouxe a história de Israel e, com ela, a mundial, para seu único e grande auge. É claro que isso é profundamente contraditório em um mundo cujo pressuposto é que a narrativa universal atingiu seu clímax no final do século 18. Uma parcela da grande resistência à história real do primeiro século por parte dos teólogos — e até mesmo de alguns "críticos" — vem do choque resultante de metanarrativas, e a resistência é apoiada pela crítica eclesiológica implícita: se Jesus realmente deu origem à nova aliança e à nova criação, como a igreja, independentemente do mundo, ainda é tão confusa? Nesse ponto, a narrativa da modernidade (o mundo atingiu seu ponto máximo no século 18) une forças ironicamente à narrativa da pós-modernidade (todas as grandes histórias são lixo). Juntos, tornam muito difícil para qualquer um, até mesmo para os cristãos praticantes,

A AREIA MOVEDIÇA

entrar em uma visão de mundo segundo a qual o que houve em Jesus e por meio dele realmente foi o clímax da história, o momento único e exclusivo que mudou o mundo. Mas era nisso que todos os cristãos primitivos acreditavam.

Esse é o momento em que a *tarefa* da história se apresenta como o "ponto de contato", o modo central necessário de alguma espécie de apologética cristã repreendida. Uso essa palavra porque, apesar do que alguns sugeriram, volto a dizer que não proponho que a história possa "provar" a verdade da fé cristã de um modo positivista mais antigo e não reconstruído. Não ofereço uma versão histórica de uma apologética fundacionalista. Argumentarei que o estudo é bom para derrotar os derrotadores e desfazer as distorções, e que, quando lhe é permitido direcionar as discussões, em vez de ser relegado a uma nota de rodapé, surge uma nova coerência que traz, não uma prova positivista, mas *a espécie de prova adequada dentro do realismo crítico*, o apelo de uma hermenêutica totalmente rodeada de amor. Nesse caso, há a verificação provisória de hipóteses. História como área de conhecimento é, afinal, um *discurso público*. Qualquer um pode participar, o material é de domínio público e as diferentes narrativas significativas que as pessoas oferecem competem da mesma forma que quaisquer construções históricas ou mesmo hipóteses científicas. Nesse nível, o cristão não tem vantagem, e qualquer tentativa de fingir que alguém tem será rapidamente percebida. Como C. S. Lewis disse uma vez, ilustrando seu argumento de que a "literatura cristã" precisa ser ao menos literatura, não existe uma forma especificamente cristã de cozinhar um ovo.[81] Pode haver motivos cristãos para fazê-lo aqui e agora. Pode ser um ato de caridade ou de egoísmo, dependendo das circunstâncias. Do mesmo modo, existe uma tarefa chamada "história" que, como cozinhar um ovo, é, de fato, idêntica para todos, e recusar-se a participar, porque deveríamos estar fazendo algo mais "especificamente cristão", é rejeitar o caminho para o que acredito ser o cerne de toda a verdadeira apologética. Como Paulo disse a Agripa: *essas coisas não se passaram em um lugar qualquer.*[82] Ou como costumava insistir

---

[81]C.S. Lewis, *Reflexões cristãs*, "Cristianismo e literatura", p. 22. A passagem inteira é relevante para a presente discussão.
[82]Atos 26:26.

HISTÓRIA *e escatologia*

Lesslie Newbigin: o evangelho cristão é a *verdade pública* ou não é nada. A verdade evangélica é encontrada em suas raízes históricas, que estão abertas à supervisão de todos.

É claro que o cristão vem com suposições sobre a verdade básica da história do evangelho, mas isso não significa que, quando um deles faz história, tudo seja uma questão de projeção. Voltando à epistemologia do amor, os cristãos também — exatamente por serem cristãos — devem humildemente permitir que as fontes lhes digam coisas que não esperavam. A narrativa desfará continuamente as distorções, seja no nível da investigação lexical de uma única palavra no Novo Testamento, seja no nível do significado do século I, de toda uma linha de pensamento, como as que estão ligadas à "vinda do filho do homem ao mundo". Se não fizermos história, isso jamais acontecerá. Se a reduzirmos à ideia flutuante de que sabemos antecipadamente que o "sentido" real é encontrado no Credo Niceno e no Credo Calcedoniano, isso também nunca acontecerá. E, além de nos afastar de qualquer nova percepção bíblica, reduzirá nosso discurso à condição de um jogo particular. E isso é justamente falsificar o evangelho.

Ontologia histórica

Da epistemologia à ontologia. Muita discussão contextualmente teológica, tanto da ciência como da história, assumiu uma separação entre "naturalismo" e "sobrenaturalismo" (cf. capítulo 1), aparentemente sem perceber que isso dá um passe livre a G. E. Lessing, cujo "fosso feio e largo" afastou as verdades contingentes da história das verdades necessárias da razão.[83] Isso teve o efeito — e esse pode ter sido o ponto — de descartar qualquer tipo de "teologia natural" com base na tarefa histórica antes que ela pudesse começar. No entanto, se rotularmos novamente o "naturalismo" como "epicurismo" — que, afinal, é o que é —, veremos o que acontece. A suposta divisão "natural/sobrenatural" migrou para o discurso a partir de discussões sobre ciência e religião. Ali,

---

[83]"Se nenhum fato histórico pode ser demonstrado, nada pode ser demonstrado por meio de fatos históricos. Isso significa que as verdades casuais da história não podem jamais tornar-se a prova das verdades necessárias da razão... Então, esse é o fosso feio e largo que não consigo atravessar, por mais que tenha tentado tanto saltar sobre ele" (GE Lessing, "On the Proof of the Spirit and of Power", p. 53, 55). Original em *Gesammelte Werke*, de Lessing, p. 8, 12, 14.

A AREIA MOVEDIÇA

a ferramenta errada; aqui, pior ainda. A palavra "sobrenatural", que, na Idade Média, significava superabundância da graça sobre a natureza (sem negar que Deus, igualmente, era ativo na natureza), foi destruída no paradigma epicurista dualista, produzindo um "ambos/ou": de certo modo, ambos são "naturalistas" ou um deles é um "sobrenaturalista" (e rejeitar o segundo seria assumir o descontentamento de muitos cristãos devotos cujo senso da presença e do amor de Deus foi interpretado no sentido de "acreditar no sobrenatural"). Então, ambos trazem forte avaliação implícita em diferentes comunidades.

Mas suponhamos o seguinte: e se o "ambos/ou" da cosmovisão epicurista fosse radicalmente equivocado? E se seguíssemos alguma espécie de visão de mundo hebraica antiga ou judaica do primeiro século, em que o céu e a terra deveriam sobrepor-se e se conectar? E se Jesus estivesse realmente trazendo o reino de Deus na terra como no céu, para que *precisássemos estudar a primeira para descobrir o que o segundo estava realizando*, em vez de assumirmos conhecer a essência do céu antecipadamente: e então? Passar da amplitude de "todos os eventos" para "significado", ou até mesmo o inverso, enquanto rejeitamos tanto a *tarefa* como o *produto narrativo* da história porque parecem "naturalistas", não é de modo algum fazer história. Além disso, resulta em uma teologia ruim.

Cosmologia e escatologia

Da epistemologia e da ontologia à cosmologia e, com ela, à escatologia: a história chegará aonde está indo por "progresso" ou "irrupção"? Aqui recapitularemos alguns argumentos anteriores. Hegel acreditava no progresso, com Deus fazendo parte desse progresso, então, tecnicamente, ele não era um "naturalista". Porém, existiram muitas versões "naturalistas" ou, como argumentei, epicuristas, dessa teoria. Isso é basicamente a teologia da Providência judaica com o Deus de Israel deixado de fora, assim como o materialismo dialético de Marx era a teologia apocalíptica judaica que excluía Deus. Como uma reação ao pensamento de Hegel, temos o dinamarquês Søren Kierkegaard (1813—1855) no século 19 e o suíço Karl Barth (1886—1968), encarnando parcialmente Marx no século 20. Ambos desafiavam o "progresso" e o *Kulturprotestantismus* confortável, que viu na cultura europeia moderna a chegada gradativa do reino de Deus. A própria

HISTÓRIA *e escatologia*

ideia de "história" ficou presa no fogo cruzado dessas batalhas, de maneira que, como citei anteriormente, alguns agora ouvem qualquer apelo à "história" como uma indicação de que a pessoa acredita no "naturalismo", talvez em um "processo imanente".[84] A culpa assumida aqui vem dos acontecimentos do século 20, que "provam" ao menos que Hegel estava errado e que a "história" só conduz ao desastre, conclusão que, por mais que seja justificada por eventos reais, já foi expressa por anti-hegelianos. Isso nos leva de volta à insistência de Barth na revelação "verticalmente de cima" e à decepção de Benjamin com a narrativa, sobre a qual escrevi no capítulo anterior. Benjamin e "The Angel of History", a pintura de Paul Klee, foram recentemente mencionados por alguns que, por outros motivos, usam o rótulo enganoso "apocalíptico" para resgatar um objetivo que rejeita não apenas a versão histórica da salvação de "significado na história", como também a *tarefa* da pesquisa, o propósito de uma nova narrativa e a possibilidade de que o conhecimento real dos eventos *históricos* seja útil para a teologia.[85] Todas essas confusões precisam ser esclarecidas.

A discussão sobre progresso e irrupção (como, por exemplo, as teorias de como a história funciona e o que isso pode significar) foi realizada no debate disforme entre "apocalíptica" e "história da salvação". Escrevi sobre isso em outro lugar e voltarei ao assunto no próximo capítulo.[86] O estudo genuinamente histórico do material judeu e cristão primitivo relevante produz uma narrativa sobre as crenças que realmente foram defendidas e que, pelas consequentes motivações humanas, geraram eventos reais, à luz dos quais podemos e devemos construir uma imagem madura e verdadeiramente sólida de Jesus e de seus primeiros seguidores em seus contextos históricos e culturais. Esse cenário inclui o sentido judaico do Segundo Templo, de que o curso dos eventos foi realmente direcionado por Deus, certamente não por meio de um progresso evolutivo leve, mas de um julgamento e de uma renovação da aliança e da criação considerados o cumprimento repentino e surpreendente

---

[84]Cf., por exemplo, C. Stephen Evans, "Methodological Naturalism in Historical Biblical Scholarship", p. 180-205. Acredito que, desde então, Evans tenha mudado sua opinião.
[85]Pode-se citar, por exemplo, J. B. Davis e D. Harink, *Apocalyptic and the Future of Theology: With and beyond J. Louis Martyn*; e Adams, *Reality of God and Historical Method*. Cf. também o livro mais esperançoso de Ziegler, *Militant Grace*.
[86]Cf., por exemplo, *PRI*, parte II.

A AREIA MOVEDIÇA

das promessas antigas.[87] Essa conclusão traz à tona algumas de nossas observações posteriores, tanto em sua *forma* (exegese histórica real que desafia esquemas falsos descendentes) como em seu *conteúdo* (resgate cristão das ideias judaicas do Segundo Templo que desafiam ideologias ocidentais posteriores).

Qual é, então, o significado dos acontecimentos descobertos pelo historiador? Como mostrei em outros lugares, o apelo generalizado à "autoridade das escrituras" só é coerente quando visto como um atalho para a autoridade de Deus exercida em Jesus e pelo espírito de alguma forma *pelas* escrituras.[88] Mas as escrituras não oferecem um mundo privado e fechado, por mais atraente que isso pareça dentro de alguns círculos teológicos. As narrativas dos Evangelhos fazem o que Paulo fez em suas viagens: mostram a história de Jesus como uma *verdade pública*, a verdade dos *eventos* que foram contados em *narrativas* coerentes por pessoas que se acreditavam chamadas à *tarefa* de pesquisá-las, editá-las e organizá-las para mostrar (sua visão de) o significado que esses eventos carregavam. Gesticulam por um sentido geral para toda a história, *mas insistem que esse significado seja encontrado nos acontecimentos reais pesquisados e expostos*, e não em uma descoberta *a priori* em outro lugar, nem simplesmente em um mundo particular criado por seus escritos. Na realidade, eles insistem que a autorrevelação decisiva e salvadora de Deus se deu *não principalmente em seus escritos, mas nos eventos que testemunham*. Por isso precisamos defender a "história" como tarefa, com suas várias subdisciplinas, e como *narrativa*. Isso não pode ser proclamado por um grande apelo *a priori* de um aceno da história como "todos os eventos, sempre", combinados a um senso igualmente chamativo de "significado" em termos de generalização teológica.

Ao longo desta discussão prolongada, havia um termo técnico à espera de seu momento. Acontece bastante quando esses temas são analisados, então, agora, precisamos dedicar algum tempo para investigar o que está acontecendo. A palavra em questão é "Historicismo".

---

[87]Cf. Wright, "Apocalyptic and the Sudden Fulfilment of Divine Promise", p. 111-34. Cf. também J. P. Davies, *Paul among the Apocalypses? An Evaluation of the Apocalyptic Paul in the Context of Jewish and Christian Apocalyptic Literature*.

[88]Cf. *As escrituras e a autoridade de Deus*.

HISTÓRIA *e escatologia*

HISTÓRIA NÃO É HISTORICISMO – SEJA QUAL FOR O SIGNIFICADO DISSO

O SIGNIFICADO DE "HISTORICISMO"[89]

A questão do que é "história", do que poderia ou deveria ser, de como precisa ser feita, de para que e por que é útil, sempre esteve ligada e rodeada por diversas situações sociais e culturais com as quais historiadores importantes conviveram e trabalharam. O exemplo mais óbvio é o surgimento do interesse na história da Alemanha a partir do final do século 18, quando escritores preocupados e ativos em tantos movimentos políticos ofereceram versões da história alemã, europeia e mundial como formas de refletir e contribuir com os questionamentos de sua própria época.[90] Foi aqui que algumas das galinhas que chocaram nos movimentos que vimos anteriormente voltaram para casa para se empoleirar. Até que ponto os acontecimentos passados eram aleatórios, para que fossem estudados isoladamente uns dos outros, e até que ponto faziam parte do desenvolvimento incessante de um processo amplo e normalmente invisível? Essa pergunta produziu uma versão corporativa em grande escala do quebra-cabeça do determinismo e do livre-arbítrio dos filósofos antigos: em que medida os eventos do passado e — provavelmente — também do futuro eram, de alguma forma, "fixos", para que fosse possível "ver para onde estavam indo"? E até onde os humanos foram capazes de criar coisas novas e se libertar da mão de ferro do destino?

É aqui que a palavra "historicismo" costuma ser encontrada. Se é difícil, embora necessário, esclarecer os diferentes sentidos comuns da palavra "história", é muito mais complicado, mas igualmente importante, separar os sentidos do termo "historicismo", que persegue as discussões sobre o cristianismo primitivo e ainda mais as metadiscussões de métodos relevantes de estudo. Ao contrário dos usos bastante diferentes de "história", não está claro o que diferentes usuários querem dizer

---

[89]Sobre "historicismo", cf., por exemplo, Mason, *Orientation to the History of Roman Judaea*, p. 41-43. Uma pesquisa importante é a de G. Scholtz, "The Notion of Historicism and 19th Century Theology", p. 149-67.

[90]Sobre isso, uma ilustração fascinante em nível popular é encontrada em J. Hawes, *The Shortest History of Germany*, mostrando as formas pelas quais a Alemanha moderna continuou resgatando, consciente e inconscientemente, elementos de suas origens romanas.

A AREIA MOVEDIÇA

com "historicismo", principalmente porque, com frequência, a palavra parece ter implicações polêmicas.[91]

Estou ciente e tentarei descrever, da maneira mais simples possível, os diversos sentidos de "historicismo" em uso nos dias atuais. O fator comum que une todos eles é a *crença na interconectividade de eventos, ideias e culturas*. As coisas não acontecem no vácuo. As ideias não são pensadas nem expressas de maneira isolada: pertencem a uma rede mais abrangente de vida social, cultural, política, religiosa, práticas, de crenças, de imaginação e assim por diante. É claro que podemos nos referir a ações e eventos isoladamente, afirmando que "a igreja concordou com o Credo Calcedoniano em 451 d.C." ou que "um grande terremoto atingiu Lisboa em 1º de novembro de 1755", mas o único propósito em chamar a atenção para essas coisas seria dizer algo sobre o *significado*, real ou imaginado, desses eventos. E, para tal, precisamos de contexto.

Mas como descrevemos esse contexto, e que papel desempenha em nossa compreensão? Uma resposta padrão é olhar para as ciências sociais. A descrição das sociedades humanas e de seu funcionamento em tantos níveis teve participação importante em diversas teorias historicistas, levando alguns a pedir que, se fosse possível, oferecêssemos uma explicação completa de todos os fatores sociológicos, como um astrônomo prevendo o próximo eclipse, não só trazendo uma caracterização completa dos eventos, mas também antecipando para onde conduziam. Esse tipo de sociologia de cima para baixo ainda é encontrado, inclusive em alguns segmentos do estudo bíblico.[92]

Tal caminho leva diretamente ao primeiro e talvez mais conhecido sentido de "historicismo": aquele que Karl Popper atacou em seu famoso livro, *The Poverty of Historicism*,[93] de 1957. Assim como em seu outro trabalho célebre, *A sociedade aberta e seus inimigos*, Popper viu o pensamento histórico-idealista como a causa principal dos horrores totalitários

---

[91]O melhor resumo curto que encontrei foi o de P. L. Gardiner em *The Oxford Companion to Philosophy*, p. 357. Admitindo que a palavra é confusa, ele aponta três sentidos: (a) a necessidade de reconhecer a individualidade dos fenômenos humanos dentro de seus contextos específicos, (b) a necessidade de ver todos os fenômenos dentro de um processo de desenvolvimento histórico e (c) a previsão sociocientífica do desenvolvimento com base em leis detectáveis da mudança histórica.

[92]Cf. *PRI*, parte III, sobre estudos sociológicos das comunidades de Paulo e os dois principais segmentos.

[93]Publicado em português como *A miséria do historicismo*.

HISTÓRIA *e escatologia*

do século 20, destacando Hegel e Marx como os maiores culpados.[94] O panteísmo e o materialismo afirmavam conhecer leis ocultas não apenas sobre o que *havia* acontecido, mas também sobre o que *estaria prestes a* acontecer. Segundo a teoria, é *dessa maneira que a história prossegue, quer você goste ou não.* Para Hegel, o *Geist* quase divino se expõe progressivamente e nós já sabemos a direção que está seguindo.[95] As exceções não importam, pois serão resolvidas dentro da dialética. O mesmo, *mutatis mutandis*, vale para Marx. Seu mundo material tem uma consciência interna, entrando na mente de cada classe. Desse modo, se "o divino" está em tudo (panteísmo), ou se "tudo" se comporta de acordo com as leis ocultas (materialismo), não apenas podemos estudar o que *aconteceu, como também* somos capazes de prever o que *acontecerá.* Na verdade, o que *deve* acontecer. Esse "dever" é o sinal de alerta habitual, o passo leve do ladrão historicista na casa vulnerável da sabedoria humana.[96] O ato de Popper apertar o botão de pânico nesse momento está totalmente relacionado à reação de Käsemann e seus colegas a qualquer sugestão de "história da salvação". As cicatrizes eram recentes.[97]

Os críticos discordam quanto à adequação da palavra "historicismo" em relação aos ataques de Popper. Questionam também a precisão de sua crítica, especialmente acerca de Marx,[98] mas, para nós, o que importa é o sentido que ele deu ao termo e o inevitável vexame que foi construído. Nesse contexto, "historicismo" significava que, ao olhar para o passado e para o presente, seria possível afirmar *para onde estava indo a "história"*, produzindo uma teleologia efetivamente determinista e uma pauta política inevitável. Independentemente de como chamamos

---

[94]K. Popper, *The Open Society and Its Enemies.* Publicado em português como *A sociedade aberta e seus inimigos.*

[95]Uma tentativa famosa de traduzir isso em um registro cristão foi a de P. Teilhard de Chardin, *The Phenomenon of Man.* Publicado em português como *O fenômeno humano.*

[96]É claro que podemos usar o "dever" na pesquisa histórica adequada. Se encontrarmos uma carta sem data de Churchill descrevendo o voo em um avião, ela deve ser datada do século 20. Quando ele lutou na Guerra dos Bôeres, ninguém, a não ser um ou dois inventores atentos, estava no ar, mas o historicista usa "deve" para aplicar *a priori.*

[97]Cf. cap. 2.

[98]Há uma crítica inicial muito interessante de Charles Taylor (na época, bastante jovem) disponível *online* em https://www.scribd.com/document/357693818/Taylor-Poverty-of-the-Poverty-of-Historicism. Mason, *Orientation to the History of Roman Judaea*, p. 42, n. 73, critica Popper por usar a palavra, sugerindo que o que ele estava atacando era realmente uma história "positivista-sistêmica".

A AREIA MOVEDIÇA

essa visão, estava claramente presente e era poderosa nos séculos 19 e 20, e seus efeitos permanecem na crença popular no "progresso" que analisamos no primeiro capítulo. Para Popper, se o "historicismo" resultou em Hitler e Stalin, era obviamente algo ruim. Hoje em dia, muitos que nunca ouviram falar de Hegel ou Marx (ou de Popper, diga-se de passagem), mas que acreditam que a "história está indo" em uma direção específica, ou que a história "nos ensina" isso ou aquilo, são "historicistas" nesse primeiro sentido.

Popper não foi o único a destacar essa visão, a chamá-la de "historicismo" e a criticá-la como tal. Parece que não foram apenas os modernos como Hegel e Marx que defenderam essa ideia perigosa. Em 1950, C. S. Lewis publicou um ensaio cuja essência foi repetida em uma de suas monografias literárias, reprovando um ponto de vista parecido.[99] Lewis considerava "historicista" qualquer tentativa de "ler" uma verdade meta-histórica ou transcendental dos eventos mundanos, da interpretação trivial de uma adversidade como um "julgamento" de alguém às inúmeras teorias de Hegel e Marx. Ele os juntou a Virgílio e seus antecessores, cuja longa narrativa abordava a ascensão divinamente ordenada de Roma, de Agostinho e outros escritores cristãos antigos, dando sua visão do que Deus havia feito na história. Em seguida, trouxe isso aos tempos modernos, citando Carlyle e Keats.[100] Acredito que o objetivo de Lewis era mais amplo que o de Popper, que buscava os esquemas teleológicos que alegavam contar não só o que acontecia por trás dos eventos que, inevitavelmente, já estavam em andamento, como também para onde levavam e, portanto, o que os humanos precisavam fazer para que tudo ocorresse.

Popper também não foi o único a considerar Marx um historicista. F. M. Turner explica que Marx viu sua era tanto como o ápice

---

[99]Lewis, *Reflexões cristãs*, "Historicismo" p. 171-192; *Discarded Image*, p. 174-77.
[100]Lewis, *Reflexões cristãs*, p. 173. Precisamos distinguir onde Lewis não faz isso. Quando Carlyle falou da história como "um livro de revelações", referia-se ao que podemos ver na vida de "grandes homens", o que não é o mesmo que um esquema hegeliano ou a invocação de Keats de um desenvolvimentismo pagão. Cf. T. Carlyle, "History as Biography", p. 95: se a História é "o ensino da filosofia pela experiência", o historiador deveria ser totalmente consciente e sábio. Além disso, o "livro das revelações" de Carlyle é sobre a vida de "grandes homens", tornando-o, de certo modo, um historicista rankiano (cf. abaixo), mas ele insiste que há casos em que os tais homens não chegam no momento certo, o que mostra que ele não é exatamente um hegeliano.

HISTÓRIA *e escatologia*

do desenvolvimento histórico passado como contendo as sementes do futuro desenvolvimento histórico, e que ele entendeu que as mudanças costumavam acontecer violentamente, então extrapolou em direção à necessidade de uma revolução.[101]

Se o significado atribuído por Popper a "historicismo" é um dos mais conhecidos, outro é o de E. Troeltsch (1865—1923). Este último compartilhou o otimismo e a crença no "progresso" disseminados na Alemanha do final do século 19 e considerou o protestantismo liberal a forma máxima de "religião". Mas, quando as pessoas falam de tal linha de pensamento em conexão com ele, geralmente se referem a algo bem diferente do que Popper atacava, uma previsão determinista do futuro. Troeltsch é famoso por seus critérios de pesquisa, já discutidos, que, juntos, sintetizam a crença de que os eventos deste mundo fazem parte de uma sequência contínua e fechada de causa e efeito. Suspeito que é isso que muitos teólogos querem dizer quando mencionam "historicismo" de forma depreciativa, usando o argumento de que Troeltsch descarta — desde o começo — qualquer possibilidade de ação divina no mundo.[102] Existe um sentido segundo o qual esse autor oferece um foco específico para um esquema maior do tipo oposto a Popper, em que, para ele, o "desenvolvimento" da sociedade humana e, principalmente, da religião havia alcançado seu objetivo começando de dentro, por assim dizer. Não havia necessidade de "interferência" externa ou divina em sua modalidade de religião agora aperfeiçoada.

Esses dois significados de "historicismo" (o criticado por Popper e o proposto por Troeltsch) podem ser os mais conhecidos, mas a insistência em entender eventos e ideias em seu cenário social e cultural mais amplo pode seguir direções bem diferentes. Quanto mais você vê as coisas em seus próprios contextos, mais as enxerga precisamente não como parte de um grande esquema universal, mas como distintas e, portanto, relativas. Esse é o motivo pelo qual "historicismo" costuma ser associado a "relativismo": "Eles acreditavam em X naquela época e naquele lugar por causa dos fatores A, B e C, mas é claro que as pessoas de outros tempos

---

[101]Turner, *European Intellectual History*, p. 126.
[102]Por exemplo, E. Radner, *Time and the Word: Figural Reading of the Christian Scriptures*, p. 81: "Por mais que alguém deseje se opor à redução coercitiva histórico-crítica do significado das escrituras, o historicismo continua sendo a hipótese metafísica da maioria dos leitores modernos". Sobre "histórico-crítico", cf. a seguir.

A AREIA MOVEDIÇA

e locais não acreditariam". Esse é o sentido apresentado por Steve Mason em seu recente livro sobre teoria histórica em sua relação com a antiga Judeia romana.[103] Para Mason, foram os *positivistas* que adotaram a visão de "progresso", esperando "acalmar o caos do passado, já que os cientistas trouxeram o caos da natureza a princípios ordenados". Enquanto isso, em seu relato, os praticantes "acolheram a confusão e suspeitaram de tantas explicações", dedicando sua energia "a descobrir especificamente quem fez o que a quem, quando e por quê".[104] Está claro por que Mason pensa que Popper é completamente diferente: para ele, os "historiadores" representaram "a volta ao específico e ao particular", colocando em jogo seu pensamento sobre "as virtudes científicas da observação precisa e da descrição dos detalhes, antes da teorização".[105] Não é de admirar se todos ficarmos confusos. Para Popper, Lewis e muitos no nível popular, são os "historicistas" que impõem grandes teorias não apenas ao passado, mas também ao presente e ao futuro. Para Mason e aqueles a quem ele segue, os adeptos dessa linha são os que se recusam a fazer isso, preferindo concentrar-se em localizar palavras, documentos, pessoas e eventos dentro de sua própria cultura e de seu próprio tempo específicos.

No entanto, o relativismo implícito na versão de "historicismo" de Mason pode surgir igualmente de uma percepção hegeliana (cf. a seguir). "Se todas as coisas são produto de um tempo e de um lugar em particular, e de uma cultura *ou de um estágio específico do Espírito Absoluto começando a entender a si mesmo*, a Bíblia como documento deveria ter o mesmo tempo de duração."[106]

A distância aparente entre o "historicismo" que impõe um grande esquema a determinados eventos passados e futuros, por um lado, e aquele que se recusa a fazer isso, por outro, pode refletir o impasse do século 19 entre o indiscutivelmente maior historiador alemão da época (Leopold von Ranke) e seus sucessores, de um lado, e os hegelianos, do outro. Como já vimos muitas vezes, von Ranke foi apontado por expressar um realismo ingênuo em sua famosa declaração de que estava apenas tentando descrever o passado, *wie es eigentlich gewesen*. (No contexto

---

[103]Mason, *Orientation to the History of Roman Judaea*, p. 28-56.
[104]Ibidem, p. 51.
[105]Ibid., p. 42-43.
[106]Turner, *European Intellectual History*, p. 234-35, itálico adicionado.

HISTÓRIA *e escatologia*

anglo-saxão, as pessoas às vezes descrevem a visão ingênua e realista como "positivismo", mas isso é muito mais complicado, uma vez que o uso de Mason significa quase exatamente o que Popper quer dizer com "historicismo".) O ponto discutido — e penso que aqui vemos as raízes da confusão — é que, ao longo de sua vida, von Ranke se opôs amargamente a Hegel e seus esquemas que tentavam prever ou até mesmo controlar o futuro com base no passado, mas tinha seu próprio ponto de vista meta-histórico do significado dos eventos. Esse foi realmente um debate interno alemão, marcado por questões políticas recorrentes. Os combatentes podem ter percebido aspectos vitais para um trabalho histórico saudável, especialmente a insistência no estudo cuidadoso dos contextos mais amplos de acontecimentos e motivações. Porém, a batalha se espalhou, assim como outras guerras, por um território maior do que o inicialmente previsto.

Para Hegel — e esse era o objetivo de Popper, independentemente de haver rotulado corretamente ou não —, o Espírito Absoluto se desenvolvia e expressava em eventos históricos de um modo que era possível ver para onde ele estava indo e embarcar também. A proposta foi desenvolvida, ainda que de formas muito diferentes, por Nietzsche, Spengler e Toynbee, que propuseram "uma forma de história que transformava os acontecimentos do passado em um grande sistema filosófico".[107] Seus pontos de vista, bem como de outros como eles, permaneceram na base do determinismo social que impulsionou tanto o regime nazista como o soviético. A história seguia em frente e todos deveriam entrar em cena. Esse era o futuro e havia maneiras de fazê-lo funcionar. Para os marxistas, isso assumiu uma forma diferente: na frase correta de Bentley, Marx "escapou do sistema ao se apoderar dele e partir em uma nova direção".[108]

Para von Ranke, tudo isso era uma condenação. Ele "se orgulhava de odiar Hegel".[109] Como muitos outros de sua época e de seu lugar (fazendo com ele o que os historiadores decididamente fizeram com todos os outros), ele considerava os eventos de 1813 — com o estabelecimento da monarquia prussiana — um ponto alto da história da

---

[107]Bentley, *Modern Historiography*, p. 23.
[108]Idem.
[109]Idem.

A AREIA MOVEDIÇA

liberdade humana, ou pelo menos do conceito alemão de liberdade.[110] Assim, von Ranke era o tipo clássico do novo historiador profissional, ansioso por conseguir os detalhes, em vez de varrê-los todos para debaixo do tapete de um grande esquema de desenvolvimento. Foi isso que ele quis dizer com seu famoso lema anti-hegeliano sobre "como as coisas realmente aconteceram". Ele viu "estados" — um conceito novo naquela época — como indivíduos corporativos e, desse modo, expressões de pensamentos divinos (uma ideia interessante para quem pensa em "teologia natural"). Ele acreditava que todos os tempos e estados eram igualmente acessíveis a Deus, que era a razão fundamental para se rejeitar a teleologia de Hegel. Olhava *para trás* para ver o que Deus *fazia*, não para prever o que *aconteceria* no futuro imediato ou no final.[111]

Meinecke, discípulo de von Ranke, destacou o ponto principal: a história não é "previsível" ou determinista.[112] Pelo contrário: para ele, sua essência era "a substituição de um processo de observação individualizada por uma visão generalizadora das forças humanas na história".[113] Ele não descreveu isso como *Historizismus*, mas, sim, como *Historismus*, um "historismo", distinção que Michael Bentley tentou defender, mas que parece não ter sido compreendida.

De fato, o ponto-chave ficou perdido na tradução. Como em outras questões, no mundo anglo-saxão, as sutilezas alemãs foram reduzidas. Houve intenso debate na década de 1930, em que o principal historiador americano, Charles A. Beard (1874—1948), defendeu uma forma de relativismo (insistindo que tal profissional, assim como os objetos de estudo, fosse historicamente situado em meio a pressões que influenciavam as pesquisas e os resultados) contra um realismo ingênuo representado por Theodore Clark Smith. O argumento positivo de Beard para o relativismo seria quase universalmente aceito hoje, mas, ao apresentá-lo, ele fez três suposições notáveis. Primeiro, deduziu que a afirmação de von Ranke sobre a história, *wie es eigentlich gewesen*, indicava um projeto de realismo ingênuo, concluindo que Smith e outros o promoviam. Segundo, tomou como certo que, como von Ranke era conhecido como

---

[110]Ibidem, p. 19.

[111]J. Burrow, *A History of Histories*, 460f. Cf. as discussões de, por exemplo, C. A. Beard, "Historical Relativism", p. 317-20.

[112]Bentley, *Modern Historiography*, 22 n. 27

[113]Ibidem.

HISTÓRIA *e escatologia*

"historicista", isso significava que "historicismo" e realismo ingênuo eram mais ou menos a mesma coisa. Terceiro, ele foi capaz de atacar os dois de uma só vez, tratando o primeiro como uma "extensão" da "fórmula de von Ranke".[114]

Na Inglaterra, a luta se deu de forma diferente. J. B. Bury, historiador de Cambridge, apresentou um tipo de historicismo em sua palestra inaugural, em 1902, como *Regius Professor* de História Moderna (como sucessor do lorde [barão] Acton). Então, o que ele disse equivalia a um tipo de darwinismo social que era muito popular na época. A história deveria ser colocada em uma base "científica", exigindo que entendêssemos "a ideia de desenvolvimento humano", a grande "concepção transformadora, que permite definirmos sua dimensão".[115] Então, ele finalmente afirma, muito tempo depois de os trágicos gregos darem um salto adiante, que "a autoconsciência humana deu outro passo", pois os homens passaram a entender "o conceito de seu desenvolvimento ascendente por meio de ciclos imensos de tempo". Ele afirma que essa ideia "recria a narrativa, a filosofia moral e a retórica", realçando a de seus ex-colegas, relacionando-a intimamente "com as ciências que lidam objetivamente com os fatos do universo".[116] Portanto, as pessoas devem aprender história para que não só entendam, como também contribuam para os novos desenvolvimentos: a história será, em si mesma, "um fator na evolução".[117] História, na verdade, "é uma ciência, nada mais, nada menos".[118]

Aparentemente, Bury reviu profundamente seus pontos de vista após a Primeira Guerra Mundial.[119] Porém, só foi contestado acidamente em 1903, por G. M. Trevelyan,[120] que falou com um tipo de pragmatismo britânico contra o grande alcance da teoria hegeliana. "Não há como deduzir cientificamente leis causais sobre a ação dos seres humanos na

---

[114]Beard, "Historical Relativism", p. 320, 323, 325, 327.
[115]Bury, "History as a Science", p. 214, continuando a citar Leibniz.
[116]Ibidem, p.25.
[117]Ibidem, p. 223.
[118]Ibidem, p. 210, 223.
[119]Desse modo, Stern, *Varieties of History*, p. 209, apresentando Bury, afirma que ele "ficou cético em relação à possibilidade de estabelecer causalidade histórica e, em seus últimos escritos, destacou o papel da contingência e do mero acaso na história". Cf. também a obra posterior de Bury, *Idea of Progress*.
[120]Trevelyan, "Clio Rediscovered", p. 227-45.

A AREIA MOVEDIÇA

massa" com base em dados históricos.[121] Somente olhando para trás, os eventos do passado parecem inevitáveis. Uma reviravolta do destino e tudo teria acontecido de modo diferente.[122] Pense novamente no motorista entrando na rua errada em Sarajevo. O espírito científico é necessário quando um historiador está coletando e analisando evidências ("exatamente como um detetive ou um político").[123] Mas, então, vêm a fase "imaginativa", a fase de formação das hipóteses e, finalmente, a fase "literária", registrando tudo. Portanto, "quando um homem começar com a fórmula pomposa — 'o veredicto da história é' —, suspeite imediatamente, pois ele está simplesmente revestindo suas próprias opiniões com palavras grandiosas". Nenhum historiador é capaz de ver mais do que uma pequena parte da verdade e, "se olhar para todos os lados, provavelmente não verá profundamente nenhum deles".[124]

Aqui Trevelyan rejeita, via Bury, a possibilidade de haver grandes esquemas como os de Hegel. Ele não menciona o "historicismo" pelo nome, mas concorda com Popper e Lewis ao mostrar a loucura das tentativas, com base em uma suposta leitura "científica" da história, para prever para onde ela "está indo". Isso nos leva a um argumento anterior ao de Hegel ou von Ranke: a obra de Giambattista Vico, que Isaiah Berlin considerava o pai do verdadeiro historicismo. Segundo Berlin, surpreendentemente, essa linha de pensamento é "uma doutrina que, em sua forma empírica, incentivou e enriqueceu, e em sua forma dogmática e metafísica, inibiu ou distorceu a imaginação histórica".[125] Berlin sempre parece entender esses dois sentidos de "historicismo" em termos: (1) da necessidade de localizar eventos e ideias em seus próprios contextos, descritos da maneira mais detalhada possível (o que poderíamos chamar de "descrição densa"); e (2) da tentativa de deduzir, da observação sociocientífica do passado, o "significado" do presente e a direção do futuro. Como vimos agora, a ironia desses dois sentidos é que rapidamente tornam-se exatos opostos: o primeiro (talvez mais próximo

---

[121]Ibidem, p. 233.
[122]Ibidem, p. 238.
[123]Ibidem, p. 239.
[124]Ibidem, p. 243. Cf. Lewis, *Reflexões cristãs*, p. 175: uma frase como "Devemos nos proteger contra os tons emocionais de uma frase como 'o julgamento da história'. Pode nos atrair para o mais vulgar de todos os erros vulgares: o de idolatrar como a deusa História o que as eras mais valorosas ridicularizaram, como a prostituta Fortuna".
[125]Berlin, *Three Critics of Enlightenment*, p. 70.

HISTÓRIA *e escatologia*

de von Ranke) insiste no local específico e retrospectivo, enquanto o segundo (o de Hegel) aposta em amplas (e selvagens) generalizações e previsões. O primeiro pode ser facilmente usado como uma forma de relativismo ("é claro que pensavam assim naquela época, mas hoje nós somos diferentes"), embora não precise ser. Como Collingwood viu claramente, o fato de todos enxergarmos as coisas sob o nosso próprio ponto de vista não limita a história a algo arbitrário ou inconstante. O conhecimento permanece genuíno.[126]

Tudo isso (e eu fiz um resumo bem curto de questões bastante complexas) significa que devemos ter muito cuidado com o uso do termo "historicismo" como técnico. Seu sentido varia muito. Mas, assumindo esse risco e usando os rótulos oferecidos, há um aspecto essencial a ser destacado. Voltaremos a Troeltsch mais adiante. No momento, sigo a distinção de Berlin, que, como já disse, parece apontar para um "historicismo" rankiano (que ele aprova) contra um tipo hegeliano (que ele desaprova). No entanto, a visão de Hegel está viva e bem, não só no discurso político popular, mas também na teologia. Uma das principais razões para o presente capítulo ser tão longo é a necessidade de nomeá-lo e desacreditá-lo.

O historicismo de Hegel não precisa se preocupar com a "história" como narrativa ou tarefa. Na verdade, nem mesmo com a questão de quais eventos do passado podem realmente ser conhecidos. Ele faz grandes declarações sobre a "história", falando sobre "tudo que aconteceu e ainda acontecerá". Passa para afirmações sobre "significado", em termos do progresso inevitável do espírito divino. Repetindo, isso não requer investigação, nem estudo de fontes. Naturalmente, tudo isso torna a "história" um péssimo nome entre os teólogos naturais, além de deixar os historiadores reais rangendo os dentes ao verem seu tema sendo distorcido além do reconhecimento. É um pouco fácil demais.

A resposta óbvia ao historicista hegeliano é que sabemos pouco sobre o passado e nada sobre o futuro.[127] Mais uma vez, é por isso que von Ranke é tantas vezes visto como positivista, determinado a evitar esses planos grandiosos e a se concentrar o máximo possível no "que

---

[126]Collingwood, *Idea of History*, p. xxii (introdução do editor, citando uma carta de Collingwood).
[127]Sobre a objeção, cf. Lewis, *Reflexões cristãs*, p. 182-192.

A AREIA MOVEDIÇA

realmente aconteceu", motivo pelo qual, às vezes, é equivocadamente chamado de "historicista".[128] Os historiadores hegelianos do século 19 ignoraram isso e, com Ritschl, conduziram o barco ao porto. Aí vem o reino de Deus. Porém, o que chegou foi o século 20.

HISTORICISMO NA PRÁTICA: POLÍTICA

Os políticos são, muitas vezes, historicistas previsíveis. Quando os radicais do século 17 se autodenominavam "homens da Quinta Monarquia", eram (ainda que devotamente) hegelianos. O livro de Daniel apresenta quatro regimes monstruosos sendo sucedidos por um governante muito diferente que estabelece o reino de Deus. Isso lhes deu a pista: a história caminhava nessa direção e eles estavam na crista de sua onda. Quando Hillary Clinton declarou, em 2011, que era importante apoiar a Primavera Árabe para estar "do lado certo da questão", usou uma alegoria hegeliana, dizendo saber para onde a "história" estava indo. É claro que a história não aconteceu como o esperado. Entretanto, constantemente as pessoas ainda pensam que sim, se conseguirmos resolver a logística e convencer povos distantes que pensam diferente de nós.[129]

O pedido para permanecer na vanguarda da história não é novo. Os primeiros exemplos que conheço são dos poetas e historiadores da corte de Augusto, vendo a ascensão inevitável de Roma como o significado de toda a história.[130] Certamente, um século depois, ninguém mais via dessa maneira. O cinismo de Tácito e Suetônio funciona como o molde de um queijo historicista excessivamente maduro.

HISTORICISMO NA TEOLOGIA

Tanta coisa para a aplicação política do historicismo hegeliano, mas e sobre a teologia? Os cristãos têm uma vantagem no *telos*, o "objetivo"? De um ponto de vista, a resposta é sim: em Romanos 8, temos uma

---

[128]Cf. Stern, *Varieties of History*, 54f., indicando que Stern ao menos usa o termo para expressar que "o particular tinha de ser entendido como parte da história universal".

[129]Entre os séculos 16 e 21, existiram muitos movimentos semelhantes. Os primeiros hanoverianos foram aclamados como a vanguarda da "história", principalmente na arquitetura e na iconografia da "Cidade Nova" de Edimburgo. Thomas Jefferson fez a mesma afirmação, como vimos, na nota de dólar. Os prussianos, incluindo Von Ranke, em sua celebração de 1813.

[130]Lewis, "Virgil and the Subject of Secondary Epic", 32ff., sugere que Virgílio seguia modelos anteriores.

HISTÓRIA *e escatologia*

visão da criação finalmente resgatada de sua "escravidão à decadência". Em 1Coríntios 15, somos informados de que, quando a morte for derrotada, Deus será "tudo em todos". No livro de Apocalipse (bem como em 2Pedro) nos é prometido o mesmo que Isaías prometeu: novos céus e nova terra.[131] Jesus disse a seus primeiros seguidores que ficassem atentos aos sinais de alerta que apontavam para a queda iminente de Jerusalém, mas os cristãos primitivos referiam-se ao futuro como uma surpresa, como um ladrão no meio da noite.[132] Nem o futuro tão esperado, nem as declarações marcantes sobre o passado recente — os eventos relacionados a Jesus —, permitiram que eles interpretassem a ação de Deus nas circunstâncias imediatas. O livro de Atos está cheio de cenas em que os supostos seguidores fiéis de Jesus não têm ideia do que acontecerá em seguida. Eles não tentam deduzir com base no que havia acontecido até aquele momento. Eles conheciam o objetivo maior, mas não supunham que ele emergiria dos processos em vigor no mundo. Essa é a grande diferença.

Quando alguns cristãos primitivos propuseram um cenário maior do significado histórico, do que Deus fazia nos eventos que conheciam, agiram de forma contraditória. O próprio Agostinho, ao escrever *A cidade de Deus*, responde aos escritores pagãos que, antes mesmo de Gibbon, haviam acusado o cristianismo de acabar com Roma, impedindo que o povo adorasse os deuses ancestrais.[133] Esse tipo de texto não se baseava na teologia dos judeus, nem no Novo Testamento. A história judaica da salvação aconteceu de maneira diferente, como veremos. Os cristãos antigos acreditavam que, com Jesus, a nova criação havia aparecido. Quanto a isso, ele era o único homem da Quinta Monarquia, ninguém buscava outros. Esse é o grão de verdade na afirmação de Bultmann de que a história parou. Contudo, a nova criação não significava "chega de narrativa" no sentido de "chega de eventos", mas apenas um foco totalmente novo na interpretação.[134] Os cristãos primitivos viviam no

---

[131]Romanos 8:18-30; 1Coríntios 15:20-28; Apocalipse 21:1-2; 2Pedro 3:13; cf. Isaías 65:17; 66:22.

[132]Por exemplo, Marcos 13:14-23 e paralelos; Marcos 13:32-37 e paralelos; Lucas 12:39f.; 1Tessalonicenses 5:6.

[133]Lewis, *The Discarded Image*, p. 175-77, também cita nesse contexto *History against the Pagans*, de Orosius, e *Monarquia*, de Dante.

[134]Oferecendo consolo e orientação para a igreja perseguida, o livro do Apocalipse considera a vitória do Cordeiro e a chegada da Nova Jerusalém mediante fé e esperança, e não através de um progresso histórico imanente.

A AREIA MOVEDIÇA

contexto atual e procuravam Deus para agir em seu mundo. Porém, com a importante exceção da queda de Jerusalém, nunca alegaram interpretar a ação de Deus superficialmente.

Portanto, acredito que as tentativas modernas de evitar a tarefa histórica se entregam ao que chamei antes de tentação petrina: proteger Jesus de sua própria vocação. A narrativa verdadeira, incluindo o estudo sobre Jesus e seus primeiros seguidores, tem a natureza da *kenosis* paulina. Jesus não usava auréola. Sua redefinição de poder, em palavras e ações, em ação e em paixão, era o oposto do que seus amigos esperavam, assim como aqueles que iniciam suas pesquisas teológicas com a suposição de uma divindade "onipotente" fariam bem em olhar bem de perto para a redefinição radical, no Novo Testamento, do próprio poder. A disciplina da história real, da história como *tarefa* e como *narrativa*, combina essa redefinição estranha de poder em termos de fragilidade com a aparente "fraqueza" de um método investigativo em que deixamos de lado muitas conclusões sobre "significado" e permitimos que a evidência tenha impacto na mente questionadora. A areia movediça é onde somos chamados a ficar.

Então, o que acontece, depois de tudo isso, a Jesus e às críticas históricas? E como isso pode contribuir para a possibilidade, ou até mesmo para a promessa, da "teologia natural"?

HISTÓRIA E JESUS

Às vezes, a questão de Jesus e da História ainda é rejeitada com desdém pelos teólogos que reagem às propostas céticas mais recentes.[135] Mas, se estamos falando de Deus e de sua relação com o mundo, não podemos nos afastar do assunto e fingir que não importa. Por onde podemos começar?

A velha moratória implícita na obra histórica de Jesus não existe mais há muito tempo.[136] A controvérsia ainda está presente em todos os níveis, mas as opções vêm diminuindo. É claro que ninguém chega

---

[135]Cf., por exemplo, Rae, *History and Hermeneutics*. Sobre o assunto, cf. Hengel, *Acts and the History of Earliest Christianity*, p. 129-36: uma discussão importante, mas parece que, na análise final (132f.), Lessing ainda domina o cenário.
[136]Cf. *JVG*, cap. 1.

HISTÓRIA *e escatologia*

a Jesus sendo "neutro". Essas afirmações, como, por exemplo, as realizadas por Geza Vermes ou Ed Sanders, são falsas tanto por suas próprias observações autobiográficas publicadas como por suas construções tão diferentes.[137] Então, afinal de contas, tudo se resume a historiadores trazendo seu próprio "significado" e ajustando as evidências para que se encaixem? É tudo uma retroprojeção do subjetivo *a priori*? Com certeza, não. A *tarefa* da história é uma disciplina pública. As discussões continuam. Como todo conhecimento genuíno, essa tarefa envolve *tanto* o comprometimento total do intérprete *como* a consciência plena de que os indícios podem sugerir coisas inadequadas às suposições originais.

É por isso que a expressão "Jesus histórico" continua sendo ambígua. Muitos, principalmente no mundo ocidental implicitamente positivista, deduzem certamente que a palavra "histórico" deve ser entendida no sentido de "Jesus *como realmente era*", "o homem da Galileia" e assim por diante. No entanto, como já observamos, a luz brilhante de uma ambição positivista tem um lado obscuro cujo nome é ceticismo ou mesmo cinismo quando a "prova absoluta" parece faltar. Isso alimentou o movimento, especialmente entre os estudiosos da tradição, que vai do idealismo alemão ao anglo-saxão, usando a frase "o Jesus histórico" no sentido de "Jesus *da forma como o historiador o reconstrói*", "nossa imagem dele" e assim por diante (até mesmo porque é isso que a expressão alemã *der historische Jesus* significa), muitas vezes com a nítida percepção de que tal "reconstrução" é uma mera projeção, a fantasia subjetiva dessa ou daquela ideologia ou teologia. Teólogos costumam usar essa ambiguidade para sugerir que, ainda que você pense que está falando do próprio Jesus, só está lidando com "sua construção de Jesus", e assim por diante. Tudo isso gerou uma reação de longa duração, de Martin Kähler, cem anos atrás, a C. S. Lewis, há setenta anos, de Luke Timothy Johnson, na recente educação americana, a muitos pós-liberais nos dias atuais: por favor, não nos ofereça um "Jesus histórico", porque essa será apenas uma tentativa de criar um quinto evangelho, de encontrar um Jesus "por trás do texto", em vez de confiar naquele que encontramos

---

[137] Cf. G. Vermes, *Providential Accidents*, e Sanders, *Comparing Judaism and Christianity*, cap. 1, n. 72. Cf. também Vermes, *The Religion of Jesus the Jew*, p. 4, e Sanders, *Jesus and Judaism*, 333f. Cf. ainda Rae, *History and Hermeneutics*, p. 91.

A AREIA MOVEDIÇA

nos próprios escritos do Evangelho.[138] É aqui que as acusações de "naturalismo metodológico" são lançadas, gerando mais calor do que luz.[139]

É claro que muitos historiadores de Reimarus em diante declararam: "Não acredite nos Evangelhos, mas em mim". Essa abordagem desafiou a tradição da igreja em nome de objetivos epicuristas que, como vimos, eliminaram os rumores de Deus em um céu inacessível e tentaram entender o mundo sem Deus — incluindo Jesus — em seus próprios termos. Porém, há uma grande diferença entre dizer: "Agora, que sabemos que milagres não acontecem, não acreditem nos quatro Evangelhos, e sim na minha reconstrução" e "Talvez a igreja tenha esquecido, ou não tenha compreendido totalmente, o que os quatro Evangelhos tentaram nos ensinar em seu próprio contexto e termos, então nos aprofundaremos nos Evangelhos, em seu próprio cenário do primeiro século, e veremos o que acontece".

Essa última sugestão é extraordinariamente razoável. Jesus e seus primeiros seguidores viveram no mundo judaico do Segundo Templo, que se tornou cada vez mais vazio para os cristãos, bem como para os judeus, depois dos confusos eventos de 66 a 70 e de 132 a 135 d.C., e principalmente nos quarto e quinto séculos. A mudança para as interpretações "judaicas" após a Segunda Guerra Mundial foi um desenvolvimento bem-vindo e muito esperado nos estudos do Novo Testamento, mas a tendência inicial era olhar para os rabinos, cujo trabalho, no Talmude e em textos relacionados, data de centenas de anos depois, após os principais pensadores judeus darem as costas firmemente à arriscada busca política para que o reino de Deus viesse à terra e ao céu.[140] Os fariseus da época de Jesus não eram meramente versões dos rabinos que viriam posteriormente.[141] Os inúmeros avanços recentes em nosso conhecimento do mundo judaico do primeiro século ajudaram a esclarecer o que os Evangelhos (de modos diferentes) realmente diziam. *Isso não requer o*

---

[138]Martin Kähler, *Der sogenannte historische Jesus und der geschichtliche, biblische Christus*; Lewis, *Cartas de um diabo a seu aprendiz*, Carta XXIII; L. T. Johnson, *The Real Jesus: The Misguided Quest for the Historical Jesus and the Truth of the Traditional Gospels*; diversos ensaios in R. B. Hays e B. Gaventa, eds., *Seeking the Identity of Jesus: A Pilgrimage*. O protesto de Lewis se aproxima desconfortavelmente de Bultmann, o que ele rejeita em "Teologia moderna e crítica bíblica", em *Reflexões cristãs*, p. 249-273.
[139]Cf. novamente, por exemplo, C. Stephen Evans, "Methodological Naturalism in Historical Biblical Scholarship".
[140]Cf. *NTPG*, 199, citando mAbot 3.5, um ditado do rabino Nehunya ben ha-Kanah.
[141]Cf. *PFG*, p. 80-90, e na verdade todo o capítulo 2 dessa obra.

HISTÓRIA *e escatologia*

retrospecto de um conceito teológico retirado do pensamento cristão recorrente, assim como não exige o retrospecto de um ceticismo humeano. Isso requer *história*: por meio da tarefa de coletar dados e formar hipóteses, produzindo, assim, narrativas que, da mesma forma que o conhecimento científico *mutatis mutandis*, aproximam-se cada vez mais dos eventos e das motivações, abrindo novas possibilidades para novas propostas sobre "significado", que não foram apresentadas *a priori*, mas surgiram pela prática da tarefa de pesquisa e narrativa. Assim como os inúmeros avanços realizados no século 19, em relação à descoberta e à compilação de manuscritos cristãos primitivos, levaram a grandes revisões do texto do Novo Testamento (revisões a que alguns resitiram, em parte sob o argumento de que, se Deus desejasse que tivéssemos esse novo texto, ele nos teria dado muito antes), então os principais progressos do século 20 em relação ao nosso conhecimento do mundo judaico antigo, de que a descoberta dos pergaminhos de Qumran é apenas um exemplo, trouxeram novas possibilidades e percepções que a teologia sistemática mal entendeu, mas, segundo meu ponto de vista, não foi capaz de ignorar.

E ninguém deve ser deixado de lado dessa tarefa com a sugestão de que ela envolve "pesquisar atrás do texto". Essa frase costuma indicar que fazemos algo de forma sorrateira ou disfarçada, adivinhando furtivamente o que os escritores estavam fazendo. Isso é ridículo, ainda que a acusação receba uma energia extra, se não justificada, da atmosfera literária pós-moderna de questionar se pode existir um mundo real "fora do texto".[142] Esse clima cultural coincidiu com o existencialismo

---

[142]Quando escreveu esse capítulo, o periódico *First Things* (2 de novembro de 2017) publicou um artigo de Francesca Aran Murphy, cujo título afirma o contrário: "Tudo está fora do texto" (https://www.firstthings.com/web-exclusives/2017/11/everything-is-outside-the-text). Ela argumenta que o judaísmo e o cristianismo têm escrituras que constantemente testemunham algo além de si mesmos, algo "infinitamente maior", ou seja, a presença de Deus com seu povo. Embora tal caso seja bem entendido, pode haver o risco de esquecer que, tanto para judeus como para cristãos, a presença divina costuma ser experimentada precisamente na e por meio da leitura e estudo das escrituras. Não é um caso de "ambos/ou", embora eu afirme a *primazia* da realidade extratextual. A ideia de não existir mundo "extratextual" é geralmente atribuída a Jacques Derrida, mas sua famosa frase, "Il n'y a pas de hors-texte", não significa literalmente que tal realidade não existe, e sim que não há "texto externo", que, como M. Wood explica no *London Review of Books* 38.3 (4 de fevereiro de 2016), p. 7 a 9, é uma referência a uma página não numerada em um livro impresso que, ainda que falte um número, não está relacionado ao restante. Em outras palavras, o contexto sempre importa, mesmo quando é instável. No entanto, discutir o que Derrida "quis dizer" com um ditado parece naturalmente peculiar.

A AREIA MOVEDIÇA

neokantiano de Bultmann e de seus sucessores, imaginando que os Evangelhos fossem uma criação do mito autorreferencial, e não uma memória histórica. Porém, quando os textos têm a intenção *prima facie* de descrever eventos reais (para começar, compare o prólogo de Lucas e sua datação exata de João Batista),[143] esforçar-se o máximo possível para entender o que esses acontecimentos significaram em seu contexto não é "investigar o que há por trás" desses textos; é aceitar o convite para explorar o mundo do passado da vida real que pretendem expor.[144] Quando o jornal noticia que o time local venceu a partida, o espírito alegre e partidário do artigo não se esconde, mas insiste nos eventos reais que ocorreram em campo. Os gols não foram marcados em um mundo intratextual particular. A tarefa da história *não é substituir um novo conceito pelos textos que possuímos, mas entender melhor o que eles diziam o tempo todo.*

É claro que ler os Evangelhos historicamente exige sensibilidade ao seu gênero.[145] Eles pretendem ser a história como *narrativa*, referindo-se a ela como *evento*, o resultado da pesquisa e da seleção como *tarefa*, apontando firmemente para *significados* específicos. Os Evangelhos também contêm subgêneros, como parábolas, que, além de alusões pontuais e ocasionais, não têm a intenção de se referir a acontecimentos reais. Perguntar onde morava o filho pródigo ou quem comprou sua metade da propriedade seria perder o foco. Entretanto, questionar quais fatores do primeiro século geraram a hostilidade à qual a parábola de Jesus responde indica precisão no foco. Os quatro livros como um todo, bem como os relatos sobre Jesus que eles contêm, não são apresentados como narrativas cujo "propósito" é independente da verdade histórica.

A questão da hostilidade em relação a Jesus ilustra tudo isso. A tradição cristã sempre deduziu que a agressividade judaica surgiu de um

---

[143]Lucas 1:1-4; 3:1-2.

[144]É claro que alguns no mundo pós-Bultmann pretendiam rejeitar Lucas exatamente por esse motivo: ele, ao contrário de Marcos, pensava que essas histórias estariam relacionadas a eventos reais.

[145]O trabalho de Richard Burridge e outros sobre os Evangelhos como biografia e sua proposta notável sobre as tradições das testemunhas oculares criaram um novo contexto: cf. R. Burridge, *What Are the Gospels? A Companion with Graeco-Roman Biography*; R. J. Bauckham, *Jesus and the Eyewitnesses: The Gospels as Eyewitness Testimony*. Há muito a ser dito sobre ambos, mas os dois oferecem caminhos bem fundamentados e, obviamente, geram discussões adicionais: cf., por exemplo, J. N. Aletti, *The Birth of the Gospels as Biographies*.

HISTÓRIA *e escatologia*

"legalismo" ofendido pela oferta de amor, graça e perdão de Jesus. Agora sabemos — e digo "sabemos" — que isso não funciona historicamente. É uma caricatura inútil.[146] Jesus oferecia uma nova interpretação do "reino de Deus" em um mundo no qual existiam outras em oferta, e isso implicava um desafio social e político, não simplesmente um choque de teologias ou soteriologias no sentido comum. Em especial, como veremos no capítulo 5, as ações de Jesus no Sábado eram controversas não porque seus contemporâneos acreditassem no "legalismo" e porque ele acreditasse na "liberdade", mas porque o Sábado era considerado uma antecipação da era por vir e Jesus agia como se essa era estivesse sendo iniciada em sua própria obra, com consequências bem diferentes daquelas esperadas. Em outras palavras: a tarefa deve desafiar as interpretações recebidas, *não substituir uma nova pelos Evangelhos que já temos, mas entender o que eles diziam em primeiro lugar.* Isso não significa "investigar por trás do texto", a não ser no sentido que os próprios textos nos instigam a fazer.

O QUE A HISTÓRIA PODE FAZER?

Derrotando os derrotadores

Então, o que a história pode fazer por nós? Acredito que três coisas. Para começar, a história é particularmente boa no que alguns chamam de "derrotar os derrotadores". A cada ano ou dois, alguém escreve um grande sucesso mostrando Jesus como um maçom egípcio, um visionário de Qumran, casado com Maria Madalena ou algo do tipo, sempre com a coroa de louros implícita, insinuando que "o cristianismo tradicional se baseia em um erro", e precisamos voltar ao ateísmo ou, na melhor das hipóteses, ao deísmo do século 18. Essas propostas e as igualmente estranhas, embora aparentemente eruditas, de grupos como o "Simpósio de Jesus", vêm e vão, e podem ser vistas com bastante facilidade. Não podemos julgar uma disciplina por suas distorções. Mas o que vemos dos céticos não é uma reafirmação dogmática da tradição, nem a rejeição da história com a calúnia do "naturalismo metodológico", e sim a própria história.

---

[146]Cf., por exemplo, Sanders, *Jesus and Judaism;* e minha própria *JVG.*

A AREIA MOVEDIÇA

Outro exemplo: muitos sugeriram que Jesus e seus primeiros seguidores não poderiam considerá-lo "divino", por um lado, por serem judeus monoteístas e, por outro, porque isso o deixaria "insano". Contudo, estudos contemporâneos do monoteísmo e do Templo como a moradia de Deus e dos homens como portadores de sua imagem mostraram que isso era pura ignorância.[147] Os problemas continuam, mas a antiga rejeição às declarações cristãs sob a suposição de uma cristologia judaica "baixa" original — e sua imagem refletida na sugestão de que, para uma cristologia correta, precisamos esquecer a história e olhar para os pais da igreja ou para Tomás de Aquino — mostrou-se divergente, não por um pressuposto extraído da ortodoxia posterior, mas por pesquisas históricas realizadas acerca de evidências reais, desafiando narrativas infundadas e sugerindo a possibilidade de haver diferentes narrações significativas. Ouso sugerir que esse tipo de "narrativa" complexa pode ser vista como parte da obediência ao reino, chegando tanto à terra como ao céu.

Tudo isso caminha para um registro diferente com a ressurreição. Voltaremos ao tema no sexto capítulo; por enquanto, podemos afirmar apenas isso. O estudo das fontes indica que o testemunho da igreja primitiva da ressurreição de Jesus antecipou uma mudança radical no entendimento judaico da história e da escatologia, que, então, formou uma nova rede de interpretações: o ressurgimento de Jesus foi analisado simultaneamente como um evento muito estranho dentro do mundo atual *e* como o evento paradigmático e fundamental dentro da *nova* criação de Deus.[148] Isso aponta para o argumento primordial que apresento ao longo deste livro. A ideia da nova criação agindo de dentro do ventre da antiga — talvez devêssemos dizer de dentro do *túmulo* da antiga — é coerente, embora uma nova coerência, dentro do mundo judaico em que o trio espaço, tempo e matéria de Deus e o mesmo trio do homem foram planejados para se sobrepor e se entrelaçar. Desenvolverei esse aspecto específico no próximo capítulo. No momento, concentro-me no ponto limitado, mas fundamental: assim como o cético não pode apelar para um pressuposto humeano, o cristão não pode simplesmente

---

[147]R. J. Bauckham, *Jesus and the God of Israel*; L. W. Hurtado, *Lord Jesus Christ: Devotion to Jesus in Earliest Christianity*; e, por exemplo, *How on Earth Did Jesus Become a God?*. Na minha própria obra, cf., por exemplo *PFG*, cap. 2, 9, citando também trabalhos anteriores.
[148]Sobre tudo isso, cf. meu *RSG*.

HISTÓRIA *e escatologia*

afirmar: "Acredito no sobrenatural", como se isso dispensasse todas as questões históricas. A problemática da nova criação é que se trata da renovação *deste* mundo, e não a substituição de outro. Uma boa narrativa explica isso e supera as objeções normais.

Destruindo as distorções

Entretanto, isso não significa dizer "Bem, conseguimos nos livrar da insensatez, então voltemos a crer no que sempre cremos". Se a história pode derrotar os derrotados, também é capaz de destruir as distorções, desafiando os erros cristãos comuns. Quando melhoramos a narrativa, vislumbramos dimensões esquecidas daquilo que os Evangelhos tentavam nos contar.

O exemplo óbvio e revelador é "o reino de Deus". Jesus era visto como um profeta anunciando o reinado de Deus. Sabemos muito sobre o que isso significava para seus contemporâneos e quais textos bíblicos teriam sido associados a ele. Além disso, sabemos que ele parece ter *redefinido* o sentido de "reino de Deus", *em torno de si e de sua estranha vocação*. Ele não estava simplesmente *descrevendo o reino de Deus*; ele estava afirmando que, em suas palavras e ações, e depois, de forma vital, em sua morte, ele o estava concretizando e, assim, redefinindo-o sutilmente, oferecendo uma nova exegese das promessas do reino antigo dos Salmos, de Daniel e Isaías, mesclando e desafiando parcialmente as outras interpretações oferecidas em sua época.

Mas, pelo menos do terceiro século em diante, boa parte da tradição da igreja não levou a sério o contexto judaico da proclamação do reino de Jesus ou o conteúdo de seu redirecionamento. A maioria dos cristãos ocidentais entendeu que esse reino implicava "ir para o céu quando você morrer". Isso está totalmente equivocado, assim como a ideia de Schweitzer de que o reino significava o fim do mundo estava errada. Mas, se compreendemos corretamente (compartilhando a visão de Jesus do reino "assim na terra como no céu"), ele revoluciona a forma como lemos os Evangelhos, a forma como percebemos Jesus e a forma como imaginamos a igreja relacionada a ele e sua história nos dias atuais. Esse núcleo narrativo não se refere simplesmente a uma questão de esclarecer o que Jesus dizia. É o mandamento para a vocação necessária da própria história. Uma vez que permitimos que ela tome conta para derrotar os derrotadores, também precisamos estar preparados para destruir as distorções.

A AREIA MOVEDIÇA

Haverá uma enorme resistência a isso na igreja e na teologia. Esta última sempre dizia: "Vocês, historiadores, são lobos em pele de cordeiro e não os ouviremos". As pessoas pensavam que apelar para a "história" significava adotar o reducionismo do século 18, mas isso é simplesmente alarmante. De qualquer modo, não temos escolha. A Palavra se tornou *carne*. Evitar a narrativa é o primeiro passo para o gnosticismo. Como tentei argumentar em diversos momentos, o relato não mostrará que o cristianismo se baseia em um erro, mas que a maneira pela qual percebemos e reexpressamos o que pensamos ser a essência dos textos centrais *introduziu* equívocos, por não prestar atenção ao cenário e ao significado. É por isso que simplesmente não adianta apelar para a tradição, seja dogmática, seja piedosa. Tanto o dogma como a piedade precisam submeter-se — como os reformadores insistiriam e até mesmo Tomás de Aquino concordaria — ao sentido original das próprias escrituras.

Orientando a discussão

Se a história pode derrotar os derrotadores e destruir as distorções, precisa também *orientar a discussão*. Não podemos ousar começar em outro lugar, mesmo com declarações ortodoxas sólidas, como a da Calcedônia, e tentar avançar, ignorando o que os primeiros textos diziam. A Calcedônia foi uma tentativa de recapturar, no idioma do quinto século e com objetivos específicos, um aspecto fundamental dos primeiros textos. Porém, o método, a forma e o conteúdo de seu resgate deixaram muito a desejar, como até mesmo o cuidadoso e rigoroso Henry Chadwick reconheceu em um artigo inspirador.[149] Ele filtrou várias dimen-

---

[149]H. Chadwick, "The Chalcedonian Definition", em *Selected Writings*, ed. William G. Rusch (Grand Rapids: Eerdmans, 2017), p. 101-14. Originalmente em *Actes du Concile de Chalcedoine: Sessions III-VI*. Cf. especialmente a p. 113: "Os termos filosóficos técnicos e os advérbios negativos (...) transmitem um senso de abstração inadequado para expressar a riqueza de uma cristologia bíblica. Os termos abstratos não fazem justiça à figura vívida dos quatro Evangelhos, e por sua abstração podem parecer tirá-lo da particularidade do processo histórico". Na minha opinião, isso coloca em dúvida a afirmação final de Chadwick (p. 114), de que a definição ajuda a igreja a defender os "dois principais padrões de cristologia herdados do próprio Novo Testamento". Podemos comparar as frases marcantes de Karl Barth em *Church Dogmatics*, vol. 4, *The Doctrine of Reconciliation*, parte 2, p. 127: "em si mesmo, o Cristo de Niceia e de Calcedônia era e é naturalmente um ser que, mesmo que pudéssemos explicar de maneira consistente e útil sua estrutura única conceitualmente, ele não poderia ser proclamado e acreditado como aquele que age historicamente por causa da atemporalidade e da distância histórica dos conceitos, nem como aquele que a Igreja Cristã realmente sempre proclamou e acreditou em todos os lugares e sob o nome de Jesus Cristo".

HISTÓRIA *e escatologia*

sões do contexto e do significado histórico original, que, caso tivessem sido resgatadas, teriam oferecido uma descrição mais consistente da cristologia e de outros temas. Se a teologia é verdadeira em relação a si mesma, não deve simplesmente usar certos textos bíblicos para decorar um argumento fundamentado em outras bases, justificando o processo, mencionando grandes teólogos do passado que fizeram a mesma coisa. Ela *crescerá a partir da exegese histórica do próprio texto*. Nos casos em que os textos pretendem fazer referência à "história" como *eventos*, isso também precisa ser levado totalmente em consideração.

Entendo a resistência à exegese histórica. Muitos teólogos experimentaram estudos bíblicos como o ensaio seco e sem vida de raízes gregas e fontes reconstruídas. Essa também sempre foi uma forma de evitar a história genuína: fingir que cavar o solo era a mesma coisa que cultivar os vegetais. Quando feita corretamente, essa análise (a *tarefa* e a *narrativa*) produz as próprias plantas (o verdadeiro conhecimento dos *eventos*) e as deixa dar seus frutos (*significado*). Mas só fará isso se for permitido ser ela mesma e se a tarefa histórica puder ser realizada sem que as pessoas olhem por cima do ombro e alertem sobre areias movediças ou que digam que é mais seguro tocar violino sem o arco. Assim, voltamos mais uma vez às tentações petrinas.

Portanto, neste momento, apelo ao mundo maior da teologia: não tema nem rejeite a história. Você não tem nada a perder além de seu platonismo. É claro que, nos últimos 250 anos, as pessoas proclamaram a história quando ela não existia, quando tudo o que faziam era usar Hume e Troeltsch para prejudicar o cristianismo (inclusive "desjudaizando-os"). Como vimos, muitas vezes a expressão vaga "histórico-crítica" atribui má fama à boa exegese. Os teólogos que estão habituados a rejeitar a suposta crítica de Reimarus, o antidogmatismo liberal de Harnack e o ultrarreducionismo do "Simpósio de Jesus" tomaram emprestado o fosso feio de Lessing para defender sua cidadela contra qualquer crítica baseada na narrativa que pode dizer, não que o cristianismo tenha sido alicerçado em um erro, mas que algumas de suas grandes tradições escorregaram de seus ancoradouros e flutuaram no céu azul da especulação. Mas e se supusermos haver uma diferença importante entre a verdade cristã e as "verdades necessárias da razão" de Lessing?

Então, Reimarus estava certo ao afirmar que a igreja ocidental precisava ser confrontada com a história, mas estava errado ao supor que

A AREIA MOVEDIÇA

isso falsificaria o cristianismo. Em vez disso, lembraria à igreja ocidental a mensagem principal do reino que se concretizou na vida, morte e ressurreição de Jesus e no envio do espírito. Adolf von Harnack estava certo ao declarar que os pais da igreja nos terceiro e quarto séculos mudaram a forma dos primeiros ensinamentos, mas equivocado ao deduzir que a mudança tenha sido de uma cristologia "baixa" (ou pneumatologia) para uma "alta" posteriormente. O "Simpósio de Jesus" acertou ao afirmar que Jesus tinha de ser estudado em seu contexto histórico, mas se enganou sobremaneira no modo como realizou essa tarefa.[150] O desafio dos Evangelhos permanece: unir o reino e a cruz, com Jesus inaugurando o primeiro e sofrendo a segunda. Adotar uma cristologia alta e esquecer o reino é tão ruim quanto insistir no reino e assumir uma cristologia baixa: a divindade de Jesus é o tom em que a música *gospel* é executada, mas não é a melodia que está sendo tocada. Isso resulta na ironia de pessoas que invocam a "autoridade das escrituras" para apoiar diversos estilos do cristianismo ocidental moderno, perpetuando teorias platônicas que a exegese histórica das escrituras realmente prejudica.

O próprio anúncio do reino de Jesus compromete seus seguidores com a tarefa da história: a pesquisa e a reconstrução cuidadosa do que Jesus fez e o que ele pretendia com isso, bem como o que seus primeiros seguidores entenderam na época e vieram a entender logo depois, quando redigiram a narrativa inicial. Então, a *tarefa* será produzir mais *relatos coerentes do passado*, por meio dos quais o leitor terá uma percepção melhor *do que realmente aconteceu* e *do que isso significava para os personagens principais da época*. Enquanto lidamos com isso por meio da tarefa em curso, descobrimos significados mais abrangentes, sem que o projeto colida com o subjetivismo ou relativize as tarefas intermediárias, mas mostrando o cenário completo e permitindo que a teologia surja dele. Quando analisamos os eventos relacionados a Jesus de Nazaré no contexto palestino do primeiro século como parte do mundo "natural", descobrimos que estão prenhes de significado teológico. Não é útil para o cético jogar cara ou coroa neste ponto, ao dizer "Você não pode referir-se a Jesus porque ele faz parte de sua 'revelação especial'" ou "Nós olhamos para ele e é apenas um mestre/revolucionário judeu comum que falhou como Messias". O próprio Jesus é importante para a "teologia natural".

---

[150]Cf. *JVG*, cap. 2 e a outra literatura ali citada.

HISTÓRIA *e escatologia*

A TAREFA DO HISTORIADOR CRISTÃO

Então, o que é a historiografia cristã e como contribui para um projeto que pode reivindicar o título de "teologia natural"? Como já vimos, é importante salientar que, para o cristão, a tarefa da história em si é um tipo de *kenosis*, um "esvaziamento".[151] O historiador crente não é chamado a abandonar a crença na soberania ou na providência divina, como às vezes aqueles que temem o "naturalismo metodológico" imaginam. A crença na soberania de Deus não me diz, antes da pesquisa, *o que houve no mundo real que me leva a crer que Deus é soberano.* Sempre que alguém declara: "Porque Deus é soberano, porque Jesus é Senhor, isso e aquilo *devem ter ocorrido*" — ou "*não podem ter acontecido*" —, eu sei que estou ouvindo uma espécie artificial de "historicismo". Não há como fazer história "de cima"; é preciso mergulhar no mundo real, seguir o Jesus de Filipenses 2 na esfera confusa e arriscada dos eventos, para descobrir *o que Deus realmente fez de forma soberana.* Não sabemos disso antecipadamente: João declara que ninguém nunca viu Deus, mas o Unigênito o fez conhecido (1:18). Não fazer isso é rejeitar o Deus do Evangelho de João ou de Filipenses 2. Não basta dizer: "Sim, nós acreditamos na história", com o simples reconhecimento de que Jesus existia verdadeiramente, que o Deus encarnado caminhou sobre a terra. *Não sabemos quem é o Deus encarnado até olharmos para ele.* Sem isso, nossas reconstruções de significado correm o risco de se tornar cíclicas, egocêntricas, missiologicamente fúteis.

Vale lembrar que precisamos ter cuidado ao pensar que podemos produzir um novo tipo de história da salvação, interpretando a intenção e a ação divinas nas páginas tão ambíguas da melhor narrativa. Não é porque acreditamos na providência divina que podemos copiar os escritores inspirados das escrituras e pular diretamente para a visão de Deus acerca dos acontecimentos. Hegel via a história como um progresso inevitável. Imploramos para discordar. Martinho Lutero viu o período medieval como o cativeiro babilônico da igreja: bem, talvez. Mas pode ser que não. Assim como nas profundezas e ambiguidades de nossas

---

[151]A ideia de uma cristologia "kenótica" surgiu de algumas leituras de Filipenses 2:7, onde Jesus "se esvaziou" (*ekenōsen heauton*). Diferentes significados foram associados a isso. Cf. *PFG*, p. 680-89.

A AREIA MOVEDIÇA

próprias vidas, a ordem divina raramente é percebida de uma só vez e provavelmente é melhor assim. Até o apóstolo Paulo, refletindo sobre o significado da conversão de Onésimo, usou a palavra "talvez" para mostrar sua sugestão de interpretação (Filemom 15). Voltemos à humildade, à paciência, à penitência e ao amor.

E, voltando a Jesus, ele permanece central na teologia, o que significa que a teologia precisa da história — em todos os quatro sentidos. Não nos atrevemos a adotar o docetismo metodológico (um Jesus que parece histórico, mas, no fundo, não é). Isso mostra que não podemos, por medo do preconceito modernista, invocar algo chamado "sobrenatural" para "explicar" tudo, pois isso simplesmente perpetuaria o falso "ambos/ou" de Lessing. Isso também levaria ao fracasso a hermenêutica do amor, segundo a qual permitimos que o passado seja ele mesmo, pois faria com que o modo de pensar de (algumas) pessoas do primeiro século ruísse diante do estilo de pensamento de (algumas) pessoas no pós-Iluminismo.

Portanto, o estudo histórico do mundo judaico e cristão inicial define os parâmetros hermenêuticos para a tarefa. Como veremos em mais detalhes nos próximos dois capítulos, ao estudarmos esse período, descobrimos pessoas que não supunham que o mundo fosse dividido em natureza e sobrenatureza, e cujas crenças não podem ser facilmente compreendidas segundo a moderna visão de mundo epicurista. Sua compreensão da realidade era em forma de Templo: o céu e a terra se sobrepunham e se entrelaçavam. Sua percepção do tempo era em forma de Sábado: o futuro de Deus não era estranho ao tempo presente, mas poderia aparecer e, de fato, apareceu dentro dele. É claro que às vezes aconteciam coisas que os pegavam de surpresa, então diziam coisas como: "Deus visitou seu povo" (Lucas 7:16).[152] E frequentemente sua reação aos eventos era de desgosto e perplexidade, principalmente quando Jesus enfrentou sua morte cruel.[153] O fato de que não se pode (como costuma ser dito) "provar a divindade de Jesus" meramente pela história faz parte do argumento de que nem mesmo sabemos o que é "divindade" até descobrirmos quem era o próprio Jesus, como todos os quatro Evangelhos insistem. Os cristãos

---

[152]Cf. também 1:68; 19:44.
[153]Lucas 24:21: "E esperávamos que ele traria a redenção a Israel".

HISTÓRIA *e escatologia*

primitivos creem que não se pode começar com uma imagem de Deus e depois tentar encaixar Jesus nela. Isso não funcionou no primeiro século, nem funcionará agora. Os Evangelhos insistem que o tema seja abordado ao contrário. Também não podemos simplesmente declarar que Jesus é "divino" com base, por exemplo, em sua ressurreição, embora a ressurreição, por si só, não fosse suficiente para confirmar esse ponto. Os mártires Macabeus, ao afirmarem que Deus os ressuscitaria dentre os mortos, não sugeriam que isso os tornaria "divinos". Também não podemos pensar que sabemos o que significa esse termo e prosseguir daí, ignorando o que os quatro livros realmente dizem. Creio que é isso que acontece tantas vezes no suposto cristianismo ortodoxo. Foi isso que deu origem aos protestos, de Reimarus ao "Simpósio de Jesus", e muito mais.

Em vez disso, quando, com ferramentas históricas, olhamos *para* e *por meio* da jornada de Jesus — para o exterior e o interior do acontecimento integralmente —, descobrimos *pontos vitais e inevitáveis* que acabam se relacionando com as grandes questões que estudaremos no capítulo 7, questões que surgem na vida humana como um todo, ao longo do tempo e das culturas. E, para enfatizar nosso argumento, o ponto não é que possamos deduzir "Deus" desses aspectos. A história por si só não é suficiente para formar a base para um apologético racionalista conservador. Uma verdadeira apologética inclui a "narrativa" maior, que é a vida cheia de espírito da igreja, o relato e a criação de símbolos pelos quais a nova criação traz cura ao mundo atual e aponta para o futuro céu e terra de Deus.

O compromisso com a tarefa histórica nos obriga a fazer um esforço determinado no sentido de reformular nossas grandes questões teológicas com base na vida real dos judeus palestinos do primeiro século. Muitos ramos da teologia cristã permaneceram satisfeitos em olhar para Jesus e para os Evangelhos pelas lentes fabricadas nos séculos seguintes. Eles tendem a aproveitar pequenas seleções dos atos e das palavras de Jesus para ilustrar conceitos teológicos posteriores, sem prestar atenção ao cenário e, em particular, ao que "o reino de Deus" (em todos os aspectos, o tema principal de Jesus) teria significado ali. Mas somente quando tentamos realizar essa tarefa — de olhar para ele em seu próprio contexto — é que descobrimos o que os quatro Evangelhos tentavam nos dizer: que, conhecendo essa pessoa

A AREIA MOVEDIÇA

profundamente humana, sua vocação, seu destino e sua repercussão surpreendente, entendemos que as problemáticas levantadas pela vida em geral (capítulo 7) e pela própria vida de Jesus, incluindo sua carreira pública e morte, são respondidas de maneira tão dramática e coerente que nos dão argumentos fortes para confirmar que essas eram as perguntas certas a fazer.

Portanto, sugiro que analisar a história do primeiro século com Jesus e seus seguidores no meio dela é uma parte necessária da vida, da teologia e do testemunho cristão saudável, e que tal testemunho, com fundamento nesse estudo, pode e deve formar a parte vital de uma "teologia natural" renovada. A história estuda eventos no mundo "natural" que têm um "exterior" e um "interior". Jesus pode e deve ser estudado dessa maneira.

CONCLUSÃO

Depois de esclarecermos os diferentes significados da palavra "história" neste capítulo, propus que tentássemos entender as formas pelas quais a confusão surgiu devido às estruturas e aos propósitos distintos nos quais as pessoas tentaram não só "fazer história", como também usar os resultados de seu trabalho em esquemas de pensamento maiores, apelando o tempo todo à "narrativa" ou descartando-a, como se o significado do termo fosse inequívoco.

Desse modo, a tarefa da história não é diferente daquela de Elias, de reconstruir o altar de YHWH que havia sido destruído (1Reis 18:19-46). Os sacerdotes de Baal — os líderes autonomeados da cultura ocidental secular — dançaram, cortando-se com suas próprias teorias, sonhando com o progresso e/ou a revolução, e ainda assim o reino não chegou. Muitos dos escritores fiéis de YHWH se retiraram para as cavernas, para a segurança de seus mundos particulares. Tomando a história de Elias como uma metáfora, agora é hora de os historiadores reassumirem a tarefa (pegando as pedras que falam do passado antigo, as evidências fundamentais) e, com elas, construírem um altar (uma narrativa que aponta genuinamente para fatos reais), impondo-lhe a invocação de "significado" que surge dessa obra. É claro que o altar será cercado por um fosso feio e largo, cheio de água. Pode parecer impossível que o sacrifício pegue fogo. Isso não é problema nosso. Nosso objetivo é

HISTÓRIA *e escatologia*

construir o altar, a verdade pública que emerge de um trabalho histórico responsável e cauteloso, mostrando, da melhor maneira possível, os significados que fazem sentido profundo e rico no primeiro século. Então, e só então, oramos para que o fogo caia.

Se isso soa como "apocalíptica", talvez seja apropriado. E nos abre caminho para o próximo capítulo.

QUATRO — O FIM DO MUNDO?
A ESCATOLOGIA E A APOCALÍPTICA NA PERSPECTIVA HISTÓRICA

INTRODUÇÃO

Qualquer um que argumentar, como já comecei a fazer, que a teologia cristã deve ancorar-se no contexto histórico e nas crenças de Jesus e de seus primeiros seguidores, deve esperar uma resposta padrão. As pessoas dirão: "Você certamente não quer dizer que devemos fingir ser apocalípticos do primeiro século, andando por aí pensando que o mundo está prestes a chegar ao fim, não é?"; e qualquer um que tente debater — como eu fiz e farei aqui — que, na verdade, Jesus e seus seguidores não esperavam o fim iminente do universo espaçotemporal pode muito bem encontrar a resposta intrigante que eu próprio recebi do falecido Eric Franklin, um de meus colegas de Oxford, quando publiquei *The New Testament and the People of God* [O Novo Testamento e o povo de Deus] em 1992. Ele começou: "Então, Tom, agora que você abandonou a escatologia...".

Não penso que, para seguir Jesus, tenhamos de imaginar que o mundo terminará amanhã. Não abandonei a escatologia. Contudo, assim como nas questões da "história" e do "historicismo" do capítulo anterior, precisamos enfrentar corajosamente a difícil tarefa de desvendar os variados sentidos que esses termos tiveram nas discussões teológicas e históricas

HISTÓRIA *e escatologia*

do século passado. E, em particular, devemos fazer um relato histórico da "escatologia" do primeiro século, aquilo em que Jesus e seus primeiros discípulos realmente acreditavam. Essa combinação de tarefas compõe a pauta do presente capítulo.

Até o momento, defendi que a questão da "teologia natural" surge no período moderno, dentro dos parâmetros mais amplos do epicurismo renovado, que tem sido a teologia aceita na "era secular". E sugeri que a problemática em si foi distorcida. O ponto do relacionamento entre Deus e o mundo — e do sentido dos termos "Deus" e "mundo" em si — depende da estrutura na qual os inserimos, e essa estrutura tem sido a turbulenta cultura ocidental moderna. Além disso, como vimos no capítulo anterior, a divisão epicurista entre céu e terra foi acompanhada pela separação imposta pelo Iluminismo entre passado e presente, gerando outras confusões em torno da própria "história". É claro que as discussões atuais sobre Jesus e seus seguidores antigos devem estar situadas no mesmo contexto cultural efervescente. A pretensão de "neutralidade" ou "objetividade" não passa disto: pretensão. No entanto, como expliquei, isso não exclui, porém clama mais urgentemente por uma abordagem crítico-realista da historiografia, reconhecendo que uma ideia como o "realismo crítico" refere-se aos mesmos debates modernos. Os resultados dessa abordagem permanecerão em diálogo com as discussões teológicas mais amplas. Afinal de contas, a teologia ainda invoca Jesus — ou pelo menos "Cristo", com vários significados — mesmo sem saber o que fazer com ele, menos ainda o que *ele* poderia fazer. O resultado foi que a teologia, incluindo a "natural", marginalizou qualquer compreensão do primeiro século sobre o próprio Jesus e sua mensagem do reino.

Isso afetou especialmente as benditas palavras "escatologia" e "apocalíptica". Todos nós reclamamos da imprecisão desses termos, mas continuamos a usá-los. Proponho aqui alguns esclarecimentos para que possamos abordar a questão que surge no segundo capítulo: se Schweitzer e Bultmann estavam errados sobre o Jesus do fim do mundo, o que dizer das expressões que parecem apontar nessa direção? Esse é o caminho necessário para voltar ao nosso tema principal. Os textos em si, lidos historicamente, mostrarão que as divisões radicais da cosmologia e da história do Iluminismo produzem falsas percepções. Acredito que as Palestras Gifford de Bultmann tenham caído nessa armadilha: se pensarmos na "narrativa" dentro de uma "sequência contínua e fechada"

O FIM DO MUNDO?

do desenvolvimento mundial epicurista, qualquer coisa relacionada a "Deus" precisa, por definição, ser totalmente separada. Por isso o termo "apocalíptica" perdeu seu sentido mais natural para identificar um gênero literário, e passou a ser utilizado como rótulo para uma espécie de visão de mundo segundo a qual Deus se insere de fora para dentro (produzindo apenas uma via de mão única, ou seja, sem possibilidade de suposições de uma "teologia natural").[1] Esse é um dos motivos pelos quais Bultmann transformou a "escatologia" em uma metáfora da experiência espiritual particular.

ESCATOLOGIA E APOCALÍTICA

INTRODUÇÃO

Acredito que toda essa discussão seja infundada, mas, antes de me concentrar no argumento textual, precisamos apontar os diferentes sentidos em que essas palavras essenciais foram usadas.[2]

ESCATOLOGIA

Sobre "escatologia", defendo e desenvolvo um pouco a análise de George Caird em seu ainda importante livro *The Language and Imagery of the Bible*.[3]

Começamos com o sentido tradicional: "as últimas coisas", ou seja, morte, julgamento, céu e inferno. A palavra foi usada pela primeira vez na Alemanha, no começo de 1800, e foi importada para os países falantes de língua inglesa no final daquele século com esse significado, que, em muitos dicionários, ainda é a única opção.

Em segundo lugar, existe a crença "historicista", conforme explicado no capítulo anterior: a "história" está "indo para algum lugar". Em 1900, a palavra "escatologia" era usada para indicar esse tipo de historicismo preditivo. Os eventos progrediam rumo a certo tipo de objetivo: o de

---

[1]Sobre "apocalíptica" no período moderno, e principalmente com referência aos estudos paulinos contemporâneos, cf. *PRI*, parte II.
[2]Acerca de minhas discussões anteriores sobre todo o tema, cf. principalmente *NTPG*, p. 280-338 e 459-64.
[3]Cf. G. B. Caird, *The Language and Imagery of the Bible*, cap. 14. Cf. também meu resumo dos diversos significados atuais em JVG, p. 208.

HISTÓRIA *e escatologia*

Hegel ou, então, de Teilhard de Chardin, ou de um resgate mais bíblico da chamada "história da salvação".

Em terceiro lugar, isso foi ofuscado pela *Konsequente Eschatology*, ou "escatologia consistente", de Albert Schweitzer, que usou o termo no sentido que ainda tem para muitos: o fim iminente do mundo.[4]

Em quarto lugar, temos a resposta da "escatologia realizada" de C. H. Dodd a Schweitzer. Jesus anunciava que o reino *já estava presente*, que havia sido "realizado".[5] Dodd eliminou os dizeres orientados ao futuro ou os moldou aos significados contemporâneos. Mais tarde, modificou sua posição, sob a influência de Jeremias, que falava de "escatologia em processo de concretização". Isso ainda deixava em aberto o que precisamente seria o reino.

Bultmann introduziu o significado de "existencialista" apresentado em suas Palestras Gifford. Essa foi uma "desmistificação" consciente de Schweitzer: sim, a língua usada pode denotar um fim real do mundo (algo em que Jesus e seus seguidores ainda acreditavam), mas eles traduziram a palavra como algo que os falantes de inglês entendem como "espiritualidade", com expectativas "horizontais" ou "temporais" transformadas em esperança surpreendente e vertical. Como Dodd, isso transformou o aparente futuro no suposto presente. Para Dodd, resumia-se a uma nova ética; para Bultmann, a uma nova "existência autêntica".[6] O luterano Bultmann, sempre desconfiado das "obras", substituiu-as por uma experiência não muito diferente do gnosticismo.[7]

Então, Caird descreve, mas sem rotular, os dois sentidos que podemos identificar histórica e confiantemente, nos quais sugiro que a pesquisa deve concentrar-se. Primeiro, há uma visão judaica bem difundida de "duas eras": a "era atual" e a "era por vir". Ao contrário do que se

---

[4]Alguns ainda usam a palavra como se esse fosse seu único significado: por exemplo, R. Morgan, "Albert Schweitzer's Challenge and the Response from New Testament Theology", p. 71-104 (72).

[5]Cf. C. H. Dodd, *Parables of the Kingdom*, e em outros lugares. Publicado em português como *As parábolas do reino*.

[6]Cf. a crítica em Moltmann, *Coming of God*, p. 13-22, criticando também Barth e Bultmann por perderem a "futuridade" do *eschaton*, enquanto procuram o "momento eterno".

[7]Então, Caird lista duas interpretações da profecia do Antigo Testamento bem conhecidas na última geração: as de Lindblom e Clements. Essas são as esperanças proféticas de que Deus "fará algo novo", e a crença providencial nos propósitos divinos é trabalhada de modo constante e gradual.

O FIM DO MUNDO?

costuma imaginar, essa teoria não é característica da chamada visão de mundo "apocalíptica" para ser diferenciada de outras formas de crenças judaicas. Foi divulgada até os rabinos, muito mais tarde, bem depois de os sonhos perigosos de reino de Barcoquebas e de livros como o de Daniel (que parecia oferecer-lhes apoio) terem sido abandonados.[8] O esquema de duas eras resume a esperança histórica e a esperança política pelo verdadeiro "retorno do exílio", o "novo êxodo" e assim por diante. Falar dessas *duas eras* não é, como as pessoas costumam supor, algo dualístico (ainda que possa ser combinado com formas de dualismo em que um "presente" esquecido por Deus será substituído por um futuro cheio dele, e alguns judeus, talvez de uma pequena seita de Qumran, podem ter levado nessa direção). Afinal de contas, o mundo atual é supostamente a criação do Deus Único e está sob seu controle providencial, com diversas teorias sendo desenvolvidas sobre a razão pela qual ele adia a condução da "era por vir", aquela em que todas as coisas serão consertadas.[9]

Onde isso se situa em relação aos outros significados? O tradicional quase não está à vista. A maioria dos judeus acreditava em algum tipo de teoria da vida após a morte, mas não nesses termos.[10] O esquema judaico das duas eras também não produz um historicismo previsível e um desenvolvimento leve (com a era por vir sendo simplesmente um prolongamento aprimorado da era atual).[11] Além disso, ele não apoia a ideia de fim do mundo, que, como sugeri no segundo capítulo e destacarei em breve, não passa de um mal-entendido moderno. Esse esquema também não permite uma "escatologia realizada", seja nos textos judaicos, seja nos Evangelhos. Mesmo quando Jesus realizava exorcismos, declarando "Se é pelo dedo de Deus que expulso demônios, é porque o

---

[8]Cf. cap. 3 e *NTPG*, 199f., sobre a desistência dos rabinos em relação à "apocalíptica" e ao "reino de Deus" — ou seja, às visões escriturísticas da revolução — em meados do segundo século.

[9]Sobre a questão do "dualismo" aqui e em outros lugares, cf. a discussão de R. Bauckham, "Dualism and Soteriology in Johannine Theology", p. 133-53, citando principalmente J. G. Gammie, "Spatial and Ethical Dualism in Jewish Wisdom and Apocalyptic Literature", p. 280-99; e *PFG*, 370f. Cf. também o artigo mais antigo de Bauckham, "The Delay of the Parousia", p. 3-36.

[10]Sobre as visões judaicas da vida após a morte nessa época, cf. *RSG*, cap. 3, 4.

[11]Cf. a crítica rigorosa desse tipo de visão em J. Moltmann, "The Liberation of the Future from the Power of History", p. 265-89.

HISTÓRIA *e escatologia*

reino de Deus já chegou a vocês",[12] a maioria dos sinais da "era por vir" (a derrota da maldade, a justiça e a paz universais) não estava presente. Da mesma forma, essa visão judaica rejeitaria a interpretação existencial, cujo sentido da presença divina talvez possa ser considerado uma condição *necessária* para o reconhecimento da chegada da era por vir, mas jamais uma condição *suficiente*. Como os críticos judeus sempre insistiram, essa era pertenceria firmemente a este mundo: uma nova ordem política e social. Seria mais do que uma ideia na cabeça das pessoas ou um sentimento caloroso no coração.

Finalmente, chegamos a um sétimo significado: a versão cristã primitiva dessa esperança judaica, explícita nos Evangelhos e em Paulo, alegando que a "era por vir" já *havia sido inaugurada* pela morte de Jesus e por sua ressurreição. Ele conquistou a vitória sobre os poderes das trevas, lidou com o pecado e trouxe a nova criação. Antecipações dessa visão já são encontradas em Qumran e em alguns outros textos judaicos pré-cristãos que acreditavam que *já* se haviam passado eventos que deveriam ser entendidos como amostras genuínas do último dia. Esse ponto de vista contém a promessa de que todas as coisas serão corrigidas no final, como em Romanos 8, 1Coríntios 15 ou Apocalipse 21 e 22. Isso inclui o que os modernos consideram efeitos "sociais" ou "políticos". As promessas do Salmo 72 não são simples metáforas para a espiritualidade ou sinais distantes para um "céu" além do espaço-tempo. São indicadores concretos das verdadeiras justiça e misericórdia.

APOCALÍPTICA

Já discuti, em outros momentos, extensivamente sobre a "apocalíptica". Recentemente, o estudioso suíço Jörg Frey me acusou de "neutralizá-la", uma declaração que contestei.[13] Para Frey e outros no continente, essa palavra ainda significa o assunto que Schweitzer e Bultmann discutiam, e qualquer negação do sentido de "fim do mundo" é vista como pretexto. Porém, mais importante, nos Estados Unidos e em uma ou duas regiões do Reino Unido — e em outros poucos lugares —, a "apocalíptica"

---

[12]Lucas 11:20. O paralelo em Mateus 12:28 traz "espírito" em vez de "dedo", mas a ideia é a mesma.

[13]Cf. aqui principalmente minha resposta a Jörg Frey em *God and the Faithfulness of Paul*, p. 743-54.

O FIM DO MUNDO?

é agora bastante usada em um contexto específico associado a J. Louis Martyn e seus seguidores, denotando uma invasão divina "verticalmente de cima", sem dar espaço para narrativas anteriores do mundo em geral ou particularmente de Israel. Esse conceito, como Frey vê corretamente, não pertence ao primeiro século: é uma invenção polêmica do século 20, resgatando algumas características iniciais de Barth, flutuando sob as cores falsas de um termo da *Religionsgeschichte* do primeiro século. Quando os teólogos tentam recuperar o significado de Martyn para dar validação bíblica a esse esquema, tudo que fazem é ver o reflexo de um rosto barthiano pálido no fundo de um poço exegético confuso.[14]

Esclareçamos mais uma vez esses significados. Começo com a visão de Martyn e de seu grupo pequeno mas firme de apoiadores: a "apocalíptica" diz respeito à revelação divina e/ou à vitória, sem antecedentes visíveis. A história falhou. Precisamos de uma nova Palavra. Em Gálatas 1:4, lemos sobre ser "salvos desta presente era perversa". Os adeptos desse pensamento citam, às vezes, Walter Benjamin sem ironia. Declarei anteriormente que isso não descreve visão alguma reconhecível do primeiro século. O próprio Barth — certamente quando já era mais maduro — rejeitaria essa visão.[15] A exegese de Gálatas proposta por Martyn é por demais falha.

Segundo, existe a visão que associamos a Weiss e Schweitzer: que o termo "apocalíptica" se refere ao fim real e iminente do mundo. Quando o texto diz: "As estrelas cairão do céu", significa exatamente isso. Qualquer um que olhar para o céu poderá ver isso acontecendo.

Terceiro, há um foco na segunda vinda: a *"parousia"* de Jesus. Isso serve como um detalhe extra dentro da ideia de um fim próximo e era o que Käsemann tinha em mente quando disse que a "apocalíptica" era "a mãe da teologia cristã". Para ele, os cristãos primitivos viviam na

---

[14]Cf. *PRI*, parte II.

[15]Com isso, refiro-me ao Barth dos volumes posteriores às suas *Church Dogmatics*, e também da *The Humanity of God*, em oposição ao Barth do primeiro comentário de Romanos. Refletindo sobre a segunda edição de tal obra, Barth sugere ao leitor em *Church Dogmatics* I/2 ter modificado seu posicionamento. Considerando que em seu comentário ele insinuou que a revelação toca o tempo "como uma tangente toca um círculo, ou seja, sem tocá-lo" (*The Epistle to the Romans*, p. 29), ele agora acredita que a revelação "não permanece transcendente ao longo do tempo, [e] não continua em um ponto, mas entra no tempo e se demora" (*CD* I/2, 50).

HISTÓRIA *e escatologia*

esperança iminente do retorno de Jesus. A próxima geração, decepcionada, reformulou tudo de modo diferente.

Em quarto lugar — a posição a que Käsemann resistia —, temos a leitura desmistificadora de Bultmann: a "apocalíptica" em termos de experiência existencial. Aqui, Jesus toma por empréstimo a *linguagem* de um fim iminente, que seus seguidores continuaram a usar no sentido literal, mas ele fez isso para se referir ao desafio existencial atemporal (e não político) de todas as pessoas a todo momento.

Em vez dessa luta interior, Käsemann viu uma batalha cósmica, que produz um quinto significado para "apocalíptica": a linguagem denota a disputa na qual os poderes não humanos declaram guerra contra Deus e seu povo. É aqui que J. L. Martyn diverge radicalmente de seu mestre. Para Käsemann, a *parousia* seria o triunfo final. Para Martyn (que tornou a ideia dos poderes cósmicos essencial para o sentido da palavra também), a vitória já havia sido conquistada na cruz.[16]

O sexto significado é o de Caird (com o apoio de muitos hoje, como, por exemplo, Christopher Rowland), que eu sigo. Acredito que a palavra "apocalíptica" é mais bem-utilizada para se referir a um *gênero*, ou ao menos a uma *forma e a um uso literário*, em que os escritores pretendem *designar* o que chamamos de realidades mundanas e *conotar* um significado teológico. Assim, um "monstro" ou uma "besta" em Daniel 7 ou Apocalipse 13 *denota* um império ou imperador pagão e *conota* as forças obscuras anti-Deus que "surgem do mar" (o lugar do caos e do mal).[17] Isso é visto nos escritos judaicos de Daniel a 4Esdras, bem como nos primeiros escritos cristãos, incluindo Apocalipse, Paulo e os Evangelhos.[18] O chamado "discurso apocalíptico" em Marcos 13 é ostensivamente sobre a queda do Templo que simbolizava e causou a união do céu e da terra. Sua destruição dificilmente poderia ser descrita, a não ser — como Jeremias já sabia — em termos de colapso cósmico.[19]

---

[16]Cf. novamente *PRI*, parte II. Isso levanta diversas outras questões não relevantes para nossa discussão atual.

[17]Cf., entre muitas fontes acadêmicas possíveis, C. C. Rowland, *The Open Heaven: A Study of Apocalyptic in Judaism and Early Christianity*; J. J. Collins, *The Apocalyptic Imagination*; e, recentemente, B. E. Reynolds e L. T. Stuckenbruck.

[18]Cf., por exemplo, J. P. Davies, *Paul among the Apocalypses?*

[19]Cf. M. Eliade, "Sacred Space and Making the World Sacred", p. 195-316, sobre como os símbolos do céu e da terra funcionam de maneira transcultural.

O FIM DO MUNDO?

Talvez minha discussão específica com Jörg Frey seja importante o suficiente para eu resumir aqui. Mantenho a opinião que já descrevi, enquanto Frey, que parece defender uma versão dos significados de "final máximo" e *"parousia"*, pode pensar que minha posição será contestada da mesma forma que a leitura existencialista de Bultmann. Entretanto, em bases históricas, nós dois rejeitamos a visão de J. L. Martyn e seus seguidores, que atualmente é popular em algumas regiões dos Estados Unidos. Ao ver minha rejeição a esse ponto de vista, Frey reagiu como se eu rejeitasse a ideia de um fim, ou talvez o desmistificasse como Bultmann. Mas, *no espectro que descrevi, a decifração não é capaz de desmistificar*. Consiste em reconhecer, por uma questão de história, o referente sociopolítico da linguagem e dar peso total à crença dos escritores de que os eventos representados dessa forma devem ser vistos como o campo de batalha dos poderes cósmicos. Assim como Frey, não estou nem modernizando, nem domesticando, tampouco neutralizando a "apocalíptica", mas, sim, interpretando-a em seu contexto histórico. Na verdade, ler sobre tal conceito *sem* suas dimensões políticas, como Bultmann fez, seria a verdadeira "neutralização".

A ESPERANÇA HISTÓRICA

O que importa realmente é a exegese histórica, conforme explicado no capítulo anterior: o esforço constante para entender os textos em seus contextos. Os escritos judaicos e cristãos antigos com os quais Weiss e Schweitzer interagiam estavam diretamente ligados às realidades deste mundo, interpretando-as — passado, presente e futuro — dentro de uma cosmologia integrada de que o Templo era o símbolo efetivo. Os autores em questão não eram dualistas, nem epicuristas ou deístas, tampouco platônicos.[20] Judeus e cristãos acreditavam na cosmologia refletida no Templo e no Sábado: céu e terra, futuro e presente, foram designados para caminhar juntos, para se sobrepor e entrelaçar. Exploraremos isso mais detalhadamente no próximo capítulo. Nunca houve uma seita ou uma escola específica de "apocalipcistas" no primeiro século. Josefo não menciona nada sobre o assunto. Essa é uma invenção moderna.

---

[20]Sobre "dualismo" nessa conexão, cf. *NTPG*, p. 252-56 e acima, p. 304, n. 9.

HISTÓRIA *e escatologia*

Talvez uma grande variedade de grupos *usasse formas apocalípticas* de vez em quando (como o próprio Jesus, por exemplo, em Marcos 13 e também nas parábolas) para expressar suas várias esperanças particulares. Contudo, nenhum desses grupos poderia ser corretamente definido como "apocalíptica".

É claro que concordo com aqueles que chamam Jesus de "profeta escatológico" ou até mesmo de "profeta apocalíptico".[21] Mas o que isso significa? As discussões vêm e vão, muitas vezes escondendo a verdade histórica. Se a escolha for entre Schweitzer e Wrede, sempre vou optar pelo primeiro. Se for entre Bultmann e os "cristãos alemães", com seus propósitos de "progresso" historicista, devemos escolher Bultmann. Entre a proposta de Käsemann de que "a apocalíptica é a mãe do cristianismo primitivo" e qualquer visão não apocalíptica da condição estável de Jesus e seus seguidores como ensinamento apenas de uma nova ética social — um ritschlianismo castigado, por assim dizer, embora um tanto radical —, optamos pela primeira. Mas, em cada ponto desse debate de cem anos, o apelo é direcionado à *história*, não no sentido historicista de um movimento progressivo inerente, mas, sim, *do que os textos do primeiro século realmente falavam*. E nesse ponto precisamos protestar. Nem Schweitzer nem Bultmann, tampouco Käsemann, entenderam bem a própria história.

A proclamação de Jesus foi sobre *algo que estava acontecendo e que iria acontecer*, de modo que o mundo seria um lugar diferente. Se é isso que entendemos por "escatologia", a palavra está, sem dúvida, correta. Essa esperança foi muitas vezes expressa no período do Segundo Templo na linguagem das escrituras, inclusive com ecos de Daniel. Se esse é o sentido que atribuímos a "apocalíptico", isso também está certo. Jesus não era simplesmente um grande mestre moral ou social. Não oferecia uma nova espiritualidade ou uma maneira de "ir para o céu". Ele falava sobre algo que estava acontecendo e que iria, de fato, acontecer, de uma vez por todas, "assim na terra como no céu". Usava uma linguagem que daria a esse "algo" um significado teológico. Mas o que seria isso?

---

[21]Cf., por exemplo, D. C. Allison, *The Historical Christ and the Theological Jesus*, p. 90-101, um breve resumo de uma visão que Allison discutiu mais detalhadamente em outro momento, por exemplo, *Constructing Jesus: Memory, Imagination, and History*, especialmente o cap. 2.

O FIM DO MUNDO?

Repetindo, a literatura "apocalíptica" usa a *linguagem* da catástrofe cósmica para se referir a *acontecimentos políticos reais*. Isaías afirmou que o sol e a lua escureceram como um símbolo da queda da Babilônia e para dar a esse evento seu significado cósmico.[22] Lembrando a queda de Jerusalém, Jeremias alertou que o mundo estava caminhando para seu estado caótico de pré-criação.[23] Profetizando o retorno ao caos, ele se preocupou por muito tempo se poderia ser um falso profeta, não porque o mundo não havia acabado, mas porque Jerusalém não havia sido destruída. Os judeus do primeiro século sabiam que era dessa forma que a linguagem funcionava. Josefo considera Daniel politicamente subversivo, enquanto 4Esdras o reinterpreta com o leão messiânico atacando a águia romana. Não há pesquisador sério dos dias atuais, nem ninguém no primeiro século, que pense que os quatro monstros marinhos de Daniel fossem o tipo de figura apresentada por David Attenborough em *Blue Planet*, então por que supor que "o filho do homem vindo nas nuvens" se referiria simplesmente a um ser humano voando pelo ar? Nenhum leitor de 4Esdras 12 imaginou um leão atacando realmente uma águia (a não ser com penas não convencionais). Sem nunca se haver envolvido genuinamente com o pensamento judaico antigo, o mundo pós-Iluminismo entendeu inevitavelmente a ação divina dentro da cosmovisão epicurista dominante e, desse modo, usou essa linguagem no sentido de "intervenção externa", resultando no fim do mundo presente. Como o Iluminismo também entendeu que o tempo estava confuso (de maneira que, agora, o passado estava inacessível, rompendo ligações com o mundo antigo que, até então, estava em vigor) e oferecia sua própria versão da escatologia em que Jesus fora, no mínimo, um dos primeiros mestres de uma "religião" aceitável, era surdo aos conceitos judaicos do primeiro século de espaço e tempo. Quando Weiss e outros declararam que a cosmologia não estava disponível ao universo moderno, o que deveriam ter dito é que não se importavam em estudar a antiga convenção literária. De qualquer forma, o Iluminismo oferecia — e continua a oferecer — a própria versão da nova escatologia, segundo a qual Jesus, na melhor das hipóteses, seria um "mestre religioso" de outras épocas.

---

[22]Cf. Isaías 13:10; 24:23; Ezequiel 32:7f.; Joel 2:10, 30s; 3:15; Amós 8:9.
[23]Cf. Caird, *Language and Imagery*, p. 259 (discutido em *PFG*, p. 168-70).

HISTÓRIA *e escatologia*

Em particular, não dava atenção aos principais temas da esperança judaica: a chegada da "nova era", com o próprio YHWH retornando em glória visível e Israel sendo finalmente resgatado do exílio. Isso nos leva, finalmente, aos textos verdadeiros que estão no centro dos debates.

ESPERANÇA RECONCEBIDA: JESUS E SEUS PRIMEIROS SEGUIDORES[24]

Aqueles que insistiram que Jesus e seus primeiros seguidores acreditavam no fim iminente do mundo se voltaram em muitos momentos para Marcos 9:1 e passagens afins: "Alguns dos que se encontram aqui não experimentarão a morte antes de verem o reino de Deus vindo poderosamente". Alinhada a isso, temos a resposta de Jesus a Caifás (Marcos 14:62), em que Marcos afirma: "Verás o 'Filho do Homem assentado à direita do Todo-Poderoso, chegando com as nuvens do céu'".

Muitas outras passagens cristãs estão ligadas a essas. Existem diversas alusões "ao fim", como 1Coríntios 15:24 ("Então chegará o fim") ou Mateus 28:20 ("Estarei sempre com vocês, até o final dos tempos"). Nesse contexto, é comum discutir um desenvolvimento potencial em Paulo: em seus escritos anteriores, ele claramente esperava "o fim", incluindo a ressurreição geral, durante sua própria vida (1Tessalonicenses 4:15; 1Coríntios 15:51-52). No entanto, após a temporada terrível que passou em Éfeso (2Coríntios 1:8-10), reconheceu que poderia muito bem morrer antes de o "dia" chegar e tentava imaginar como deveria pensar nas consequências (2Coríntios 5.1-5; Filipenses 1.20-26).[25] Mas a diferença aqui está ligada à perspectiva pessoal de Paulo, não a uma mudança de crença sobre o Fim. Pode acontecer *a qualquer momento*. A princípio, ele acreditava que isso aconteceria em sua vida, então percebeu que poderia muito bem não acontecer. Em nenhum instante do período anterior ele

---

[24]Em seguida, recorro livremente ao meu artigo "Hope Deferred? Against the Dogma of Delay", p. 37-82.

[25]Observe também as referências de Paulo ao "dia do Senhor" (1Coríntios 1:8; 2Coríntios 1:14; Filipenses 1:6, 10; 1Tessalonicenses 5:2), que parece ser uma adaptação do "dia de YHWH" bíblico. Sobre tudo isso, cf. *PFG*, p. 1078-95.

O FIM DO MUNDO?

sugere que tenha de ocorrer "dentro de uma geração" e em nenhum momento no período posterior ele expressa a ansiedade de que o Fim esteja "atrasado".

Quando se trata de ler os Evangelhos, devemos observar uma distinção entre eventos referidos como futuros *sob a perspectiva da carreira pública de Jesus* e eventos vistos como futuros *sob a perspectiva da vida cristã pós-Páscoa*. Obviamente, os primeiros foram "escritos" no mundo pós-Páscoa, mas, como acontece com muitos outros aspectos das representações de Jesus nos Evangelhos, eles se imaginam em um contexto que faria sentido no tempo de Jesus.[26] Como sabemos, algumas características principais (o reino de Deus, a "vinda do Filho do Homem", e assim por diante) são marcadas por uma restrição temporal, pelo tempo de vida de alguns observadores (Marcos 9:1) ou da geração atual (Marcos 13:30 e passagens similares). No entanto, muitas vezes, a tentativa de encontrar esses indicadores definitivos em curto prazo noutro lugar envolve pedidos especiais, como com *ho kairos synestalmenos estin* em 1Coríntios 7:29, que a NRSV traduz como "o tempo designado ficou curto", mas que, à luz de 7:26, refere-se ao "momento difícil presente" (aludindo, alguns sugeriram, à fome), que traduzi como "a situação não durará muito".[27] Os únicos pontos em todo o Novo Testamento em que encontramos alusão explícita a uma "demora" misteriosa seriam em 2Pedro 3:4-10, de forma mais notória, e, de forma mais branda, em João 21. Discuti ambos, em linhas gerais, no segundo capítulo.[28]

Isso nos deixa com duas questões centrais. Em primeiro lugar, algum texto antigo fala de uma catástrofe cósmica real? Em segundo, como os primeiros cristãos entenderam as palavras que *tinham* um limite de tempo específico, como Marcos 9:1 ou Marcos 13:30?[29]

---

[26]Cf. *NTPG*, 421f.

[27]Cf. por exemplo, Winter, *After Paul Left Corinth*, p. 216-25. Coisas parecidas poderiam ser ditas sobre Romanos 13:11 ("agora a nossa salvação está mais próxima do que estava quando passamos a crer").

[28]Cf. acima, p. 65.

[29]Uma publicação recente que toma como certo o dogma recebido e tenta contorná-lo é C. M. Hays, ed., *When the Son of Man Didn't Come: A Constructive Proposal on the Delay of the Parousia*. Diversos estudiosos se opuseram firmemente ao "dogma do atraso" ainda padrão, por exemplo, C. F. D. Moule, *The Birth of the New Testament*, 139f., 143f.; M. Hengel, *Between Jesus and Paul: Studies in the Earliest History of Christianity*, p. 184, n. 55, descrevendo o "atraso da *parousia*" como "um clichê desgastado"; Sanders, *Judaism*, p. 298,

HISTÓRIA *e escatologia*

Alguns citaram Romanos 8:18-25 como a previsão de uma convulsão cósmica. O trecho realmente considera a transformação da presente criação. Paulo usa a linguagem do Êxodo: o que Deus fez por Israel, libertando o povo do Egito de Faraó, e o que fez por Jesus, ressuscitando-o dos mortos, ele fará por toda a criação no final, salvando-a de sua "escravidão da decadência" (8:21). Paulo conecta isso, de forma bem estreita, à ressurreição definitiva, prevendo um evento real (não algo que poderia ser desmistificado em uma experiência existencial) em que o cosmos será transformado. Provavelmente, é por isso que Bultmann não pôde fazer bom uso da passagem.[30] Em breve, relacionaremos isso com 1Coríntios 15, 1Tessalonicenses 4-5, Filipenses 3:20-21 e 2Coríntios 5:1-10. Como acontece com outros paralelos, Paulo pode descrever o mesmo evento de formas diferentes, com base em imagens bíblicas, para dar significado teológico ao evento futuro.

No entanto, Romanos 8 não descreve uma *catástrofe* cósmica ou um "desastre". Esse não é o "fim do mundo" no sentido normal. A criação não será destruída, muito pelo contrário. Ela será *liberta* da destruição, da limitação rigorosa imposta pela *phthora*, a "decadência". Isso será ainda mais verdadeiro quando, no fim, Deus for "tudo em todos" (1Coríntios 15:28). Tudo isso é garantido, em Romanos 8, por duas coisas: a morte e ressurreição do Messias e o poder do espírito. Algo *aconteceu* no passado — a morte e o ressurgimento de Jesus — como resultado de que algo mais acontecerá no futuro. Há muita diferença entre uma fatalidade cósmica, em que o mundo presente deixará de existir e uma nova realidade puramente "celestial" tomará seu lugar, e um êxodo cósmico em que toda a criação será liberta da decadência. O mesmo princípio está por trás da chegada dos "novos céus e da nova terra" em Apocalipse 21. Em todo caso, *Paulo não diz nada em Romanos 8 ou em outro lugar sobre a possibilidade de uma transformação ocorrer necessariamente dentro de uma geração.* Como o ladrão no meio da noite, isso pode acontecer a *qualquer* momento.

303, 456f., e principalmente a passagem na página 368, que citei acima; J. J. Collins, como resumido em *NTPG*, 333f., e cf. as discussões mais completas nesse volume, p. 280-99, 459-64; JVG, p. 339-67; e *PFG*, p. 163-75.
[30]Cf. a discussão em *PFG*, 1.402f.

O FIM DO MUNDO?

O pensamento é ilustrado em 2Tessalonicenses 2. Aqui não vemos o que o "dia do Senhor" realmente significa, mas vemos claramente o que *não* é:

> *Peço que não se deixem abalar nem inquietar repentinamente, seja por influência espiritual, por palavra ou por carta vinda supostamente de nós, dizendo que o dia do Senhor já chegou.*
> (2Tessalonicenses 2:2)

Se o "dia do Senhor" significasse "o colapso do universo espaço--tempo", essa frase seria absurda. Ninguém esperaria ser informado, por meio do serviço postal romano ou de um dos mensageiros de Paulo, que o mundo havia acabado de chegar ao fim. Tudo o que lemos no capítulo (o prenúncio de que "o perverso será destruído pelo sopro da boca de Jesus" [2:8, fazendo alusão a Isaías 11:4] e pela "manifestação de sua *parousia*") está nesse contexto. Esses serão *eventos transformadores no universo presente*, não a destruição deste e sua substituição por uma existência "puramente sobrenatural".

Então, o que os primeiros cristãos acreditavam ser verdadeiro sobre a promessa de Jesus de um reino imediato? Se mostrássemos Marcos 9:1 e seus paralelos a Paulo, ou a questão de Marcos 13:30 referente a "esta geração" não desaparecer, o que ele teria dito? E, supondo que pedíssemos *aos próprios escritores dos Evangelhos* que explicassem o que significava, o que eles diriam?

Uma das respostas mais conhecidas a essas perguntas é que os cristãos desenvolveram uma abordagem "agora e ainda não". Algo *havia acontecido* para concretizar o reino tão esperado e algo ainda *estava prestes a acontecer* e, por meio disso, aquele reino já inaugurado alcançaria seu objetivo máximo. Muitos confiaram nessa escatologia de dois estágios nas últimas décadas. Porém, alguns ainda a acusam de ser uma invenção apologética moderna ou, na melhor das hipóteses, produto de uma mentalidade cristã do fim do primeiro século, assim que a primeira geração acabou.[31] O caso deve ser apresentado mais uma vez.

---

[31]Cf. novamente Congdon, *Rudolf Bultmann*, p. 10: a combinação da escatologia presente e futura em um esquema "já, mas ainda não" é uma "rejeição simplista do problema", criada em meados do século 20, oferecendo "uma solução fácil" que se tornou "profundamente

HISTÓRIA *e escatologia*

PRIMEIRAS TRADIÇÕES EXTERNAS AOS EVANGELHOS

Como acabei de afirmar, Paulo nunca mudou de ideia sobre o futuro "fim", apenas sobre a possibilidade de viver o suficiente para vê-lo.[32] Entretanto, o apóstolo é importante nessa discussão por muitas outras razões, principalmente porque parece usar o que muitos viam como fórmulas iniciais que resumiam o que a maioria dos seguidores de Jesus acreditava nos anos 50 e talvez ainda antes. Observamos, em particular, a abertura de Romanos, nem sempre lembrada nesse contexto. Ali, Paulo afirma, como base para toda a grande carta que virá, o fato de que Jesus já foi rotulado como "filho de Deus em poder" por sua ressurreição:

> *quanto ao seu Filho, que era descendente da carne de Davi, e foi poderosamente declarado filho de Deus, em termos do espírito de santidade, pela sua ressurreição dos mortos: Jesus, o rei, nosso Senhor! Por intermédio dele recebemos graça e apostolado para chamar à obediência pela fé todas as nações em seu nome.* (Romanos 1:3-5)

"Poderosamente declarado filho de Deus" traduz aqui, literalmente, *tou horisthentos hyiou theou en dynamei* como "declarado filho de Deus em poder", e o versículo seguinte indica que tal "poder" se refere não somente àquele que efetuou sua ressurreição, mas também àquele com o qual o "filho" foi investido, como na cena da entronização, no Salmo 2:8 ("Pede-me, e te darei as nações como herança e os confins da terra como tua propriedade"). O "poder" em questão se manifesta agora no comissionamento de Paulo para convocar as nações a uma nova lealdade, "obediência crente" ou "lealdade fiel". A adição de "em seu nome" remete a outra pequena tradição antiga, em Filipenses 2:10, que defende o mesmo argumento.

Essa linguagem, ecoando Salmos 2 e 2Samuel 7, e provavelmente já tradicional (portanto, talvez passível de ser datada no mais tardar por volta de 50 d.C.), dá uma resposta decisiva à questão de Marcos 9:1:

---

atraente por motivos óbvios", de maneira que "todos os problemas desapareceram imediatamente".
[32]Cf. *PFG*, p. 1076-85.

O FIM DO MUNDO?

sim, o reino *já veio* com poder quando Jesus ressuscitou dos mortos e enviou seus mensageiros às nações.[33] Isso não descarta o tempo futuro da teologia de Paulo, como em Romanos 2, 8 e 13. Paulo não supõe, por um momento, que o "fim" definitivo já tenha chegado. Nem esses três capítulos, com sua orientação futura, dizem algo sobre "dentro de uma geração" (o trecho 13:11 é muitas vezes considerado nesse sentido, mas, na verdade, é vago, talvez mesmo de forma intencional). Passado e futuro mostram a obrigação atual: *implementar* o "já" por meio do trabalho apostólico e, desse modo, *antecipar* o futuro próximo.

Esse conceito do reino já inaugurado por Deus aparece explicitamente em Romanos 5:12-21, a base para os capítulos 6, 7 e 8. O reinado do Messias e o de Deus por meio dele — e, com ele, de seu povo — são aqui realidades *presentes* com consequências *futuras*. Isso é retomado no clímax teológico máximo da carta no capítulo 15:7-13, onde a ressurreição já constituiu Jesus como o líder das nações, inclusive por meio da citação de Isaías 11:1,10:

> *o Messias se tornou servo dos circuncidados, para*
> *mostrar a verdade de Deus, confirmando as promessas*
> *feitas aos patriarcas, para que as nações o glorifiquem*
> *por sua misericórdia...*
> *Naquele dia as nações buscarão a Raiz de Jessé,*
> *que será como uma bandeira para os povos,*
> *e o seu lugar de descanso será glorioso.*
> (Romanos 15:8-9, citando Isaías 11:10)

Para Paulo, Jesus *já* está entronizado como o verdadeiro Senhor do mundo, em nítido cumprimento da visão do reino dos Salmos e de Isaías. Sem isso, a missão gentia, ao menos como Paulo a concebeu, não faz sentido. Isso acontece porque Jesus proclamou a soberania mundial, de modo que os não judeus podem ser legitimamente chamados a ser leais. Esse é um significado vital de sua ressurreição (ele "se levanta para governar as nações") e a base da esperança de um *futuro que ainda existe.*

---

[33]Bultmann pode ter concordado nesse ponto, já que para ele a narrativa da transfiguração que se segue (Marcos 9:2-8) era uma história incorreta de "ressurreição" planejada para "cumprir" essa previsão.

HISTÓRIA *e escatologia*

Então, a crença em um reino atual e ainda não inaugurado, por meio da exaltação do ser humano Jesus, o Messias de Israel, não é um recurso inteligente da apologética criada no final do primeiro século, muito menos em meados do século 20. Era parte do próprio evangelho apostólico inicial.

Lemos a mesma coisa em 1Coríntios 15. O resumo de abertura do evangelho declara que a morte e a ressurreição do Messias têm seu significado "segundo as escrituras", e que as passagens que Paulo cita, ou às quais faz alusão, atribuem um sentido *messiânico* e relacionado ao *reino* e ao ressurgimento de Jesus. Isso fica claro nos versículos 20-28, indicando um pensamento sólido do reino do "agora e ainda não". O Messias *já* ressuscitou. Ele *já* está reinando, e sua jornada só se completa quando todos os inimigos, inclusive a morte, forem vencidos. Paulo distingue o reino messiânico presente do tempo claramente futuro, quando Deus será "tudo em todos".

Ao longo desse capítulo, Paulo analisa Gênesis 1, 2 e 3. Sua referência a Adão é fundamental. O Messias é o modelo humano novo e generativo, por meio do qual outros "novos humanos" serão trazidos à vida de seu estado mortal atual (15:48-49). Em particular, o *domínio* do Messias deve ser visto como o cumprimento de dois salmos vitais e interligados: 110 e 8. À semelhança do que acontece nos Sinóticos e em Hebreus, ambos os salmos falam do Rei vindouro (capítulo 110) e também do verdadeiramente humano (capítulo 8).[34] Nos dois casos, o texto prevê "inimigos" sendo reprimidos pela figura real/humana. Paulo parece pretender que tal declaração no Salmo 8 seja o tema principal do parágrafo. O Salmo 8.7b afirma que Deus colocou todas as coisas sob seus pés. Na Septuaginta está escrito:

Panta hypetaxas hypokatō tōn podōn autou

— e Paulo, obviamente, tem isso em mente, tornando seu verbo principal temático em sua declaração repetida de que tudo está sendo "colocado em ordem" pelo Messias. A questão é que, quando ele cita o

---

[34]Sobre a interpretação "real" do "filho do homem" em Salmos 8, cf. meu artigo "Son of Man — Lord of the Temple? Gospel Echoes of Ps 8 and the Ongoing Christological Challenge", p. 77-96. Em Hebreus 2:5-9, o salmo é visto como *parcialmente* cumprido em Jesus. Ao discutir o Salmo 8, uso a numeração de versículos da Septuaginta.

O FIM DO MUNDO?

Salmo 8.7b, traz à tona não só Gênesis 1 e 2, mas também Daniel 7. Nesses capítulos de Gênesis, os humanos feitos à imagem divina recebem autoridade sobre as plantas e os animais. Em Daniel 7, assim como no Salmo 8, encontramos "alguém semelhante a um filho de homem", que no Salmo 8.7b foi feito inferior aos anjos, agora "coroado de glória e honra". O trecho 1Coríntios 15:20-28 como um todo, focado no texto do salmo que Paulo cita e expõe diversas vezes nessa passagem, está ligado à *exaltação de "alguém semelhante a um filho de homem" a uma posição de domínio mundial*. Com isso, mesmo sem uma menção explícita a Daniel 7, estamos em território Sinótico. Se perguntarmos a Paulo se o reino biblicamente prometido veio com poder *e se "o filho do homem" já foi elevado à autoridade mundial*, a resposta será sim.

Isso seria verdade mesmo que 1Coríntios 15 não se referisse a Daniel 7. Mas, de fato, refere-se.[35] No trecho 15:24, Paulo explica que o então reinado do Messias continuaria até que ele tivesse desempoderado "toda soberania, toda autoridade e todo poder". Isso será "o fim" (*to telos*). Daniel 7:27, em que "alguém semelhante a um filho de um homem" recebe autoridade real, é a única passagem conhecida por mim na qual lemos um conjunto realmente semelhante de ideias.[36] A expressão citada em Daniel, interpretada como "o povo dos santos do Altíssimo", agora tem toda autoridade e todo poder sujeitos a ele. Em outras palavras, quando Paulo analisa o Salmo 8 em relação à sua visão do novo Gênesis do governo do Messias, ele também tem Daniel 7 em mente, como sugerem outros aspectos da carta. *O reino poderoso de Deus já está em vigor*. Ele lembra quase a mesma coisa em 1Coríntios 4:19-21: o reino já veio em poder, e Paulo está preparado para exercê-lo, por ordem do Messias (ainda que ele passe a maior parte de 2Coríntios redefinindo mais cuidadosamente o que "poder" significa). Assim, diante da previsão de Marcos 9:1, Paulo diria: "Sim, aconteceu. O domínio de Deus veio poderosamente. É por isso que faço o que faço". Pode-se concluir o mesmo ponto com base em 1Coríntios 6:2-3: o povo do Messias *já* está qualificado para antecipar seus papéis como juízes escatológicos — incluindo de anjos — por eles serem competentes para julgar os casos

---

[35]Cf. J. T. Hewitt, *In Messiah: Messiah Discourse in Ancient Judaism and "In Christ" Language in Paul*.

[36]Há pequenas variações aqui entre a Septuaginta e Teodócio, mas o sentido é o mesmo.

HISTÓRIA *e escatologia*

terrenos. Em outras palavras, para Paulo, *a escatologia da nova criação nasceu dentro da história.*[37]

Temas e ecos bíblicos semelhantes são numerosos em Filipenses. Encontramos aqui o exemplo mais comum do que muitos consideram serem fragmentos pré-paulinos, o poema de 2:6-11. As conexões com Romanos 5 e 1Coríntios 15 são bem conhecidas. Embora alguns ainda discutam se alguma referência a Adão é intencional, parece claro que Paulo está recorrendo aos mesmos temas que as outras passagens nas quais o vínculo de Adão é explícito. Existem poucas ligações verbais com o Salmo 8, mas a sequência de pensamento é a mesma.[38] A figura humana é feita um pouco menor que Deus (ou aos anjos) e, em seguida, coroada com glória e honra, com todas as coisas sob os pés. Então, a ênfase no poema recai sobre o nome:

> *Por isso Deus o exaltou grandiosamente*
> *e lhe concedeu*
> *o nome acima de todo nome,*
>
> *para que, agora, ao nome de Jesus*
> *todo joelho no céu se dobre,*
> *e na terra e debaixo da terra,*
>
> *e toda língua confesse*
> *que Jesus, Messias, é o Senhor,*
> *para a glória de Deus, o Pai.* (Filipenses 2:9-11)

A ênfase no *nome* — que é o próprio *kyrios* ou a combinação *Kyrios Iēsous Christos* do versículo 11 — junta-se à narrativa de humilhação e

---

[37]Pode-se concentrar o debate entre Pannenberg e Moltmann sobre o significado de "dentro" aqui. Para ambos, a ressurreição é "histórica", no sentido de um acontecimento real no espaço e no tempo. A questão tende a se polarizar entre aqueles que sugerem que o evento resulta de capacidades latentes dentro da ordem criada (e, por isso, podem ser submetidos ao estudo histórico como qualquer outro acontecimento) e aqueles que o veem como resultado de uma ação divina muito recente (portanto, a princípio, não pode ser demonstrado meramente com base histórica).

[38]Suponho que Paulo esteja ao menos tomando Salmos 8:6 (8:5 EVV) como uma sequência (de uma humilhação anterior a uma exaltação subsequente), em vez de um paradoxo estático (humilhação e exaltação simultânea), embora como esteja — e talvez na interpretação joanina — a segunda seja uma leitura possível. Sou grato ao professor W. Moberly por apontar isso para mim.

O FIM DO MUNDO?

exaltação para estabelecer uma ligação poderosa com o Salmo 8, cujas frases iniciais e finais (vv. 2, 10 da LXX; v. 1, 9 da EVV) são:

> *Kyrios ho kyrios hēmōn, hōs thaumaston para onoma sou en pasē tē gē.*
> (Senhor, Senhor nosso, como é majestoso o teu nome em toda a terra!)

Portanto, pode-se dizer que o nome de *Kyrios Iēsous* já é *thaumaston*, algo admirável. De uma maneira ou de outra, é claro que o próprio poema e Paulo, em sua nova interpretação do poema (supondo que o tenha tomado por empréstimo de outra passagem, o que considero discutível), veem Jesus como o *já* exaltado *kyrios* do Salmo 8. O elemento futuro inquestionável no versículo 11 ("e toda língua *confesse*") não diz respeito ao senhorio em si, que Jesus já carrega, mas, sim, ao seu reconhecimento universal.[39]

Assim, parece que, ao longo desses três livros (Romanos, 1Coríntios e Filipenses) e pelas primeiras tradições que podem incorporar, os cristãos que as conheciam se uniriam ao próprio Paulo e declarariam tanto que *o reino já tinha vindo poderosamente*, embora fosse paradoxal, aperfeiçoado na fraqueza (2 Coríntios 12:9), como que *o Filho do Homem do Salmo 8 e de Daniel 7 já havia sido exaltado*. Essa crença pode, então, ser datada, no mínimo, nos anos 50 ou até mesmo nos anos 40. É claro que ainda restava o dia em que Jesus voltaria para ser aclamado por todos. Mas a previsão da exaltação do Filho do Homem se havia cumprido.

Obviamente, estamos no mesmo ponto em que estávamos em 1Coríntios 15:23-28. Na verdade, o mesmo quebra-cabeça cristológico surge de vez em quando: o filho se sujeitará ao pai, e agora, quando toda língua confessar o Messias Jesus como Senhor, isso será "para a glória de Deus, o pai". A igreja primitiva não parece ter-se preocupado com isso, como aconteceu com alguns teóricos posteriores. Nosso propósito aqui não é aprofundar a questão cristológica, mas simplesmente observar que, em todas essas passagens, temos a

---

[39]Esse mesmo futuro é enfatizado mais uma vez em 2:15, fazendo alusão a Daniel 12:3; cf. também os ecos tanto do poema como de Salmos 8 em Filipenses 3:20-21.

HISTÓRIA *e escatologia*

escatologia paulina clássica relacionada especificamente ao *reino presente e futuro* e também *à exaltação do Filho do Homem* como algo que já aconteceu e cujas consequências estão sendo tratadas pela missão apostólica em contraste com o dia em que todas as línguas o confessarão como *Kyrios*.

Por isso Paulo pode recorrer a textos bíblicos semelhantes ao olhar para o futuro, como, por exemplo, em 1Tessalonicenses 3:13 ou 2Tessalonicenses 1:3-10. A exaltação presente ("já") e a futura *parousia* ("ainda não") se apoiam e se explicam mutuamente. Os ecos que criaram, inclusive em trechos como Zacarias 14:5, que fala do próprio YHWH, o qual "virá com todos os seus santos", são esperados. Eles não indicam que, para Paulo ou para outros cristãos antigos, tal linguagem poderia referir-se *somente* ao evento ainda futuro.[40] Poderíamos defender esse ponto com estudos detalhados das outras cartas e, de fato, até mesmo em Hebreus. Todavia, já dissemos o suficiente para nos levar de volta aos próprios Evangelhos Sinóticos, onde está o centro do problema.

OS EVANGELHOS, O REINO E O FILHO DO HOMEM

Como os próprios escritores dos Evangelhos poderiam ter respondido à nossa pergunta, referente a se o reino realmente veio com poder nos eventos que se seguiram à morte de Jesus? Não há surpresa aqui: eu argumento que eles teriam concordado com Paulo.[41]

Todos os quatro Evangelhos abordam a história de Jesus no contexto da tão esperada volta do Deus de Israel. Mateus e Marcos apresentam João Batista por meio de referência a Isaías 40, passagem em que o arauto anuncia o retorno de YHWH.[42] Marcos acrescenta

---

[40]Contra a elegante explicação de S. Motyer, *Come, Lord Jesus! A Biblical Theology of the Second Coming of Christ*, p. 100-105. A questão merece uma discussão mais profunda.

[41]Essa discussão poderia tornar-se mais complexa, ao refletirmos sobre o significado que Mateus e Lucas atribuíam para as frases relevantes se, como muitos ainda pensam, esses Evangelhos tivessem sido escritos após o ano 70 d.C.

[42]Argumentei em *PFG*, cap. 9, que esse tema — o retorno de YHWH — foi fundamental para a cristologia primitiva. Sobre as tradições de Isaías e similares por trás dessa crença, cf. o recente C. Ehring, *Die Rückkehr JHWHs: Traditions-und religionsgeschichtliche Untersuchungen zu Jesaja 40.1–11, Jesaja 52.7-10 und verwandten Texten*.

O FIM DO MUNDO?

Malaquias 3:1, com o eco adicional de Êxodo 23:20.[43] A ideia de João como a figura de "Elias" se preparando para o Deus de Israel é enfatizada em Mateus 11, passagem e em que o próprio Cristo cita os textos relevantes. Lucas faz a mesma coisa no capítulo 7 e em outros lugares. Para ele, a jornada de Jesus a Jerusalém é a concretização da volta de Deus. Isso resulta nas advertências "apocalípticas" desastrosas sobre a destruição vindoura, "porque você não soube o momento em que Deus o visitaria" (Lucas 19:44).[44] João tem sua própria forma de dizer a mesma coisa, até porque é a mesma coisa. Os Evangelhos não "contêm" apocalíptica. No sentido do primeiro século que venho esboçando, eles *são* a apocalíptica. Isso significa que descrevem acontecimentos deste mundo, afirmando que, nesses eventos, houve a "revelação", a chegada visível de Deus. Sabemos que, como acontece com outros tipos de "revelação" e "apocalipse", muitos olhariam insistentemente e nunca veriam nada. Portanto, os Evangelhos escritos compartilham, até hoje, o paradoxo da carreira pública de Jesus. Foram escritos em um contexto pós-ressurreição, uma posição hermenêutica que exploraremos no capítulo 6. Mas o ponto é que eles não foram escritos como uma "verdade particular", para um grupo secreto. A nova criação que eles veem iniciar é o novo mundo público.

Desse modo, no que diz respeito aos escritores dos Evangelhos, YHWH voltou ao seu povo. A história do retorno do Deus de Israel assumiu a forma *da carreira messiânica e da morte de Jesus de Nazaré.* Até onde sabemos, os contemporâneos de Jesus não pensavam que um futuro "Messias" (caso uma figura assim se parecesse com ele) seria a personificação pessoal de Deus. No entanto, os evangelistas contaram a história de Cristo como um potencial pretendente messiânico, *em cujas ações e em cujo destino final eles discerniram, em retrospecto, a presença do Deus de Israel.*[45]

Isso tem sido desconsiderado há muito tempo tanto na tradição cristã como nos estudos bíblicos. O protestantismo liberal de Weiss e Schweitzer não tinha ideia da cristologia encarnacional sinótica. Os escritores britânicos que se apropriaram de seu trabalho desejavam

---

[43]Cf. a discussão em Hays, *Echoes of Scripture in the Gospels*, 22, 374f., n. 17, 22.
[44]Sobre tudo isso, cf. *JVG*, p. 348-60.
[45]Cf. N. T. Wright, "Son of God and Christian Origins", p. 120-36.

HISTÓRIA *e escatologia*

uma forma de encarnação, mas nunca a viram no contexto da volta de YHWH. Entretanto, isso coloca tudo sob uma ótica diferente.[46] O "retorno de Deus" havia assumido a forma de uma *história humana* em que agora havia uma sensação de algo já feito e de algo ainda a ser feito.

Contudo, a narrativa messiânica importava por si mesma. Os pretensos movimentos messiânicos reais nesse período sempre tiveram um elemento de "agora e ainda não". Afinal, enquanto pensarmos nas categorias do século 19, perguntando se um evento "sobrenatural" aconteceu e se, por meio dele, o mundo "natural" foi "destruído", já sabemos a resposta: ou ocorreu ou não e, como o mundo ainda persiste, a resposta é que não. Mas, se analisarmos os dois movimentos mais óbvios — de Judas Macabeus, cerca de duzentos anos antes de Jesus, e de Simeon ben Kosiba, aproximadamente cem anos depois dele —, aqui está a figura central, liderando um grupo pequeno, corajoso e determinado. Judas é comissionado por seu pai para levar a batalha adiante (1Macabeus 2:66). Ben Kosiba é saudado por Akiba, o principal rabino da época, como o verdadeiro rei, "o filho da estrela".[47] Simão Barcoquebas, como ele passa a ser conhecido, cunha moedas com o ano "1" e depois "2". Em outras palavras, *o reino de Deus já chegou*. Mas, se alguém supusesse que não havia nenhum elemento "futuro", ele e seus seguidores teriam rido, talvez amargamente. Eles tinham propósitos urgentes e perigosos. Tiveram de derrotar os romanos para reconstruir o Templo. As histórias antigas de vitória, seguidas da construção do santuário, deveriam ser cumpridas. Foi o que os macabeus fizeram, mas esse foi uma falsa alvorada. As tentativas semelhantes de Herodes foram piores. Agora eles (acreditavam que) teriam o melhor.

Mas isso não aconteceu. A Revolta de Barcoquebas entrou no terceiro ano. As moedas, em vez de um número, traziam as palavras "Liberdade de Jerusalém". Então, os romanos se aproximaram e a escatologia teve um fim rápido e triste.

Qualquer um que deseje insinuar que Jesus e seus primeiros seguidores ficaram decepcionados por esperarem por algo que não aconteceu deve olhar atentamente para Barcoquebas e para as consequências

---

[46]Cf. novamente Bauckham, "Delay of the Parousia". O tema remete a Habacuque e até ao menos os Salmos.

[47]Cf. as discussões completas em Schäfer, *Bar Kokhba War*; e Horbury, *Jewish War*.

O FIM DO MUNDO?

de seu movimento, contrastando-os com o cristianismo primitivo. Tal comparação não parece ter sido feita pela maioria dos estudiosos do fim do mundo, o que mostra apenas que eles não pensavam em termos da verdadeira história e da cultura judaica daquele período. Nesse ponto, Reimarus estava certo: o anúncio do reino de Jesus devia ser historicamente compreendido, dentro das aspirações "apocalípticas" *e, portanto, políticas* da época, ainda que essa última parte tenha sido ignorada por Weiss e Schweitzer, apesar de o segundo considerar Reimarus seu herói. *O que Reimarus disse sobre Jesus se aplica exatamente a Barcoquebas,* exceto que seus seguidores nunca fizeram o que ele afirmou que os seguidores de Jesus haviam feito, ou seja, inventar histórias sobre ele para apoiar um movimento contínuo, ainda que mudado. O que tornou Jesus diferente em sua carreira pública foi a redefinição radical do que o reino realmente significaria. O que tornou a igreja primitiva distinta de qualquer uma que sobreviveu à Revolta de Barcoquebas tem a ver com o que declarou haver acontecido em seguida. Na estrada para Emaús, os dois ficaram amargamente decepcionados, mas não continuaram assim. Então, se você negar a ressurreição de Jesus, como fez o próprio Bultmann, o que resta? Depois do fracasso de Barcoquebas, alguns pensadores judeus começaram a explorar o gnosticismo. Foi mais ou menos isso que Bultmann fez: inventou uma corrente hipotética pré-cristã inesperadamente, para lhe dar uma base aparente à sua interpretação do cristianismo primitivo. Aparentemente, algo melhor do que lidar com o mundo judaico real do primeiro século ou com a verdadeira reivindicação cristã do primeiro século sobre a ressurreição de Jesus.

É claro que há mais uma pequena dificuldade nesse argumento. Após a ressurreição e a ascensão de Jesus, e o dom do espírito, a igreja, conforme refletida no Novo Testamento, tinha consciência de haver entrado em um novo tipo de tempo de "agora e ainda não". O "agora" foi muito mais enfático do que durante a carreira pública de Jesus: algo acontecera, resultando em que o mundo inteiro era um lugar diferente e devia ser visto como tal. O evangelho já havia sido pregado, como Paulo faz com um alcance teológico impressionante, a toda criatura debaixo do céu (Colossenses 1:23). Mas Paulo escreveu essa carta, e outras semelhantes, comemorativas, da prisão. O "ainda não" era muito real, e qualquer tentativa de sugerir o contrário deveria ser confrontada com

HISTÓRIA *e escatologia*

advertências contra a complacência.[48] O surpreendente é que, apesar de todos os sinais de "ainda não" — sofrimento, perseguição, aparente fracasso, divisão interna e assim por diante —, o aspecto dominante do cristianismo primitivo não era a "esperança" (embora houvesse muita), mas a "alegria". Algo havia acontecido e mudara tudo.[49]

A redefinição de "reino de Deus" de Jesus está no centro das parábolas, embora raramente elas sejam vistas dessa maneira. Um estudioso dos Evangelhos chegou a sugerir que Jesus não tentou modificar o que "o reino" significava em seu mundo.[50] Todas essas parábolas do reino assumem um sentido de reino *e, então, explicam que ele, de fato, está vindo, mas de modo diferente, subversivo*. A esperança de Israel está se concretizando, mas não como as pessoas pensavam, como um tema que permeia os textos. Obviamente, é possível sugerir que tudo isso seja uma interpretação cristã posterior. Em outras palavras, que Jesus realmente compartilhava as aspirações normais de "reino" de seus contemporâneos, mas que a igreja primitiva abafou isso após sua morte e fez todos significarem algo diferente. Mas chega-se a um ponto em que tais argumentos começam a experimentar do próprio veneno. Como sabemos que os evangelistas reajustaram a imagem, se nossos únicos indícios dessa imagem são o que eles nos contam? Ou explicando de outra forma: se nossa evidência para o que Jesus disse está contida nesses quatro livros, e se eles se encaixaram cuidadosamente no que ele quis dizer, não temos acesso ao primeiro termo da comparação. Melhor continuar com os aspectos principais.

O tema messiânico nos Evangelhos atinge seu ápice na crucificação de Cristo. Todos os quatro livros, completamente cientes do paradoxo chocante, enxergam esse evento como a entronização real de Jesus. Esse é o ponto do *titulus* ("Rei dos Judeus") e de tudo que conduz a ele e o

---

[48]Essa é, particularmente, a tese do comentário de A. C. Thiselton (*First Epistle to the Corinthians*). Por mais que seu argumento sobre 1Coríntios possa precisar de mudanças (cf., por exemplo, R. B. Hays, *The Conversion of the Imagination: Paul as Interpreter of Israel's Scriptures*), o ponto teológico mais amplo permanece válido.

[49]Sobre a transição da "esperança" (a observação dominante entre os judeus do Segundo Templo) para a "alegria", cf. *NTPG*, parte IV.

[50]D. E. Nineham, prefácio da edição de 2000 do *Quest* de Schweitzer, p. xxiii-xxv. É claro que Nineham queria ser capaz de dizer que a língua do reino judaico antigo era uma conversa do fim do mundo, e que Jesus não tentou de forma alguma mudá-la. Isso está errado em ambos os aspectos.

O FIM DO MUNDO?

cerca. Para Mateus, é assim que "o Filho do Homem" é humilhado para depois ser glorificado (cf. a seguir). Para Marcos, ele resume a redefinição paradoxal de Jesus do próprio poder (10:35-45). Para Lucas, os poderes das trevas fazem o seu pior e Cristo os vence (22:53). Para João, "o governante deste mundo" é expulso para que Jesus, sendo "levantado", atraia todas as pessoas para si (12:31-32). Essa é a verdadeira vitória sobre o inimigo.[51] Os evangelistas sabiam perfeitamente bem que viviam em uma época de "ainda não", mas, para eles, a cruz — com seu significado revelado e esclarecido na ressurreição, ascensão e reflexão bíblica guiada pelo espírito — era um elemento vital dentro do "já" que estavam celebrando. Weiss, Schweitzer e seus seguidores estavam corretos em criticar as tentativas de "espiritualizar" o significado da mensagem de Jesus, transformando o original "escatológico" ou "apocalíptico" em um conceito de piedade, moralidade e conformismo social. O que nunca perceberam, apesar de sua admiração por Reimarus, é que Jesus não estava despolitizando o reino, mas, sim, redefinindo o poder e a própria política.

Dentro de tudo isso, todos os quatro Evangelhos indicam, de formas diferentes e convergentes, que Jesus alertava constantemente que o Templo em Jerusalém estava sob julgamento divino. Voltaremos a isso em breve, quando abordarmos Marcos 13 e as passagens afins.

Esse tema do "agora e ainda não" poderia continuar ao longo de Atos, embora aqui só exista espaço para um breve resumo. Os acontecimentos estranhos de Atos 1 e 2 parecem estar vinculados à união de uma nova forma de terra e céu — em outras palavras, com a substituição do Templo de Jerusalém, o estabelecimento atual de ambos, por um novo tipo de ligação, formada por Jesus de um lado e por seu povo cheio do espírito do outro. Por isso muitos pontos fundamentais e perigosos em Atos dizem respeito aos templos em geral (Atenas, Éfeso e assim por diante) e ao Templo de Jerusalém em particular (pensando no discurso de Estêvão e nas provações de Paulo). Tudo isso vem sob a rubrica de Atos 1:6-8, que oferece uma das declarações clássicas do "agora e ainda não" do Novo Testamento. Os discípulos perguntam a Jesus se essa é a hora em que ele restaurará o reino de Israel. Sua resposta — exatamente

---

[51]Como em Mateus 10:28 e Lucas 12:4-5.

HISTÓRIA *e escatologia*

como ocorre com as parábolas do Evangelho — é, "Sim, mas não como vocês imaginam". É por isso que os discípulos, confrontados com a perseguição, invocam o Salmo 2, que fala de sua crença de que Jesus *já* foi entronizado como o verdadeiro rei, atraindo para si a ira de Herodes e Pilatos, representando os poderes malignos do mundo e os vencendo (Atos 4:23-31). Para Lucas, Jesus já está reinando. Ele já cumpriu as promessas de estabelecer seu reino.

Então, voltamos à frase central, em Marcos 9:1: alguns dos que se encontram aqui não experimentarão a morte antes de verem o reino de Deus vindo poderosamente. Lucas (9:27) reduz isso para "antes de verem o reino de Deus". Mateus (16:28) traz Jesus dizendo que "alguns dos que se encontram aqui não experimentarão a morte antes de verem 'o filho do homem vindo poderosamente'". Essa é uma citação composta de partes de Daniel 7.[52] De que maneira Mateus entendeu esse trecho como vital? Ele pensou que deveria ser "interpretado literalmente", como uma previsão de Jesus flutuando pelo ar em uma nuvem? No momento em que escreveu seu Evangelho, ele pensava que essa ainda era uma profecia à espera de realização?

Definitivamente, não. Os gritos de protesto que fazem eco a essa resposta não atrapalham a exegese: nosso estudo de Mateus e a análise que ele fez de Daniel. Mateus é inequívoco. Ele vincula toda a sua narrativa da paixão (26:2) à previsão de que "o filho do homem" será crucificado e, quando tudo acabar, o Jesus ressuscitado declara que *agora Daniel 7 foi cumprido*:

> *Jesus se aproximou deles e declarou:*
> *"foi-me dada toda a autoridade tanto no céu como na terra.*
> *Assim, vão e façam discípulos em todas as nações, batizando-os*
> *em nome do Pai e do Filho e do Espírito Santo e ensinando-os a*
> *obedecer a tudo o que lhes mandei. E estarei sempre com vocês,*
> *até o final dos tempos".* (Mateus 28:18-20)

O reflexo de Daniel 7:14 é inconfundível:

---

[52]Especificamente, v. 13-14, 18, 22, 27.

O FIM DO MUNDO?

> Mateus tem
> *edothē moi pasa exousia en ouranō kai epi tēs gēs;*
>
> Daniel tem
> *edothē auto exousia, kai panta ta ethnē tēs gēs...*
> *auto latreuousa.*[53]

Da mesma forma, as palavras finais do Jesus retratado por Mateus (sobre sua jornada com os discípulos até o *synteleia tou aiōnos*, o "encerramento da era") respondem à ênfase de Daniel de que a *exousia* em questão será *aiōnios*, "da era" (Mateus 28:20; Daniel 7:14).[54] No que se refere a Mateus, "o filho do homem" *foi* agora exaltado em seu "reino". Claro que a escatologia está muito longe de ser finalmente "colocada em prática", mas foi bem e verdadeiramente inaugurada.

Isso é confirmado pelo relato de Mateus sobre Jesus ser ouvido diante do sumo sacerdote. Ele foi acusado de dizer que poderia destruir o Templo e reconstruí-lo em três dias. O sumo sacerdote o colocou sob juramento para declarar se ele era "Cristo, o filho de Deus" (Mateus 26:63). A resposta de Jesus reúne dois textos cristãos primitivos essenciais, com a citação do Salmo 110 mantida entre as duas partes da citação de Daniel 7:13:

> *"Disseste as palavras"*, respondeu Jesus. *"Mas eu digo a todos vós que chegará o dia em que vereis o filho do homem assentado à direita do Poder, e vindo sobre as nuvens do céu"*. (Mateus 26:64)

A frase principal aqui é "de agora em diante", *ap' arti*. Caifás não precisará esperar muito. Jesus será confirmado, entronizado como o verdadeiro rei-sacerdote do Salmo 110, exaltado como o "filho do homem" de Daniel 7 e do Salmo 8, já que Mateus entrelaçou também cuidadosamente aquela passagem do "filho" com o Salmo 110 e a predição da destruição do Templo.[55]

---

[53]Mateus: "foi-me dada toda a autoridade tanto no céu quanto na terra"; Daniel: "a ele foram dados autoridade, glória e reino; todos os povos, nações e homens de todas as línguas o adoraram".

[54]Cf. Daniel 7:27.

[55]Cf. Wright, "Son of Man-Lord of the Temple?", p. 77-96.

HISTÓRIA *e escatologia*

Lucas concorda. A principal diferença é que ele tem *apo tou nyn* em vez do *ap'arti* de Mateus, mas, à exceção disso, o sentido é o mesmo. Tanto Mateus como Lucas mostram Jesus falando de um *estado novo e duradouro de coisas*. Certamente isso será iniciado pelo evento único (embora complexo) de morte, ressurreição e ascensão de Jesus, mas o trecho relevante em Mateus e Lucas não é sobre esse evento, mas sobre o reino que terá início. "De agora em diante ele reinará." Vemos o mesmo no sermão de Pentecostes de Pedro em Atos, declarando que o Salmo 110 *já é verdadeiro* para Jesus. Ali, ainda há um "até", nesse caso "até que eu ponha os teus inimigos como degrau para os teus pés" (Atos 2:32-36).[56] Na verdade, temos um novo tipo de "agora e ainda não". Isso não pode ser uma invenção de Lucas. Corresponde ao que Paulo afirma em 1Coríntios 15, bem como a Mateus e, na verdade, ao próprio salmo.

E quanto ao próprio Marcos? Ao escrever os textos essenciais regularmente citados, ele pensava que Jesus previa uma catástrofe cósmica imediata? A resposta principal é encontrada no capítulo 13, precedida por seu relato da discussão do Salmo 110 em 12:35-37, em que Marcos, assim como Paulo e Lucas, vê Jesus como alguém que *já* cumpriu o Salmo 110. Quando o lemos em Marcos 14:62, podemos esperar que faça alusão à entronização que está prestes a acontecer.[57]

É isso que encontramos no capítulo 13. Desde as minhas contribuições anteriores,[58] o crescimento do interesse na teologia do Templo (cf. capítulo 5) fortaleceu minha visão, primeiro, de que o discurso é principalmente sobre a queda do Templo, e segundo, que, uma vez que o Templo era o lugar do céu e da terra, o *microcosmos*, sua destruição iminente estava fadada a significar mais do que o mero fracasso da esperança nacional. Do ponto de vista judaico, foi *o colapso da ordem espaçotemporal*, não no sentido de que o espaço, o tempo e a matéria literais deixariam repentinamente de existir, mas de que a ordem criada de "céu e terra" havia perdido o elemento-chave

---

[56]Cf. Atos 5:31.
[57]Na passagem, cf. o recente M. Botner, *Jesus Christ as the Son of David in the Gospel of Mark.* Sobre o Templo em Marcos, cf. especialmente T. C. Gray, *The Temple in the Gospel of Mark: A Study in Its Narrative Role.*
[58]Discuti detalhadamente em outro momento: cf. *JVG*, p. 320-67.

O FIM DO MUNDO?

que a mantinha unida. Essa linha de pensamento remete a Jeremias, para quem a destruição do santuário implicava a volta da criação ao caos primordial.

Assim como aconteceu com Jeremias, esse foi o evento que Jesus anunciou que aconteceria no espaço de uma geração. Olhando para trás, vemos sua morte, ressurreição e exaltação, a queda do Templo e a consumação ainda futura de todas as coisas, como fatos separados de uma forma que não podia ser vista quando Pôncio Pilatos era governante e Caifás, sumo sacerdote. Marcos, porém, indica que foi estabelecido um vínculo entre Cristo e o Templo, mais especificamente entre a reivindicação de Jesus acerca do reino e suas advertências contra o Templo. Marcos é tão claro quanto João, embora de forma diferente: a afirmação implícita feita por Jesus não deixa espaço para o Templo. Com o retrospecto que João destaca, o santuário cumprira seu trabalho voltado para o futuro.[59] Agora, um reduto de bandidos[60] estava pronto para a destruição.

Esse significado teria sido óbvio desde o começo de Marcos 13, se não fosse pelos versículos 24-27 bem no meio. Tais versos foram vistos por muitos como uma referência tão óbvia ao "fim do mundo" que era quase impossível lê-los como se referindo a qualquer outra coisa:

> *"O sol escurecerá como a noite*
> *e a lua não dará sua luz;*
> *As estrelas cairão do céu*
> *e os poderes do céu serão abalados.*
> *Então se verá o Filho do homem*
> *vindo sobre as nuvens em grande poder e glória".*

> *Então ele enviará seus mensageiros*
> *e reunirá os seus eleitos dos quatro ventos,*
> *dos confins da terra até os confins do céu.*
> (Marcos 13:24-27)

---

[59]João 2:18-22; cf. especialmente o v. 21 ("mas o 'templo' de que ele falava era seu corpo") e o v. 22 ("então após ressuscitar dos mortos, os seus discípulos lembraram-se do que ele havia dito, e acreditaram na Bíblia e na palavra que Jesus transmitiu").
[60]Nas palavras de Jeremias (7:11), citado em Marcos 11:17.

HISTÓRIA *e escatologia*

O Jesus de Marcos garante que esse é o evento que acontecerá "nesta geração" (13:30) — em outras palavras, aquele citado em 9:1 —, mesmo que a hora exata não seja conhecida por ninguém além do Pai (13:32).[61] No entanto, tudo o que vimos até agora de Paulo, Mateus e Lucas insiste que devemos interpretar essa linguagem no contexto da morte, ressurreição e ascensão de Jesus por um lado, e da queda do Templo (o lugar do céu e da terra) por outro.[62] Os argumentos cruciais vêm das alusões a Isaías 13 e 34 e a Daniel 7, ainda que não exista espaço aqui para os detalhes.[63] A linguagem e as imagens estavam em uso regular havia muito tempo para se referir a (o que chamamos) acontecimentos sociopolíticos e investi-los (o que poderíamos chamar) de seu significado "cósmico". Qualquer que tenha sido a pretensão de Daniel 7.1-14 em algum cenário literário anterior, é absurdo pensar que um leitor do primeiro século teria interpretado literalmente os monstros emergindo do mar, ou que lesse os versículos 13 e 14 e ignorado as visões mostradas na própria passagem, nos versículos 15-27.[64] Marcos apresentou aqui — é claro que de modo retrospectivo, mas muito cuidadoso — um conceito de *como tudo pode ter parecido de dentro da carreira pública de Jesus.*[65] Por um lado, o Jesus de Marcos acredita que ele morrerá e ressuscitará como o ápice de sua vocação para trazer o reino, e que esses eventos serão a realidade para a qual a imagem vívida de Daniel 7 (interpretada com base nos Salmos) estava apontando. O Jesus de Marcos também acredita que ele é chamado para pronunciar a condenação do Templo, de modo que, quando o local for destruído, ele será confirmado. Os dois caminham juntos. Os escritores dos Evangelhos concordam com Paulo. A morte e

---

[61]A tentativa de E. Adams, em *The Stars Will Fall from Heaven: Cosmic Catastrophe in the New Testament and Its World* (Londres: T&T Clark, 2007), p. 165, de sugerir que os eventos anteriores, de cujas gerações não passarão (Marcos 13:30), não inclui os acontecimentos dos versículos 24-27, mas apenas os dos versículos 5-23, e me parecem desesperados, principalmente em vista de "todas essas coisas" no versículo 30. Para minha resposta a Adams, cf. *PFG*, p. 167-75.

[62]Para a sugestão fascinante de que o capítulo está cheio de pistas relacionadas à narrativa da paixão vindoura, cf. PG Bolt, "Mark 13: An Apocalyptic Precursor to the Passion Narrative", p. 10-30.

[63]Cf. a discussão completa em *JVG*, cap. 8.

[64]Sobre a interpretação de Daniel 7, cf. J. E. Goldingay, *Daniel*, p. 137-93; J. J. Collins, *Daniel*, p. 274-324.

[65]Sobre as formas pelas quais as tradições do Evangelho refletem a situação de Jesus, e não a da igreja primitiva, cf. *NTPG*, 421f.

O FIM DO MUNDO?

a ressurreição de Jesus compõem sua posse poderosa e cumpridora das escrituras como rei. O mundo mudou. Israel mudou. A história mudou. Os primeiros pais da igreja concordam. Se houvesse um "problema de atraso" na segunda geração e nas seguintes, você poderia supor que eles o resolveriam. Mas eles não fazem isso.[66]

Então, aqui está a ironia das invocações atuais da "apocalíptica".[67] Assim que você diz que ela agora faz sentido para nós, já que também vivemos tempos turbulentos, mostra que não entendeu o que os primeiros cristãos diziam. Jesus não ensinava verdades gerais, nem mesmo sobre "eventos conflituosos". Como os reformadores insistiram, ele fazia algo *ephapax*, de uma vez por todas. A "apocalíptica" *não era um princípio geral sobre como as coisas acontecem no mundo*, mas, sim, o recurso bíblico para transmitir o sentido de um evento único e exclusivo, que pertencia ao seu papel *singular* e *prejudicial dentro* da narrativa da criação e da aliança. Tais palavras são vitais nessa frase. No entanto, se você diz que "apocalíptico" deve expressar "revelação vertical de cima sem conexão horizontal", descarta não só todos os textos judeus dessa linha de pensamento que dão ao termo tal base histórica que ele afirma possuir, como também as estruturas interpretativas usadas por Jesus, Paulo, os evangelistas e pelo próprio livro do Apocalipse, a "apocalíptica" máxima.

É claro que, de meados do século 19 até hoje, vemos uma enorme confusão social, cultural e teológica. Se isso exige uma forma mais revolucionária de discipulado cristão, tudo bem, mas não vamos imaginar que era sobre isso que Jesus estava falando. Antes de morrer, o verdadeiro "Jesus apocalíptico" acreditava que, nessa morte e na ressurreição que ele confiava que se seguiria, ele realizaria a obra de inauguração do reino de Deus. Seus primeiros seguidores, incluindo os escritores de cartas e evangelhos, julgavam que ele havia feito isso. Explicarei nos próximos capítulos que essa crença nos oferece uma nova base para considerar as questões maiores de Deus e do mundo.

---

[66]Cf. NTPG, p. 462-64; e, para uma visão mais ampla, B. E. Daley, *The Hope of the Early Church: A Handbook of Patristic Eschatology*. Isso é perceptível em Barn. 15.4f., em que o escritor acredita definitivamente que o "fim" virá após seis mil anos de história mundial, entendendo isso possivelmente como um longo caminho para o futuro. Cf. também T. F. Torrance, *Space, Time and Resurrection*, 153f.

[67]Cf. novamente *PRI*, parte II.

HISTÓRIA *e escatologia*

CONCLUSÃO

Já argumentei que o moderno "dogma do atraso" é totalmente falho. Jesus e seus primeiros seguidores, incluindo os escritores do Novo Testamento, não esperavam que o mundo acabasse, nem durante sua carreira pública, nem logo depois dela. Os cristãos antigos sabiam que Jesus poderia voltar a qualquer momento, mas sua ênfase mais intensa estava em outro lugar: na afirmação de que ele já havia sido entronizado como o senhor legítimo do mundo. Não houve crise de confiança ou ruído de engrenagens teológicas quando, após uma geração, Jerusalém foi destruída e Jesus não reapareceu. O erro moderno aconteceu, por uma projeção típica de preocupações contemporâneas em uma tela histórica fictícia, de decepções ou desaprovações da ideia moderna de "progresso", expressas de diversas maneiras por escritores de Kierkegaard a Nietzsche, de Barth a Walter Benjamin e tantos outros. Alguns estudos anglo-saxões acolheram bem a ideia do "atraso" como uma indicação de que as origens cristãs eram culturalmente relativas e que as principais revisões (desejadas por motivos que nada tinham a ver com o estudo histórico) eram, portanto, justificadas.[68]

O problema implícito é que sugerir que algo aconteceu no primeiro século — e que isso deveria ser considerado o auge da história mundial — vai contra a declaração comum do Iluminismo ocidental de que o clímax real da história mundial ocorreu na Europa, no século 18. Esse é o verdadeiro desafio.

Tudo isso indica três coisas. Em primeiro lugar, a nova compreensão de Jesus como um profeta apocalíptico ou escatológico judeu genuíno do primeiro século está ultrapassada e exigirá um uso muito mais preciso e cuidadoso desses dois adjetivos. Em segundo lugar, essa tarefa histórica precisa levar a sério a teologia do Templo, em que o céu e a terra não estão separados por um grande abismo, como no epicurismo, mas, sim, unidos de forma gloriosa e poderosa. Em terceiro lugar, explorar

---

[68]Veja, por exemplo, John Hick, ed., *The Myth of God Incarnate*. Keith Ward, em *Christ and the Cosmos: A Reformulation of Trinitarian Doctrine*, xii, p. 10, simplesmente repete a tradição do século 20: para os primeiros cristãos, "o mundo acabaria a qualquer momento", de maneira que nós, que sabemos que eles estavam errados, teríamos de pensar de forma diferente.

O FIM DO MUNDO?

Jesus — e, de forma suprema, sua ressurreição — à luz dessa cosmovisão abrirá novas possibilidades para falarmos mais amplamente de Deus e do mundo e, portanto, do próprio Jesus como ponto de partida e indício para as questões que dizem respeito à "teologia natural". Todo esse cenário define os objetivos. Agora delimitamos o território, principalmente em relação à "história" e à "escatologia". No próximo capítulo, começarei a construir meu argumento principal.

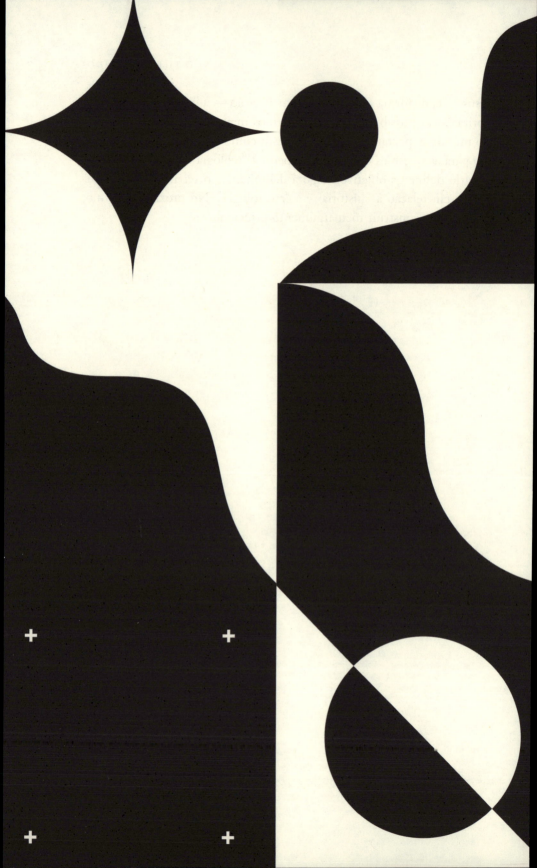

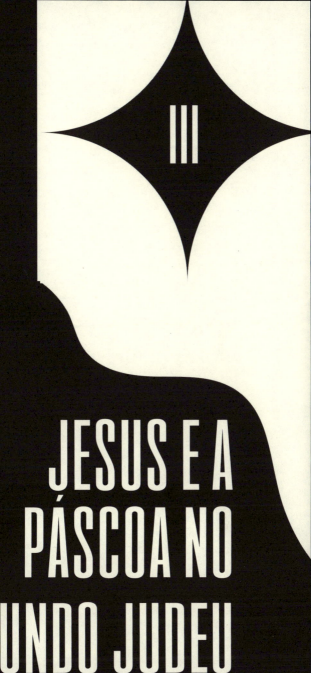

III

JESUS E A PÁSCOA NO MUNDO JUDEU

CINCO — A PEDRA QUE OS CONSTRUTORES REJEITARAM

JESUS, O TEMPLO E O REINO

INTRODUÇÃO

Chegamos agora ao momento decisivo da discussão. Vimos que o contexto cultural, político e social do pensamento ocidental nos últimos três séculos adotou (entre muitas outras coisas) um ponto de vista filosófico particular, ou seja, uma variação moderna do antigo epicurismo. Isso teve um efeito prejudicial em muitas investigações teológicas cruciais, incluindo a "teologia natural". Além disso, descartaram-se movimentos cruciais nos estudos bíblicos, especialmente a questão da escatologia cristã primitiva. Por trás disso, temos novamente a noção de "história", que foi moldada pelas mesmas pressões culturais. E, subjacente a isso, o próprio conhecimento formulado de modo equivocado. Portanto, recapitulando essa sequência: a epistemologia tentou evitar a concepção de "amor", produzindo no estudo histórico uma antítese falsa da busca por certeza racionalista de um lado e por ceticismo do outro. Jesus e

HISTÓRIA *e escatologia*

seus primeiros seguidores foram retratados defendendo uma crença no "fim do mundo iminente" que distorceu outras características. E a questão de Deus e do mundo, da qual a "teologia natural" é um aspecto, sofreu. Agora, na segunda metade deste livro, nossa missão é articular e argumentar em favor de uma visão completamente transformada e, nesse processo, propor que existem formas, à luz da Páscoa, de discutir a questão de Jesus e dessa teologia em conjunto, novamente, para o benefício de ambos.

No presente capítulo, esboçarei a cosmovisão adotada por muitos judeus do Segundo Templo segundo a qual Jesus e seus primeiros seguidores viveram, oraram, pensaram e ensinaram. Essa visão de mundo, que, em si, é radicalmente diferente de todos os tipos de epicurismo, bem como de estoicismo e platonismo, não é "antiga" a ponto de ser descartável como indisponível no mundo "moderno". Essa visão de mundo se oferece como uma forma de dar sentido às coisas, como um "imaginário social", como diria Charles Taylor. Então, no capítulo seguinte, sugerirei que a crença central dos primeiros cristãos — que Jesus de Nazaré ressuscitou fisicamente dos mortos — convida e incentiva tanto a forma comum de pesquisa histórica, em que, como propus, a "epistemologia de amor" desempenha importante papel, como uma variedade mais profunda de epistemologia histórica, uma profundidade maior de conhecimento do amor. Esse tipo de conhecimento não cancela nem ignora o conhecimento do mundo real. Em vez disso, abre a visão para uma nova criação que se sobrepõe precisamente e transforma radicalmente a criação presente sobre como, de acordo com a história, o corpo de Jesus foi transformado. Então, assim como a ressurreição de Jesus iluminou sua carreira pública e sua morte horrível, explicando significados que antes eram misteriosos, mesmo quando as coisas que ele fez e disse eram emocionantes e sugestivas, no capítulo 7 veremos que a visão no contexto da ressurreição da nova criação nos permite perceber que os sinais da presença divina e do poder dentro do mundo atual — a matéria-prima da "teologia natural" — contavam uma história verdadeira, formulavam a pergunta certa e faziam o possível para apontar na direção correta. É aqui que a história de Jesus oferece uma promessa desse novo tipo de teologia, mesmo que não se encaixe na forma culturalmente moldada como essa questão tem sido proposta nos tempos modernos. Então, assim como no capítulo final, tudo depende do círculo maior de argumentação a ser apresentado pela

A PEDRA QUE OS CONSTRUTORES REJEITARAM

visão escatológica de uma nova criação completa e pela missão da igreja que traz essa esperança aos nossos dias.

Na verdade, o que nosso estudo fez até agora foi desafiar a suposição de que as discussões modernas de "teologia natural", incluindo os termos normais de debate, são fixadas eternamente na forma que assumiram dentro da cosmovisão epicurista dominante. O epicurismo não é um modo padrão automático, nem o resultado seguro da ciência moderna: é uma percepção de mundo particular que não é suprema, mas que conquista seu espaço no mercado implícito. Pensadores de muitos contextos, assumindo muitas cosmovisões distintas, questionaram esses pontos, e não adianta o epicurista insistir que todos os oponentes possíveis devem jogar em seu campo (estudar o mundo sem fazer referência a Deus e pensar nele sem fazer referência ao mundo), com o time local sempre jogando contra o vento, a ladeira e a própria torcida.

Colocar esse ponto em prática é bem diferente de apenas dizer, como muitos modernistas conservadores fizeram, que se opõem a algo chamado "naturalismo" ao defender o "sobrenaturalismo". Esse movimento pode, então, parecer "provar" toda e qualquer conclusão cristã com antecedência. De forma implícita, aceitaria o mundo dividido do epicurista e, em seguida, afirmaria que, algumas vezes, a divindade aparentemente ausente age no mundo, ainda que de forma ilógica. Igualmente, desafiar uma estrutura epicurista não nos precipita meramente a uma escolha entre Platão e Aristóteles ou suas várias versões cristãs (Agostinho e Calvino refletindo Platão; Tomás de Aquino com Aristóteles, e assim por diante). Resta-nos uma maneira profundamente diferente de conceber as três áreas de interesse principais: a cosmologia, a escatologia e a condição humana. Esse caminho tem um caso *prima facie* considerado vital para o entendimento de Jesus e dos primeiros cristãos. Essa é a grande tradição judaica, envolvendo vários resgates das escrituras hebraicas no período do Segundo Templo e, então, enquadrando as mutações radicais que encontramos no Novo Testamento. Essa tradição, como a pedra que os construtores rejeitaram na parábola de Jesus, apresenta-se como o fundamento correto para um novo conceito cultural, político, ideológico e, acima de tudo, teológico.

Isso é ainda mais importante porque, como indica o subtítulo deste livro, toda a minha argumentação é voltada, em ângulos diferentes, para o próprio Jesus. Como vimos anteriormente, temos aqui uma ironia

HISTÓRIA *e escatologia*

óbvia. A "teologia natural" normal dos últimos dois ou três séculos insistiu, quase por definição, em manter Jesus fora do cenário. Incluí--lo (como vimos no começo deste trabalho) parece traição: ele conta como uma "revelação especial". Porém, na verdade, a acusação de "tra-paça" repercutiria naqueles que contestaram, já que — segundo suas próprias premissas, destacadas desde Reimarus e seus predecessores até o "Simpósio de Jesus" e seus semelhantes — Jesus era um ser humano genuíno, para ser entendido, como outros homens, dentro do mundo "natural", dos parâmetros históricos de seu lugar, tempo e cultura. E, se Jesus fazia parte do universo "natural" como qualquer outra pessoa — como muitos de seus "retratos históricos", produzidos exatamente den-tro do modernismo epicurista, estavam ansiosos para mostrar —, não é possível excluí-lo *a priori*. É claro que uma resposta parecida poderia ser dada aos cristãos que, por motivos apologéticos, excluem Jesus de seus argumentos teológicos iniciais (primeiro prove "Deus" e, em seguida, encaixe Jesus). Deixá-lo de lado, seja qual for o motivo, pode parecer insinuar que a palavra se refere a um ser ou um conceito bem diferente do homem real de Nazaré.

Mas, se quisermos falar de Cristo, devemos fazê-lo precisamente em relação ao *seu próprio* contexto cultural e ideológico, e não — antes de mais nada — ao nosso. Lembramos novamente que isso seria algo que o bom modernista deveria reforçar, embora esse projeto tenha sido desestabilizado, como vimos, pela teoria do fim do mundo. Por mais que possamos sentir que seu contexto cultural judaico do primeiro século é estranho ao nosso (com nossas divisões implícitas, tanto do céu e da terra, por um lado, como do passado e do presente, por outro), é aqui que a imaginação compreensiva e necessária para a tarefa histórica (semelhante, *mutatis mutandis*, à imaginação que se faz necessária nas ciências naturais) entra em jogo. Pode ser difícil entender Jesus, vê-lo da forma como seus contemporâneos o viam ou até mesmo como ele via a si mesmo. Mas tornaremos isso não só difícil, como também totalmente impossível, se fingirmos que eles, e ele, abordavam as mesmas questões que nós, mas de uma forma confusa ou equivocada. Faremos um esforço genuinamente histórico, conforme exigido por uma epistemologia do amor que insiste em permitir que o "outro" seja diferente, para observar Jesus e seus seguidores e compreender seus objetivos e intenções dentro de seu próprio mundo.

A PEDRA QUE OS CONSTRUTORES REJEITARAM

Evitar esse desafio tem sido endêmico em muitos escritos sobre Jesus nos últimos trezentos anos. Às vezes, esse movimento é desculpado por pensadores cristãos sob o argumento de que o evangelho era vinho novo, então não precisamos nos preocupar em estudar odres velhos. Por trás disso, podemos encontrar um indício ainda mais obscuro: que tais odres eram *judeus,* e nós sabemos, *a priori,* que a mensagem evangélica da graça e da liberdade era oposta ao mundo judaico da lei. Mas, se conhecemos algo sobre a carreira pública de Jesus, sabemos que ele anunciou o reino de Deus, um fato totalmente claro no cenário judaico de sua época. Para entender o que isso significava, bem como a nova interpretação que ele parece ter adotado, precisamos entrar no mundo dos judeus. Igualmente, de forma mais ampla, *a ideia de que a mensagem cristã primitiva era radicalmente nova não nos isenta de perceber o ambiente no qual essa novidade radical tinha o sentido que tinha.* Menos ainda nos dá a licença preguiçosa para ignorar a história e assumir que descobrimos, por algum outro caminho, sobre o que Jesus e seus primeiros seguidores "deviam" realmente estar falando. Portanto, defendo agora um novo resgate de elementos-chave na cosmovisão do Segundo Templo, dentro da qual as coisas surpreendentemente novas que os cristãos antigos diziam sobre cosmologia, escatologia e o que significava ser humano tiveram sua desejada repercussão.

Deixe-me prevenir, mais uma vez, que se faça uma objeção óbvia, mas agora de forma mais explícita. Alguém pode dizer que você certamente não espera que adotemos uma visão de mundo do primeiro século. Vivemos em um novo dia. Temos luz elétrica e medicina moderna. Somos pós-Copérnico, pós-Darwin, os garotos-propaganda do mundo pós-moderno. A isso, devemos responder: não, vivemos em uma forma revivida (e, sem dúvida, transformada) do antigo epicurismo, que nos condiciona a pensar em termos de um mundo dividido no qual os deuses nada têm a ver conosco, nem nós com eles. O único aspecto "moderno" em relação a isso é o fato de ser tão difundido. A cosmovisão em si não é mais "moderna" que a dos manuscritos do Mar Morto. Esqueça a retórica modernista, o esnobismo cronológico que pressupõe que todos os que vieram antes de nós eram ladrões epistemológicos. Nada do que Galileu avistou por meio de seu telescópio ou que Darwin encontrou rastejando ou grasnando nos Galápagos está relacionado à nossa discussão. Não podemos caricaturar os judeus e os cristãos

HISTÓRIA *e escatologia*

antigos como se fossem homens ingênuos das cavernas, acreditando em um universo de três dimensões: "sobrenatural" no andar de cima, "natural" no de baixo e algo ruim no subsolo. Esse esboço cosmológico superficial funciona como os primeiros mapas que tentaram representar o globo em uma folha de papel e falharam. Talvez alguns tenham "interpretado literalmente", mas esse não é o ponto mais importante. O principal aspecto é que os judeus do Segundo Templo deduziram que o céu e a terra deveriam sobrepor-se e, de fato, fizeram isso em determinados contextos. Nossa suposição moderna de um mundo dividido não significa que entendemos cosmologia e eles não, do mesmo modo que, só porque inventamos o relógio mecânico, não podemos concluir que entendemos o tempo e os antigos não. Os protestos modernistas tentam desviar nosso olhar da nudez cor-de-rosa do imperador do Iluminismo, desfilando pela rua.

O caminho a seguir se dá mais uma vez pela *história*, ou seja, a tarefa de prestar atenção às evidências antigas em seu contexto, tendo em vista uma descrição mais ampla do significado das palavras e da intenção das ações. Vivemos aqui momentos emocionantes. Novos estudos destacam o que podemos chamar vagamente de "teologia do Templo", gerando novas ideias sobre a cosmologia judaica. Eles enfatizaram também a forma como os Shabats semanais possibilitavam um tipo específico de escatologia. Essas são as coordenadas para todos os tipos de coisas, inclusive para a *antropologia*, o que implica falar de humanos dentro *desse* cosmos e *dessa* noção de tempo. A antropologia epicurista vê os homens como acidentes autônomos, formados aleatoriamente e, por fim, descartáveis, enquanto a judaica os vê como portadores de imagens, refletores de Deus, no limite perigoso entre o céu e a terra, entre o presente e o futuro. Foi mais ou menos assim que os primeiros cristãos viram Jesus. Com essa visão, oferecem-nos uma maneira de ver, *por meio* dele, como o mundo "terreno" pode ter-nos contado a verdade sobre o "céu" e como a era atual pode ter falado a verdade sobre a era por vir.

Então, acredito que os judeus do Segundo Templo em geral e os primeiros cristãos entre eles tenham assumido uma cosmologia integrada do céu e da terra, dentro da qual havia sempre a possibilidade e a esperança de uma nova criação, não como abolição e substituição, mas como transformação redentora. Eles viviam em um contexto de história, símbolo e prática em que fazia sentido pensar em alguma espécie de troca entre o céu e a terra e na possibilidade da chegada de uma nova criação — ainda que perigosa e perturbadora — dentro do presente universo. Essa forma generalizada de expor a situação precisa ser analisada em suas diferentes expressões judaicas e cristãs primitivas, mas no momento a questão se mantém.

Então, os dois principais símbolos judaicos que fundamentaram e explicaram essa cosmovisão e sua narrativa correspondente foram o Templo e o Shabat. Ambos poderiam ser — e em algumas tradições eram — ligados diretamente ao relato da criação em Gênesis 1, oferecendo uma base simbólica a qualquer possível narrativa de "nova criação". A combinação de Gênesis, do Êxodo, do Templo e do Shabat pode ser vista na história implícita de controle que surge em muitos textos bíblicos, como realmente em paralelos do antigo Oriente Próximo: a vitória sobre as forças das trevas, a entronização divina no mundo ou na casa recém-construída e, igualmente importante, o papel do rei humano tanto no triunfo como na construção. Essa narrativa segue a história que eu e outros já contamos diversas vezes do longo exílio de Israel, do desejo por um novo Templo devidamente reconstruído para o qual o YHWH finalmente voltaria em glória visível e vitoriosa, bem como do poder de resgate.

Afirmo que a evidência para algo semelhante a esse conceito como uma cosmovisão do primeiro século completamente disponível e facilmente reconhecida é contestada. O indício normalmente citado provém do Pentateuco, especificamente da suposta fonte "P", e a questão sempre se apresenta a tantas pessoas e em tantos contextos que o teriam lido assim e feito essas conexões. No entanto, os Salmos oferecem um suporte consistente em muitos níveis. A interpretação do Tabernáculo e do Templo por Filo e Josefo concede forte apoio, pelo menos, a uma sugestão de esboço. A literatura apocalíptica, de Daniel em diante, baseia-se nos mesmos símbolos e na mesma narrativa. E os rabinos trazem algumas referências importantes, embora, como sempre, esses indícios devam ser usados com cuidado.[1] Acima de tudo, o movimento cristão primitivo oferece uma grande quantidade de elementos que mostram que essa

---

[1]Uma pesquisa importante do material relevante do Segundo Templo é oferecida por R. Hayward, *The Jewish Temple: A Non-biblical Sourcebook*; e cf., por exemplo, J. M. Lundquist, *The Temple of Jerusalem: Past, Present, and Future*, p. 94-96.

HISTÓRIA *e escatologia*

combinação de representações e narrativas era básica para sua vida, fé e esperança, ainda que tivessem sido remodeladas de um modo que ninguém havia previsto. A condição aparentemente confusa desses sinais levou alguns a um grande exagero, e outros (talvez por reação?) à negação ou, ao menos, à negligência total da presença desses temas.[2]

O propósito de tudo isso precisa ser claro. Jesus e os primeiros cristãos não eram epicuristas, garantindo um cosmos em que "céu" e "terra" estavam radicalmente separados. Também não eram estoicos, vendo a presença da divindade em todas as coisas. Além disso, não eram platônicos de qualquer tipo. Assim como as escrituras de Israel, eles celebravam a bondade da criação e buscavam sua renovação. Em outras palavras, acreditavam em uma cosmologia segundo a qual o céu e a terra, embora muito diferentes, haviam sido feitos um para o outro e eram capazes, em certas circunstâncias, de se unir em um cenário no qual as circunstâncias em questão estivessem com o Templo e, depois, com a Torá.

Jesus e seus primeiros seguidores, como judeus do Segundo Templo, também acreditavam em uma escatologia da nova criação. Isso não envolvia a abolição do mundo atual e sua substituição por um totalmente diferente. Nem implicava a evolução constante de dentro dos estoicos, muito menos a "escatologia" esquiva dos platônicos concentrados no céu. Eles acreditavam na *transformação redentora* do mundo presente em um novo. Viviam dentro de um mundo de história, símbolo e práxis, no qual fazia sentido pensar na (a) troca entre o céu e a terra e na (b) possibilidade da chegada de uma nova criação — por mais perigosa e perturbadora que fosse — no mundo vigente. Essa cosmologia potencialmente integrada e essa escatologia sobreposta convergiram na ideia de (c) humanos, e talvez de um em particular, como a Imagem de Deus. Essa estrutura tripla contextualiza a proposta central deste capítulo: que

---

[2]Ainda que Margaret Barker tenha feito um trabalho impressionante ao alertar os círculos acadêmicos e populares sobre a compreensão teológica baseada no "Templo" (cf., por exemplo, M. Barker, *The Gate of Heaven: The History and Symbolism of the Temple in Jerusalem* e *Temple Theology: An Introduction*), a maioria seria cuidadosa pelo menos em relação às suas hipóteses maiores, como por exemplo, sobre o não monoteísmo israelita. Alguns expressaram cautela semelhante quanto à análise maximalista de G. K. Beale, *The Temple and the Church's Mission*, embora permaneça extremamente sugestiva. Igualmente, os temas que exploro estão mais ou menos ausentes de J. Day, ed., *Temple and Worship in Biblical Israel*; e o estudo de C. Koester, *The Dwelling of God: The Tabernacle in the Old Testament, Intertestamental Jewish Literature and the New Testament*, só os leva à conexão com Fílo e Josefo.

A PEDRA QUE OS CONSTRUTORES REJEITARAM

a visão do Novo Testamento do próprio Jesus, ainda que chocante e inesperada em seu próprio universo, tinha um significado específico *naquele* mundo, dentro do qual Jesus e seus contemporâneos renovavam as escrituras antigas, incluindo — às vezes — a descoberta de sentidos surpreendentes ali contidos. O próprio Jesus expressou perfeitamente esse equilíbrio do novo elemento inesperado que faz um sentido novo e perturbador no velho mundo: a pedra que os construtores rejeitaram se tornara a pedra angular. Isso funciona como metáfora para nossa missão geral e como metonímia para seu foco central. Isso nos obrigará a reformular a questão de Deus e da criação, que flui, por um lado, para a cristologia, e por outro, para a "teologia natural".

Se perguntássemos aos primeiros judeus seguidores de Jesus como sabiam que essa visão de mundo era a certa — sempre supondo que eles teriam compreendido a pergunta —, eles poderiam ter falado de sua visão de mundo existente como tendo sido remodelada em torno do Messias. Se fizéssemos a mesma pergunta aos primeiros seguidores de Jesus não judeus, sua resposta óbvia seria focada nele e na nova cosmovisão que haviam aprendido ao "conhecê-lo". Eles haviam sido atraídos pelo que chamavam de "amor" para um lugar de "conhecimento". Como podemos entender, a epistemologia do amor é a correlação entre a cosmologia baseada no Templo e a escatologia baseada no Shabat. Eles diriam que era assim que discerniam a alvorada, reconhecendo que o novo dia havia começado. Exploraremos o assunto em maiores detalhes no próximo capítulo. E aqueles que olhavam repetidas vezes, mas não conseguiam ver, insistiam na repreensão que Jesus tomou por empréstimo do Salmo 118: a pedra que os construtores haviam rejeitado se tornou a pedra angular.

Isso funciona em ambos os níveis. Ao rejeitarem Jesus, seus contemporâneos — os judeus e os não judeus — perderam a nova criação. Ao ignorarem a imagem do Templo, a pedra fundamental e tudo o mais, a filosofia e a teologia de nossos tempos tiveram dificuldade para falar de forma coerente do próprio Jesus. Ao marginalizar a ideia do Shabat, deixando de ver seu potencial escatológico, os exegetas e teólogos evitaram dar uma resposta óbvia a algumas das suposições estranhas sobre "escatologia" e "apocalíptica" oferecidas nos últimos dois séculos. Ao colocar o Templo e o Shabat de volta aos seus lugares, como grades de interpretação, e explorando a questão da "imagem" humana dentro

HISTÓRIA *e escatologia*

desse cenário, temos a chance de entender bem melhor muitas coisas, especialmente a maneira como nós mesmos, olhando para os indícios concretos no mundo real, podemos aprender a "discernir a alvorada".

TEMPLO, SHABAT, IMAGEM: ELEMENTOS DE UMA NARRATIVA CÓSMICA

ENCHENDO A TERRA E O TEMPLO: DA CRIAÇÃO AO TABERNÁCULO

Começamos com alguns destaques das escrituras. Salmos 72 é uma oração para que o rei de Israel cumpra o propósito de Deus, fazendo justiça e misericórdia no mundo inteiro, principalmente em relação aos indefesos e vulneráveis. O salmo termina do seguinte modo:

> *Bendito seja o Senhor Deus, o Deus de Israel,*
> *o único que realiza feitos maravilhosos.*
> *Bendito seja o seu glorioso nome para sempre;*
> *encha-se toda a terra da sua glória.*
> *Amém e amém.* (Salmos 72:18,19)

Esse tema é ecoado em Isaías 11 e Habacuque 2, que falam do *conhecimento* de YHWH, ou do *conhecimento de sua glória*, enchendo toda a terra (Isaías 11:9; Habacuque 2:14).[3] Em Isaías, assim como no salmo, esse é o resultado do governo justo e sábio do Messias. De maneira semelhante, a promessa e o aviso em Números de que a "glória do Senhor encherá toda a terra" respondem ao pânico rebelde do povo em relação ao relato dos espiões (Números 14:1-25).[4] O Senhor está irado: ele prometeu ir com eles, sua glória apareceu na Tenda do Encontro, mas eles precisam saber que essa glória é simplesmente um passo no caminho para um maior preenchimento do mundo. Os espias insinuam que a terra prometida é inatingível. YHWH rebate que é apenas um estágio na direção de uma promessa muito maior. Somos lembrados da declaração de Salomão: os céus mais altos não podem conter Deus, muito menos essa pequena casa (1Reis 8:27).

---

[3]Cf. também 2Macabeus 2:8, relacionado à reconstrução prometida do Templo, indicando como essa promessa de retorno da glória divina seria vista na época do Segundo Templo.
[4]Concentrado aqui no versículo 21.

Essa ligação entre a glória divina enchendo primeiro o Tabernáculo e, depois, toda a terra ecoa na visão de Isaías, no capítulo 6. No versículo 1, a aba da veste do Senhor enche o Templo. No verso 3, os serafins cantam que sua glória preenche todo o universo e, no verso 4, a casa está cheia de fumaça. Portanto, o "preenchimento" imediato e presente do Templo indica um "preenchimento" maior de toda a terra. Provavelmente descobrimos isso no Salmo 72, em Isaías 11 e em Habacuque 2, passagens em que a promessa da glória cósmica reflete o conceito de glória inundando o Tabernáculo do deserto, o Templo de Salomão e o novo Templo de Ezequiel. O Deus de Israel promete fazer na criação e para ela o que fez no Tabernáculo e no Templo (embora nunca fique claro quão precisamente isso possa acontecer nesses vislumbres escriturais vívidos, mas momentâneos). Observamos, mais uma vez, que isso não faz sentido na cosmologia epicurista dividida, nem atrairia o estoico, para quem a divindade permeia tudo de qualquer forma. Não seria bem-vindo para o platônico, para quem a terra, por melhor que seja a seu modo, é uma sombra descartável da verdadeira realidade e do objetivo esperado.

No entanto, essas antigas referências israelitas ao enchimento glorioso são a ponta do *iceberg*. Elas apontam para outros aspectos da notável nova onda nos estudos bíblicos que agora exploram a conexão entre o cosmos e o culto, a criação e o santuário: entre Gênesis 1 e 2, por um lado (ao menos como eram entendidos na época do Segundo Templo), e o Tabernáculo e o Templo, do outro. Aqui precisamos ter cuidado, em parte porque não sabemos em que sequência os textos foram escritos ou editados, o que nos impede de rastrear tranquilamente a influência e a dependência, e em parte porque seria fácil perder o sentido importantíssimo da *narrativa* na forma como o cenário inteiro foi lido posteriormente. Gênesis 1 e 2 trazem o começo de um *projeto*. A escatologia ou, no mínimo, um *telos*, um objetivo, está na visão do leitor desde o princípio. Então, o que importa é quanto os judeus do Segundo Templo podem ter refletido sobre os textos relevantes e como as propostas radicalmente novas dos primeiros cristãos ressoaram naquele mundo.

A proposta central, explorada por muitos hoje em dia, é que o Pentateuco oferece o que Jon Levenson, de Harvard, chama de "homologia" entre a história da criação em Gênesis 1 e a construção do Tabernáculo nos capítulos finais do Êxodo. Para ele, isso acontece em ambos os sentidos: o santuário é descrito como um "mundo" em miniatura, um

HISTÓRIA *e escatologia*

microcosmos, enquanto a criação, pelo menos nos círculos sacerdotais, era vista como um grande Templo, o palácio de Deus.[5] Alguns avisaram que devemos enxergar apenas o tráfego de mão única: Tabernáculo e Templo podem ser vistos como pequenos modelos da criação, mas isso não significa necessariamente que a própria criação era vista como um templo.[6] Aqui chegamos à questão de *Urzeit* e *Endzeit*. Os santuários estão tentando voltar à criação original ou a um suposto objetivo cósmico?

Da perspectiva do Segundo Templo, precisamos realçar duas coisas (por sinal, sem preconceito quanto às decisões sobre quando Gênesis atingiu sua forma final ou sua inserção canônica). A primeira é que todas essas fontes seriam lidas dentro da conhecida narrativa implícita direcionada ao futuro, com novos elementos sendo acrescentados a uma imagem existente sem a necessidade de supor que tudo estivesse presente em código, ou em pistas, no Gênesis. Em segundo lugar, aqueles que conheciam os textos chegariam facilmente a conclusões em ambas as direções se o original foi ou não pretendido dessa forma. Ao identificar uma semelhança familiar em uma criança, talvez você descubra que o avô pode lembrá-lo dessa criança, assim como a criança do avô, podendo até mesmo vislumbrar no avô aspectos que, antes, não havia observado.

---

[5]J. D. Levenson, *Creation and the Persistence of Evil: The Jewish Drama of Divine Omnipotence* (Princeton: Princeton University Press, 1994 [1988]), p. 86.

[6]Uma breve declaração, com uma bibliografia indicativa na época, é oferecida por R. Middleton, *The Liberating Image: The Imago Dei in Genesis 1*, 84f. Muitos dos artigos que ele cita estão agora reimpressos convenientemente em Morales, *Cult and Cosmos*. Cf. também, por exemplo, J. H. Walton, *The Lost World of Genesis One: Ancient Cosmology and the Origins Debate* e *Genesis 1 as Ancient Cosmology*; Beale, *Temple and the Church's Mission*. P. Renwick, *Paul, the Temple, and the Presence of God*, explora sugestivamente as ligações em relação a 2Coríntios 3 e as ideias judaicas sobre o Templo. O paralelo entre Gênesis 1 e as instruções para o Tabernáculo em Êxodo é observado por intérpretes judeus; cf., por exemplo. J. Klawans, *Purity, Sacrifice and the Temple: Symbolism and Supersessionism in the Study of Ancient Judaism*, p. 111-44; M. Fishbane, *Biblical Text and Texture: A Literary Reading of Selected Biblical Texts*, p. 12, citando Martin Buber, *Die Schrift und ihre Verdeutschung*, 39ff.; A. Green, "Sabbath as Temple: Some Thoughts on Space and Time in Judaism", in *Go and Study: Essays and Studies in Honor of Alfred Jospe*, ed. R. Jospe e S. Z. Fishman, p. 294-96. No entanto, o significado que Fishbane (bem como Buber) atribui a esse paralelo parece fraco e limitado: que os humanos "precisam estender e completar na terra a obra divina da criação" (10), ou que os paralelos servem para "valorizar" o Tabernáculo (11). Mais profundo ainda é o comentário de Fishbane na p. 136: "A representação histórica do passado e do futuro em termos de paradigmas cosmogônicos revela o profundo pressentimento bíblico de que toda renovação histórica é fundamentalmente um tipo de renovação mundial". Sobre questões mais abrangentes, cf. B. M. Bokser, "Approaching Sacred Space", p. 279-99.

A PEDRA QUE OS CONSTRUTORES REJEITARAM

Os ecos detalhados entre Gênesis e Êxodo, e criação e Tabernáculo, foram apresentados de diversas formas, com pontos óbvios como a Menorá no Tabernáculo refletindo tanto a Árvore da Vida em Gênesis 2 como os sete corpos celestes em Gênesis 1. Os escritores do Segundo Templo, como Filo, Josefo, os jubileus e a literatura de Enoque (de formas muito diferentes), veem o Tabernáculo e/ou o Templo e/ou sua mobília ou as vestes sacerdotais como a representação do cosmos. O tema continua com os rabinos, nos quais, como escreveu Jacob Neusner, supõe-se que o Tabernáculo "simbolize o cosmos".

Leituras atentas de textos importantes, principalmente no contexto mais amplo do antigo Oriente Próximo, provam a mesma coisa.[7] Os sete "dias" da criação foram vinculados às sete fases da construção do Tabernáculo, bem como aos sete anos de edificação do Templo de Salomão. As instruções do primeiro são concluídas com uma reafirmação do mandamento do Shabat, refletindo o encerramento do relato da criação sacerdotal. Muitos enxergaram o paralelo entre o Santo dos Santos (como o foco do Tabernáculo) e o Shabat (como o foco do tempo), o dia em que o criador "abençoou" e "santificou". Parece que o Shabat está para o tempo assim como o Santo dos Santos está para o lugar.

Tudo isso faz sentido dentro da cultura antiga mais ampla, na qual os templos eram considerados pontos de encontro entre o céu e a terra.[8] Templos eram, com frequência, vistos como montes simbólicos, refletindo talvez crenças antigas (como o Olimpo na Grécia, ou mesmo o Sinai) de que o topo da montanha, cercado por nuvens, seria a possível morada divina. Assim, o monte Sião — a localização do Templo de YHWH — é conhecido como uma montanha alta, ainda que seja apenas uma pequena colina, ofuscada por um vizinho próximo.[9] Se você não tivesse uma montanha, poderia substituir pirâmides ou zigurates.

---

[7]Cf. os textos nas notas anteriores e seguintes.
[8]Levenson, *Creation and the Persistence of Evil*, p. 74-75, 85-86. Cf. também, por exemplo, Eliade, "Sacred Space and Making the World Sacred", p. 295-316; E. Burrows, "Some Cosmological Patterns in Babylonian Religion", p. 27-48; M. Hundley, *Gods in Dwellings*, 135f.; J. M. Lundquist, "The Common Temple Ideology of the Ancient Near East", p. 49: "no antigo Oriente Próximo, até aproximadamente o final do período helenístico, havia uma linguagem e práxis rituais comuns centradas em grandes templos", citando outros estudos e trabalhos relevantes de Peter Brown, J. Z. Smith e Jacob Milgrom. Cf. também G. J. Wenham, "Sanctuary Symbolism in the Garden of Eden Story", p. 161-66.
[9]Por exemplo, Isaías 2:2-5; Miqueias 4:1-5; Salmos 48:1f.

HISTÓRIA *e escatologia*

A arca de Noé, a torre de Babel e a escada de Jacó se encaixam aqui de modos diferentes.[10] A questão de em que medida o simbolismo israelita antigo refletia uma cultura mais abrangente e até que ponto protestava contra ela é irrelevante nesse momento. O que importa é que o contexto mais amplo torna naturais todos os tipos de paralelos entre (como no título da coletânea útil de Morales) "culto e cosmos".

As comparações mais profundas surgem nos profetas e nos Salmos, na medida em que ecoam versões de uma narrativa bem conhecida do antigo Oriente Próximo. O criador vence as forças do caos aquático, então o cosmos emerge, como o monte Ararate, enquanto o dilúvio enfraquece. Assim como a arca, o santuário é construído sobre as águas ou de forma que as substitua por completo.[11] Essa narrativa entra nos textos nas histórias do Tabernáculo e do Templo. Deus domina as águas do mar Vermelho, com o Êxodo visto como um símbolo microcósmico do ato original da criação. Em ambos os relatos, as águas são empurradas de volta pelo vento e o Senhor vence os inimigos, incluindo provavelmente o deus do mar, como em Isaías 52. Na narrativa, isso conduz à construção do Tabernáculo. Na canção de Moisés e Miriã, aponta para o Templo de Salomão, no monte Sião.[12]

Em cada caso, o contexto é "descanso". A presença divina encontra-o enchendo a tenda. Então, Deus concede a Davi uma "pausa" de seus inimigos e, depois disso, ele decide construir uma casa para Deus.[13] Salomão também recebe esse "tempo" de *seus* adversários.[14] Desse modo, ele

---

[10]Gênesis 7:1-8:22; 11:1-9; 28:10-22. Para uma discussão, cf., por exemplo, sobre Noé, S. W. Holloway, "What Ship Goes There? The Flood Narrative in the Gilgamesh Epic and Genesis Considered in the Light of Ancient Near Eastern Temple Ideology", p. 202-7, comparando a arca de Noé ao Templo de Salomão, com Noé como uma figura sacerdotal; Fishbane, *Biblical Interpretation*, p. 113; Cf. também M. Fishbane, "The Sacred Center: The Symbolic Structure of the Bible", p. 289-408 (394f.), sugerindo que Noé recapitula Adão e (402) prevê Davi.

[11]Sobre esse assunto, cf. especialmente R. Luyster, "Wind and Water: Cosmogonic Symbolism in the Old Testament", p. 249-58, citando *inter alia* Salmos 89, 93, 18, 29, 104; Naum 1:4; Isaías 44:27; 11:15; 51:10. Cf. também H. G. May, "Some Cultic Connotations of *Mayyim Rabbîm*, 'Many Waters'", p. 259-72, destacando que as "águas" costumam ser uma representação mítica de inimigos humanos reais, apontando a conexão óbvia desse tema com Daniel 7 (cf. abaixo).

[12]Êxodo 15:17.

[13]2Samuel 7:1; cf. 1Coríntios 23:25, passagem em que Deus deu "descanso" ao seu povo e agora residirá em Jerusalém.

[14]1Reis 5:4. Podemos deduzir que isso também inclui lidar com ameaças ao seu próprio governo.

A PEDRA QUE OS CONSTRUTORES REJEITARAM

é capaz de prosseguir com o grande projeto, construindo a "casa" com o "mar" de bronze como parte de sua mobília, representando as águas turbulentas agora superadas, em que a glória divina vem "repousar", como no Salmo 132.[15] Salmos 2 conta a mesma história: Deus ri da fúria das nações e instala seu rei ("seu filho") na colina sagrada de Sião, convocando as nações à lealdade. Esse salmo ainda era extremamente importante no começo do cristianismo e em livros como a Sabedoria de Salomão.[16]

Toda essa construção do Templo constitui a *entronização* de YHWH: já que as águas foram dominadas, ele reinará eternamente (Êxodo 15:18). O Templo e a majestade terrestre são duas partes da mesma realidade, ambos refletindo e trazendo à real expressão o único reino de Deus. Essa realidade depende da ligação entre microcosmos e macrocosmos. Sem ela, o deus de um templo específico seria apenas uma divindade local. As narrativas e os poemas que afirmam tudo isso, construídos gradualmente ao longo de muitos séculos, reúnem-se no cânone funcional do período do Segundo Templo. Cosmos e Templo são mutuamente interpretativos.

Repetindo, isso não significa que o *Endzeit* será exatamente igual ao *Urzeit*. O relato que as escrituras parecem contar, de forma variada e como um todo, não gira em um círculo e termina no ponto em que começou. A narrativa aponta para um fim que, embora contido *in nuce* no princípio, é a realização de um projeto. O que está por vir será formado e modelado a partir da boa criação, mas não permanecerá o mesmo. Além disso, o fracasso de Gênesis 3 exige que, para que o plano alcance seu objetivo, os agentes humanos sejam resgatados. A narrativa de Israel, de Abraão em diante, vem com este detalhe: a *aliança* restaurará a *criação*, assim como o chamado de Abraão promete desfazer o *problema* de Adão e, assim, reafirmar, de um novo modo, sua *vocação*. Dentro dessa narrativa mais ampla da aliança, a destruição do Primeiro Templo é vista por Jeremias como a criação voltando ao caos. Se o Templo de Salomão foi a promessa de uma nova criação direcionada ao futuro, essa esperança se foi. No entanto, Ezequiel vislumbra a glória divina, que havia

---

[15]Cf. 132:8, 14, outros elementos na narrativa são visíveis com a alusão às dificuldades de Davi (v. 1) e seus inimigos (v. 18).
[16]Cf., por exemplo, Atos 4:25-26; Sabedoria de Salomão 1—6, com toda a narrativa das nações ímpias se enfurecendo contra o Deus verdadeiro e seu povo e, então, Deus assustando-os ao enviar seu rei e convocar os povos para aprender a sabedoria.

HISTÓRIA *e escatologia*

abandonado a antiga construção ao seu destino, voltando para encher uma casa recém-edificada. É a mesma história: o caos da Babilônia foi vencido, o Templo foi construído, os pecados do povo foram purificados e a glória pode voltar. Em vez das águas turbulentas, agora veremos água viva fluindo do santuário para renovar até mesmo o mar Morto.[17]

Portanto, tudo isso oferece uma espécie de escatologia inaugurada, não a mesma que a variedade cristã primitiva, mas também não tão diferente (mais uma vez, essas distinções se tornarão mais claras no próximo capítulo). O Tabernáculo e o Templo, situados na criação e refletindo-a, já são, para os escritores de certas passagens evocativas, indicações eficazes da intenção divina de renovar o céu e a terra e enchê-los de presença gloriosa. Terá sido fácil para os judeus do Segundo Templo, sob a pressão de tantas coisas, ignorar ou esquecer essas dicas das escrituras e, com elas, o lembrete de ver seu Deus como o criador do mundo inteiro, e não só de Israel. Esse é um ponto para o qual os cristãos antigos retornam ansiosamente. Mas as pistas estavam lá. Salomão sabia que seu Templo era apenas um pequeno modelo do trabalho de uma realidade muito mais ampla.[18] Entretanto, muitos acreditavam que o Deus de Israel se sujeitava graciosamente a habitá-lo e usá-lo como uma base de operações, um novo centro global ao qual as orações seriam direcionadas e de onde sairiam o poder divino e o resgate.

A diferença entre essa cosmovisão (de lugares especiais nos quais os mundos se sobrepõem) e nosso epicurismo predominante é óbvia. Não causa admiração o fato de termos dificuldade em entender a linguagem cristã primitiva sobre o céu e a terra e sua relação mútua, a questão de qual "teologia natural" deve ser vista como um subgrupo.

A fusão perigosa entre céu e terra é comparada com a escatologia sobreposta da "era atual" e da "era por vir". Isso aponta para nosso segundo tema. *Assim como os antigos israelitas acreditavam que o céu e a terra não estavam separados, mas, sim, sobrepostos e interligados, alguns pareciam acreditar que a era por vir poderia ser antecipada durante a era presente.* O Templo era o lugar na terra onde você se encontraria no céu. O Shabat era o momento do tempo comum no qual a nova era de Deus chegaria antecipadamente.

---

[17] Ezequiel 40-47; cf. especialmente 47:9f.
[18] 1Reis 8:27; 2Crônicas 2:6; 6:18.

O Shabat e a era por vir

Portanto, o Shabat era para o tempo o que o Templo era para o espaço.[19] Era "um tabernáculo no tempo".[20] Assim como as visões judaicas do Templo não se encaixam no cosmo dividido do epicurismo, as visões judaicas do Shabat não se enquadram na ruptura iluminista profunda entre passado, presente e futuro. O Templo falava da vida do céu atual no meio da "terra". O Shabat, da era por vir, inserindo-se nos ritmos e nas sequências dos dias atuais. Em ambos os casos, o que conta é a presença divina. As discussões dos estudiosos ocidentais sobre o culto do Templo e o respeito ao Shabat foram prejudicadas pelos muitos anos de preconceito protestante que (fundamentado pelas diversas filosofias inúteis do Iluminismo) não via nada além de "legalismo" na adoração formal ou sacrificial e no ato de guardar cuidadosamente o sétimo dia. Esse nunca foi o ponto. O Templo e Shabat pertencem um ao outro como símbolos voltados ao futuro. A nova era para a qual se voltam é a nova criação, a *concretização* do *projeto* de Gênesis 1 e 2, realizado por meio da *redenção* do fracasso de Gênesis 3. Em ambos os casos, a escatologia bíblica resiste à ideia de que, se o reino de Deus chegasse, isso significaria anular o mundo atual, ou pelo menos deixá-lo de lado.

Essa ligação estreita entre Templo e Shabat é a parte mais notável de tudo: enquanto o antigo Oriente Próximo oferece comparações com a

---

[19]Em sua obra clássica *The Sabbath: Its Meaning for Modern Man*, Abraham J. Heschel argumenta, com base em Gênesis 1, que o Sábado é primário, e o Templo, secundário, já que o tempo é mais importante que o espaço. Os Dez Mandamentos ignoram o Templo, mas dão todo o destaque possível à importância de guardar o Sábado. Mesmo realizando o desejo de Heschel de ser relevante para o mundo moderno muitos séculos depois da destruição do Templo (cf. também Green, "Sabbath as Temple", 292f.), esses são aspectos centrais para uma leitura cuidadosa de Gênesis e Êxodo. Cf. agora, por exemplo, H. Weiss, *A Day of Gladness: The Sabbath among Jews and Christians in Antiquity*, especialmente p. 25-31: para *Jubilees* e *Songs of the Sabbath Sacrifice*, "o *Shabat* se torna um prenúncio da ordem social escatológica" (p. 26). O estudo completo de L. Doering, *Schabbat: Sabbathalacha und — praxis im antiken Judentum und Urchristentum*, concentra-se em outros pontos do *Shabat*, mas observa a possibilidade de Jesus invocar um esquema *Urzeit-Endzeit* em que o Sábado seria uma amostra da era por vir: cf. p. 455f., com referências completas na p. 456, n. 327. Assim como a maioria dos eruditos cristãos, Weiss e Doering se concentram profundamente nas questões das regras judaicas a serem obedecidas e nos resgates ou reajustes dos primeiros cristãos. Quanto aos problemas históricos e textuais relacionados ao conceito bíblico de "descanso", cf. G. von Rad, "There Remains Still a Rest for the People of God", p. 94-102.
[20]W. P. Brown, *The Ethos of the Cosmos: The Genesis of Moral Imagination in the* Bible (Grand Rapids: Eerdmans, 1999), p. 131. Cf. novamente Green, "Sabbath as Temple".

HISTÓRIA *e escatologia*

ideologia do Templo, a instituição do Shabat parece distinta. Reunidos na vida de Israel, estruturaram a ideia do reino *divino*: o Templo era o *lugar no qual* Deus foi entronizado; o Shabat, a *hora* em que isso aconteceu.[21] O primeiro era onde YHWH encontraria seu "descanso", não um tempo para não fazer nada, mas o momento de seu reinado inaugurado.[22] O segundo era abençoado e sagrado, assim como o santuário interno. Isso explica por que (em uma data posterior, é claro) a Mishná sugere a leitura do Salmo 93, comemorando a vitória do Senhor sobre as águas, nas sextas-feiras, e depois do Salmo 92, celebrando a entronização de Deus, no próprio Sábado.[23] Isso é explicado mais detalhadamente em uma fala do rabino Akiba: Salmos 93 é sobre como Deus finalizou todas as suas obras "e reinou sobre eles como rei".[24] Essa é a questão. As referências ao Sábado no cristianismo primitivo são poucas, embora importantes. Mas *qualquer afirmação de que o Deus de Israel se tornou ou está se tornando rei carrega a implicação de que o verdadeiro Sábado chegou e o verdadeiro Templo está sendo construído*. Isso oferece, no mínimo, um intenso contraste com o pensamento do século 19, no sentido de que a chegada do reino de Deus significava o fim do mundo.

Outros indícios apontam que, para alguns judeus, pelo menos os Sábados semanais eram vistos como amostras e, portanto, indicadores do próximo "grande *Shabat*", o "repouso" eterno da era por vir.[25] Alguns viram isso na descrição do novo mundo (depois de um período de espera de sete dias) em 4Esdras 7:26-44, a nova criação que durará "uma semana de anos" (7:43) e é descrita em 8:52 na linguagem do Sábado eterno, o dom do "descanso".[26] Em *O primeiro livro de Adão e Eva*, o arcanjo Miguel diz a Sete para não lamentar por mais de seis dias,

---

[21]Sigo aqui Levenson, *Creation and the Persistence of Evil*, p. 108. Cf. Doering, *Schabbat*, p. 67 (embora ele negue qualquer referência escatológica), e por exemplo, A. M. Schwemer, "Gott als König und seine Königsherrschaft in den Sabbatliedern aus Qumran", p. 53.
[22]Salmos 132:8,14.
[23]mTamid 7.4.
[24]bRosh Has. 31a; Cf. também ARN 3; Mek. Exod 31:13; outras referências em A. T. Lincoln, "Sabbath, Rest and Eschatology in the New Testament", p. 198-220. Em outra tradição (Zohar Hadash Gen 2.4.22a), toda a criação, ocupada durante o resto da semana, finalmente começa a entoar o cântico de celebração no Sábado, "quando Deus subiu ao trono" (cf. L. Ginzberg, *The Legends of the Jews*, p. 1.83).
[25]Cf. T. Friedman, "The Sabbath: Anticipation of Redemption", p. 445-52; e a discussão completa de Lincoln, "Sabbath, Rest and Eschatology in the New Testament".
[26]Da mesma maneira, por exemplo, *2 Bar.* 72:2; 73:1; *Test. Dan* 5:11-12.

A PEDRA QUE OS CONSTRUTORES REJEITARAM

"porque o sétimo dia é um sinal da ressurreição, o resto da era por vir, e nele o Senhor descansou de todas as suas obras".[27] O mundo vindouro será um tipo de Sábado perpétuo: "O deleite e a alegria que marcarão o fim dos tempos serão oferecidos aqui e agora por meio do Sábado".[28] Posteriormente, alguns rabinos interpretaram retrospectivamente o conceito rigoroso do sétimo dia de Shammai no contexto de sua tentativa de fazer com que os Sábados semanais se assemelhassem ao máximo à vida do universo por vir. Desse modo, no Tosefta Shabbat 16:21, não se deve matar nem mesmo uma mariposa, pois, no mundo futuro, toda a criação viverá em harmonia.[29] Mishná Shabat 3:4 declara que, nesse dia, não se devem carregar armas, já que, na era messiânica, as espadas serão transformadas em enxadas. Na verdade, esse é um tema poderoso e abrangente na literatura rabínica, explicando (de acordo com alguns) o motivo pelo qual as regras desse dia são tão detalhadas: se "o *Shabat* é a antecipação, uma amostra, o paradigma da vida no mundo vindouro", é fundamental mantê-lo adequadamente.[30] A ligação entre o Sábado e o Templo (em ambos, alguém é trazido à presença divina de uma forma especial) é demonstrada no modo como algumas regras iniciais refletem os códigos de pureza baseados no Templo: as leis relevantes para o Templo devem aplicar-se também ao sétimo dia.[31] Portanto, o Sábado olha para *trás*, para a criação, para o *outro lado* (digamos assim) do Templo, e *para a frente*, na direção da Era Vindoura.

Muitas dessas evidências vêm do período posterior à destruição de 70 d.C. Em material anterior, os manuscritos insistem que se deve guardar rigorosamente o Sábado, mas não o interpretam de forma tão óbvia em relação à Era Vindoura.[32] Porém, parece improvável que a

---

[27]PLAE 51:2. No texto paralelo *Apoc. Mois.* 43:3, a "ressurreição" foi substituída por "a migração da terra de uma alma justa". Relacionado a tudo isso (ainda que talvez seja uma interpolação cristã?), temos 2Enoque 33:1-2, que fala da vinda do "oitavo dia" da nova criação.

[28]Friedman, "Sabbath", p. 445.

[29]PRE 18; ARN 1; então Friedman, 'Sabbath', 447f.

[30]Então Friedman, "Sabbath", p. 443. Ele sugere que os rabinos desenvolveram esse conceito por meio da meditação sobre as promessas bíblicas da criação restaurada.

[31]Cf., por exemplo, *Jub.* 50:8 (não são permitidas relações sexuais no *Shabat*). Do mesmo modo, CD 11.4b- 5a; e cf. Doering, *Schabbat*, p. 174, citando também Bokser, "Approaching Sacred Space", p. 285.

[32]Cf. CD 10-12 sobre a observância do Sábado e ShirShabb (4Q400-407: G. Vermes, ed. e trad., *The Complete Dead Sea Scrolls in English*, p. 139-41; 322-30), em que o ponto é que a liturgia terrena compartilha exatamente a celestial, de modo que (4Q405.14-15) o culto

HISTÓRIA *e escatologia*

escatologia com foco nesse assunto tenha sido uma inovação pós-70, pois ela surge muito naturalmente das próprias escrituras. Levenson argumenta que, para os judeus antes e depois da destruição, o Sábado tinha um "significado cosmogônico", uma vez que, nele, a criação é "completada, consumada e sutilmente reencenada", de maneira que "a renovação anual do mundo se tornou um evento *semanal*", bem como uma recriação do Êxodo.[33] Portanto, o sétimo dia tornou-se "uma celebração semanal da criação do mundo, a entronização incontestável de seu criador e a comissão fascinante da humanidade como administradora obediente da criação".[34]

Essa visão do Sábado pode ser ampliada para incluir os grandes festivais, principalmente, é claro, a Páscoa.[35] Também olham para trás, para os acontecimentos fundamentais na história de Israel (que, por sua vez, estão intimamente ligados à criação), e ao mesmo tempo para a conclusão prometida, o "descanso" final, o Grande *Shabat*, promovido pelo Ano Sabático e pelo Ano do Jubileu.[36] E, entre os sinais de uma narrativa mais longa para a ideia do Sábado como um marcador escatológico, estão as maiores propostas sobre períodos históricos baseados no sétimo dia, todos apontando para o futuro *eschaton*. É claro que, como já era de se esperar, em *Jubileus*, lemos o Senhor contando a Moisés o que acontecerá "nas semanas de anos e nos jubileus até a eternidade, até eu descer e habitar com eles por toda a eternidade", com esses anos e jubileus inscritos em tábuas detalhando o número completo "do tempo da criação até o dia da [nova] criação, quando os céus e a terra devem ser renovados de acordo com os poderes do céu, e de acordo com toda a criação da terra, até o Santuário do Senhor, que deve ser feito em Jerusalém, no monte Sião".[37] Esses jubileus passarão até que Israel esteja

---

constitui uma entrada no verdadeiro Templo. No entanto, cf. Weiss, "A Day of Gladness", que vê o significado escatológico também em Qumran.

[33]Levenson, *Creation and the Persistence of Evil*, p. 77, 82: a história e a cosmologia trabalham juntas.

[34]Ibidem, p. 120, itálicos originais.

[35]Ibidem, p. 82; cf. também S. Bacchiocchi, "Sabbatical Typologies of Messianic Redemption", p. 153-76 (166f). Doering, *Schabbat*, p. 111, observa que o calendário de 364 dias dos *Jubileus* abriu uma vantagem: as principais festas jamais aconteceriam em sábados comuns.

[36]Cf. Bacchiocchi, "Sabbatical Typologies of Messianic Redemption", 170f., ligando essas instituições de volta ao *Shabat* e à futura redenção messiânica.

[37]*Jub.* 1:26, 29.

A PEDRA QUE OS CONSTRUTORES REJEITARAM

finalmente purificado do pecado e possa habitar na terra purificada.[38] Ideias semelhantes são encontradas em outros lugares, especulando que os "dias" da criação representarão mil anos, frente aos seis mil anos de história mundial antes do Grande Sábado, que logo chegará.[39]

Essa ideia de uma criação de seis milênios é uma forma de expressar isso, uma vez que foi retomada em alguns escritos cristãos primitivos.[40] Outro modo de dizer algo semelhante, que parece ter sido bastante popular no período do Segundo Templo, é a ideia de um grande Jubileu: não só sete vezes sete, resultando no ano sabático como em Levítico 25, mas *setenta vezes* sete:

> *Setenta semanas estão decretadas para o seu povo e sua santa cidade para acabar com a transgressão, para dar fim ao pecado, para expiar as culpas, para trazer justiça eterna, para cumprir a visão e a profecia, e para ungir o santíssimo.*[41]

Eu e outros argumentamos incansavelmente em outro momento que essa é a passagem citada por Josefo em sua explicação de um levante em 66 d.C., como "um oráculo em suas escrituras" que previa que, "naquela época, surgiria um governante mundial da Judeia".[42] Um trecho de Qumran liga esse texto a outros de Levítico, Deuteronômio e Isaías, formando um composto de escatologia "sabática" e profecia

---

[38]*Jub.* 50:5; então, o livro termina com um aviso sério e detalhado sobre a importância de se guardar o Sábado. Essa ideia da terra purificada é "traduzida" por Paulo em Romanos 8 para a ideia da "herança", que é toda a criação redimida. Cf. *PFG*, 366f., p. 635, 659, 730.

[39]Variações disso: *Jub.* 50:5-11; *2En.* 33:2 (embora esse possa ser um acréscimo cristão); e bSanh. 97a. Cf. mais Lincoln "Sabbath, Rest and Eschatology in the New Testament", p. 200.

[40]Cf., por exemplo, 2Pedro 3:8. A *Carta de Barnabé* explica cuidadosamente (15:4-8) que o Sábado judaico é irrelevante neste momento, porque Gênesis 2:2 é uma profecia de uma criação de seis mil anos seguida pelo julgamento, após o qual Deus realmente "descansará", assim como aqueles que o evangelho santificou e que agora celebram o "oitavo dia" por causa da ressurreição e da ascensão de Jesus (15:9). A carta continua explicando que o Templo de Jerusalém, agora destruído, nunca foi a morada real de Deus, e que a igreja, renovada por meio do arrependimento e da fé, é habitada por ele, sendo, portanto, um "templo espiritual" (16:1-10).

[41]Daniel 9:24. Traduções alternativas da última frase incluem "um santíssimo". Outras ocorrências óbvias de multiplicação de "setes" para realçar a integridade incluem Gênesis 4:24; Mateus 18:21f.

[42]Cf. especialmente *NTPG*, p. 312-17; *PFG*, 116f., p. 130, 142f., p. 293, 1065 e as demais literaturas citadas.

HISTÓRIA *e escatologia*

messiânica.[43] E isso consolida firmemente o tema mais amplo do Shabat como marcador escatológico no mundo judaico do Segundo Templo, produzindo um foco particular e óbvio, quando, então, Jesus declara que "o tempo chegou, e o reino de Deus se aproxima".

Dessa maneira, Templo e Sábado caminham juntos, apontando para o propósito divinamente pretendido. Podem ser vistos como presentes do futuro de Deus, como os frutos que os espias trouxeram como uma amostra literal da terra prometida.

É claro que não estou sugerindo que "todos os judeus", nos dias de Jesus ou em qualquer outro momento, vissem as coisas assim. Meu argumento aqui é duplo. Em primeiro lugar, essa forma de interpretar o Templo e o sétimo dia explica por que a abordagem do Iluminismo tanto para o lugar como para o tempo estava fadada a ser mal entendida e distorcida em relação ao que o Novo Testamento estava dizendo. Não porque os primeiros judeus e cristãos viviam no mundo antigo e nós no moderno, mas porque o epicurismo, tanto em sua forma antiga como na mais recente, exclui tanto a visão judaica como a cristã primitiva por aspectos filosóficos. No entanto, em segundo lugar, isso nos ajuda a entender melhor o que os primeiros cristãos disseram sobre a ressurreição de Jesus — o tema do nosso próximo capítulo — e como isso pode levar a uma nova visão da "natureza", por um lado, e uma nova compreensão das questões em torno da "teologia natural", por outro.

Nossa preocupação mais imediata agora é com a inclusão da *antropologia* nessa cosmologia do Templo e na escatologia do Sábado. Aqui enfrentamos mais uma vez o desafio contemporâneo. O epicurismo agora, como antes, vê os humanos como autônomos e perecíveis: coma, beba e seja feliz, pois amanhã você morrerá. O platonismo, usado por muitos cristãos para aliviar sua condição epicurista, responde: "Ah, mas eu tenho uma alma imortal e ela deixará este mundo e voltará para seu lar no céu". Outras propostas contemporâneas, como o cinismo ou o existencialismo, também pertencem a eles. Porém, os primeiros cristãos falaram em ser "renovados no conhecimento segundo a imagem do criador". O papel dos humanos em geral, e de um especificamente,

---

[43]Cf. o uso de Levítico 25:13; Deuteronômio 15:2; Isaías 52:7; 61:1 em 11QMelch: cf. Bacchiocchi, "Sabbatical Typologies of Messianic Redemption", 175f., referindo-se a outras discussões.

é radicalmente diferente do que nossa cultura, incluindo nossa suposta cultura cristã, imaginou.

A VOCAÇÃO DE SER À SUA IMAGEM

Ainda há mais a ser entendido em Gênesis 1, se for lido da maneira como sugiro. Em particular, há o lugar dos seres humanos, "feitos à imagem de Deus", em Gênesis 1:26-28. Como muitos escritores destacaram, tomando como base os mil anos de especulação sobre qual aspecto da humanidade é enfatizado como aquele que compartilha a semelhança divina, isso deve ser interpretado dentro do conceito de Gênesis como Templo: a "imagem" da divindade é a última peça colocada dentro do santuário interno.[44] Esse ponto é tão forte que, mesmo sem os paralelos com a construção do templo no antigo Oriente Próximo, podemos supor que a simples ideia de uma estrutura de céu/terra com uma "imagem" já nos diria que Gênesis 1 estava descrevendo um tipo de Templo.

Mas, nesse caso, quando lemos o capítulo baseado em seu contexto do Oriente Próximo, duas coisas impressionam bastante. Primeiro, a noção de "ser criado à imagem" é *funcional ou vocacional*. Não que a ontologia não importe, mas a ênfase e o peso do termo "imagem" estão aqui nas tarefas que os humanos precisam executar, vocação ressaltada no Salmo 8 e confirmada, nesse sentido, no Novo Testamento. A questão é que os portadores da imagem existem para mostrar as intenções do criador. São os vice-gerentes de Deus, convocados e preparados para levar adiante os propósitos do criador. Isso reflete tanto sobre o mesmo como sobre essa criatura específica A imagem pertence a alguém que determina a obra *por meio de humanos*, não como um capricho ou passatempo ocasional, mas como regra geral. Ele é um Deus que trabalha por intermédio dos homens. Deleita-se com a autoridade delegada. O que precisa ser feito em seu mundo será feito por meio dos humanos. Olhando para trás (em outras palavras, com o retrospecto que vem por meio da ressurreição e da cruz, como em nossos próximos dois capítulos), é fácil perceber isso em termos prototrinitários. E se o Templo é o lugar de "descanso" de Deus (cf. acima), então os seres criados à sua imagem são chamados a compartilhar esse Sábado divino.

---

[44]Aqui sigo fielmente Middleton, *Liberating Image*.

HISTÓRIA *e escatologia*

Em segundo lugar, e daí em diante, os antigos paralelos do Oriente Próximo observados pelos diversos escritores em cujo trabalho tenho me baseado até agora sugerem que o papel dos homens em Gênesis 1 é aquele que costuma ser atribuído aos reis. É possível ver isso de todas as formas: ou a democratização da realeza ou o enobrecimento dos humanos. Ou talvez até ambos. Esse tema real ainda pode ressoar na tradição judaica, como vemos em várias análises do Salmo 8 — em geral, o que se diz ali é aplicado a um futuro rei: se os homens são a nobreza dentro da criação, então a realeza pode assumir a vocação da humanidade em Israel.[45] Isso nos leva mais uma vez ao Salmo 72: o rei fará justiça aos pobres e oprimidos, para que a glória divina encha o mundo inteiro, e, quando ele construir o Templo, a glória divina poderá habitar nele como um sinal antecipado desse objetivo. Os propósitos de Deus, em geral, devem ser cumpridos pelos humanos como um todo. A restauração da criação e da sociedade é levada adiante pelo rei que traz justiça. Com a imagem no devido lugar e agindo corretamente, o Templo do céu/da terra pode ser preenchido com a glória divina. Não é difícil ver linhas de pensamento avançando desse ponto para (entre muitos outros textos) o Evangelho de João ou a carta de Paulo aos Efésios.

Certamente, os reis não são os únicos humanos por meio dos quais o Templo cósmico é consumado. Em Êxodo 25-40, quando a narrativa do resgate da aliança atinge seu ápice e o Tabernáculo é concluído, Arão, o sumo sacerdote, e seus filhos (apesar do pecado do bezerro de ouro) ministram diante da perigosa presença divina. Arão é aquele que vai para o santuário mais íntimo no Dia da Expiação. Com isso, somos levados para a próxima série de assuntos que, podemos supor na teoria comum, eram valiosos ao coração daqueles que compuseram ou compilaram Gênesis 1. Se o Tabernáculo de Êxodo 40 é (finalmente) o novo microcosmos, o "pequeno mundo" que declara que o criador está restaurando sua criação após o fracasso dos humanos originais, então não podemos nos surpreender que, na formação do cânone do Pentateuco, o livro de Levítico venha em seguida. Se a presença divina veio habitar o povo de Israel, esse povo precisa saber como lidar com sua presença perigosa. Para uma geração posterior, especialmente para aqueles não

---

[45]Cf. meu artigo "Son of Man – Lord of the Temple?".

A PEDRA QUE OS CONSTRUTORES REJEITARAM

habituados a rituais complexos e códigos de pureza (embora nossos próprios conceitos modernos de regras comuns de higiene, e até mesmo de "saúde e segurança", possam formar um paralelo secular), é fácil surpreender-se com a variedade de tópicos e regras em Levítico. Bibliotecas inteiras foram escritas para explicar tudo, mas certas coisas se destacam para nossos propósitos.

No centro disso, está o reconhecimento de que, na fé e no culto israelita, o que importa não é a possibilidade de que os humanos possam deixar a "terra" e ir para o "céu". Essa é a premissa da maioria dos cristãos, principalmente dos ocidentais, desde os tempos passados, acredito que devido à poderosa influência do platonismo. Isso distorce sistematicamente todos os outros aspectos da teologia, especialmente em relação ao conceito de sacrifício. Na verdade, o ponto é que o Deus criador sempre pretendeu que sua glória habitasse entre os humanos, de modo que a glória do céu vivesse na terra e a preenchesse. É impossível exagerar a diferença que isso faz em praticamente todos os outros temas da teologia, o que será discutido em mais detalhes no último capítulo.[46]

Talvez seja útil explorar mais profundamente como isso acontecia. As cidades no mundo de Paulo competiam pela oportunidade de abrigar um templo imperial e se consideravam privilegiadas se isso lhes fosse concedido. Éfeso se orgulhava de ser honrada dessa maneira não apenas uma, mas duas vezes.[47] Assim, os israelitas e aqueles que reuniram e moldaram suas tradições para dar forma à reconstrução pós-exílica viram sua tarefa como anfitriã do único santuário do Deus verdadeiro, o criador. Jerusalém celebrou sua condição de "cidade do grande rei".[48] Em vista da santidade absoluta do criador que dá vida e da impossibilidade de ele entrar em contato com qualquer coisa relacionada à morte, fosse impureza comum, fosse pecado real, grande parte do culto levítico aspirava à purgação cuidadosa e habitual do próprio santuário — sempre correndo o risco de ser manchado pela impureza

---

[46]Isso está diretamente relacionado à postura de Jürgen Moltmann contra, por exemplo, H. U. von Balthasar: cf. Moltmann, "The World in God or God in the World?", p. 35-42.
[47]Detalhes em *PFG*, 328f.
[48]Salmos 48:2. Todo esse salmo apresenta muitos aspectos da narrativa do "templo cósmico", incluindo o desânimo de Deus em relação às nações vizinhas, como no Salmo 2 (e como, em uma ligação diferente, mas relacionada, em Isaías 52:13-15).

HISTÓRIA *e escatologia*

humana — e, em seguida, do povo, tendo o "dia da expiação" anual como seu ápice.[49] No entanto, ao mesmo tempo, há a rodada semanal e anual de festas, desde os Sábados comuns até os conhecidos festivais como a Páscoa. E, em uma espécie de clímax, existe o Sábado dos Sábados, com a semana traduzida em anos e os anos novamente multiplicados, produzindo o "ano sabático", quando, então, o Jubileu será proclamado e a liberdade, celebrada. O simbolismo sabático indica o que isso significa: esse é um sinal de criação renovada, de justiça e misericórdia se tornando realidade na vida da nação, do Deus vivo e libertador que habita no meio de seu povo. Então, isso é direcionado a Êxodo e Levítico, a Aarão e seus sucessores, que podem ser vistos, por qualquer leitor que siga essa linha de pensamento, como desempenhando, dentro do Tabernáculo, o papel de Adão no "templo" original, a criação de céu/terra em Gênesis 1.[50]

Quando juntamos tudo isso em uma possível reconstrução histórica da cosmovisão judaica do Segundo Templo, encontramos resultados impressionantes. Para começar, existe a versão judaica do sentido transcultural mais amplo do *rei como construtor de templos*. Davi planejou o Templo. Salomão o construiu. Ezequias e Josias o restauraram e o limparam. Zorobabel deveria reconstruí-lo, mas isso foi, no mínimo, ambíguo. Judas Macabeu o purificou após as profanações na Síria e, ainda que ele e sua família fossem sacerdotais, mesmo não pertencendo à tribo de Judá ou à casa de Davi, isso bastou para constituí-los reis por um século. O sólido programa de reconstrução de Herodes parece ter sido projetado para apresentar a si mesmo e seus familiares como os verdadeiros "reis dos judeus". Os supostos messias que surgiram na época da grande revolta tinham o Templo como alvo. Simão Barcoquebas, aquele aclamado como o messias na batalha final, inseriu uma imagem do (então arruinado) Templo em suas moedas, como uma óbvia declaração de intenções. Ele reencenaria o antigo mito, matando o dragão e restaurando o cosmos, ou seja, derrotaria os romanos e restabeleceria o Templo, para que a glória divina pudesse finalmente

---

[49]É claro que isso realça a natureza extraordinária do retrato de Jesus nos quatro Evangelhos, em que ele costuma entrar em contato físico com diversos tipos de impurezas.

[50]Isso é paralelo às promessas repetidas nos manuscritos de que os membros da seita receberão "toda a glória de Adão", por exemplo, 1QS 4.22f.; 4QpPS37 3.1f.; cf. NTPG, 265f.; PFG, p. 783-95.

A PEDRA QUE OS CONSTRUTORES REJEITARAM

habitá-lo. Seria uma nova criação, um novo Gênesis. Salmos 72 se tornaria realidade. Rei e Templo, enfim, andariam de mãos dadas.

Ao mesmo tempo, e pelo mesmo motivo implícito, a tradição contínua do ensino da "sabedoria" tem seu significado próprio dentro de uma cosmologia templária. O livro de Provérbios liga a figura da "Senhora Sabedoria" à própria criação, de modo que ela é vista como algo de que os humanos precisam para viver corretamente como portadores de imagem. Mas, à medida que a tradição vai-se desenvolvendo, uma vertente insiste em que essa figura veio morar no Templo em Jerusalém, fundindo aparentemente a "sabedoria" com a presença divina gloriosa. Ben Siraque prevê a sabedoria habitando essa construção na forma da Torá. Como os sacerdotes desse período eram os mestres da Torá, ela ao menos parece estar unida ao conhecimento para representar a presença e a glória divinas.[51] Então, tudo isso é focado, de uma maneira e de outra, em diversos salmos, na própria Jerusalém, enaltecida com uma linguagem apropriada para a "montanha cósmica", a colina alta de onde os rios fluirão, a "rocha" na qual a casa de Deus foi construída.[52] Jerusalém é considerada o novo Éden, o jardim do Senhor.[53]

Para esclarecer o que sugerimos anteriormente, o objetivo de tudo isso é que, na narrativa implícita das escrituras de Israel, o Deus vivo deseja morar com suas criaturas humanas e cumprir seus propósitos no mundo por meio de sua ação. É claro que, por causa da triste história de Gênesis 3 e de tudo que se segue, essas pessoas precisam ser resgatadas e redimidas, e sua vocação, renovada. Entretanto, os propósitos divinos — agir *por meio de* portadores de imagem para trazer ordem e sabedoria ao mundo, por meio do rei para construir o Templo e também trazer justiça e misericórdia ao mundo e para que a glória divina venha habitar ali e por meio dos sacerdotes, a fim de manter a pureza do santuário — não são colocados em espera até que tudo seja concretizado. Assim como os Sábados semanais, é possível discernir *expectativas*

---

[51] Sirácida 24:1-34.
[52] Cf., por exemplo, Lundquist, "Common Temple Ideology of the Ancient Near East", p. 54-61.
[53] Cf., por exemplo, Fishbane, *Biblical Interpretation*, p. 370, citando Salmos 46:5; 48:2-4,12-14; Isaías 51:3; Ezequiel 36:35; 47:1-12; também Joel 2:3; 4:18-21; Zacarias 14:8-11; e L. E. Stager, "Jerusalem and the Garden of Eden", p. 112: o Templo de Salomão original era "uma realização mitopoética do céu na terra, do Paraíso, o Jardim do Éden".

HISTÓRIA *e escatologia*

desse propósito de Deus. A teologia "templo e cosmos" pertence a uma narrativa escatológica. Os Sábados dão vida a essa narrativa. Reis, sacerdotes e homens comuns desempenham papel essencial nessa história, que é ainda mais poderosa por permanecer quase sempre implícita.[54]

Portanto, a escatologia inaugurada resultante oferece, dentro de uma tradição interpretativa contínua, uma ênfase *vocacional* e, na verdade, *política*, além de *ecológica e estética*. A ciência genuína também diz respeito ao assunto, com a atividade salomônica de pesquisa e classificação deliciando-se com as maravilhas da criação e desenvolvendo tecnologia para usá-la adequadamente.

Esse tema das pessoas criadas à imagem de Deus não é simplesmente um objetivo escatológico a ser explorado na criação atual e no trabalho científico. Vista dentro da estrutura do Templo e do Sábado que tentamos discernir, essa tarefa acaba incluindo não só a organização, mas também a imaginação; não apenas o trabalho, mas também o amor. (A "hermenêutica do amor" não se limita a discernir as profundezas da verdade; também responde apropriadamente.) Depois de entender a ideia da imagem dentro do Templo e de homens compartilhando o "descanso" de Deus, você encontra a vocação humana da *interpretação*: a tarefa humana e humanizante da hermenêutica como uma narradora multifacetada da verdade, descobrindo e mostrando o "sentido" ao articular, em símbolo, história e canção, os muitos níveis de significado do mundo de Deus no passado, no presente e no futuro, especialmente na vida humana. A descoberta e a exposição do "sentido" discernem a história mais abrangente, dentro da qual eventos e ideias, ações e artefatos, palavras e adoração são o que são, significam o que significam e exigem o que exigem em termos de envolvimento humano contínuo. Essa é uma missão sem-fim: um dom que continua doando, uma vocação que continua chamando. A convocação para vislumbrar a nova criação e, *com base nela, discernir e responder ao sentido da antiga*, em vez de se afastar dela ou deixá-la se destruir e ir à ruína é o foco central do que significa ser humano. Inclui a tarefa histórica, como expliquei anteriormente. É o apelo a uma forma de conhecimento para o qual a melhor palavra pode ser "amor". É realmente a base para uma abordagem bíblica das

---

[54]Sobre a "abdução", por meio da qual essas narrativas são identificadas, e sua diferença importante em relação à "dedução", com a qual é frequentemente confundida, cf. cap. 3.

A PEDRA QUE OS CONSTRUTORES REJEITARAM

questões mundanas e divinas que podem — como argumentarei nos próximos capítulos — reconfigurar algo que ainda poderíamos chamar de "teologia natural".

Afirmamos tudo isso por meio de uma análise inicial e bem compacta das possíveis ligações entre a criação do mundo e a construção do Templo, juntando Gênesis 1 e diversas passagens correlatas. É importante destacar que se trata de um conceito mais amplo, uma junção de narrativas simbólicas implícitas que, seja falando de textos, seja falando de arqueologia, cobre vastas extensões de tempo e espaço. É claro que não podemos deduzir, com base nesses pontos entrelaçados, que algum pensador judeu específico tenha mantido todos eles em um todo coerente ao mesmo tempo. No entanto, o que podemos sugerir é que, mesmo dispostos dessa forma mínima, eles trazem a possibilidade de expressão de uma *visão de mundo em que o céu e a terra são projetados para ficar juntos*, e em que, sob certas circunstâncias, podem e devem realmente reunir-se, não em um equívoco conflitante de categoria — como seria o caso no epicurismo —, mas com um encaixe natural. Meu principal argumento é que tem sido muito fácil para teólogos e filósofos, olhando para trás, para pequenas parcelas das escrituras de Israel, encaixar esses pedaços na estrutura do epicurismo contemporâneo ou em suas variantes, em vez de permitir que eles tragam à tona um adversário bem diferente para um cenário de cosmologia, escatologia e antropologia. O que estou tentando mostrar é que a questão da "teologia natural", das formas possíveis pelas quais os seres humanos podem aprender a pensar sabiamente sobre Deus pela contemplação de sua criação, foi profundamente distorcida por ser colocada em sua estrutura epicurista normal e deveria ter a chance de ser explorada em um contexto que fizesse mais sentido para um judeu ou um cristão do primeiro século, e que poderia incentivar os judeus e cristãos dos dias atuais a se reapropriar dessa conjuntura para uma nova geração.

Nesse pano de fundo, a dimensão "terrena" do cosmos não poderia ser um mero fenômeno secundário, um reflexo distante e distorcido do celestial, como em alguns tipos de platonismo.[55] Quando a carta aos Hebreus fala do Tabernáculo terreno como uma "cópia ou uma sombra

---

[55] O próprio Platão, no Timeu, considerou o mundo presente como belo: cf. o recente O'Meara, *Cosmology and Politics in Plato's Later Works*, especialmente parte 2 e cap. 4.

HISTÓRIA *e escatologia*

do celeste", isso não significa que o primeiro fosse ruim, mas apenas que era temporário, um indicador do que estava por vir (Hebreus 8:5). A criação foi e é "muito boa". Distinguir entre um sinalizador e a construção para a qual ele aponta não significa dizer algo de depreciativo sobre o primeiro. O objetivo de a vida no céu ser trazida em conjunção com a terra não é descartá-la ou afastar os humanos para bem longe dela, como tantas vezes se tem deduzido nos últimos dois séculos, mas, sim, enchê-la com a glória divina, ou ao menos dar uma indicação antecipada dessa intenção eventual. E essa associação e o preenchimento de glória acontecerão por meio do trabalho dos portadores da imagem — especificamente, os sacerdotes e os reis. Essa é a combinação de papéis atribuídos ao próprio Israel em Êxodo 19 e reafirmados em relação aos seguidores de Jesus em 1Pedro e no livro do Apocalipse.[56]

Mesmo que alguns detalhes sejam controversos, até mesmo se não pudermos demonstrar que a maioria dos judeus no período do Segundo Templo teria reconhecido esse resumo de sua suposta cosmovisão, o resultado é que existem linhas suficientes convergindo para o mesmo ponto, a fim de possibilitar a afirmação confiante de que não eram apenas os primeiros judeus, nem os epicuristas em sua visão do céu e da terra: eles eram praticamente opostos. Eles acreditavam que os céus e a terra estavam destinados a trabalhar em conjunto, a articular, a cooperar e, finalmente, a serem unidos, e que o tabernáculo e o Templo eram sinais de uma nova criação; que os Sábados semanais eram, de certo modo, prenúncios de uma Nova Era vindoura que seria, em determinado sentido, contínua com o tempo presente, por mais que o transformasse radicalmente. E que os humanos, ou ao menos alguns, por mais pecadores e corruptos que fossem, ainda eram chamados a ficar no meio desse cenário para assumir a vocação de reis e sacerdotes. Creio que tudo isso contribui *para a cosmologia implícita do período do Segundo Templo e, com ela, para a de Jesus e de seus primeiros seguidores.*

É impossível dizer em que medida tudo isso foi percebido — e por quantas pessoas. Mas meu ponto de vista é que, quando o povo daquele mundo pensa sobre essas coisas, esse é o conjunto de parâmetros dentro do qual podemos esperar que eles operem. Precisamos evitar qualquer sugestão traiçoeira de que, como "nem todos os judeus" ou mesmo

---

[56]Êxodo 19:5ss; 1Pedro 2:9; Apocalipse 1:6; 5:10; 20:6.

A PEDRA QUE OS CONSTRUTORES REJEITARAM

"todos os primeiros cristãos" pensavam exatamente assim, devem, em vez disso, ter acolhido o modo padrão moderno normal, vendo o "céu" e a "terra" como duas esferas de existência totalmente diferentes e incompatíveis, como no epicurismo e, de certa maneira, também no platonismo. E, na medida em que pensarem sobre essas coisas, terão suposto que tais dimensões da realidade foram feitas para viver e agir em conjunto, e que esse tipo de simbiose agradável foi simbolizado, de forma significativa, no Tabernáculo e depois no Templo. E terão visto o tempo presente e o futuro prometido, não como separados por um grande abismo, menos ainda como um precisando ser descartado para dar lugar ao outro, mas se sobrepondo estranhamente no ponto principal que fala da finalização da criação. Se reelaborarmos as questões da "teologia natural", bem como muitos outros tópicos teológicos, nesse contexto, tudo parecerá diferente.

ESPAÇO, TEMPO E HUMANOS: JESUS E A IGREJA PRIMITIVA

Enquanto seguimos para o final deste capítulo e começamos a olhar para as propostas que discutiremos nos capítulos 6 e 7, voltamo-nos para o Novo Testamento com esse complexo de ideias em nossas cabeças: Templo, Sábado e Imagem, com suas associações da criação e da nova criação, da entronização real e divina, da glória celeste vindo habitar. Quando fazemos isso, muitos trechos e, na verdade, livros inteiros ganham nova vida. Exemplos óbvios são o Evangelho de João e a carta aos Hebreus. No *corpus* paulino, Efésios e Colossenses clamam por uma nova abordagem. Mas é impressionante olhar primeiro para a tradição sinótica, que às vezes ainda é ignorada, na busca por uma teologia rica.[57] Aliás, é aqui que a pedra — representando a questão da tradição histórico-crítica mais ampla — que os construtores recusaram acaba sendo a pedra angular.

Mais uma vez, uma observação preliminar. Não podemos simplesmente reconstruir uma cosmovisão do Segundo Templo e encontrar

---

[57]A. Green, "Sabbath as Temple", p. 291, analisa mais rigorosamente do que a maioria dos comentários cristãos a forma pela qual Jesus se torna o Templo em pessoa: "Como Jesus, o Cristo, é a Torá personificada, então a casa de Deus é restabelecida". Cf. agora N. Perrin, *Jesus the Temple*.

HISTÓRIA *e escatologia*

Jesus confortavelmente dentro dela. Uma coisa que certamente sabemos sobre Jesus é que seus compatriotas o consideraram extremamente incômodo. (Por isso, caso seja necessário esclarecer novamente, não retrato Jesus como a culminação fácil de um "desenvolvimento" ou de um "progresso" histórico estável. Como Richard Hays insistiu, a continuidade entre Jesus e o que aconteceu antes deve ser discernida "lendo de trás para frente". Isso será importante nos próximos capítulos.) Porém, mais uma vez, o fato de que Jesus era uma presença radicalmente perturbadora em sua própria cultura não é justificativa para fazer o que muitos fizeram, ou seja, ignorar a história e recontextualizar Jesus em outro momento, seja na ortodoxia do quinto século, seja na não ortodoxia do século 19. O que Jesus fez no Templo e no Sábado, e como ele explicou essas ações, já que esses eventos abalaram a terra? Mas a terra abalada pertencia ao primeiro século, e o propósito disso não era destruir, mas cumprir.

Talvez um ou dois experimentos mentais na exegese do Evangelho ajudem a explicar esse argumento. Comecemos com Marcos. Seu cenário é dominado pela ação de Jesus no Templo no capítulo 11, mas a abertura do Evangelho já remete à narrativa relacionada à criação e ao culto do antigo Oriente Próximo. Jesus emerge da água, é ungido com o espírito/vento de Deus e a voz divina se dirige a ele com ecos de Salmos 2 e Isaías 42. Esses são a nova criação e o novo Templo, com o Messias bem no meio deles. Marcos estrutura essa história com citações de Malaquias e Isaías, ambas focadas na tão esperada volta do Deus de Israel ao seu povo, com tudo o que isso significará em termos de perdão dos pecados, fim do exílio, os céus sendo rasgados e o retorno da glória divina. Esse é o momento da entronização, do grande Shabat. Quando o Jesus de Marcos declara que o tempo se cumpriu e que o reino de Deus está próximo, o leitor deve pensar: "Claro, esse é o significado de tudo!" As suposições judaicas do primeiro século são o contexto natural para a abertura de Marcos e, se prestarmos atenção a elas, veremos que todos os tipos de coisas parecem diferentes ao nosso entendimento normal. Seria preciso reformular de uma só vez todas as discussões modernas, por exemplo, quanto aos "milagres" de Jesus, sobre os quais os céticos afirmaram que era impossível para um deus invadir o mundo daquele modo e os ortodoxos defensivos declararam que, afinal, talvez ele fosse capaz. Esses eram os termos errados para a discussão.

A PEDRA QUE OS CONSTRUTORES REJEITARAM

De maneira semelhante, a possibilidade de as controvérsias do Evangelho referentes ao Sábado estarem ligadas a um judaísmo legalista contestando um Jesus libertário é embaraçosamente anacrônica. Em vez disso, o que temos é a confirmação impressionante de que a Era Vindoura está sendo inaugurada com atos poderosos da nova criação. O Evangelho de Marcos continua quase imediatamente enfatizando não só o que Jesus fez no sétimo dia, como também sua alegação de que "o filho do homem" é o "senhor do Sábado". Então, pensamos: bem, o reino chegou, os indicadores são irrelevantes. Não colocamos sinalizadores indicando "Edimburgo" no meio da *Princes Street*. A câmara de eco adequada à mensagem impressionantemente nova *de* Jesus e *sobre* Jesus é, assim como antes, a suposição judaica de uma *cosmologia* do céu e da terra, uma *escatologia* em que o fim é previsto no presente, e agora a adição de uma *antropologia* em que os humanos, principalmente o rei, refletem Deus no mundo em uma ação sábia, soberana e autointerpretativa. Isso se aplica tanto às parábolas como à paixão.

Diante desse tipo de interpretação — que apresentei como sugestão, e não como conclusão fixa —, você pode querer recorrer a Lessing novamente e dizer que essas verdades míticas não precisam ser fundamentadas em possíveis eventos históricos. Isso parece ameaçar todo o argumento, como a serpente sorridente que espera no penúltimo quadrado de uma partida do jogo "Cobras e Escadas". Afinal de contas, talvez Marcos esteja oferecendo uma interpretação sem acontecimento. Mas o lançar de dados para nos levar para casa é a narrativa da criação e da nova criação. O ponto de toda a história de Marcos, assim como das histórias de João ou Paulo, tem a ver com coisas reais que acontecem no mundo real. Não é um sonho idealista. Abordar essas narrativas dentro de estruturas filosóficas estranhas, antigas ou modernas — como se aqui houvesse qualquer neutralidade —, é deixar de prestar atenção. As afirmações do Novo Testamento sobre Jesus e o que o Deus de Israel realizava nele e por meio dele têm o sentido que têm, não dentro de algum outro contexto, nem da "descoberta" moderna do epicurismo, como se tivesse sido a cosmovisão recém-apresentada que relativizou todas as "antigas", mas, sim, dentro do mundo forte, complexo, mas cocrente, no qual Jesus e seus primeiros seguidores viveram. As tentativas de evitar isso, por exemplo, apegando-se à ideia de uma esperança fracassada de "fim do mundo" ou, então, desmistificando-a em um misto de idealismo

HISTÓRIA *e escatologia*

neokantiano e existencialismo heideggeriano, são como colocar um golfinho em um campo para ver se ele come grama. Desde o início, Marcos está nos dizendo que Jesus é o verdadeiro rei e humano, aquele que vencerá todos os inimigos do projeto da nova criação e que, assim, construirá, tanto na terra como no céu, a morada sagrada do Deus de Israel, inaugurando o eterno grande Sábado. Todas as "-logias" — cristologia, pneumatologia, soteriologia, escatologia e muitas mais — têm seu significado (se desejarem ser verdadeiramente cristãs) dentro dessa visão de mundo, do espaço, do tempo e da real vocação humana. Às vezes, os filósofos justificam a adoção de uma estrutura metafísica não bíblica argumentando que, como na Bíblia são encontradas várias cosmologias distintas, podemos não somente usar essas cosmologias, como também outras que venham a aparecer. Ainda não fui convencido de que a cosmologia trazida à tona pelos eventos relacionados a Jesus é inadequada ou insuficiente para a teologia dos dias atuais.

Enquanto isso, de volta ao segundo Evangelho, a oposição a Jesus cresce, vista por Marcos (e acredito que também por Jesus) no contexto das forças das trevas, que, incorporando-se em adversários humanos, são discernidas (como em Daniel e livros semelhantes) como os monstros satânicos do abismo. Se até Pedro pode ser repreendido como "Satanás", quanto mais os oponentes implacáveis dessa manifestação súbita e perturbadora do reinado de Deus![58] Fariseus, herodianos, demônios gritando, discípulos confusos e, por fim, os sumos sacerdotes e Pôncio Pilatos, todos estão incluídos nessa categoria. Daí a evocação, em vários pontos, da tradição enigmática do "filho do homem": Daniel 7 é uma versão fantasiosa de Salmos 2, ou mesmo de Salmos 110, com as forças obscuras se unindo contra o representante real do povo de Deus e sendo destruídas por sua vitória.[59] Marcos vê a crucificação no contexto da entronização real, o cumprimento (em outras palavras) da vitória cósmica decretada antecipadamente no batismo de Jesus, incluindo *o*

---

[58]Para esse tema nos Evangelhos, cf. *Revolution*.
[59]H. G. May, "Some Cosmic Connotations", p. 9-21, vê a ligação, mas, apesar de reconhecer que faz sentido dentro do monoteísmo forte da tradição "P", insiste que na "apocalíptica" isso produz "dualismo cósmico" (p. 262). Considero isso muito equivocado. Cf. *NTPG*, p. 252-56 e *PFG*, 370f. Cf. também R. R. Wilson, "Creation and New Creation: The Role of Creation Imagery in the Book of Daniel", em *God Who Creates: Essays in Honor of W. Sibley Towner*, p. 190-203, destacando (p. 202) que a visão de Daniel diz respeito à restauração da criação, e não ao estabelecimento de um "reino celestial" alternativo.

A PEDRA QUE OS CONSTRUTORES REJEITARAM

estabelecimento do verdadeiro Templo. Em termos da cultura do antigo Oriente Próximo como um todo, a narrativa de Marcos pode sugerir que, agora, a cruz seria o local perigoso no qual o céu e a terra se encontrariam, tomando o lugar do zigurate, da arca de Noé, da torre de Babel, da escada de Jacó e, agora, também do tabernáculo do deserto e do Templo de Jerusalém, cuja destruição Jesus anunciou em uma ação simbólica e uma profecia apocalíptica. O Jesus crucificado (para, então, ser ressuscitado dos mortos, ainda que Marcos destaque a cruz) é o lugar no qual céu e terra agora se encontram, e a vitória tão esperada é conquistada para que o grande Sábado já iniciado possa ser celebrado, o local em que o portador da imagem reflete verdadeiramente o criador. Ele é a pedra rejeitada pelos construtores, que agora se tornou a pedra angular. A cosmologia do Templo, a escatologia do Sábado e a antropologia messiânica formavam um todo compreensível. Quando analisados à luz de Jesus e do espírito, eles criaram um novo sentido que os primeiros cristãos entenderam.

Obviamente, é impossível acompanhar esse tema em todo o Novo Testamento. Alguns pontos cruciais serão selecionados no próximo capítulo, ao nos concentrarmos na nova criação iniciada na ressurreição. Mas nós podemos ao menos dar uma rápida olhada em três textos fundamentais, mostrando um pouco mais detalhadamente algumas maneiras pelas quais os primeiros cristãos se sentiam à vontade dentro da cosmovisão que esboço, antes de passarmos para uma conclusão sobre o tema.

Em primeiro lugar, analisaremos Mateus 11. Após o versículo transicional 1, o capítulo abre com João Batista enviando mensageiros a Jesus para perguntar se, afinal de contas, ele é "aquele que deveria vir", *ho erchomenos.* Jesus responde com uma demonstração de cura e as palavras que acompanham Isaías 35: em outras palavras, a nova criação está acontecendo aqui mesmo, para aqueles que têm olhos para ver.[60] Então, Jesus questiona a multidão sobre João e declara que ele é aquele citado em Malaquias 3:1 (ecoando também Êxodo 23:20): ele é o mensageiro

---

[60]T. Friedman, "The Sabbath", 446f., sugere que as profecias de cura messiânica em Isaías 35 estão ligadas a uma suposta restauração do estado pré-queda dos humanos. Alguns rabinos, entre outras pessoas, podem ter pensado assim, embora a ideia de uma volta a um estado anterior à queda, como se o ponto de salvação fosse retornar ao começo, esteja ausente do Novo Testamento.

HISTÓRIA *e escatologia*

preparatório. É o "Elias que estava por vir" (*ho mellōn erchesthai*). A afirmação cristológica implícita é consistente. Tanto em Êxodo como em Malaquias, o mensageiro antecipado, a figura angelical semelhante a Elias, não preparava o caminho para o Messias de Israel, mas, sim, para a tão esperada chegada do próprio Deus de Israel. Desse modo, se João é Elias, Jesus só pode ser o YHWH em pessoa. Seja como for, a vinda do rei e a volta de Deus acabam sendo a mesma coisa, embora isso não pareça ser prenunciado nas especulações judaicas anteriores ao próprio Jesus.

Pode parecer que Mateus 11 segue um caminho diferente, já que Jesus denuncia solenemente as cidades nas quais, embora tenha feito tanto, não obtém resposta nem arrependimento (versículos 16-24). Porém, se pensarmos no cenário da narrativa mais abrangente da entronização, incluindo o Templo e o Sábado, essa passagem pode ser considerada parte da denúncia dos "inimigos", como em Salmos 2 ou 110, ou mesmo Daniel 7. Quer isso seja certo ou não, o capítulo retoma a questão mais ampla da identidade e da missão de Jesus. Ele ora com gratidão porque o Pai "ocultou essas coisas" dos sábios e entendidos, revelando-as aos bebês. E declara que, dentro do novo mundo que está inaugurando, existe *uma nova forma de conhecer*, segundo a qual o Pai permite que o ser humano "conheça o filho" e o filho permite que o ser humano conheça o pai. A resposta de Jesus a João é sobre *discernir o alvorecer*, reconhecer a nova criação no meio da antiga, sobre a maneira como as pessoas agora são capazes de *olhar para os acontecimentos do mundo presente, o mundo do espaço, do tempo e da matéria, e enxergar neles a luz do alvorecer.*

Ao diferenciar (a) aqueles que são "autorizados" a saber das coisas e (b) os que são "capazes" de saber das mesmas coisas sem ajuda externa, pode parecer que me afastei das regras estabelecidas pelos rigorosos guardiães modernos da "teologia natural". Contudo, como explicarei no próximo capítulo, a força do argumento pode tomar outra direção. Avisamos anteriormente que a forma como essa teologia foi seguida em grande parte dos últimos dois ou três séculos não pode ser considerada um ponto de partida fixo e inalterável. Ele também foi moldado, e acredito que distorcido, pelas propostas iluministas, mesmo quando estava se empenhando ao máximo para resistir à pressão modernista referente ao ateísmo funcional. Ao agir implicitamente sob esses princípios epicuristas, essa teologia pode às vezes supor que poderia proceder por conta

A PEDRA QUE OS CONSTRUTORES REJEITARAM

própria, a partir de algum tipo de intuição *a priori* ou filosófica, sem reconhecer o lugar apropriado e necessário da revelação retrospectiva que permite que alguém "veja" o próprio Jesus como a revelação em pessoa do Deus Único. Essa epistemologia não seria menos "natural" por ser retrospectiva. Como veremos no próximo capítulo, parte do ponto da ressurreição é a abertura de um mundo público completamente novo, uma "natureza" totalmente nova e verdadeira, não o convite para um mundo privado. O alvorecer de um novo dia nos permite entender a era atual sob uma nova ótica. A tradição da "teologia natural" moderna em seu auge deve, então, ser vista como um gesto na direção de um conjunto mais complicado, interessante e construtivo de questões. Começando com o próprio Jesus (em vez de antes tentar ir diretamente a "Deus", e então forçar uma imagem de "Jesus" no quadro), tais perguntas podem responder aos desejos do coração, bem como às dúvidas da mente, e fazê-lo de um modo que, ao transformar o coração e a mente no processo, valide retrospectivamente as próprias questões e anseios e, assim, conclua que *os anseios e as questões eram parte de uma boa criação agora confirmada como tal*, e não parte de uma criação sem sentido, agora desnecessária e prestes a ser descartada, dentro da qual algo bem diferente havia aparecido.

Esse alvorecer é o novo e verdadeiro Sábado. O convite de Jesus para "tomar seu jugo" (Mateus 11:29) tem sido muitas vezes interpretado como "jugo da Torá", mas, embora isso seja importante, o aspecto implícito não deve ser esquecido. Ele diz: "Dar-lhes-ei descanso" (11:28) ou, literalmente, "e eu os descansarei", *kagō anapausō hymas*. Em outras palavras, Jesus concederá às pessoas o verdadeiro Sábado, em oposição aos dias de trabalho longos e árduos que o precederam. E o eco do "descanso" prometido em Êxodo 33:14 tem um significado profundo: é quando Deus promete a Moisés que, apesar de tudo, a presença divina estará com o povo e o estabelecerá na terra prometida.[61] O papel messiânico de Jesus é mostrado da seguinte maneira: seu "jugo" é "fácil", para o qual o grego é *chrēstos*, provavelmente indistinguível na pronúncia

---

[61]Cf., por exemplo, W. D. Davies e D. C. Allison, *A Critical and Exegetical Commentary on the Gospel according to Saint Matthew*, 288f., citando diversas outras fontes primárias e secundárias; Lincoln, "Sabbath, Rest and Eschatology in the New Testament"; e, por exemplo, S. Bacchiocchi, "Matthew 11:28-30: Jesus' Rest and the Sabbath", p. 289-316, especialmente em 299f.

HISTÓRIA *e escatologia*

de *christos*, "ungido". E, para que não pensemos que essa interpretação do Sábado foi exagerada, Mateus nos apresenta, no próximo capítulo, uma controvérsia relacionada, em que a questão da identidade de Jesus como Messias davídico está em discussão e a batalha real (contra o príncipe de demônios) é revelada: o filho do homem é o Senhor do Sábado (12:8). Tudo isso faz muito sentido dentro da cosmologia e da escatologia que esboçamos.

Uma vez que compreendemos o sentido escatológico do Sábado, alinhado com o cosmológico do Templo, os conflitos semelhantes em outros lugares, inclusive em João, entram em cena.[62] Eles são parte do anúncio joanino da criação e da nova criação, e do próprio Jesus como aquele que, como o Templo, encarna a sagrada presença do criador na criação, revelando o Pai no espaço, no tempo e na matéria reais dentro da particularidade escandalosa dos acontecimentos históricos; e que, assim como o Sábado, inaugura uma nova criação como uma realidade presente, mesmo enquanto a antiga continua em seu caminho natural. Essas são exatamente as opções descartadas por definição nas cosmovisões modernas e pós-modernas que estudamos nos primeiros dois capítulos. Agora, com a ajuda da reconstrução histórica da cosmologia e da escatologia conhecidas pelo menos por alguns judeus antigos e claramente resgatadas por Jesus e seus primeiros seguidores, podemos ver que tipo de declarações são realmente feitas. A pedra que os construtores rejeitaram pode ser usada como pedra angular.

As outras passagens óbvias que poderíamos incluir nesse debate são Efésios e Colossenses, de um lado, e Hebreus, do outro. A teologia templária de Efésios está na superfície do texto: o desígnio de Deus sempre foi concentrar em Cristo todas as coisas, celestiais ou terrenas (1:10). Esse era o plano divino "para a plenitude dos tempos", o grande momento sabático. Na entronização de Jesus (1:15-23), esse plano avançou, resultando na criação de um novo Templo, que consiste na família de judeus e gentios habitados pelo espírito (2:11-22). Portanto, a unidade e a santidade são obrigatórias (capítulos 4 e 5). Os poderes das trevas contra-atacarão, mas agora podem ser vencidos (6:10-20). No belo poema em Colossenses 1:15-20, os temas mutuamente interpretativos da criação e do Templo são repetidos na chave messiânica:

---

[62]Lincoln, "Sabbath, Rest and Eschatology in the New Testament", p. 202-205.

A PEDRA QUE OS CONSTRUTORES REJEITARAM

o Messias é aquele em quem, por meio de quem e para quem todas as coisas foram feitas (1:15-18a), e agora é aquele por meio de quem a nova criação nasceu, pois nele toda a plenitude divina teve o prazer de habitar (1:18b-20, especialmente 19).[63]

Talvez a carta aos Hebreus seja a mais clara sobre esses temas. Jesus é o verdadeiro humano segundo o modelo de Salmos 8 (2:5-9). É aquele que cumpriu a promessa divina de dar "descanso", o grande "sabático" que permaneceu até esse ponto no futuro (2:7-4,13, principalmente 4:9-10). Ele também é o sumo sacerdote real, cumprindo ambas as promessas davídicas de Salmos 2, as promessas de "Melquisedeque" de Salmos 110 e unindo o céu e a terra ao apresentar seu sangue no tabernáculo celestial.[64] O resultado é o estabelecimento da "nova aliança" prometida por Jeremias, a nova dispensação segundo a qual o próprio culto levítico se torna redundante, como o Salmo 40 indicou (8:7—10:18). Além disso, aqueles que pertencem a Jesus e o seguem de forma fiel são bem-vindos no santuário celestial (12:18-24).

Todos esses indícios notáveis no Novo Testamento oferecem parte do argumento de que ideias como as que listei brevemente eram, digamos assim, conhecidas no período do Segundo Templo. Assim como acontece com outros temas marcantes, não podemos afirmar que "todos os judeus acreditavam" nisso ou naquilo. Mas, segundo sugere a evidência cristã primitiva, mesmo que apenas alguns círculos no mundo judaico pensassem em uma cosmologia templária e em uma escatologia sabática, essas ideias estavam disponíveis, eram compreensíveis e teriam produzido o novo sentido que os primeiros cristãos imaginaram quando repensaram em Jesus e no espírito. Embora, como vimos, tenha havido uma inovação radical, seria estranho sugerir que, até os dias de Cristo, não se pensasse assim, e tão repentinamente, com os eventos messiânicos e que trazem o reino de sua morte e ressurreição, toda uma teologia do Templo e da criação, e toda uma escatologia focada no Sábado, tenham surgido sem antecedentes, repletas de ecos complexos e interligados de Gênesis, Êxodo, Salmos e dos Profetas. É claro que Jesus e seus primeiros seguidores parecem ter encontrado nas escrituras coisas que outros não encontraram (ainda que nossas poucas evidências apontem que

---

[63]Sobre a cristologia de Colossenses, cf. *PFG*, p. 670-77.
[64]Cf. D. M. Moffitt, *Atonement and the Logic of Resurrection in the Epistle to the Hebrews*.

HISTÓRIA *e escatologia*

devemos dizer esse tipo de coisa com o devido cuidado, é bem possível que a pá do arqueólogo possa revelar mais pistas inesperadas). Mas todos os sinais apontam que eles traziam um novo foco para temas bíblicos que já eram atuais, em vez de chamar a atenção para essas ideias de uma maneira que não encontrava paralelos ou precursores.[65]

É claro que existe uma diferença imensa entre esse modo de abordar uma análise cristã de Jesus e o tipo de coisa que encontramos nos pais apostólicos do terceiro ou do quarto século. Parece que a cosmovisão, as formas de pensamento e a narrativa implícita que fazem parte do que chamo de cosmologia do Templo e escatologia do Sábado não foram rejeitadas pela igreja posterior, mas simplesmente incompreendidas. A música das escrituras era tocada em uma câmara de eco diferente. Diferentes ressonâncias estavam sendo organizadas.

Se foi assim nos séculos 3 e 4 a.C., quanto mais na Idade Média e, então, na época do que hoje chamamos de surgimento da exegese histórica nos séculos 18 e 19 d.C. Por um lado, no aristotelismo medieval e, por outro, no epicurismo que estava se consolidando com o Iluminismo, todo o conceito de um templo como o lugar no qual o céu e a terra se encontram era claramente incompreensível. E a ideia de uma "era atual" e de uma "era por vir", com a segunda sendo prevista no Shabat e, então, concretizada na inauguração de uma nova criação por meio de Jesus, era duplamente fascinante. Primeiro, como vimos nos capítulos 2 e 4, dentro da visão de mundo epicurista, isso não fazia sentido, já que "céu" e "terra" eram polos opostos e incompatíveis. Essa nova criação só poderia significar a abolição da antiga. Em segundo lugar, como lemos no primeiro capítulo, a afirmação de que a nova criação havia nascido em Jesus, de uma vez por todas, foi diretamente ao encontro da crença iluminista de que o mundo, finalmente, estava se transformando por meio de Descartes e Kant, Rousseau e Voltaire, Jefferson, Hegel, Schopenhauer e Marx. Por fim, a sugestão de que os seres humanos seriam como refletores bilaterais, projetando a imagem de um deus no mundo da criação e prestando o louvor da criação diante desse deus, não fazia sentido, nem

---

[65]Exemplos de inovação verdadeira podem incluir o uso de Isaías 7:14 em Mateus 1:23 e de 2Samuel 7:12 em Romanos 1:3f. Até onde sabemos, ninguém antes dos primeiros cristãos havia visto o primeiro como uma previsão de uma concepção virginal ou o último como uma previsão de um "filho de Davi" ressuscitado.

A PEDRA QUE OS CONSTRUTORES REJEITARAM

para os epicuristas rigorosos, para quem o homem era simplesmente um acidente aleatório, nem para os crentes em "progresso", que supunham que os humanos finalmente haviam chegado à idade adulta.

Assim, a poderosa pauta iluminista, produzindo cosmologias e escatologias próprias, com base nas epistemologias rivais da indução racionalista, de um lado, ou da intuição idealista, do outro, estava destinada a rejeitar as afirmações dos primeiros crentes. Seu convite aos apologistas cristãos para jogar o jogo da "teologia natural" em seu próprio campo inclinado e com suas próprias regras e juízes locais jamais terminaria bem. Mas a fissura fatal na armadura do Iluminismo sempre foi seu apelo à "história". Em vez de recusar esse desafio, como muitos fizeram, argumentei que o conhecimento real obtido por meio da aplicação de uma epistemologia do amor criticamente realista às questões da narrativa deveria apresentar o desafio de um modo diferente. A cosmologia do Templo do primeiro século, a escatologia do Sábado e a antropologia da Imagem não são, afinal de contas, cosmovisões "antigas" que nós, "modernos", devemos rejeitar. São visões de mundo não epicuristas que o epicurismo vigente fez o possível para descartar e que agora precisam ser repensadas. Eles precisam ter a oportunidade de estabelecer uma estrutura melhor para considerar as principais questões da teologia.

É claro que, por si mesmas, tais cosmovisões israelitas, judaicas e cristãs antigas, concentrando-se em uma cosmologia sobreposta do céu e da terra, uma escatologia que une a era presente e a era por vir e a antropologia bilateral dos humanos como seres criados à imagem divina, trazem a seguinte questão: Como podemos julgar? Essas formas de pensar e de contar as grandes histórias fazem sentido? É aqui que a premissa cristã primitiva entra em ação: a cosmologia bíblica e a escatologia não estão mais "por conta própria". Apareceram na aparência humana, na forma de um portador da imagem que anunciou o reino de Deus, desafiou o Templo e o sumo sacerdote reinante e foi executado como um suposto rei. A sobreposição do céu e da terra e a interligação entre o presente e o futuro se apresentam de maneira histórica e visível, embora sua "visibilidade" dependa da identificação e da compreensão de toda a história da carreira pública do reino de Jesus e seu auge inesperado. Os primeiros cristãos afirmam que a escatologia ganhou vida na pessoa de Jesus, e nós sabemos disso porque, quando olhamos para ele, discernimos o alvorecer de um novo dia de um modo que dá sentido ao antigo e às

HISTÓRIA *e escatologia*

questões levantadas por ele. Declaram que a nova criação nasceu nele e por meio dele, e sabem disso tanto pelo que conhecem de Jesus — apesar do preconceito ao que é contrário, eles nos convidam a analisar por nós mesmos — como pelo que descobrem ser verdadeiro ao viver como o "novo Templo". Não assumem meramente cosmologia, escatologia e antropologia específicas para, em seguida, localizar Jesus no meio delas, mas apresentam um Cristo que faz o devido sentido como a presença explosiva que faz "sentido" retrospectivamente *deles*. Como Jesus explicou aos dois discípulos intrigados na estrada para Emaús, quando olhamos em retrospecto, para as escrituras de Israel, tudo se encaixa, ainda que ninguém tenha enxergado assim antes. O mesmo acontece quando olhamos para trás, para a cosmologia, a escatologia e a antropologia de Israel, e também quando olhamos em retrospecto, para as perguntas e as sugestões que os humanos de todos os tipos identificaram dentro do mundo "natural".

O assunto dos três capítulos restantes será o que tudo isso significa e como é possível reestruturar as tarefas da teologia em geral e, especificamente, da "teologia natural".

SEIS A NOVA CRIAÇÃO

A RESSURREIÇÃO E A EPISTEMOLOGIA

INTRODUÇÃO

"É o amor que acredita na ressurreição."[1] Essa famosa frase de Ludwig Wittgenstein define tanto o objetivo como o enigma para este capítulo. Podemos imaginar os próprios ouvintes de Wittgenstein revirando os olhos e se perguntando se esse era outro koan *zen* do mestre do paradoxo denso e refletindo também sobre o que exatamente ele quis dizer com as palavras "amor", "ressurreição" e, principalmente, "acredita". Não sei se o próprio Wittgenstein alguma vez decifrou minimamente essa afirmação. O parágrafo em que essa frase se insere surge em seus escritos como Melquisedeque: sem pai, mãe ou genealogia. Como veremos, pode haver uma oportunidade para isso, uma orientação para o assunto. A ressurreição de Jesus não é apresentada nos primeiros textos cristãos como algo em uma série, nem como a parte compreensível de um todo maior, mas como algo que é o que é, algo que significa o que significa e algo que é conhecido como é conhecido, principalmente dentro do novo mundo que inaugura. Ele traz consigo seu próprio mundo.

---

[1] L. Wittgenstein, *Culture and Value: A Selection from the Posthumous Remains*, p. 39.

HISTÓRIA *e escatologia*

A ressurreição de Jesus é apresentada no Novo Testamento, mais especificamente como um evento que traz consigo sua própria ontologia e epistemologia, que regenera e redireciona a cosmologia, a escatologia e a antropologia judaica antigas que analisamos no último capítulo. No entanto, Wittgenstein estrutura sua proposta distinguindo claramente entre a "certeza da fé" e o "intelecto especulativo", a "alma" da "mente abstrata", e ali, tomando emprestado seu lema, vou me afastar dele. Devo argumentar que "é o amor que acredita na ressurreição", porque o amor é a forma mais completa de conhecimento, *incluindo* não ultrapassar o conhecimento histórico em particular. E a ressurreição é a forma mais completa de acontecimento, não meramente um "fato" aleatório, mas um evento que transmite significado e poder.

É claro que o problema de falar sobre o "amor" como a etapa final do conhecimento é que essa linha de pensamento parece apoiar-se no ponto a partir do qual a "teologia natural", como é normalmente concebida, deveria escapar. Não soa como o pior tipo de pedido especial, a confissão mais evidente de um "conhecimento privado", uma subjetividade pura sem possibilidade de aquisição na realidade comum? Afinal de contas, para o racionalista implacável do cérebro esquerdo, o "amor" é exatamente a visão suave e romântica das coisas que produzem sua felicidade, mas não se destacam à luz do dia. Mas, como já declarei, essa percepção de "amor" é sintoma de um grande problema na cultura ocidental, a cultura dentro da qual o tema da "teologia natural" e as questões relacionadas a Jesus e à história que se recusam a ser separadas dessa ideia foram moldados nos últimos duzentos anos.

Essa definição cultural não é tanto uma questão real de erudição. Aconteceu por meio das perguntas feitas dentro da atmosfera do epicurismo implícito, algumas vezes modificado por formas de idealismo. Esse cenário é precisamente onde o "amor" é desconsiderado porque, dentro do epicurismo, o amor representa um obstáculo para uma abordagem rigorosamente racional do universo. Além disso, dentro do idealismo, pertence ao mundo superior das ideias, e não ao mundo inferior dos eventos espaçotemporais. Isso nos leva para o lado errado do fosso feio de Lessing. É a qualidade a que nossa cultura, assim como Fausto ou mesmo o Alberich de Wagner, precisou renunciar para conquistar poder sobre o mundo da ciência, da tecnologia e do império.

A NOVA CRIAÇÃO

Esses exemplos contam uma história sombria e importante. Certamente, o modelo de "conhecimento" privilegiado na cultura ocidental é direcionado ao lado esquerdo do cérebro, como foi brilhantemente explicado pelo cientista, especialista e crítico cultural Iain McGilchrist, em sua obra inovadora *The Master and His Emissary*.[2] Mas isso também é (e talvez os motivos para isso tal sejam os mesmos) uma tentativa de empreender uma epistemologia de *controle*, um "saber" a serviço do poder. Nietzsche e Foucault progrediam, mesmo que sua crítica só encontrasse um bom alvo nos modelos de conhecimento que haviam dominado a cultura. O desejo pelo tipo particular de entendimento que concederia poder é semelhante ao pedido de Tiago e João em Marcos 10:35-45, querendo sentar-se à direita e à esquerda de Jesus em seu reino vindouro. A resposta dele é substituir seu amor ao poder pelo poder do amor. Ele trazia à tona um tipo diferente de reino, em que "o filho do homem veio para dar sua vida em resgate por muitos".

Com uma transposição semelhante, podemos propor uma leitura "epistemológica" de Romanos 8, certamente alinhada com o conceito de "mente da carne" e "mente do espírito" (o *phronema tes sarkos* e o *phronema tou pneumatos*) em 8:5-8. Talvez seja muito fácil lê-los simplesmente em termos de comportamento ético, embora Paulo fale de "viver" segundo a "carne" ou o "espírito", e então de "matar as ações do corpo". Mas meu ponto — de acordo com pelo menos uma leitura do tão conhecido 2Coríntios 5:16 ("a partir de agora, não consideramos ninguém mais do ponto de vista humano") — seria que ele defende uma nova modalidade de conhecimento. Alguns sugeriram que isso significaria um tipo de informação "apocalíptica", uma nova revelação que realmente cancela as formas "comuns" de saber. No entanto, isso caracteriza, mais uma vez, o "ambos/ou" aprendido na divisão epicurista. O que imaginamos é realmente uma nova maneira de pensar, mas o contexto mais amplo de 2Coríntios 5, que diz respeito à *redenção* da ordem criada e também ao corpo humano, indica que essa nova revelação não exclui o conhecimento comum, mas o eleva a um novo nível, conferindo-lhe uma nova perspectiva e uma nova dimensão de significado.

---

[2]McGilchrist, *Master and His Emissary*. Os próprios cientistas especializados em cérebro ainda pesquisam o problema do lado esquerdo/direito, mas a análise de McGilchrist faz bastante sentido nas áreas acadêmicas que conheço.

HISTÓRIA *e escatologia*

O argumento de Paulo em todo esse trecho (na verdade, de 2Coríntios 2:14 a 6:13) é precisamente a concepção da vida apostólica aparentemente intrigante e ambígua dentro da visão mais abrangente dos propósitos divinos, concentrando-se na ressurreição de Jesus e na prometida ressurreição de seu povo.[3] A ressurreição *interpreta* a situação presente, em vez de ignorá-la e oferecer um tipo de realidade bem diferente.

O efeito traiçoeiro e poderoso da suposição de mundo dividido em nossa cultura é a razão pela qual busquei, neste livro, até agora, uma estratégia lenta e fortalecedora. O que tentei foi, digamos assim, cercar nosso já conhecido epicurismo com sua separação céu/terra, seu tempo dividido e seus humanos aleatórios e sem sentido. Sugeri que pode haver outro modo — judaico e depois cristão — de entender o espaço, o tempo e os seres humanos. A resposta precipitada que alguém pode dar a esse tipo de proposta é que é "inaceitável em nosso mundo crítico moderno", mas isso é pura cortina de fumaça. Não há nada de "moderno" no epicurismo. A antiguidade da cosmovisão judaica e cristã primitiva não pode ser usada corretamente como uma tática retórica de medo com a intenção de impedir a mensagem da nova criação de se infiltrar no mundo de amanhã. O que importa, reiteramos, é a história: não o historicismo, nem o reducionismo, mas a atenção paciente às evidências, aos ensaios abdutivos em hipóteses e à verificação por meio de propostas narrativas. A história não é a única ferramenta na caixa, mas, como argumentei no capítulo 3, é muito boa para derrotar os derrotadores, destruir as distorções e orientar as discussões. É deste ponto que seguiremos agora.

Nesse cenário, falamos simplesmente, mais uma vez, sobre "realismo crítico" em oposição a realismo *a*crítico (positivismo), que ignora seus próprios preconceitos e assume que pode chegar aos "fatos", a um tipo de "conhecimento", o que é realmente um projeto de engrandecimento próprio, de volta a Tiago e João, na verdade. Também nos opomos ao *irrealismo* crítico do cético, que, cuidadoso para não ser iludido pelos jogos de poder de outras pessoas, recusa-se a acreditar em qualquer indício. Um "realismo crítico" genuíno, lidando com a "epistemologia do amor" comum, conforme descrita no capítulo 3 (o desejo de que a evidência seja autêntica, sem distorção, para se encaixar nas próprias

---

[3]Cf. particularmente 2Coríntios 4:1-6; 5:1-10; 6:2 (citando Isaías 49:8).

A NOVA CRIAÇÃO

suposições ou fantasias anteriores), sempre estará aberto ao radicalmente novo, a algo que, como na famosa obra de Thomas Kuhn, exige total "mudança de paradigma".[4] Com frequência, isso acontece em todos os tipos de pesquisa séria. Vivi duas dessas mudanças em meu próprio campo, a "nova perspectiva" sobre Paulo e a "terceira busca" por Jesus, ambas muito incompreendidas, mas, ainda assim, importantes.[5] Entretanto, exatamente nesse ponto, abre-se a nova possibilidade para a qual voltaremos mais adiante, ainda neste capítulo. E, se o novo paradigma, direcionado pelas novas pistas, fosse apenas sobre uma revelação do próprio amor? Então, a "epistemologia do amor", que, em geral (ao menos em meu trabalho), é a abreviação de "uma forma de conhecimento que encara com absoluta e agradável seriedade a alteridade distinta daquilo que é conhecido", passaria a ter significado duplo. O imperativo realista crítico comum se veria transcendido, traduzido e transposto para um modo diferente. Acredito que é isso que acontece com a ressurreição de Jesus. E é isso que quero dizer ao afirmar que a ressurreição traz sua própria ontologia, bem como a epistemologia com ela, sem jamais correr o risco de um colapso no mundo de fantasia com as ideias ou percepções particulares ou "puramente subjetivas". O mundo aberto pelo ressurgimento de Jesus é o real em seu novo modo: a nova criação que recontextualiza e reinterpreta a antiga.

Toda essa conversa sobre ressurreição e epistemologias alternativas consequentes está destinada a parecer vazia ou, pior, inserida em outros paradigmas filosóficos, inclusive das estruturas dominantes da cultura ocidental. Paulo declarou que o evangelho era loucura para os gregos e escândalo para os judeus. Podemos expandir isso: a ressurreição é impossível para um epicurista, indesejável para um platônico, desnecessária para um deísta, sem sentido para um panteísta e perturbadora para um imperador.[6] Mas, dentro do universo que esboçamos no capítulo anterior — moldado por uma cosmologia do Templo, uma

---

[4]T. Kuhn, *The Structure of Scientific Revolutions*.
[5]Sobre a "nova perspectiva", cf. *PRI*, caps. 3, 4 e 5; na "terceira busca", cf. *JVG*, cap. 3. Esbocci uma abordagem mais autobiográfica em meus ensaios em *Jesus, Paul and the People of God: A Theological Dialogue with N. T. Wright*.
[6]Quanto a isso, sobre os imperadores, cf. *RSG*, p. 684, citando a peça *Salomé*, de Oscar Wilde. A morte é a última arma do tirano. A ressurreição indica (como os mártires macabeus já sabiam) que essa arma não é mais definitiva.

HISTÓRIA *e escatologia*

escatologia do Sábado e uma antropologia portadora de imagens —, o ressurgimento do Messias crucificado é o novo microcosmos por meio do qual o novo e grande Sábado é inaugurado. É a declaração de que o novo mundo nasceu no meio do antigo, e que *isso dá sentido ao mundo antigo como nada mais poderia dar*. A ressurreição é, simultaneamente, o evento fundamental e paradigmático da criação e — nessa mesma base — um acontecimento muito estranho, embora, na verdade, faça sentido dentro da criação presente. O Templo, o Sábado e a antropologia da imagem nos ajudam a entender como isso funciona, mesmo que ninguém tenha percebido. É aqui que a questão da ressurreição aborda diretamente a da teologia natural, mas só chegaremos a essa conclusão nos dois últimos capítulos.

O cético e o conservador de hoje se enganam, pois o epicurismo moderno, dentro do qual ambos vivem, enfraqueceu a antítese. Nos dias atuais, a maioria das pessoas concorda com os antigos: a ressurreição não ocorre no mundo "natural", então não pode ter acontecido.[7] O apologista que diz que *ela aconteceu, sim*, invocando algo chamado "sobrenatural" para explicá-la, está simplesmente saltando por cima do fosso feio de Lessing, que ainda está lá. Pior, isso torna o ressurgimento um exemplo de outra coisa, o "sobrenatural" (independentemente do que seja), em vez de ser o ponto de partida, a nova realidade que traz suas próprias ontologia e epistemologia.

Quando investigamos historicamente a ressurreição, surgem ansiedades semelhantes. Os teólogos temem que, se algo chamado "história" for usado como referência por nós, ela se tornará a realidade definitiva, e a "ressurreição" precisará encaixar-se ou, mais provavelmente, acabará sendo excluída pelo truque que iguala a "narrativa" ao ceticismo humeano. Isso também reflete uma abordagem incorreta. Talvez o céu e a terra sejam realmente mutuamente porosos. Talvez seja possível que o futuro chegue, de certo modo, ao presente contínuo. Talvez os humanos sejam verdadeiramente refletores de Deus. Observe novamente: você não pode começar com "Templo, Sábado e Imagem" e deduzir a Páscoa. Se pudesse, os dois na estrada de Emaús não teriam ficado tão preocupados. Mas, se você começar com a Páscoa e olhar para trás, não verá

---

[7]Para a negação constante do paganismo antigo, cf. *RSG*, cap. 2.

A NOVA CRIAÇÃO

algo chamado "sobrenatural", mas, sim, uma estrutura filosófica judaica clássica dentro da qual, por mais inesperado que seja, o evento pode ter um sentido novo e convincente.

Em outras palavras: se usamos a expressão "teologia natural" para responder à seguinte pergunta: "Podemos, *sob as condições intelectuais da modernidade*, começar com o mundo natural e racionalizar nosso caminho até o Deus do Novo Testamento?", a resposta deve ser "não". É claro que você pode raciocinar até chegar a uma divindade epicurista, distante, indiferente, não envolvida. Assim como muitos, pode fazê-lo chegar até o "Motor Imóvel" ou aos deuses do panteísmo e do panenteísmo. Pode muito bem acabar com qualquer tipo de deus platônico, embora a questão de saber se esse ser é realmente "Deus" ou algo menos pessoal — talvez o "divino" — permaneça no ar. Mas a frase em itálico dentro da pergunta mostra o que está havendo. A questão é tendenciosa desde o começo. O epicurismo iluminista entrega ao teólogo um microscópio, projetado para que ele consiga enxergar o menor átomo, e o desafia a ver a estrela da manhã. Isso não pode ser feito. Ele deveria, então, sugerir um telescópio.

E, de uma forma surpreendente para muitos, um dos componentes do telescópio é a história.

RESSURREIÇÃO E HISTÓRIA

Já escrevi detalhadamente em outro lugar sobre as formas pelas quais a pesquisa histórica desafia as propostas fáceis que muitas vezes são desenvolvidas para desacreditar a ressurreição física de Jesus.[8] Em nosso tópico atual, isso se enquadra na categoria de "derrotar os derrotadores", usando esses estudos para abordar — e, em casos tais, tornar altamente improvável — as diversas propostas alternativas que são tantas vezes apresentadas como supostas explicações para o aumento da crença na ressurreição de Jesus. Assim, por exemplo, a ideia de que seus seguidores sofriam de "dissonância cognitiva" é historicamente incrível: muitos outros movimentos judaicos terminaram com a morte violenta do fundador, e em nenhum caso as pessoas alegaram que eles haviam ressurgido

---

[8]Cf. *RSG*, cap. 18.

HISTÓRIA *e escatologia*

dos mortos. A sugestão frequente de que os seguidores de Jesus sofreram do que hoje chamamos de "alucinação em massa" ou que experimentaram o conhecido fenômeno de "avistamento" de alguém recém-falecido (e que, de fato, permaneceu morto) simplesmente não funciona. No mundo antigo, as pessoas sabiam dessas coisas tão bem quanto nós. As suposições de que as mulheres se dirigiram ao túmulo errado ou de que encontraram Tiago, o irmão de Jesus, à meia-luz e o confundiram com o próprio Jesus, ou de que as inconsistências superficiais nos relatos dos Evangelhos significam que todos foram criados mais tarde, mostraram-se, repetidas vezes, triviais e irrelevantes. De uma forma ainda mais grave, a sugestão de que a ideia da ressurreição de Jesus foi gerada pela reflexão sobre a Bíblia não leva em conta a grande ausência das escrituras nos relatos dos quatro Evangelhos.[9] Isso está relacionado a outra proposta regular, de que os quatro relatos foram compostos (junto com os Evangelhos nos quais estão contidos) uma geração ou mais após o evento e, portanto, não servem como o testemunho ocular que parecem afirmar. Isso se mostra falso diante de outras características significativas: o papel impressionante das mulheres na narrativa (em contraste com o resumo "oficial" em 1Coríntios 15:3-8), a ausência de referência à esperança futura dos crentes e a representação estranha do próprio Jesus.[10] Outro grande mal-entendido está ligado ao uso que Paulo faz da expressão *sōma pneumatikon* em 1Coríntios 15:44-46, que costuma ser interpretada como "corpo espiritual" em uma espécie de sentido platônico, apontando que, para Paulo, o "corpo" não era o que chamaríamos de "físico". Porém, vemos repetidamente como isso é enganoso. O adjetivo *pneumatikos* não nos diz de que um corpo é *feito ou composto*, mas, sim, o que o torna *animado*.[11]

Neste ponto, a tarefa de "derrotar os derrotadores" fundiu-se na segunda tarefa histórica: a de destruir as distorções. Entre elas, uma das principais é a própria palavra "ressurreição". Quarenta anos atrás, fiquei impressionado com a conversa com Karl Barth que T. F. Torrance relata em *Space, Time and Resurrection*. Torrance havia comentado que alguns estudiosos pensavam no ressurgimento de forma docética, "longe

---

[9]Cf. *RSG*, p. 599-602.
[10]*RSG*, p. 602-08.
[11]Cf. *RSG*, p. 347-56; *PFG*, p. 1398-403.

A NOVA CRIAÇÃO

da realidade ontológica concreta". Ele descreve como Barth se inclinou sobre ele e "declarou com uma força considerável, que jamais esquecerei: '*Wohlverstanden, leibliche Auferstehung*'" — "note bem, ressurreição corporal".[12] Aquele foi um ótimo momento na história da teologia moderna, mas meu ponto é que ele *nunca deveria ter sido necessário*. Aqui, o motivo para concordar com Barth não é um pressuposto teológico, a rejeição do docetismo,[13] mas uma questão de narrativa. No primeiro século, uma "ressurreição" *não* corpórea seria quase uma contradição. *Ressurreição significava corpos*. Pensar de outra maneira é fracassar em sua lição de casa de linguística. Sim, a língua da ressurreição pode ser usada de forma metafórica. E, sim, a partir do final do segundo século, os escritores gnósticos começaram a usar a palavra para representar a noção platônica de sobrevivência da alma.[14] Judeus ou gregos que desejavam dizer esse tipo de coisa tinham uma linguagem perfeitamente boa para fazê-lo, e a palavra "ressurreição" não mostrava isso. A base para a metáfora e para a mutação gnóstica era que tal termo sempre significou algum tipo de nova vida física.[15]

Outra distorção é a proposta persistente, associada a Rudolf Bultmann, mas firmemente defendida, de que, quando os cristãos primitivos afirmaram que Jesus havia ressurgido dos mortos, o que realmente queriam dizer era que sua morte havia levado seus pecados a serem perdoados.[16] A atração disso em uma estrutura epicurista moderna é óbvia. Nenhuma vaca sagrada foi ferida durante a produção desse filme. Porém, isso gera problemas textuais e históricos insuperáveis. Paulo, nossa mais antiga testemunha, é inequívoco: a ressurreição demonstra *que* os pecados foram perdoados. Os dois não são a mesma

---

[12]Torrance, *Space, Time and Resurrection*, xi.

[13]A heresia docética original estava ligada a Jesus antes de sua morte, defendendo que ele apenas "parecia" ser humano. Barth e Torrance parecem aqui tê-la usado em um sentido abrangente, que o Jesus ressuscitado "parecia" ter sido ressurgido somente corporalmente.

[14]Cf. *RSG*, p. 534-51. Compare com os outros escritores do segundo século pesquisados em *RSG*, p. 480-534.

[15]Esse é um problema na obra, por exemplo, de R. Jenson, *Systematic Theology*, vol. 1, *The Triune God*, p. 194. Jenson sugere que a crença cristã primitiva de que Jesus estava agora no "céu" faz algum sentido dentro de um universo ptolomaico, mas não em um copernicano (201f.). Porém, as coisas são mais complicadas. Ptolomeu (século 2 d.C.) sabia que a Terra era muito pequena em comparação ao universo maior: cf. *The Almagest: Introduction to the Mathematics of the Heavens*, p. 32.

[16]Cf., por exemplo, recentemente, A. Lindemann, "The Resurrection of Jesus: Reflections on Historical and Theological Questions", p. 557-79.

HISTÓRIA *e escatologia*

coisa (1Coríntios 15:17). Sem a crença nela como algo além da crucificação, a observação da nova criação que permeia o Novo Testamento é inexplicável.

Equívocos e distorções semelhantes acontecem entre os teólogos que desejam, de alguma maneira, confirmar o ressurgimento de Jesus. Assim, Robert Jenson, por exemplo, sugere cuidadosamente que o túmulo deveria estar vazio, pois, caso contrário, teria se tornado um santuário, na medida em que então Cristo se tornava "disponível" para seus seguidores.[17] Mas isso é totalmente inadequado como uma descrição do papel de Jesus na pregação apostólica. Não existe razão para supor que os saduceus de Atos 4 poderiam ter ficado com raiva de Pedro ou que os anciãos atenienses de Atos 17 teriam zombado de um discípulo se tivessem dito que Jesus estava agora "à disposição deles". O que as autoridades contestaram, por motivos que chamaríamos de "políticos", bem como religiosos, filosóficos ou culturais, foi o anúncio de que uma nova criação havia sido inaugurada e que os indicadores do Templo e do Sábado finalmente haviam levado Israel e toda a criação à nova realidade, a nova imagem segundo a qual o Deus Único estava estabelecendo pessoalmente seu reino tanto na terra como no céu.

Outra distorção que deve ser desfeita é a ideia de que, no mundo antigo, as pessoas estariam prontas para crer em todos os tipos de coisas estranhas, inclusive em ressurreição corporal. A evidência é totalmente contrária: todos no mundo do primeiro século entendiam o que significava "ressurreição", e todos, exceto os fariseus e outros judeus que pensavam da mesma forma, acreditavam firmemente que isso era impossível.[18] De Ésquilo a Marco Aurélio, isso fica bem claro. Filosófica e politicamente, podemos ver a razão disso. O ressurgimento não se encaixa. Na grande previsão de Atos 26, Paulo se explica diante do governador romano Pórcio Festo e do então "rei dos judeus", Herodes Agripa, destacando a ressurreição de Jesus como o evento que havia cumprido as promessas antigas das escrituras. No final do discurso, ao enfatizar o assunto, Festo grita com Paulo, chamando-o de insano. No entanto, Herodes sabe que Paulo não é louco, mas vê claramente quais seriam as consequências sociais e políticas se a antiga esperança de Israel

---

[17]Jenson, *Systematic Theology*, p. 1.205.
[18]Cf., em detalhes consideráveis, *RSG*, cap. 2.

A NOVA CRIAÇÃO

(conforme mostrada pelos fariseus) se tornasse realidade desse modo. Para começar, isso significaria que Jesus de Nazaré era o verdadeiro "rei dos judeus" e que Herodes não era.[19] Essa reação dupla persiste. O epicurismo iluminista nada mais é do que um projeto do imperialismo ocidental, que provocou reações como as de Festo às declarações judaicas e cristãs, talvez por razões semelhantes às de Agripa.

A imagem espelhada dessa distorção é a ideia de que, como muitos — talvez a maioria — judeus acreditavam na ressurreição, foi fácil para os seguidores de Jesus entender e imaginar que ela realmente havia acontecido. Essa concepção também pode ser tranquilamente destruída. Além de existirem muitos outros movimentos messiânicos e proféticos fracassados nos séculos antes e depois de Jesus, nenhum deles afirmou que o fundador morto havia ressuscitado. A crença no ressurgimento cristão primitivo, embora pertencesse claramente a um quadro de referências judaico — e não pagão —, desenvolveu rapidamente diversas mutações importantes, e nenhuma delas é explicável em termos de especulação teológica sem causa. Listei algumas, resumindo argumentos mais abrangentes, em *Surpreendido pela esperança*.[20] Alguém pode muito bem compilar outra lista da combinação inédita de características do movimento cristão primitivo que só são explicáveis se compreendermos que os seguidores de Cristo realmente creram que ele havia ressurgido fisicamente, e não apenas (como na opção comum) que eles haviam tido uma nova experiência "espiritual" ou "religiosa".[21] Eles viviam, falavam e escreviam com o pressuposto de que algo acontecera por meio do qual o Deus de Israel, o criador, havia finalmente retornado e, por intermédio de seu Messias escolhido, vencido a batalha decisiva contra o verdadeiro inimigo, embora essa "volta", essa "luta" e esse "triunfo" fossem agora vistos de uma forma bem diferente do que encontramos nas expectativas judaicas anteriores. Eles acreditavam que, por meio dessa conquista messiânica, o longo exílio havia chegado ao fim, o grande Sábado

---

[19]Talvez Lucas tenha a intenção de fazer referência a Atos 4:25-26, passagem em que a igreja de Jerusalém ora Salmos 2, com "as nações" se enfurecendo contra o Messias de Deus, e aplica isso diretamente a Pôncio Pilatos e Herodes Antipas.
[20]*Surprised by Hope*, p. 52-59.
[21]Os itens individuais dessa lista são comparados de vez em quando, de maneira que, por exemplo, os rolos de Qumran falam da comunidade no contexto de um novo Templo. A singularidade está presente em alguns dos recursos, mas principalmente em sua combinação.

HISTÓRIA *e escatologia*

havia amanhecido, o "novo Templo" havia sido construído (composto por Jesus e seus seguidores) e o Deus criador, pelo Messias Jesus, havia estabelecido seu domínio soberano sobre o mundo, por mais paradoxal que isso possa parecer em termos de perseguição e guerra contínuas. O movimento cristão incipiente era reconhecidamente judeu. E provocou fortes reações, ainda que de maneira completamente inesperada: o líder real venceu a batalha decisiva, o Templo foi destruído e reconstruído, o longo exílio de Daniel terminou, a liberdade e o perdão enfim chegaram, a aliança foi renovada, a criação foi restaurada e o Deus Único voltou em uma glória impressionante. Esses eram os maiores temas da fé cristã primitiva, embora você não saiba disso com base nos esquemas que remetem às estruturas de crença dos séculos 4, 16 ou 17 d.C. Esse é mais um fracasso da *história*, uma tentativa de deixar o passado à sua própria imagem. Sabemos que esses foram os principais elementos da escatologia prática judaica do Segundo Templo, e que — por uma exegese histórica cuidadosa — foram os principais temas do cristianismo primitivo. *Mas agora eles aparecem com um pretexto completamente diferente.* Não seria possível prever o cristianismo primitivo a partir de uma matriz judaica, mas é a ela que esse cristianismo pertence, embora de um modo revolucionário. Tudo o que sabemos sobre vários movimentos dentro do mundo do Segundo Templo revela que essas coisas não teriam acontecido simplesmente por causa da morte do fundador do movimento.

Esses aspectos não constituem os cristãos primitivos meramente como um "novo grupo religioso", seja no sentido antigo, seja no sentido moderno de "religioso". Eles foram, desde o começo, uma *comunidade distinta*.[22] Percebemos, particularmente, que a proposta pós-bultmanniana, como era de se esperar, devido à sua genealogia, reduz o significado de todo o sentido desse movimento ao que chamamos de "religião", desengajada política e filosoficamente, preocupada com "salvação" ou "perdão" somente em um sentido idealista ou platônico. Mas esse nunca foi o objetivo do movimento do "reino", da "ressurreição" ou do verdadeiro cristianismo. Os cristãos primitivos se importavam realmente com o "perdão dos pecados", mas no sentido holístico, na verdade sociopolítico, bem como teológico, que encontramos em Isaías

---

[22]Sobre as maneiras pelas quais os primeiros cristãos consistiam ou não em um movimento "religioso", cf. *PFG*, cap. 13.

A NOVA CRIAÇÃO

e Daniel, entre outros, poderosamente resgatados no Novo Testamento. Israel foi para o exílio por causa do "pecado" contínuo, de modo que o "perdão" significaria a destruição da Babilônia — no cenário do primeiro século, Roma — e a reconstrução do Templo para a volta gloriosa de YHWH. Algo deve ter acontecido para levar as pessoas a dizerem que *tanto* essas expectativas foram satisfeitas *como* foram traduzidas em uma nova modalidade.

É aqui que o desmantelar dessas distorções se junta à terceira tarefa histórica: orientar a discussão, pois essas características do cristianismo primitivo exigem uma explicação histórica séria. Elas fazem sentido dentro do mundo judaico, mas um sentido chocante e inesperado até mesmo nesse contexto. Precisamos de ambas as metades dessa afirmação. Tais características *não* fazem muito sentido na teologia do século quinto ou do século 16 d.C., e é por isso que foram ignoradas ou quase reinterpretadas. Não podemos usar o fato de que eram novas e surpreendentes nos dias de Jesus como uma desculpa para dizer que, por isso, ignoraremos o contexto histórico e substituiremos por nosso cenário anacrônico. Elas trazem à tona a questão óbvia: como explicar o surgimento repentino de um movimento ao mesmo tempo tão judaico e tão diferente de tudo que se conhecia antes? Os primeiros cristãos responderam em uníssono que foi porque um aspirante a messias crucificado ressurgiu fisicamente dos mortos e que vislumbraram nele a glória de Deus. O historiador pode indagar como eles chegaram tão rapidamente a essa rica combinação de conclusões escatológicas, não só um novo conjunto de ideias, mas resoluções práticas sobre como organizar suas vidas comuns e pessoais, e criar um movimento voltado para o exterior ao qual nos referimos vagamente como "missão". Será que tudo realmente aconteceu apenas porque eles tiveram novas experiências religiosas internas?

É por isso que, em diversas obras anteriores, apresentei o caso para afirmar que, no domingo após sua crucificação e por algum tempo depois, voltaram a encontrar Jesus de Nazaré fisicamente vivo, deixando um túmulo vazio para trás, ainda que, agora, o corpo que ele tinha parecesse ser estranhamente diferente do anterior e literalmente carregasse marcas gravadas nele pelos pregos e a lança. Os primeiros relatos mostram todos os sinais de que, para os escritores da época, assim como para nós nos dias de hoje, isso foi chocante e intrigante em muitos níveis. Lembro-me do professor Ed Sanders falando que, pelos relatos

HISTÓRIA *e escatologia*

que chegaram a nós, parece que os cristãos primitivos tentavam descrever algo que sabiam haver acontecido, mas não dispunham de uma boa linguagem para isso. Isso me parece certeiro. Mas o fato é que os primeiros cristãos falavam, ensinavam e viviam com base em algo que havia acontecido com Jesus e, desse modo, a cosmologia representada pelo Templo e a escatologia simbolizada pelo Sábado chegaram a um novo tipo de cumprimento. E eles juntaram a isso a afirmação de que, em sua vida humana, ele cumprira — repetindo, de uma nova maneira — a vocação "ungida" do rei de Israel e, em algumas tradições, do sumo sacerdote de Israel. Embora esse não seja o lugar para buscar tal percepção, considero revelador que uma das atividades características da igreja primitiva tenha sido contar a história *humana* de Jesus *como a narrativa de como o Deus de Israel havia voltado para cumprir suas promessas antigas*.[23] Quando os seguidores de Cristo contaram e escreveram histórias sobre ele, e quando quatro deles registraram a "história de Jesus" como um todo, não se limitaram a coletar memórias pessoais. Muito menos se limitavam a projetar para o passado as tantas situações e controvérsias na igreja primitiva. Diziam, de maneira totalmente judaica, que os símbolos e as narrativas de Israel se haviam cumprido de forma surpreendente e decisiva e que, nessa história tão humana — daí a escolha do gênero biográfico, por mais modificado que seja —, não só as promessas de um Messias vindouro, como também do retorno do criador e da aliança com Deus, haviam sido cumpridas. Templo e Sábado se haviam tornado realidade de um novo modo. Jesus realmente uniu o espaço de Deus e do homem, o céu e a terra. Nele, o futuro divinamente planejado por Deus para todo o cosmos foi verdadeiramente antecipado no presente. Nele, como afirmava a igreja primitiva, nós vemos revelada a verdadeira imagem de Deus.

Nada disso em si — talvez para a decepção de alguns — tem o propósito de servir como argumento decisivo para a historicidade da ressurreição corporal de Jesus. Fizemos, em linhas gerais, o que argumentamos no capítulo 3 sobre o que a "história" pode e deve fazer. Usando a "epistemologia do amor", pela qual fazemos o esforço agradável de refletir sobre a mente das pessoas que pensam de uma forma diferente de nós,

---

[23]Cf. principalmente Hays, *Echoes of Scripture in the Gospels*, e minhas reflexões iniciais em "Pictures, Stories, and the Cross: Where Do the Echoes Lead?", p. 53-73.

A NOVA CRIAÇÃO

e reconhecendo que essa "distinção" entre nós e eles não é, como costumamos concluir, entre uma cosmovisão pré-científica "arcaica" e uma científica "moderna", mas, sim, entre um epicurismo assumido e uma visão judaica ou cristã do espaço e do tempo, propomos uma interpretação do que os cristãos diziam e pensavam, o que clarifica bastante a discussão. A partir deste ponto, podemos seguir em uma direção diferente.

Afinal de contas, a esta altura, qualquer um tem abertura para propor um agnosticismo confuso. Quando a clareza é alcançada e os falsos "derrotadores" são eliminados, a escolha se torna clara. Todos os sinais apontam para o fato de que os primeiros discípulos acreditaram genuinamente que Jesus havia voltado à vida — embora em um novo corpo que parecia ter propriedades para as quais eles não estavam preparados — e que a melhor explicação para isso é que eles estavam certos.[24] Porém, já que aceitar essa conclusão envolve alguma teoria sobre o funcionamento do mundo, que vai além da suposição normal, de Homero aos dias atuais, de que pessoas mortas continuam mortas, muitos naturalmente se absterão. Na verdade, alguns podem ensaiar outras teorias, talvez que Jesus se tenha transformado em um ser humano tão extraordinário que, até agora, conseguiu sobreviver à morte apenas pela força de seu próprio caráter. (Em outras palavras, podem existir maneiras de dizer que ele, de fato, estava, em algum sentido, novamente vivo, que não envolvam atribuir esse evento à ação divina.) Outros preferirão dizer que, uma vez que creem na *premissa* da não existência ou não intervenção de uma divindade — em outras palavras, uma variação no epicurismo ou no deísmo —, acreditam que deve haver outra explicação para o surgimento do cristianismo primitivo, embora sejam incapazes de dizer qual seria.[25]

A esta altura, a área de conhecimento da história não pode ter mais nada a dizer. Se não é capaz de ser chamada para apoiar um reducionismo humeano ("a narrativa científica mostra que a ressurreição não pode acontecer"), também não pode ser invocada em auxílio a uma ortodoxia racionalista, de forma que se recusar a crer seria admitir incompetência intelectual ou perversidade. Mas o que a tarefa da história pode fazer,

---

[24]Esse é o argumento de *RSG*, cap. 18.
[25]Essa foi a conclusão de meu antigo professor de filosofia, Christopher Kirwan, do Exeter College, Oxford, ao ler *RSG*.

HISTÓRIA *e escatologia*

como parte de chamar a atenção para todas as evidências relevantes, é apontar que as crenças que os humanos sustentam sobre o que pode e não pode ocorrer na "vida real" são sempre uma função de cosmovisões mais amplas ou de suposições filosóficas não ditas. Portanto, a narrativa é sobre como e por que os humanos passam a acreditar no que acreditam, uma narrativa em que o papel da história é necessário, mas, por si só, insuficiente. Pode nos conduzir à água, mas não nos faz beber dessa água.

O que faz a diferença nesse caso — e aqui viramos a página deste capítulo e, portanto, do presente livro — é uma compreensão do que a ressurreição de Jesus revela. Isso permanece oculto em muitas reflexões sobre o tema porque o contexto epicurista da erudição moderna e a resposta algumas vezes racionalista dos pretensos ortodoxos tentaram conduzir o diálogo questionando se alguém acredita ou não em "milagres" ou no "sobrenatural". Isso implica uma ontologia dividida que exige uma espécie de epistemologia racionalista. Como mencionei no início deste capítulo, a ressurreição de Jesus de Nazaré se oferece como o centro de uma nova modalidade de ontologia, convidando a um novo tipo de epistemologia.

Porém, essa "novidade" não é inédita. Todo o argumento da nova criação, ao menos dentro da percepção dos cristãos primitivos, é que ela diz respeito à redenção e à renovação da criação, e não à sua abolição e à sua substituição. Aqui as histórias da ressurreição física de Jesus servem tanto de modelo como de fonte. E, com essa redenção e essa renovação, temos a reafirmação da criação original. O ressurgimento de Cristo declara que "Deus amou o mundo", e essa declaração é a convocação a um amor que retribui. Portanto, a renovação da criação exige uma versão renovada do conhecimento, inclusive da "epistemologia do amor". É nesse sentido que desejo reafirmar (contra a intenção dele ou não) a frase de Wittgenstein com a qual começamos. É o *amor* que acredita na ressurreição.

RESSURREIÇÃO E A JUSTIFICAÇÃO DA CRIAÇÃO

Como, então, a ressurreição de Jesus de Nazaré pode abrir novos caminhos para algum tipo de "teologia natural"? As propostas revisionistas que analisamos não oferecem nenhuma pista. Mas, se levarmos a sério o testemunho de Paulo e dos Evangelhos, crendo que o que eles dizem traz

A NOVA CRIAÇÃO

uma explicação histórica incomparável para o surgimento do cristianismo primitivo, então tem origem uma nova linha de pensamento. A ressurreição *reafirma a bondade e a generosidade de Deus quanto à criação original*, a verdadeira "natureza", digamos, incluindo todos os indicadores e todas as interrogações aparentes dentro da criação. A ressurreição proporciona alimento e roupas para os argumentos famintos e despidos que tentaram defender a "teologia natural" de dentro da criação da forma como ela era. Por meio de sua transformação redentora, a ressurreição reafirma a bondade da criação original e, portanto, a pertinência de se reconhecerem os sinais que funcionam como "indicadores" dentro dela, nos sentidos paradoxais que exploraremos no capítulo seguinte.

Afinal de contas, o ressurgimento de Jesus, compreensível como o novo apocalipse dentro do mundo judaico que estudamos, anuncia-se como a nova criação, *não como a substituição de algo agora jogado fora, mas como uma versão resgatada e renovada do antigo.* Isso revela não só o poder do criador, como também seu *amor*. O amor profundo e generoso demonstrado na criação original, esse amor criacional, concentrado no relato das escrituras acerca da aliança divina com Israel, que parecia ser um sonho vão — até mesmo uma fantasia cruel — à luz da dura realidade do mundo, reduzido à terrível execução de um jovem profeta cujos seguidores ansiosos acreditavam que ele estava trazendo a redenção do povo, é reafirmado de forma espantosa e poderosa. Semelhante à linguagem do pacto de Deuteronômio ou de Isaías, a ressurreição revela que a cruz foi o ato supremo de amor e que o criador amou a velha criação e sempre esteve determinado a resgatá-la. Os sinais disso não eram uma piada de mau gosto. Eles diziam a verdade. É claro que, se precisamos entender o "ressurgimento" meramente em sentido platônico, com a alma de Jesus indo para o céu, então o mundo do espaço, do tempo e da matéria não é importante, e não devemos tentar deduzir nada sobre a verdade máxima de Deus. Você não encontrará gnósticos desenvolvendo teologia natural.[26] Mas, se a Páscoa foi o começo de *uma nova criação*, que é uma *creatio ex vetere*, e não uma nova *creatio ex nihilo*, se a

---

[26]Pelo menos não no sentido comum. Pode-se imaginar uma dedução gnóstica da experiência presente (a) de que o mundo obscuro e perverso é a criação de um demiurgo e (b) de que a centelha humana interior possuída por poucos favorecidos é um sinal distante de um deus diferente.

HISTÓRIA *e escatologia*

ressurreição foi, portanto, um ato de amor de Deus pelo mundo antigo e por seus habitantes criados à sua imagem, então a "velha" criação, que recebe a nova, valida-se por conta própria. Seu testemunho silencioso para o criador (como em Salmos 19) é reafirmado em retrospecto. E, como esboçarei em breve, esse amor absoluto gera, em resposta, *uma nova forma de conhecimento* que, em si, é a renovação redentora dos outros modos com os quais estamos mais facilmente sintonizados. O elemento "amor" dentro do "realismo crítico" — a insistência em respeitar e admirar o "outro" por e como ele mesmo, em vez de rejeitá-lo ou limitá-lo à forma exigida pela fantasia ou pela "projeção" — mudou para uma engrenagem diferente.

Antes de chegarmos a isso, duas analogias são sugeridas para o ponto implícito que apresento. A primeira analogia é a história de Israel. O Novo Testamento é enfático ao dizer que, com Jesus e sua morte e ressurreição, a aliança com Abraão foi cumprida, o "velho pacto" com Moisés no Monte Sinai foi transformado no "novo pacto" prometido por Jeremias e a narrativa sombria, sinuosa e longa de Israel com Deus — tudo menos um progresso ou "desenvolvimento" suave e estável — alcançou seu objetivo surpreendente e chocante.[27] Cada um dos Evangelhos canônicos inicia, à sua própria maneira, com uma forte evocação da antiga história de Israel, apresentando Jesus como o cumprimento da intenção original. João leva isso de volta ao capítulo inicial de Gênesis. E cada Evangelho, ao seu próprio modo, faz todo o relato como o cumprimento das escrituras de Israel.[28] O ponto alto de tudo isso, embora, mais uma vez, inevitavelmente polêmico, está em Romanos 9—11. O resultado é que, para os primeiros cristãos, o ressurgimento do Jesus crucificado não significava que o Messianismo, o chamado de Israel, as escrituras e o mundo simbólico do Templo e da Torá — e especialmente o Sábado — haviam sido um erro e agora devessem ser esquecidos quando um novo movimento completamente diferente abrisse caminho no mundo. Muito pelo contrário. A morte e a ressurreição de Cristo *validaram de forma retrospectiva e transformadora* o que já estava ali. O Jesus de João diz: "Abraão celebrou o fato de que veria o meu dia. Ele "o viu e se alegrou" (João 8:56).

---

[27]Cf. meu artigo, "Apocalyptic and the Sudden Fulfillment of Divine Promise", p. 111-34.
[28]Cf. Hays, *Echoes of Scripture in the Gospels.*

A NOVA CRIAÇÃO

A ressurreição reafirma a generosidade dos antigos propósitos. Aqueles que, nos séculos anteriores, olharam para a criação, a Torá e o Templo, e acreditaram que o Deus que, estranhamente, se tornara conhecido era o Deus verdadeiro e que um dia seria visto como tal, foram justificados nessa crença anterior, ainda que, ao mesmo tempo, precisemos observar as advertências claras em muitos lugares tanto por João Batista como por Paulo (p. ex., Mateus 3:9; Romanos 2:17-29). Em Romanos 10, Paulo declara que o "zelo por Deus" de Israel (referindo-se não apenas a si mesmo) "não era conforme o conhecimento", uma vez que o verdadeiro "saber" era revelado agora no Messias e na renovação da aliança, cumprindo a promessa de Deuteronômio 30, que abrira o coração e a voz para um novo nível de fé, e a comunidade do povo de Deus a todos os que compartilhavam dessa fé, gentios e judeus (Romanos 10:1-13). Essa analogia entre a reafirmação da criação na ressurreição e a reafirmação da história israelita não é, de fato, uma mera analogia. Parte da questão é que Israel sempre foi o portador da promessa divina para o mundo, para toda a ordem criada, como em Salmos 72 e outras passagens. E essa ligação estreita pode explicar por que alguns que, em outros aspectos, abriram caminho para Barth (quer estivessem discutindo sobre "teologia natural" ou não) foram, como Marcião, resistindo a qualquer ideia de continuidade entre a história de Israel e o "apocalipse" dramático de Jesus, o Messias de Israel.[29]

A segunda analogia é a da "ordem moral", como no famoso argumento de Oliver O'Donovan.[30] Não podemos aprender simplesmente sobre "ordem moral" em relação à criação em seu estado atual. Todos os tipos de coisas — desastres naturais, crueldade contra animais, caos moral humano — nos proíbem diretamente de executar uma "lei natural", da mesma forma que não podemos recuperar uma "teologia natural" como Butler. Às vezes, as pessoas tentam, por exemplo, quando está implícito que, já que os humanos são apenas "macacos nus", não há um bom motivo, além da convenção local, para não nos comportarmos como a variedade regular. Porém, os eventos do Evangelho, ao revelarem a nova forma de ser humano, não descartam as estruturas morais inerentes à criação; eles as reafirmam. Como Jesus insiste em Marcos 10:2-12,

---

[29]Cf. *PRI*, parte II.
[30]*Resurrection and Moral Order.*

HISTÓRIA *e escatologia*

o reino de Deus *finalmente cumpre a longa intenção do criador*, mesmo que, até então, isso parecesse difícil ou impossível — ainda que, como no caso em discussão em Marcos 10, a própria Torá permitisse um padrão menor. E, à medida que a história do evangelho vai se desenvolvendo, até a sua conclusão, descobrimos como isso acontece: a intenção do criador é cumprida por meio da morte e da ressurreição de Cristo. Paulo aplica isso aos seguidores de Jesus, insistindo que eles estão "no Messias" e que isso significa que morreram com ele e ressuscitaram com ele. Mas esse argumento, tão claro em Romanos 6, não aponta que a criação — o mundo e a vida humana atuais — seja irrelevante. A nova obediência física de Romanos 8 e o sofrimento corporal que a família do Messias compartilha com ele pertencem ao mapa da nova criação resgatada e transformada que constitui o auge desse capítulo.

Em outras palavras, não chegamos à "ordem moral" meramente tentando "preencher" o velho mundo. A graça não pode simplesmente "aperfeiçoar" a natureza da forma como ela é. Isso seria como tentar construir uma casa sólida no topo de um castelo de areia. Mas nem mesmo a ressurreição nos permite ignorar a ordem criada e começar o novo mundo e a nova vida com uma folha em branco. Ela *redime*, *recupera* e agora *estabelece* firmemente a bondade da criação original. A inauguração de uma nova criação reafirma a ordem dada por Deus à antiga criação, incluindo, talvez paradoxalmente, a sensação de doença e deslocamento que os humanos, em todas as culturas e em todos os tempos, sentiram em relação ao "modo como as coisas são". Isso aponta para o argumento do próximo capítulo.

Enquanto refletimos sobre essas duas analogias, algumas coisas tor-nam-se surpreendentemente claras. Na primeira, a história de Israel, o novo imperativo do evangelho parecia sem sentido. Basta-nos pensar em Gálatas para deixar isso bem claro. Receber os não judeus na comu-nidade da família de Abraão em termos iguais, sem as "obras da Torá" comuns, era algo praticamente impensável para muitos. Como o povo de Deus poderia ser definido sem o foco na terra prometida e em sua cidade sagrada e seu santuário? Como poderiam viver como uma família multiétnica? Como encontrariam seus caminhos sem a Torá mosaica para fundamentá-los? Paulo e os outros mestres antigos articularam e enfatizaram a nova leitura das escrituras — tanto quanto ocorreu com o próprio Jesus no Caminho de Emaús —, em que tudo *fazia* sentido.

A NOVA CRIAÇÃO

Afinal, o novo evento não era um mero *novum*, mas, sim, como eles argumentaram, o que Moisés, os profetas e os salmos sempre haviam imaginado, embora isso exigisse uma transformação radical na forma como deveriam ser lidos. Na segunda ordem moral, o comportamento de nova criação exigido agora era considerado impossível ou indesejável. A exigência absoluta de perdão, humildade, castidade, paciência e cuidado com os pobres parecia totalmente fora de alcance.[31] Como as pessoas rapidamente descobriram, isso não fazia sentido no mundo da maneira como estava. Mas, quando os seguidores de Jesus começaram a viver assim, mostraram uma forma de ser humano que autenticou a si mesma. De fato, era a forma genuinamente humana de viver, embora ninguém antes tivesse enxergado desse modo. Essas virtudes pareciam oferecer chaves para abrir portas que as pessoas sabiam que existiam, mas que, até então, pareciam estar eternamente trancadas.

Em ambos os casos — o estilo de vida de Israel se expandiu repentinamente para incluir os gentios, uma possibilidade moral anteriormente impensável —, o novo padrão, por um lado, era chocante e perturbador, mas, por outro lado, satisfatório e fortalecedor. Paulo explica: *o amor de Cristo não nos dá escolha* (2Coríntios 5:14). O amor criacional agora revelado no evangelho abriu o novo mundo de possibilidades eclesiásticas e morais. Anseios e enigmas anteriores não eram, afinal, sensibilidades ilógicas ou injustificadas: eram sinais genuínos, que vinham de dentro da criação atual, de que algo mais era não só exigido, como também prometido.

E foi assim com a ressurreição de Jesus. *Foi simultaneamente um evento alarmante dentro do "velho" mundo e fundamental e paradigmático dentro do novo.* Como a ideia de judeus e gentios formando uma única família, ou os novos estilos de comportamento, isso, obviamente, era algo impensável no mundo antigo. Todos, de Homero e Sêneca a Hobbes e Hume, incluindo A. J. Ayer ou Richard Dawkins, sabem que os mortos não ressuscitam para uma nova vida física. Entretanto, como a nova família e a nova ética, essa ressurreição rapidamente fez sentido. Não era apenas uma questão de *credo quia impossibile*, como disse

---

[31]Como argumentei em *Virtue Reborn* (título nos Estados Unidos: *After You Believe*), essas nunca foram consideradas virtudes no antigo mundo não judeu, mas rapidamente se tornaram fundamentais entre os seguidores de Jesus.

HISTÓRIA *e escatologia*

Tertuliano grandiosamente, ainda que ele mesmo — em seu tempo — se empenhasse para mostrar por que aquela fé tinha um significado novo e vívido. Era uma questão de reconhecer que, quando o sol nascia, era possível ver tudo com mais clareza. Discernir o alvorecer permitia discernir muitas outras coisas também; e a coerência que elas apresentavam agora indicava que elas sempre haviam feito sentido, embora, até então, isso não fosse visto com muita nitidez.

Em escritos anteriores, ilustrei isso com uma parábola. Uma faculdade recebe, como presente, de um doador rico, uma pintura magnífica e de valor incalculável. Não há espaço em seus prédios para exibi-la adequadamente, então decidem que haverá algumas alterações drásticas na construção para que a obra possa ser vista da melhor maneira possível. Quando isso acontece, todos os tipos de coisas que antes irritavam ou que não combinavam muito com a construção antiga são finalmente resolvidos. Com esse presente novo e inesperado, a escola está melhor do que antes.

Foi o que ocorreu quando os cristãos primitivos depararam com a ressurreição de Jesus. Eles interpretaram o evento com base na estrutura judaica existente de espaço, tempo e ser humano; em outras palavras, no contexto que apresentamos no capítulo anterior. Mas essa estrutura em si não permaneceu inalterada. Como já argumentei em detalhes em outro momento,[32] os seguidores de Jesus fizeram rapidamente diversas mudanças significativas nessa estrutura, mas, claramente, foram modificações *internas*, e não um novo cenário que tenha abandonado as histórias e crenças de Israel e tomado por empréstimo outras de vários lugares (como Bultmann e outros teriam desejado).

Algumas cosmovisões precisavam claramente de mais "modificações" do que outras. Diante do platonismo, os cristãos primitivos insistiram na ressurreição física e no resgate e na renovação, e não no abandono, da ordem presente criada — na verdade, da visão judaica vigente. Diante do epicurismo, concordaram novamente com uma visão judaica normal: a criação não é aleatória, há um Deus que é tanto o Criador transcendente como aquele que busca ativamente cumprir seus propósitos prometidos de resgate no mundo. Diante do estoicismo, voltaram a

---

[32] *RSG* e *Surprised by Hope* [em português, publicado como *Surpreendido pela esperança*].

A NOVA CRIAÇÃO

concordar com os judeus: Deus e o mundo não são a mesma coisa. Diante do paganismo comum, insistiram que havia um Deus Único que criou o universo, ou seja, o Deus de Abraão, Isaque e Jacó. Em cada caso, a ressurreição de Jesus era vista, basicamente, como a confirmação de uma cosmovisão israelita e judaica contra todos os que chegam. Fazia sentido apenas lá e em nenhum outro lugar.

Ao mesmo tempo, havia mudanças radicais a serem feitas na cosmovisão judaica do Segundo Templo. A escatologia talvez seja a mais óbvia delas. O que Israel esperava no futuro aconteceu no presente, mas, em vez de todo o povo de Deus ser levantado dos mortos, uma pessoa, já considerada por alguns como o Messias, foi ressuscitada antes de todas as outras. Esse foi um *novum* completo, exposto como tal por Paulo em uma passagem central: 1Coríntios 15:20-28.[33] O futuro havia chegado ao presente, assim como alguns judeus, e muitos mais depois, diriam sobre o Sábado e, *a fortiori*, sobre as grandes festas, incluindo a Páscoa, que Jesus tornara o tema de suas últimas grandes ações vocacionais. A ressurreição anunciou que os "novos tempos" haviam chegado ao presente: um Jubileu permanente, o cumprimento das "setenta semanas de anos" de Daniel e, portanto, o tempo da libertação, do perdão, do Sábado eterno. Por essa razão, guardar, ou não guardar, dias santos específicos deixou de ter importância (como Paulo explica em Romanos 14): agora, cada dia era um dia do reino, e o primeiro dia da semana captava especialmente o clima e a atmosfera de uma nova criação.[34] *Mas tudo isso significava que o sentido anterior de uma história, a longa narrativa judaica de promessa e esperança, fora validado, mesmo sendo radicalmente modificado.* A maior parte dos judeus que fizeram esse relato nos dias de Jesus e nos séculos seguintes não podia ver — e não via — a ideia de um Messias crucificado e ressurreto com qualquer sentido de cumprimento da história da forma como conheciam. Provavelmente ninguém entendia aquela história como uma narrativa de "progresso", um enredo como o imaginado por Pierre Teilhard de

---

[33]Cf. *PFG*, p. 733-37 e muitas outras vezes.
[34]O tema do "primeiro dia" da nova semana é importante na apresentação da ressurreição de João: cf. 21:1,19. Sobre a questão de os primeiros cristãos verem o domingo como um "novo Sábado" ou não, cf. S. Bacchiocchi, *From Sabbath to Sunday: A Historical Investigation of the Rise of Sunday Observance in Early Christianity*, e D. A. Carson, ed., *From Sabbath to Lord's Day*. Os textos principais incluem *Barn.* 15,8-9; Justin Martyr, *Dial.* 41.

HISTÓRIA *e escatologia*

Chardin. A validação da história também não fez com que parecesse desse modo. Mas, quando algo chocante e inesperado aconteceu e um suposto Messias se levantou dos mortos, as pessoas estavam aptas a olhar para trás e ver que, embora cambaleante e com muitas oportunidades perdidas e falsos começos, ainda assim, uma narrativa obscura e distorcida havia atingido seu objetivo.

Se isso era verdade em relação à escatologia, também era quanto à cosmologia. Assim como o Tabernáculo e depois o Templo, uma tenda e um prédio construídos por mãos humanas, com cortinas, postes, pedras e madeira reais, existiam no mundo atual e eram o lugar no qual o Deus vivo habitava com sua gloriosa presença, então os primeiros cristãos passaram rapidamente a crer que a ressurreição havia revelado que Jesus era verdadeiramente o que havia afirmado implicitamente ao longo de sua carreira pública: o equivalente humano do Templo, o lugar no qual, na linguagem paulina, "toda a plenitude da divindade habita corporalmente". O céu e a terra deveriam estar juntos, para morar juntos em unidade, e tanto João como Paulo viam Cristo como o novo Templo (e, então, com certeza, também consideravam a igreja dessa forma, habitada pelo espírito). Da mesma forma, essas construções funcionavam como "pequenos mundos", edifícios que simbolizavam a intenção do criador de preencher toda a terra com sua glória, então, agora, Jesus e o espírito se haviam tornado sinais avançados e amostras do que Deus faria por toda a criação. Essa foi, simultaneamente, a *reafirmação radical* de uma cosmovisão judaica dominante e sua *transformação radical*, principalmente porque, no centro dos eventos reveladores, estava o *escandalum crucis*, o destino chocante e inimaginável do rei ungido de Israel. O oitavo capítulo de Romanos olha para o futuro cumprimento da esperança de Israel para todo o cosmos, com Deus fazendo pelo universo inteiro o que fez por Jesus em sua ressurreição — e tudo isso por causa do amor inabalável do criador por seu mundo e seu povo. Não é à toa que João 20 se passa em um jardim, com Jesus sendo confundido com o jardineiro. Mais uma vez, a questão é que, em meio a todas as transformações radicais, a todos os eventos inesperados e chocantes, esse evento totalmente novo da ressurreição de Jesus celebra, retrospectivamente, o Jardim e declara, para aqueles que agora podem ouvi-lo, que a promessa aparente da primavera não era apenas fruto da imaginação. A velha criação realmente estava — o tempo todo — apontando para

A NOVA CRIAÇÃO

o cumprimento pretendido havia tanto tempo.[35] Se o amor acredita na ressurreição, é porque ela revela o amor soberano do Criador pela criação e seu limite para resgatá-la, restaurá-la, bem como cumprir seu antigo propósito. E, com tudo isso, lembramos — contra o desprezo óbvio de que o "amor" nos leva a um mundo particular de pura subjetividade — que tudo tem seu significado precisamente em relação ao *mundo público* real, e não a um reino "espiritual" ou gnóstico, tampouco a um mundo de fantasia pessoal.

Novamente, o mesmo que ocorre com a cosmologia também se reflete na antropologia. Ninguém, pelo que sabemos, imaginava que céu e terra se unissem em um único ser humano, muito menos que esse ser mostrasse tal união no momento de sua morte lamentável. O mais próximo que podemos chegar da ideia de uma união antropológica céu/terra talvez sejam as pessoas de um sumo sacerdote ungido ou de um rei davídico, e é claro, em retrospecto, podemos ver os primeiros cristãos descobrindo pistas de que Jesus estava, de certa forma, desempenhando ambos os papéis. Você poderia ler ou cantar Salmos 8 todos os dias durante um ano sem perceber o que estava por vir, mas, quando chegasse o momento, seria capaz de olhar para trás e ver que sempre foi intencional. Inferior aos anjos, mas agora coroado com glória e honra. É isso que significa ser portador de imagem — e foi o próprio portador que mostrou o caminho. Com a ressurreição de Jesus, a promessa oculta o tempo todo em Gênesis 1 e 2 foi trazida à luz e gloriosamente confirmada. Mais uma vez, depois de discernir o alvorecer, você percebe que até mesmo a escuridão da noite foi secretamente preenchida de esperança e desejo.

RESSURREIÇÃO E EPISTEMOLOGIA DO AMOR

Assim, a ressurreição de Jesus, ao revelar o amor resgatador e transformador do criador por toda a criação, abre o espaço e o tempo para uma

---

[35]Não deveria ser necessário apontar a diferença entre isso e o tema do "cumprimento de promessa" de um estilo mais antigo de apologética cristã. Isso dizia respeito às promessas "sobrenaturais" aparentemente aleatórias das escrituras que agora eram "cumpridas" nos eventos de Jesus, com os quais eles tinham meramente uma ligação superficial. Lidamos aqui com algo muito mais orgânico.

HISTÓRIA *e escatologia*

nova modalidade holística de conhecimento, que *inclui o conceito histórico do mundo real,* enquadrando-o na gratidão amorosa que responde ao amor soberano do próprio criador. O caminho está aberto a uma explicação do próprio "saber" em que o "amor" pode ser entendido, não como o oposto da "razão" (como talvez Wittgenstein pensasse), nem simplesmente como uma fantasia subjetiva, mas como a estrutura mais ampla dentro da qual tanto a razão como a subjetividade podem desempenhar seus devidos papéis. Nesse ponto, precisamos ter cuidado. Já insisti que o conhecimento histórico e o conhecimento geral devem incluir um elemento que chamei de "amor", a confirmação agradável da alteridade daquilo que é conhecido. Agora proponho que, com a ressurreição de Jesus, esse "amor" seja deslocado para um novo modo segundo o qual os anteriores são redimidos, assumidos e transformados. Em cada caso, a fase inicial é algo que provavelmente seria defendido por muitos epistemólogos. É o segundo estágio que nos leva a um lugar diferente, embora meu argumento mostre que esse lugar esteja, digamos, diretamente relacionado ao primeiro, se algo puder ser mais explícito e concreto.

Para começar, o "saber" é uma *atividade para a pessoa inteira.* Como sabemos agora, o conhecimento humano envolve o corpo e as emoções, não só os sentidos e o cérebro. Se tentarmos separar os diferentes aspectos da pessoa do ato de conhecer, acabaremos, assim como os positivistas lógicos, com o conhecimento supostamente "científico" sendo "objetivo", o "ético" sendo meramente "emotivo" ou subjetivo, e a teologia ou a metafísica sendo simplesmente desprovidas de sentido.[36] É exatamente aqui que o pacto faustiano da modernidade se posiciona, afastando-se do criador, rejeitando o próprio amor e se apegando a um "saber" que é, em parte, poder e, em parte, prazer.

O que acontece quando nos lembramos desse princípio e nos aproximamos da ressurreição? Aqui tateamos com cuidado por um caminho estreito. Por um lado, sentimos a tentação racionalista de tentar *provar* a ressurreição com um enfático *quod erat demonstrandum,* obrigando todos a aceitá-la. Por outro, temos a tentação romântica: isso aquece tanto nossos corações que vamos fingir que é verdade. ("Você me pergunta

---

[36]Isso recebeu expressão clássica em A. J. Ayer, *Language, Truth and Logic.*

A NOVA CRIAÇÃO

como eu sei que ele vive? Ele vive dentro do meu coração.") O primeiro tenta arrastar todos para a fé pelo pescoço. O segundo a deixa como um mundo privado, um reino de fantasia no qual os escapistas resmungam para si mesmos que o coração tem razões que a própria razão desconhece. Nenhum dos dois dá atenção suficiente à possibilidade de que, quando o céu e a terra realmente se sobrepõem e a era por vir irrompe na era atual antes do tempo, uma nova possibilidade de ser portador da imagem é despertada, uma espécie de conhecimento holístico que não considerávamos possível, um saber moldado em resposta ao objeto, em vez de usar o próprio método particular como um leito procusteano. *E, nesse caso, "o objeto de conhecimento" é precisamente a revelação do amor inabalável do Criador por sua criação.*

A questão da cosmologia fundamentada no Templo, a sobreposição entre céu e terra, é que, afinal de contas, *acontecem coisas na terra* que são verdadeiros sinais da presença do céu e que, portanto, podem ser historicamente discutidas, e não só em uma esfera privada chamada "fé". A questão da escatologia baseada no Sábado, a sobreposição de eras, é que *as coisas acontecem no tempo presente* e são amostras reais do futuro. Nesse universo de espaço e tempo duplos, estamos nos referindo ao mundo público, porém um mundo maior do que aquele imaginado pela indução cartesiana ou pela dedução kantiana. Então, conhecer esse mundo como portador de imagem significa abrir-se — em resposta ao amor — à revelação do amor extravagante e generoso do criador. Significa sair de nossas seguras "zonas de conforto" epistemológicas, essa luz excessivamente brilhante de uma falsa e suposta "objetividade" e o esplendor reconfortante da subjetividade privada, em direção a uma nova forma de conhecimento com diversas camadas. Esse novo modo finalmente destrói o pacto faustiano, dizendo ao Jesus ressuscitado (como os dois na estrada de Emaús) *verweile doch, du bist so schön*, descobrindo, naquele momento, que Mefistófeles foi derrotado, que, agora, o perdão dos pecados morais e epistemológicos é uma realidade, que a universidade está sendo reconstruída com a obra-prima em seu centro e que nós fazemos parte dela. E repetindo: a faculdade em questão não é um clube particular para aqueles que compartilham uma fantasia específica, mas, sim, o contexto real da nova criação, portanto *o mundo da própria criação*, resgatado e transformado, mas ainda verdadeiro, como o Criador pretendia que fosse. Com isso, abrimos finalmente a nova possibilidade

HISTÓRIA *e escatologia*

da teologia natural: de uma celebração da criação que é também do Deus criador e redentor.

Diante dessa epistemologia do amor, mais uma vez pode surgir a suspeita de que tudo desmoronará em mera subjetividade. Entretanto, algo mais profundo está acontecendo. O racionalismo e o romantismo são os filhos gêmeos epistemológicos do epicurismo moderno, tentando dar sentido às coisas após os humanos terem sido rebaixados a acidentes atômicos aleatórios. Respostas platônicas também não ajudam. Contudo, no Novo Testamento, o amor não é apenas uma ética, nem só uma emoção, mas, sim, a forma suprema de conhecimento, incluindo todos os outros em seu interior. Paulo declara aos coríntios: "Aquele que pensa conhecer algo ainda não conhece como deveria. Mas aquele que ama a Deus é conhecido por ele" (1Coríntios 8:2-3). O verdadeiro conhecimento não é o que você sabe sobre o mundo ou sobre Deus, mas o que Deus conhece sobre você. Sua resposta a esse "saber" é, antes de tudo, amor, pois a revelação é o amor em si. Por isso amar a Deus e ao próximo são os maiores mandamentos, ultrapassando todos os sacrifícios e holocaustos. Por isso também que fé, esperança e amor são os maiores, com o amor acima de todos, não só como virtudes, mas novamente como formas de conhecimento. A fé e o amor alcançam o céu apenas para descobrir que ele veio à terra e está ocupado endireitando-a. A esperança é o amor rumo ao futuro, sabendo que a era por vir chegou, como Sábado, no presente, oferecendo descanso e revigoramento a um mundo cansado do trabalho. Não é simplesmente o fato de o amor transcender a divisão objetivo/subjetivo, embora isso também seja verdadeiro. Paulo reúne Romanos 8, seu capítulo do novo Templo, da ressurreição e da nova era, insistindo que Deus age em todas as coisas *para o bem daqueles que o amam*. E eles ainda são descritos como tendo sido feitos "segundo à imagem de seu Filho" ou, como em Colossenses, "renovados em conhecimento, conforme a imagem do criador" (Romanos 8:29; Colossenses 3:10). O novo tipo de conhecimento não é uma *gnosis* secreta para o neófito. A vocação de Paulo é que, pela "declaração aberta da verdade", ele proclamará a luz do conhecimento da glória de Deus na face do Messias.

Isso conduz a uma dimensão a mais da epistemologia do amor, em sua nova manifestação: a de que *todo conhecimento é compartilhado*. Finja o contrário e você chegará ao solipsismo, a armadilha do fenomenalista,

A NOVA CRIAÇÃO

conhecendo somente seus próprios dados sensoriais.[37] Todos nós contamos com uma comunidade mais ampla de algum tipo para nos ajudar com o projeto de conhecimento. A abdução em si costuma ser uma atividade compartilhada. Por isso as novas epistemologias do Iluminismo produziram tipos diferentes de revolução: "comunidades de conhecimento" distintas entraram em conflito direto, deixando (como em outras áreas) o amor fora da equação. Descartes dividiu o átomo epistemológico e Marx ofereceu a explosão resultante.

O que acontece com esse princípio quando se vê confrontado com as evidências que apontam para a ressurreição de Jesus? Parte da resposta pode ser que, embora o saber compartilhado possa trazer confirmação em muitos contextos, quanto ao amor do Criador, se for compreendido com amor em resposta, gera um tipo diferente de comunidade, mais precisamente uma comunidade de amor. Ao escrever para a nova igreja de Colossos, Paulo comemora o fato de Epafras lhe haver falado sobre seu "amor no espírito": ali existe um grupo de pessoas que, embora pertençam a diferentes culturas e classes sociais, amam umas às outras, ou seja, tratam-se como "família". Para o apóstolo, essa é uma evidência poderosa de que o evangelho está crescendo (Colossenses 1:6-8). Esse é um dos muitos motivos pelos quais ele destaca o amor como a primeira característica do "fruto do espírito" e a "maior" do trio de virtudes, superando até mesmo a fé e a esperança (Gálatas 5:22; 1Coríntios 13:13).

Essa expansão da "epistemologia do amor", comum ao mundo da nova criação, de uma vida humana renovada, avança em direção a um mundo mais abrangente. Todo conhecimento do homem pressupõe visões de espaço, tempo, matéria e do que significa ser humano e buscar conhecer a si mesmo. Dessa maneira, todo saber é *comprometimento e envolvimento, e não meramente observação isolada*. O ato de conhecer é *relacional*, estando ligado ao vaivém entre o sujeito conhecedor e o "objeto", seja uma montanha, um rato ou um movimento em uma sinfonia. A relação é sempre bidirecional. Fingir o contrário — alegar passividade ("estou apenas deixando os fatos falarem comigo") ou declarar-se responsável pelos dados ("confie em mim, eu sei a verdade") — é ser ingênuo ou estar em um jogo de poder sagaz. Reconhecer a natureza

---

[37]Cf. *NTPG*, p. 33.

HISTÓRIA *e escatologia*

bilateral necessária do *conhecimento relacional comprometido* é reconhecer a epistemologia do amor.

Isso também é parte do que esbocei como um sábio "realismo crítico". A diferença entre esse realismo envolvido na observação normal do mundo e o novo modo iniciado pela ressurreição de Jesus é que a "relação" em questão não se torna meramente pessoal (com o próprio Jesus como uma presença viva a ser "conhecida"), mas o resultado direto do ato de seu amor: "o amor de Cristo não nos dá escolha" (2Coríntios 5:14). Assim, acreditar na ressurreição *inclui* — ainda que não possa (como Bultmann e outros assinalam) ser reduzido a isso – a crença de que, em sua crucificação, Jesus venceu o poder do mal e da morte. "E, se Cristo não ressurgiu, a fé de vocês é inútil e ainda estão em pecado" (1Coríntios 15:17). Também não pode ser simplesmente a realização de um desejo, outro truque de uma subjetividade interessada em si mesma. Volto a lembrar que a convergência do conhecimento pessoal com a evidência histórica não oferece o tipo de "certeza matemática" almejada por aqueles que desejam o tipo de sabedoria de Tiago e João, que nos colocaria no comando, permitindo-nos demonstrar nossa certeza com poder. Se um teólogo ainda procura por esse tipo de coisa, espera por uma autocontradição, pedindo algo que acabaria com a verdade que ele defende. Isso significaria desistir da "teologia natural"? De maneira alguma. Significa apenas arrepender-se da tentativa de entender algo dentro da estrutura epicurista dividida da modernidade. Além disso, diz respeito a estar aberto à possibilidade de que o ser divino revelado dessa forma possa ser completamente diferente de algumas outras visões de "deus". Na verdade, pode ser muito mais parecido com o Jesus de Nazaré crucificado e ressuscitado.

O mesmo vale para quando consideramos o modo pelo qual, como Francis Bacon declarou, conhecimento é poder.[38] Nosso mundo moderno é caracterizado por declarações de conhecimento que podem ser desmascaradas como declarações de poder. É o que defendem Nietzsche e Foucault. Isso se encaixa exatamente no pacto faustiano, com impérios que dizem "fazer sua própria verdade", com a pergunta cínica de Pilatos. Dentro da visão moderna truncada do ser humano, nosso

---

[38]Sobre "poder", cf. mais adiante, no cap. 7.

A NOVA CRIAÇÃO

mundo é basicamente competitivo, um jogo de soma zero pelo poder. Todas as nossas afirmações de conhecimento podem ser vistas como tentativas de conquistar domínio sobre o outro, bem como sobre o espaço, o tempo e a própria matéria, em vez de considerá-los presentes do amor do criador.

Isso também poderia ser aceito por muitos que ainda hesitariam quanto à ressurreição. Mas a versão baseada na Páscoa desse aspecto da "epistemologia do amor" é que o "poder" em questão, como Paulo deixa claro ao longo de 2Coríntios, é o poder encontrado paradoxalmente na fraqueza. A tentativa de usar o conhecimento — de qualquer tipo, mas especialmente aquele sobre o Jesus ressuscitado — como um apelo a qualquer espécie de domínio falsificará e, ao mesmo tempo, eliminará a si mesmo. Isso se tornou realidade com uma frequência trágica na história da igreja. O novo mundo, que é apresentado aos seguidores espantados e confusos de Jesus, está realmente sob a autoridade de Jesus, como ele declara em Mateus 28:18. Mas esse domínio é definido, entre outras coisas, pelo Sermão da Montanha. Não é exatamente o tipo de poder excepcional que Tiago e João esperavam. O tipo de amor que acredita na ressurreição de Cristo é aquele que busca seguir o Filho do Homem e servir, e não ser servido. Essa também é uma "forma de conhecimento", como a história de "ovelhas e bodes" em Mateus 25 deixa claro, com Jesus prometendo ser "conhecido" na vida de pobres, desamparados, prisioneiros e assim por diante, a quem seus seguidores ministrarão.

Portanto, meu argumento é que o elemento do amor precisa, antes de mais nada, ser restaurado dentro do "conhecimento comum". Assim, nossa epistemologia diária deve ser resgatada do instinto epicurista que encontramos em Maquiavel e outros, que foi desmascarado, mas compartilhado por Nietzsche com sua sede de poder. Pessoas reflexivas de todos os tipos, cristãs ou não, podem muito bem concordar com esse ponto. Porém, quanto mais contemplam essa possibilidade, mais são capazes de reconhecer que a discussão para a qual foram conduzidas guarda uma estranha coerência com as afirmações curiosas dos seguidores de Jesus. Em outras palavras, refletir sobre o conhecimento comum pode apontar para o saber extraordinário da fé.

Parece-me que é por isso que o amor acredita na ressurreição. O amor comum que condiciona o conhecimento sábio no mundo comum respeita e responde corretamente à criação da forma como ela é. (Naquilo

HISTÓRIA *e escatologia*

que a criação é sombria e corrompida, a resposta correta incluiria lamento, oração por cura e ajuda prática que possa ser oferecida.) O amor transformado e aperfeiçoado que se manifesta como fé na ressurreição de Jesus reage à declaração divina, nos eventos da Páscoa, de que nossa sensação de estar em casa na criação presente é reafirmada quando Deus resgata e refaz o mundo, em vez de descartá-lo. Dentro disso, está a descoberta espantosa e agradável de que o poder do mal foi derrotado e de que a cruz foi a vitória do amor do criador sobre os poderes destrutivos das trevas. Repetidas vezes, em Paulo e João, isso parece profundamente pessoal. A declaração paulina, "o Filho de Deus me amou e se entregou por mim", e a de João, de que Jesus amou seu povo "até o fim", resumem tudo (Gálatas 2:20; João 13:1). Esse conhecimento da ressurreição com base no amor (ao contrário do que Wittgenstein queria dizer) é muito semelhante ao saber comum, já que a ontologia à qual essa epistemologia dá o devido acesso é onde o céu e a terra se sobrepõem, e não um lugar secreto no qual estão distantes entre si. Volto a dizer que isso é parte do objetivo da ressurreição corporal.

Então, acreditar nisso inclui os elementos do saber comum, principalmente do conhecimento comum histórico, e, ao transcendê-los, continua a defendê-los. Essa crença exige uma pessoa totalmente transformada, não só uma mente convencida. Exige também um novo tipo de comunidade para confessá-lo adequadamente, e não diversos indivíduos isolados. Nesse tipo de entendimento, a pessoa se envolve totalmente com o drama da realidade conhecida — nesse caso, a própria pessoa do Jesus crucificado. Isso inclui humildade, reconhecendo que todo saber está ligado a nós, pequenas criaturas imprudentes engajadas em um mundo vasto e complicado, e gratidão, percebendo que a ressurreição é, acima de tudo, uma amostra genuína da nova criação, que, assim como a original — porém, muito mais forte —, é o fruto do amor generoso do Criador. Em vez de tentar compreendê-lo ou dominá-lo, somos gratos por ele e transformamos essa sensação amorosa, mais uma vez, na vocação de carregar sua imagem.

Tudo isso explica por que a crença na ressurreição de Jesus parecia tão impossível no mundo ocidental dos últimos séculos. Não é apenas o fato de a "ciência" haver mostrado que ressurreições não existem. Essa sempre foi uma objeção trivial, em parte porque a permanência da morte costuma ser de conhecimento comum; e, em parte, porque a "ciência"

A NOVA CRIAÇÃO

estuda o repetível, enquanto a alegação cristã sempre foi que o acontecido com o corpo de Jesus constituiu um caso único, embora seja repetido em grande dimensão no final. Não, o motivo para a ressurreição de Jesus ter sido inacreditável foi que, em geral, ao ser verdadeira, marcaria o autêntico momento decisivo da história, enquanto a cultura ocidental moderna seria construída segundo a premissa de que o verdadeiro ponto de transformação aconteceu no Iluminismo do século XVIII. O aspecto mais específico, dentro disso, é que a *cultura ocidental moderna descartou o "amor" em si*, ou pelo menos o reduziu a um sentimentalismo irrelevante ou a uma subjetividade romântica. O amor é a qualidade que, cuidadosamente evitada no Iluminismo faustiano, aborda, contextualiza, dá sentido e enriquece todas as outras formas de conhecimento, enquanto os resgata da armadilha de poder de Nietzsche. Portanto, o amor que acredita na ressurreição é a base para uma consciência adequada da bondade da criação atual, bem como a motivação para participar da *missio Dei*. Citando Paulo, "o amor de Cristo não nos dá escolha".

Desse modo, o amor que discerne a aurora da ressurreição de Jesus não é algo distante dos outros tipos de saber. Precisamente por ser amor, está aberto a uma investigação histórica genuína. A nova criação chegou, inconveniente e inesperadamente, no meio da antiga e, à sua luz, podemos fazer perguntas perfeitamente boas, quanto ao túmulo vazio, ao pão partido na mesa de Emaús e às pegadas na praia depois um café da manhã galileu. A falsa modéstia que deixou alguns teólogos tímidos sobre esses aspectos é o mesmo afastamento que os tornou ansiosos em relação à "teologia natural". Mas o amor permanece no centro de um "conhecimento" cristão, não só da nova criação, mas também da anterior. E é esse amor, incluindo sua forma de luto, que nos encontra em todos os aspectos da vocação humana, como veremos no próximo capítulo.

Portanto, a ressurreição de Jesus é o início da renovação da criação. Por isso ela também olha para trás, confirmando a generosidade da criação original e validando os sinais do poder do Criador e da arte dentro dela. Na verdade, a ressurreição nos assegura que tudo o que conhecemos na criação, tudo o que vislumbramos de glória, sabedoria e bondade criacional, será realmente resgatado da corrupção e da decadência, e transformado no novo modo que o Criador sempre pretendeu. É claro que, por ser um presente de amor, a ressurreição sempre pode ser rejeitada, seja por orgulho, seja por implicância. A gratidão e a humildade

HISTÓRIA *e escatologia*

não chegam com facilidade, principalmente no mundo moderno. Mas, quando a evidência histórica que aponta para a ressurreição de Jesus se junta ao reconhecimento de que nesse evento testemunhamos a expressão máxima do amor do Criador, e quando, com uma visão cristã retrospectiva, refletimos sobre a obra prometida do Espírito Santo, o amor revelado dá à luz um amor que responde, que é fé e consciência, conhecimento da criação como a obra de Deus e de Deus como o criador e redentor da criação.

CONCLUSÃO: CONHECER E AMAR

Então, é aqui que o "ambos/ou" do epicurismo, resumido no fosso feio e largo de Lessing, é transcendido. A ressurreição é a reafirmação, por meio da transformação redentora, do velho mundo. Tal mudança não deixa a criação original para trás, nem finge que seja algo irrelevante. Como no Êxodo, os escravos são libertos, não por esquecerem as promessas feitas a Abraão, mas por cumpri-las. O amor na criação e na salvação preenche a lacuna do lado de Deus e como o modo final de conhecimento humano aproxima-se como resposta. No próprio Jesus, *ambos os pontos se concretizam*: esse é o mistério da cristologia e a chave para sua integração correta. Na nova criação, o "mar" não mais existe (Apocalipse 21:1), nem "fosso feio". "Ressuscitando dos mortos, Cristo jamais voltará a morrer: a morte não tem mais poder sobre ele". A divisão entre eterno e eventual, como também entre passado, presente e futuro, é superada pelo próprio portador da imagem, que gera o amor no mundo, e também por aqueles que, em resposta, são renovados no conhecimento amoroso conforme a imagem de Jesus. Ele pergunta: "Simão, filho de João, tu me amas?" (João 21:15-19). Quando as falhas petrinas, morais e epistemológicas, são perdoadas, o amor acredita e vai à luta. E esse trabalho, como já vimos, inclui a tarefa de uma história revitalizada.

Por isso — ainda que o caso mais completo precise esperar pelos dois últimos capítulos — o argumento da ressurreição de Jesus para uma forma renovada de "teologia natural" não pode ser reduzido a um mero subjetivismo. O que conta é a epistemologia do amor, amor que nossa cultura faustiana tentou descartar para dominar o mundo por puro poder, poder que traz seu castigo em todas as áreas da vida. O amor, como *epistemologia histórica*, abre-se às formas de pensamento

A NOVA CRIAÇÃO

judaico do primeiro século e se recusa a contestá-las como "cosmovisões antigas" que nós, os "modernos", deixamos para trás, para serem substituídas por um epicurismo assumido ou por um platonismo. O amor, como *epistemologia teológica*, encontra-se atraído para explorar o israelita antigo e, então, o Segundo Templo judaico, a cosmologia templária e a escatologia sabática, concentrando ambos no verdadeiro portador da imagem, descobrindo por meio deles uma visão de mundo em que não somente a ressurreição de Jesus em si, mas também por meio dela, reafirma a generosidade da criação, dando-lhe (por assim dizer) um sentido que continua vivo. O amor e o conhecimento são, assim, renovados, de maneira que, respondendo ao amor do criador revelado na ressurreição, uma nova forma de saber nasce para saudar a realidade atual, para a qual o Templo e o Sábado sempre apontaram. O amor, como *epistemologia vocacional*, descobre — como Pedro — uma nova vocação para cuidar do rebanho, apascentar as ovelhas, ser para o mundo o que Jesus foi para Israel. "Da mesma forma que o pai me enviou, eu os envio" (João 20:21). A comissão do amor, incluindo a tarefa de espalhar a verdade da nova criação e de celebrar seus prenúncios na criação original, iluminará cada vislumbre anterior da realidade.

Tudo isso nos alerta para a possibilidade a ser explorada no próximo capítulo: que os indicadores estranhos que encontramos no mundo, embora na escuridão da meia-noite possam parecer não apontar para lugar algum, nem mesmo ser algum tipo de piada de mau gosto, são, afinal de contas, verdadeiros, embora fragmentados, indicadores das realidades mais profundas de Deus e do universo. Assim que começar a discernir o alvorecer, você perceberá que os sinalizadores que tentou seguir na escuridão diziam a verdade, mesmo que — em seu estado corrompido — nem sempre pudéssemos seguir na direção em que apontavam.

À luz da ressurreição, a primeira coisa a ser repensada em nossa reflexão retrospectiva é a própria cruz. Na noite da Sexta-feira da Paixão, ninguém a viu como outra coisa além do que realmente era, o símbolo feio da opressão imperial, o fim cruel de um sonho maravilhoso. De todos os acontecimentos da vida de Jesus, sua morte é a característica mais "natural" e historicamente demonstrável: se Jesus deve vir junto da "teologia natural", esse seria o lugar mais óbvio para começar, exceto que, por si só, pode parecer não levar a lugar algum,

HISTÓRIA *e escatologia*

principalmente por causa de sua negação aparente de qualquer significado relacionado a Deus. O sentido positivo surge, é claro, à luz da ressurreição, motivo pelo qual abordamos esses eventos centrais dessa maneira. O ressurgimento levou os seguidores de Jesus a atribuírem um novo significado à sua crucificação. Como vimos na fórmula inicial usada por Paulo em Romanos 1:3-4, a ressurreição foi vista por essas pessoas como uma verdade que abala o mundo: sua crucificação deveria ser entendida com base em sua revelação pública como o Messias de Israel. E, logo depois, a confissão de que ele era a personificação do Deus de Israel.

Desse modo, o indicador de um ser humano corrompido, em cujo destino o horror, a vergonha e a injustiça do mundo parecem caminhar juntos, resume o problema da teologia natural. No entanto, a ressurreição nos leva a olhar restrospectivamente para aquele símbolo e para aquele problema, e vê-los de uma forma diferente. Quando o amor acredita na ressurreição — e sua hermenêutica histórica compreende a verdade escatológica da nova criação —, descobre sua verdadeira identidade. É a resposta de gratidão ao amor demonstrado, em ação e paixão, na cruz. Essa nova perspectiva criacional nos obriga a olhar para trás, para o mundo da criação em geral, mas também para os eventos relacionados ao próprio Jesus, e de modo extremo para sua crucificação, como o lugar no qual, e o meio pelo qual, o amor redentor de Deus pode ser conhecido, despertando em nós um sentimento que é também conhecimento genuíno, um saber que também é amor.

Talvez o poema "Amor", de George Herbert, possa — com a devida ousadia — ser traduzido para o contexto epistemológico:

> O amor me acolheu, mas meu espírito recuou,
> Ávido por fatos e provas;
> Porém, o amor atento, observando minha triste falta
> De maiores verdades
> Aproximou-se de mim, questionando com doçura
> Por que eu tanto refletia.
>
> Preciso de conhecimento digno desse nome, respondi.
> O amor disse: e conseguirás.
> Eu, o perverso, o "objetivo"? Eu, o mesmo

A NOVA CRIAÇÃO

Que cogitou apegar-se a poderes?
O amor tocou meus olhos e, sorridentemente, respondeu,
Quem criou o espírito, senão eu?

"Minha mente é hostil, esmagada sob a superfície,
Uma estranha culpável."
O amor disse: venha, o estranho na estrada.
Por que, então, meu coração vai pegar fogo.
Sente-se e ouça minha voz, continuou o amor.
O conhecimento e o amor se alegram.

IV
O PERIGO E A PROMESSA DA TEOLOGIA NATURAL

SETE INDICADORES FRAGMENTADOS?

NOVAS RESPOSTAS ÀS PERGUNTAS CERTAS

INTRODUÇÃO

"Vocês são tão insensatos!", disse Jesus aos dois discípulos na estrada para Emaús. "Como vocês demoram a compreender e a acreditar em tudo que os profetas disseram! Não veem que era *isso* que tinha de acontecer?"

Esse é certamente o momento decisivo em uma das mais queridas dentre todas as passagens bíblicas (Lucas 24:25).[1] Esse trecho resume a perspectiva teológica não só de Lucas, mas também, como argumentei em outro lugar, de todos os primeiros cristãos.[2] Alguns pensaram que ele estava em uma situação delicada a esse respeito, em que um suposto evangelho "paulino" poderia parecer rejeitar qualquer "contexto" por considerá-lo irrelevante, principalmente a história de Israel, enquanto Lucas deseja claramente ver a cruz e a ressurreição como o cumprimento tão esperado de toda a narrativa bíblica de Israel.[3] Mas nós podemos construir um argumento convincente para entender todo o Novo

---

[1]Sobre as implicações hermenêuticas da passagem, cf. Hays, *Echoes of Scripture in the Gospels*.
[2]Cf. *NTPG*, parte IV.
[3]Para essa leitura de Lucas, cf., por exemplo Conzelmann, *Theology of St. Luke*. Para essa leitura de Paulo (chamada "apocalíptica"), cf. minha discussão no *PRI*, parte II.

HISTÓRIA *e escatologia*

Testamento, bem como a mente e a mensagem do próprio Jesus, sob essa ótica. De certa maneira, o presente livro apenas aponta o que está implícito nessa passagem e aplica às questões mais profundas que foram levantadas nos últimos séculos sobre o mundo e Deus, e também sobre as formas de conhecimento pelas quais podemos falar com sabedoria e sinceridade sobre algo que ainda podemos querer chamar de "teologia natural", embora com as características e nuances que destaquei no capítulo anterior.

A presente discussão, assim como a do último capítulo do livro, muda totalmente o argumento, conforme explicado no prefácio. Até aqui, a exposição das ideias foi feita passo a passo, em um diálogo com muitos parceiros de conversa. Desse ponto em diante, apresento uma nova proposta. Embora sempre seja possível oferecer "observações" para aqueles que pretendem acompanhar questões específicas, meu caso não depende dos pensamentos de outros, então, na maior parte do tempo, deixarei essas questões de lado.

Afinal de contas, para resumir as discussões anteriores, qual é a principal tarefa da "teologia natural"?[4] É a tentativa de oferecer um argumento "neutro" que seja aceitável a todos, independentemente dos pressupostos, levando à existência de Deus e talvez a declarações cristãs mais específicas, de modo a, pelo menos em tese, convencer o cético? É a tentativa de esboçar, de um ponto de vista cristão, como um argumento aparentemente "neutro" se parece? Ou pode ser um relato cristão, "em retrospectiva", com Jesus contando novamente a história de Israel enquanto caminha pela estrada, para mostrar como o mundo "natural" realmente apontava, ainda que de forma fragmentada, para a verdade? Pode ser tudo isso. Entretanto, a meu ver, essa última alternativa é bastante coerente e é isso que tentarei esboçar neste capítulo.

Então, *para que* serve a "teologia natural"? Acredito que o Lorde Gifford, ao instituir suas palestras, esperava encontrar linhas de pensamento que unissem as novas descobertas do mundo, principalmente por meio da investigação científica, com as coisas antigas que a igreja deveria ensinar. Não adiantava de nada proclamar a inspiração divina de seus textos e de suas tradições, apresentando-os como uma premissa

---

[4]Para um resumo das muitas respostas a essa pergunta, cf. o prefácio, p. 9-10.

INDICADORES FRAGMENTADOS?

para um mundo cada vez mais cético. Na visão popular, ele ergueu a velha ponte levadiça danificada por cima de algo como o fosso feio de Lessing: nós temos nossas verdades eternas e nada pode tocá-las. É claro que as "verdades" desse autor eram diferentes daquelas da teologia cristã, mas a ideia de um fosso funciona em ambos os contextos. A "revelação especial" defendida dentro do cristianismo era vista tanto pelos cristãos como pelos céticos como algo completamente distante do mundo "natural". Entre as formas restauradas de epicurismo, não havia o menor desejo de atravessar esse fosso: o mundo tem suas próprias questões e a única verdade eterna é que essa verdade não existe. O Lorde Gifford parecia ter esperança de que seria possível construir um caso *apologético*: se não fosse pela *verdade* do cristianismo, ao menos que fosse por sua plausibilidade. Talvez seja possível mostrar, no mínimo, que não era irracional. Havia também um caso *explicativo*, para consumo mais interno, permitindo que os crentes descansassem satisfeitos, sabendo que novas descobertas poderiam ser colocadas lado a lado e até mesmo ilustrar a teoria tradicional. Esses objetivos podem estar muito bem no caminho certo, mas eu quero discutir um ponto diferente e talvez até mesmo paradoxal.

OS TRÊS CAMINHOS

Até aqui, argumentei que a teologia e a exegese modernas foram moldadas pela separação céu/terra epicurista, pela divisão cronológica pós-renascentista entre passado, presente e futuro e pela compreensão da natureza humana estruturada por ambas as alternativas. Propus uma perspectiva diferente, enraizada nas tradições de Israel, vendo o Templo como o *microcosmo* revelando os propósitos finais de Deus para o mundo céu/terra, o Sábado como uma amostra da era por vir e os humanos como seres constituídos pela vocação de serem portadores da imagem. Essas linhas de pensamento são, então, remodeladas, de forma bastante drástica e inesperada, com base em Jesus e no espírito. Porém, a nova forma ainda pressupõe um cosmos integrado, uma nova criação planejada e já experimentada e uma antropologia vocacional.

Eles correspondem — apenas nos termos mais abrangentes e gerais — às três abordagens amplas da "teologia natural" nos últimos trezentos anos, como, por exemplo, em *Natural Theology*, de Paley, de 1802:

HISTÓRIA *e escatologia*

cosmologia, teleologia e o senso moral humano.[5] No entanto, existem, por assim dizer, paralelos sombrios. O argumento cosmológico propõe que a existência do mundo aponta para um Criador. A instituição central de Israel, o Templo, olha para trás, para uma criação original do céu/terra, mesmo quando afirma abrigar o Criador, e aponta para uma renovação da criação, na qual ele estará gloriosamente presente. Mas ninguém, nem israelita, nem gentio, deveria *inferir* a existência do Deus de Israel a partir desses símbolos relacionados à nova criação. Começa a parecer que o "argumento cosmológico" tenta chegar a algo — um vínculo entre Deus e o mundo — que, nas instituições de Israel, é abordado por um caminho bem diferente. O mais próximo que alguém pode chegar do "argumento cosmológico" das escrituras hebraicas é em Salmos 19. Na versão de Joseph Addison, que mencionamos no primeiro capítulo, as estrelas oferecem *informações* sobre seu criador e convidam o leitor ou cantor a tirar conclusões sobre ele. Em outras palavras, para fazer uma dedução baseada na "teologia natural": "a mão que nos criou é divina". Mas, no original, os corpos celestes estão simplesmente louvando a Deus, e é o salmista que informa ao leitor ou cantor o que realmente está acontecendo. O Salmo 19, que passa do calor penetrante do sol para a sabedoria penetrante da Torá, foi escrito por alguém que já sabia o que queria dizer sobre a Torá e que usava o sol como ilustração. Não creio que o salmista estivesse contemplando os efeitos do sol e deduzindo que a Torá funcionasse de forma semelhante, mas, sim, o contrário. Isso, então, pode corresponder, não à missão supostamente *apologética* da "teologia natural" — de tentar convencer o cético sem apelar para a "inspiração" —, mas à função explicativa, esboçando maneiras de manter juntas a verdade divina e a verdade do mundo. O ponto importante era que o Deus de Israel era o Criador do mundo real, não uma divindade particular ou tribal, e que, de forma inversa, o Criador de todas as coisas tinha uma aliança com Israel, que precisava constantemente ser lembrada de fazer parte desse mundo maior.

Olhando para a "concepção" do mundo e supondo um planejador, o "argumento teleológico" diz respeito ao propósito ou ao objetivo da criação. Porém, novamente, nas tradições israelitas e em seus resgates

---

[5] Cf. M. D. Eddy, "Nineteenth-Century Natural Theology", p. 101f.

INDICADORES FRAGMENTADOS?

cristãos, o propósito é vislumbrado no futuro e em suas amostras, tanto no Templo como no Sábado. Existe uma analogia: uma conclusão que é tirada da obra concluída para a intenção de seu Autor original. Contudo, o trabalho não está completo até o *telos* definitivo. Mais uma vez, pode parecer que a "teologia natural" tradicional colocou o dedo em um ponto importante — o olhar do *Designer* a partir do que parece ter sido projetado —, mas as versões modernas dessa teologia tentaram fazer com que o argumento "funcionasse" dentro de uma estrutura que exclui explicitamente a possibilidade de uma cosmovisão diferente daquela da modernidade ocidental, especialmente aquela que foi trazida à luz da ressurreição de Jesus dentre os mortos.

E o que dizer do conceito de intuição moral, que às vezes tenta construir sobre a ideia de que os humanos foram criados à imagem de Deus? Em *Crítica da razão prática* (1788), Immanuel Kant argumentou que "o bem mais elevado do mundo só é possível na medida em que uma causa suprema da natureza é assumida, que tem uma causalidade correspondente à disposição moral".[6] Em outras palavras, nosso senso moral implica um Moralista Supremo, um Legislador Máximo. Kant também podia usar argumentos teleológicos ou cosmológicos, mas acreditava — como diz um comentador recente — "que a capacidade naturalmente moral da mente humana oferecia a prova mais forte da existência de Deus".[7] Essa concepção foi rejeitada por céticos como John Stuart Mill com base no mal e no sofrimento do mundo — o longo período pós--choque do terremoto de Lisboa — e por teólogos como James McCosh, que suspeitavam do intuicionismo moral de Kant. Assim como Paley, McCosh preferia os argumentos mais "racionais" da cosmologia e da teologia. É aqui que nos juntamos à narrativa apresentada nos dois primeiros capítulos deste livro, com a Primeira Guerra Mundial confirmando o ceticismo de Mill e com Schweitzer e Barth rejeitando a teologia hegeliana de "progresso" de Ritschl e Harnack. Além disso, é aqui também que a já conhecida questão do "ponto de contato" entre Deus e os humanos (existe algo no homem que oferece um elo com o divino?) foi colocada em primeiro plano em muitas discussões, por mais equivocada que possa ser para usar essa linguagem.

---

[6]Kant, conforme citado em Eddy, "Nineteenth-Century Natural Theology", p. 104.
[7]Kant, conforme citado em Eddy, "Nineteenth-Century Natural Theology", p. 104.

HISTÓRIA *e escatologia*

Assim como acontece com a minha crítica geral da tradição kantiana, acredito que o argumento "moral" tenha saído de foco. Em outro momento, expliquei que a escatologia platônica do cristianismo ocidental ("almas vão para o céu") gerou uma antropologia moralista ("meu problema é o pecado"), que, então, produziu uma soteriologia pagã ("Deus odiou tanto o mundo que matou Jesus"), de modo que, para resgatar a teologia bíblica da cruz, precisamos desfazer e reestruturar todos os estágios, não apenas o último.[8] O problema surge quando a antropologia é reduzida da *vocação* à ética, do chamado ao comportamento. É claro que o comportamento é importante. Às vezes sou acusado de não me importar com o "pecado" ou de não vê-lo como um poder. Isso é ridículo. Não, a vocação primária, amar a Deus e ao próximo, deve estar constantemente codificada em motivos, decisões e ações. A idolatria entrega nossos poderes humanos a tudo que adoramos, de maneira que "erramos o alvo" (ou seja, "pecamos") pelo fato de nossa humanidade ser corrompida e mal direcionada. Mas ser um portador de imagem é mais do que simplesmente comportar-se corretamente. Caso contrário, colocamos o conhecimento do bem e do mal antes do conhecimento de Deus. Na verdade, pode-se pensar que a versão "moral" da concepção teológica natural está correndo esse risco *ab initio*. O sentido ético que Kant intuiu, do qual ele acreditava derivar Deus como o ser moral definitivo, é apenas parte de um todo maior. E tratar a parte como um todo é uma distorção, além de constituir uma lacuna.

Portanto, proponho que evitemos as armadilhas das interpretações mais antigas da "imagem" em termos da imaginação humana ou mesmo do "sentido moral".[9] Começo por meu argumento anterior: a "imagem" está ligada principalmente à *vocação*. Aliás, isso já atrai o aguilhão de qualquer suspeita de integridade de obras metodológicas. Um chamado pressupõe alguém chamando. Aqui, apresento sete aspectos da vocação humana que não constituem uma substituição exata para a teoria "moral" de Kant. Sugiro que isso seja corrigido, dando-lhe um sentido de possibilidade vigorosa que faltava à teoria desse filósofo.

---

[8]Cf. *Revolution*.
[9]Pode haver mais material se olharmos para a capacidade humana em busca de palavras. Rowan Williams analisou isso em suas Palestras Gifford: *The Edge of Words: God and the Habit of Language*.

INDICADORES FRAGMENTADOS?

Poderíamos resumir assim, prevendo todo o argumento que apresentarei. Começaremos, mais uma vez, com a cena do Caminho de Emaús: primeiro, os discípulos viviam a expectativa de uma história que conduzisse à redenção de Israel. Viam Jesus como a vanguarda da história que acreditavam estar vivendo. Entretanto, em segundo lugar, a história obviamente foi de encontro a um muro de pedra. Espera-se dos messias que resgatem Israel dos pagãos, não que sejam crucificados por eles. Terceiro, no entanto, a ressurreição de Jesus — fato ainda desconhecido pelos dois caminhantes, mas incluso na narrativa de Lucas, para que seus leitores já soubessem o que estava acontecendo — lança uma intensa e nova luz tanto sobre o evento devastador da cruz em si como sobre toda a história subjacente, a narrativa bíblica que os discípulos invocavam. Afinal de contas, era disso que a narrativa tratava, embora, até o dia da Páscoa, não pudesse ser vista dessa forma. Lucas diz que "seus olhos não foram capazes de reconhecê-lo" (Lucas 24:16). Naquele momento, eles incorporaram o problema epistemológico mais amplo, que foi resolvido não só pelas informações que o Jesus ressuscitado ofereceria, mas também por sua própria pessoa, como o final da história deixa claro.

As tensões que alguns perceberam entre a abordagem integrativa de Lucas da história de Israel e Jesus, por um lado, e a visão supostamente "apocalíptica" que alguns atribuíram a Paulo, por outro — que discuti no quarto capítulo e em outros momentos —,[10] são sintomas dos problemas enfrentados pela "teologia natural" na primeira metade do século 20. É claro que um dos pontos fixos no debate é o confronto entre Barth e Brunner em 1934. O "*Nein!*" alto que Barth pronunciou àquela altura, embora a maioria de nós possa opinar que parecia necessário e urgente no contexto da época, foi consequência — em minha opinião — de sua insistência no que mais tarde foi resgatado sob o lema "apocalíptico" enganoso: a visão de que nada antes ou junto do Messias serve como um indicador para a realidade, como um ponto de partida para descobrir quem é Deus e quais são seus planos. Contra todas as tentativas (que ainda são difundidas, mesmo entre aqueles que deveriam saber a verdade) de dizer que devemos simplesmente observar o que Deus está fazendo no mundo e, então, nos juntarmos a ele, Barth declara

---

[10]Cf. *PRI*, parte II.

HISTÓRIA *e escatologia*

que, fora da fé em Jesus, é impossível, partindo de dentro do mundo, discernir Deus em geral ou suas ações específicas. Como acredito que vale a pena repetir essa lição, considero importante, especialmente neste capítulo, explicar por que penso que ela pode tornar-se uma meia-verdade perigosa. O Jesus ressurreto não disse aos discípulos: "Como vocês são insensatos! Não veem que toda aquela longa história de Abraão até os macabeus foi apenas fumaça e espelhos, e que vocês podem esquecer tudo porque agora Deus fez algo completamente diferente?". Isso é o que algumas das escolas muito ansiosas de "apocalíptica" fizeram. Mas, como eu e outros já argumentamos, a literatura apocalíptica judaica que contextualiza o Novo Testamento não retrata a *abolição* da esperança de Israel, enraizada nessa grande história de dois milênios. Em vez disso, aborda a maneira chocante e inesperada como essa narrativa foi realmente cumprida. Todos os textos "apocalípticos" mais importantes que temos, tanto do mundo judaico como do cristão primitivo, enfatizam especificamente o sentido de uma grande história chegando a um desfecho impressionante.

O choque entre Barth e Brunner foi descrito sob vários ângulos.[11] Mesmo aqueles que desejam defender Brunner por oferecer uma posição diferente podem admitir que, nas circunstâncias políticas da época, ele deveria saber que seu ponto de vista seria contestado, que sua visão aparentemente desconectada em termos teológicos seria interpretada como apoio aos nazistas.[12] Existem outras dinâmicas internas em ação, como vemos no posicionamento de Barth em relação a si mesmo como o defensor de uma suposta teologia "protestante" contra os católicos romanos, por um lado (a teologia católica, sempre preocupada com o dualismo ontológico, continuou defendendo alguma variedade da "teologia natural"), e o que ele chamou de "neoprotestantismo", por outro, referindo-se à tradição liberal de pelo menos Schleiermacher a, no mínimo, Harnack.[13] Toda a luta que Barth viveu nas duas primeiras décadas do século 20, culminando em seu comentário sobre Romanos como um protesto considerável, embora exegeticamente instável, contra Harnack e Hermann,

---

[11]Para um levantamento histórico do desenvolvimento e do resultado da discussão Barth/Brunner, cf. Hart, *Karl Barth vs. Emil Brunner.*
[12]Sobre uma perspectiva controversa, cf. McGrath, *Emil Brunner.*
[13]A discussão é facilmente acessível em Fraenkel, *Natural Theology.*

INDICADORES FRAGMENTADOS?

bem como o resultado sociopolítico de seu liberalismo flexível, o haviam preparado para esse confronto com Brunner. Contudo, como o próprio comentário sobre Romanos, isso não deve ser visto como uma posição teológica maior exegeticamente justificada ou como a última palavra de Barth sobre o tema. Na década de 1950, muitas coisas pareciam diferentes, e no terceiro e no quarto volumes de *Church Dogmatics*, vemos uma posição mais distinta e muito mais exegeticamente sensível. No entanto, meu foco agora não é entrar nesses detalhes, mas usá-los como lembretes — como observei constantemente — de que a pressão do tempo muitas vezes afeta, de forma bastante acentuada, tanto a forma como as questões teológicas são abordadas quanto a forma como os textos bíblicos relevantes são lidos. É por isso, mais uma vez, que a exegese verdadeiramente histórica continua a ser essencial. Sem ela, os textos podem ser modificados para se adequar ao esquema.

Então, minha proposta neste capítulo é que, quando analisamos o mundo como um todo, as percepções e aspirações dos seres humanos em diferentes épocas e culturas, encontramos uma situação que podemos comparar à dos dois homens no Caminho para Emaús. Eles haviam seguido os indicadores de sua própria história, suas escrituras e sua cultura, na medida em que os entendiam. Entretanto, a narrativa da forma como eles a leram e os sinalizadores como eles os viram levaram-nos a uma esperança que se mostrou falsa pela crucificação de seu suposto Messias. No entanto, a ressurreição do Jesus crucificado forçou uma nova narrativa, um novo olhar para os indicadores. E, com esse olhar, à luz do alvorecer recém-discernido, a história acabou se completando de maneira totalmente nova. *Os sinais foram justificados*: a narrativa israelita tinha, afinal de contas, apontado na direção certa. Em muitas ocasiões, foi dito que a ressurreição obrigou o surgimento de um novo entendimento da cruz. Na verdade, como vimos no capítulo anterior, alguns reduziram a ressurreição a nada mais do que uma nova avaliação, de modo que a frase "Jesus ressuscitou dos mortos" tornou-se uma simples metáfora para dizer "ele morreu pelos nossos pecados". Creio que isso exige uma extensão radical do significado mais amplo de "morrer pelos nossos pecados", o que argumentei em outro momento.[14]

---

[14]Cf. principalmente *Revolution*, e as outras obras listadas no Prefácio, n. 1.

HISTÓRIA *e escatologia*

Do mesmo modo que, olhando para trás, a história de Israel foi cheia de sinais que apontavam para o futuro, todos eles juntos levaram os devotos a conclusões que a cruz parecia ignorar, de modo que o mundo em geral, principalmente a vida humana, está cheia de símbolos que apontam para algum tipo de significado mais profundo. Ainda assim, todos eles juntos não conduzirão o espírito desamparado ao Deus que é o Pai do Jesus crucificado e ressurreto. A ressurreição obriga a uma nova avaliação das histórias e sinais, levando à conclusão chocante de que o lugar acima de tudo onde o Deus vivo e verdadeiro é revelado é, na verdade, o evento que parecia destruir a esperança e falsificar a história.

No entanto, isso finalmente revela o verdadeiro paradoxo da teologia natural. Precisamente em seu caráter fragmentado, as histórias e os indicadores apontavam em direção à verdade o tempo inteiro. Creio que por isso a crucificação de Jesus — tanto o evento como o respectivo relato — carrega tanto poder. Para explicar isso, precisamos analisar os sinalizadores mais de perto.

OS INDICADORES VOCACIONAIS

Há sete aspectos da vida humana que podem ser observados em diferentes sociedades e épocas. Chamo-os de "vocações", como uma abreviação de "indicadores vocacionais", embora estejam sempre presentes como aspirações e impulsos inarticulados. Acredito que todos sejam aspectos diferentes da vocação geral para ser algo genuinamente humano. Nós os conhecemos intimamente. Os sete são uma mistura um tanto estranha. Os rótulos livres que atribuo oferecem o suficiente para a discussão em andamento, levando-nos ao centro das questões tradicionais da "teologia natural", mas o que aí encontramos pode ser inesperado.[15]

Os sete são justiça, beleza, liberdade, verdade, poder, espiritualidade e relacionamentos. Nem todos esses aspectos são o mesmo tipo de coisa, e a classificação exata, de qualquer forma, não é meu foco aqui. Nossa palavra moderna "religião" não chega nem perto desse complexo de categorias, o que pode ser a razão pela qual muitos hoje a deixam de lado.

---

[15]Explorei isso com um pouco mais de profundidade em um livro que, no momento em que escrevo, ainda será publicado, dedicado ao Evangelho de João.

INDICADORES FRAGMENTADOS?

Falando de maneira crua, a questão sobre esses sete é que sabemos que eles são importantes, mas temos dificuldades com eles. Não afirmo que todos, em todos os lugares, pensem o mesmo a esse respeito, longe disso. O que sugiro é que cada uma dessas sete áreas amplas da vida que confrontam praticamente todas as pessoas e sociedades humanas nos apresenta questões intrigantes. Sabemos que são fundamentais, mas nunca somos capazes de compreendê-las da forma que julgamos correta.

Em um trabalho anterior, discuti quatro dessas categorias (justiça, espiritualidade, relacionamentos e beleza) e expliquei que, em cada caso, quando estudamos o fenômeno em questão, o que encontramos são ecos surpreendentes de uma voz nos chamando talvez de muito longe e falando de significados que entendemos, mas que sempre nos escapam.[16] O que acontece, então, é algo perturbadoramente interessante: ao tentar compreendê-las, facilmente as distorcemos e, então, deturpamos o sentido da nossa própria humanidade e — devo sugerir — o significado para o qual eles sempre apontaram e que estamos, ao que parece, tentando captar de forma equivocada. Em cada caso, os ecos podem ser interpretados à luz da história recém-contada e revelada pela ressurreição de Cristo. Nessa percepção, vemos por que os ecos eram reais, por que éramos levados a interpretá-los de forma incorreta e o que aconteceria como resultado desse equívoco. Mas o ponto implícito é que, assim como a nova narrativa de Jesus da história de Israel no Caminho para Emaús foi uma *validação retrospectiva* do relato, ainda que corrigisse os inevitáveis mal-entendidos, a ressurreição aponta para uma *validação retrospectiva* dos sinais que sempre estiveram presentes na cultura humana. Eram indicadores reais. Quando faziam perguntas, eram as perguntas certas a fazer. E, embora fossem "indicadores fragmentados", apontavam com mais precisão, embora paradoxalmente, para o último sinalizador: a própria cruz.

Detalharei cada um dos sete em breve, mas preciso fazer mais dois comentários introdutórios. Em primeiro lugar, não afirmo que algum ou que todos esses sete aspectos constituem o que foi chamado de "ponto de contato", o momento na vida humana em que há "contato" com o divino. Isso pode ou não ser verdade, mas não considero um

---

[16]Cf. *Simply Christian*, parte I. Publicado em português como *Simplesmente cristão*.

HISTÓRIA *e escatologia*

caminho útil. Na verdade, a própria concepção em si — provavelmente uma metáfora, tirada da ideia de viajar por terras estranhas e precisar de pelo menos um número de telefone para ter certeza de encontrar o que procura — é enganosa, sugerindo que alguém poderia buscar na "teologia natural" um encontro tangencial, o toque de dois círculos em um único ponto na margem. Acredito que isso já seja demais para o mundo dividido contra o qual tenho argumentado neste livro até agora. Também não creio que seja o caso de uma "interseção".[17] O modelo de cosmologia e escatologia que delineei no quinto capítulo oferece uma integração muito mais rica e complexa. Uma vez que propomos o conceito interligado baseado no Templo do espaço de Deus e do nosso, e que entendemos a sobreposição baseada no Sábado do futuro de Deus e do nosso presente, surgem todos os tipos de possibilidades.

Mas, independentemente da ilustração que usamos — ponto de contato, interseção ou (como prefiro) ou integração complexa —, ainda olhamos, em todos os sete "indicadores fragmentados", para as características da vida e do pensamento *humanos*. Não começo com os céus estrelados ou o universo ao nosso redor, conforme descrito pela biologia evolucionária ou pela física contemporânea. Ainda que eu fosse competente para fazer isso, não creio que esse fosse o ponto de partida ideal e, de qualquer modo, quaisquer que sejam as observações feitas e as conclusões tiradas do cosmos material, são realizadas por *pessoas* que chegam com questões particulares e filtram os dados por meio de suas próprias atividades de construção de sistema. Voltarei no último capítulo para falar um pouco mais sobre o mundo da ciência — pode ser estranho um livro sobre teologia natural não mencionar esse tema —, mas agora vou direto ao que me parece o cerne do assunto.

Argumentei no quinto capítulo que o mundo judaico antigo que contextualiza Jesus e os primeiros cristãos oferece dois paradigmas. Primeiro, há o modelo de cosmos e Templo, de Templo (em outras palavras) como microcosmos. Segundo, existe o Sábado, visto como, por

---

[17]Apesar das imagens assustadoras associadas a ele em "The Dry Salvages", o terceiro dos *Four Quartets*, de T. S. Eliot, linhas 200-205, falando do "ponto de interseção do que é atemporal com o tempo", prova (p. 215) ser uma "pista meio adivinhada" e um "dom meio compreendido", ou seja, a Encarnação.

INDICADORES FRAGMENTADOS?

assim dizer, *microeschaton*. No meio desse cenário, como vimos, está o ser humano como *imagem*. E a vocação de ser portador de imagem tem seu significado próprio dentro do "cosmos como Templo". Os humanos são chamados a exercer o *sacerdócio real*, resumindo os louvores da criação perante o criador e exercendo uma autoridade delegada na ordem criada. A parte "real" da vocação se relaciona diretamente com os cinco primeiros dos meus sete indicadores fragmentados: o homem é chamado — e sabe disso — para fazer justiça, celebrar e promover a beleza construída na criação e aproveitá-la cada vez mais como cocriador, viver livremente e estimular a liberdade, falar a verdade, trazendo a ordem genuína do criador para o mundo (sugiro que este último seja o lugar da investigação científica) e exercer o poder com sabedoria. Creio que a parte "sacerdotal" da vocação se relacione com os dois últimos. Os humanos são convocados a viver na sobreposição entre céu e terra, que é o que chamamos vagamente de espiritualidade. E, acima de tudo, somos chamados a amar a Deus e uns aos outros.

Sete indicadores são, de fato, inseparáveis: modificam-se e se contextualizam entre si. Como já afirmei, não são exatamente o mesmo *tipo* de coisa. O amor, particularmente, pertence e molda a vocação "real" tanto quanto a "sacerdotal". Pode-se dizer que espiritualidade — uso intencionalmente uma palavra de alcance abrangente e até mesmo vago — contextualiza todas as outras vocações, embora aqueles que a ignoram ainda estejam cientes das outras. Mas acredito que até mesmo essa proposta limitada já mostra que, se houver algum indicador no mundo, ainda que fragmentado, deve ser encontrado — como devemos esperar no caso de os homens serem, em algum sentido, feitos à imagem divina — dentro do da vida, da percepção e da confusão humanas.

JUSTIÇA

Começaremos pela justiça. Sabemos que algumas coisas são justas e outras não. As crianças sabem disso sem estudar filosofia moral. Quando um país assina um tratado e, em seguida, o desrespeita, sabemos que isso é algo importante. Se as pessoas pensam que um criminoso "escapou impune" com uma sentença leve, a fome por justiça pode conduzir ao vigilantismo. No entanto, estamos todos preparados para contorná-la ou até mesmo ignorá-la quando nos convém. Um bom advogado pode livrá-lo, por mais culpado que você seja. Os países com força militar

HISTÓRIA *e escatologia*

ou industrial impõem acordos comerciais injustos com parceiros mais fracos. As pessoas queixam-se de que "não há justiça" contra "o sistema", a menos que, como Maquiavel, você aceite a premissa epicurista e saiba que isso é meramente um jogo e que o melhor a fazer é aprender a jogá-lo. Filosoficamente — não importa teologicamente —, esse é um conselho desesperado. Eis o paradoxo: como algo que todos nós sabemos que importa tanto pode ser tão difícil de alcançar? Não podemos viver sem justiça, mas decretá-la, seja em uma dimensão pequena ou grande, é mais difícil do que podemos imaginar.

Não se trata simplesmente de como se deve responder ao comportamento criminoso, mas, sim, das próprias constituições, da forma como as sociedades são organizadas e dos movimentos de protesto e independência que buscam reformá-las. A justiça exige que alguém, ou o representante de algum sistema, decida sobre política, autorize-a, implemente-a e lide corretamente com a divergência, o que pode significar negociar emendas e coisas do tipo. Embora saibamos que isso é importante, todos consideramos complicado, às vezes até mesmo impossível. Isso não soa paradoxal?

BELEZA

O mesmo paradoxo acontece com a beleza. Todos nós sabemos que a beleza é uma parte central e essencial da vida, seja na natureza, seja na arte ou na música. Alguns dos primeiros sinais do *homo sapiens* são as fascinantes obras de arte rupestre que indicam muito mais do que um interesse funcional pelo mundo. Algumas das obras mais antigas da literatura são histórias que, por sua forma e seu estilo, vão muito além de simplesmente contar "o que aconteceu". Mas quanto é esse "muito além"? O que é a beleza e por que ela importa?

Seja em um pôr do sol, seja em uma sinfonia, no sorriso de uma criança ou em um ramo de flores da primavera, a beleza nos torna mais vivos. Sabemos que a beleza importa. Se você mora em uma cela de prisão ou nas salas corporativas dos edifícios brutalistas do antigo Leste europeu, o despojamento da beleza é desumano. Mas, assim como acontece com a justiça, mesmo quando celebramos e nos deleitamos com a beleza, ela não dura. O pôr do sol desaparece. A criança sorridente torna-se um adulto amargo. As flores murcham. A música cessa. A escuridão

INDICADORES FRAGMENTADOS?

se aproxima, fazendo-nos pensar se o que imaginávamos ser deleite era meramente o subproduto acidental de nossa história evolutiva, a lembrança derradeira de perspectivas de caça ou oportunidades de acasalamento. Ainda veríamos tanta beleza se soubéssemos que isso é verdade? Ou talvez, pior ainda, Sartre estivesse certo e tudo não passou de uma piada de mau gosto à nossa custa. Somos atraídos pelo belo como um ímã, mas ele some como uma miragem. Por quê? Essas perguntas nos assombram e não são fáceis de responder.

Entre os aspectos curiosos da modernidade pós-iluminista, está a origem do termo "estética". A palavra foi criada na Alemanha, em meados do século 18, e foi usada pela primeira vez na Grã-Bretanha, no século 19. Até então, a beleza estava intimamente ligada a outros aspectos da vida, incluindo o que depois passou a ser chamado de "religião" ou "espiritualidade". Como observamos em outro lugar, o "sagrado" foi substituído pelo "sublime". É possível identificar isso no romantismo alemão. Beethoven conhece "o sagrado", como vemos claramente na *Missa Solemnis*. Porém, o que realmente o empolga é o sublime. A "Ode à alegria" é o novo hino do século.

Curiosamente, a Bíblia não fala de forma muito explícita sobre beleza. Não que ela não seja importante, mas por ser parte do que acontece o tempo todo, especialmente na construção e uso do Tabernáculo e do Templo, sua arquitetura, concepção, liturgia e música. Nos Salmos, nos escritos dos profetas e em outros livros impressionantes — como Jó, de um lado, e o Cântico dos Cânticos, de outro —, encontramos escritos impressionantes por sua beleza em qualquer cultura ou lugar. A visão do belo focada no Templo era muito prática ou, como costumamos dizer, muito encarnada. Parte da sensação de "ver a glória de Deus" no Templo foi a experiência extraordinária, para qualquer um que viesse das terras áridas e selvagens ao redor, de contemplar um prédio incrivelmente belo cheio de cor, luz, movimento e música. Olhando do Templo para a criação como um todo, quando o salmista afirma que Deus fez a manhã e a noite para louvá-lo, suponho que esteja se referindo à qualidade peculiar da luz cercando o nascer e o pôr do sol, revestindo a paisagem e até mesmo os objetos mundanoscom o sentido de "mais do que", maravilha, mistério e glória (Salmos 65:8). Mas, como ocorre com todas as outras coisas bonitas do mundo, ele chegou ao fim. O Templo foi destruído. A noite é escura.

HISTÓRIA *e escatologia*

LIBERDADE

O paradoxo se repete quando analisamos a liberdade. Sabemos que ela é importante e a desejamos para nós e para aqueles com quem nos importamos. Entretanto, a liberdade é surpreendentemente difícil de definir ou defender, de conquistar ou manter. Todos a queremos, embora não tenhamos certeza do que seja ou do que fazer com ela se a alcançarmos. A liberdade de uma pessoa geralmente custa a escravidão de outra. Precisa ser um jogo de soma zero? Nosso instinto de liberdade é apenas uma ilusão? A versão de Rousseau de Gênesis 1—3 ("o homem nasce livre, mas está acorrentado por toda parte") capta esse paradoxo. Um quarto de milênio se passou e ainda não estamos nem perto de resolvê-lo.

Os filósofos ainda discutem se nós, humanos, realmente temos livre-arbítrio ou, se tivermos, se isso significa que somos meras partículas aleatórias nos iludindo de que estamos fazendo escolhas reais. Seja como for, a "liberdade" é *de* ou *para* algo? Os impérios a prometem a seus súditos e, com a mesma frequência, a retiram novamente. Após Cícero ser banido de Roma, fizeram uma estátua da liberdade nas ruínas de sua casa, algo nem sempre observado por aqueles que conhecem apenas a versão um pouco maior que é possível ser vista quando você navega para o porto de Manhattan. Contudo, para muitos no império romano, assim como para a maioria no complexo império americano, o lema significava uma coisa para o poder imperial e outra para seus povos súditos. A liberdade social e política, como sempre, é evasiva. Novas formas de escravidão surgem exatamente quando pensamos que nos havíamos livrado dela. A liberdade moral se torna licença, que é novamente uma forma de escravidão. Acreditamos nela, os políticos a prometem, mas ela escapa por entre nossos dedos.

É claro que a liberdade foi incluída na longa narrativa de Israel. O Êxodo é o exemplo histórico clássico de escravos sendo libertos. No entanto, os profetas contam a história de como Israel desejava a liberdade do governo de YHWH, bem como do Egito, uma resistência que levou o povo a outro grande período de escravidão, sob a Babilônia, a Pérsia, a Grécia, o Egito, a Síria e, finalmente, Roma.[18] Todo aspirante a profeta ou messias no primeiro século prometeu ao povo um novo

---

[18]Esdras 9:8f e Neemias 9:36 reclamam de ser "escravos em nossa própria terra". Cf. a análise completa em *PFG*, p. 139-63, e J. M. Scott, ed., *Exile: A Conversation with N. T. Wright*.

INDICADORES FRAGMENTADOS?

êxodo, finalmente a liberdade. Esse foi o lema na última produção de moedas de Simão Barcoquebas, enquanto os romanos se aproximavam para matar. Então, o sonho era uma ilusão?

VERDADE

Observe a verdade. A ostentação iluminista de objetividade foi desconstruída pela declaração pós-moderna de que as afirmações de verdade são afirmações de poder disfarçadas e que o que parece ser verdade para mim pode não ser para você. Porém, assim como as pessoas que bebem água envenenada, podemos suspeitar que ela seja ruim para nós, mas continuamos com sede. Ainda desejamos a verdade. Não queremos viver cercados por mentirosos ou estar em uma sala de espelhos distorcidos. Portanto, preocupados com a fraude (e com razão), ansiamos por mais burocracia para tudo: mais marcadores de "verdade" modernistas para evitar as suspeitas pós-modernas. Lamentavelmente, como na guerra, usamos soluções severas (tanques, bombas, investigações oficiais) para os problemas atuais (terrorismo, desconstrução) e as coisas só pioram. Exigimos mais verdade logo quando ela está se tornando mais indefinida.[19] Precisamos dela e fomos feitos para contá-la, mas vivemos em um mundo de mentiras. Com frequência, nós mesmos a alteramos e até mesmo mentimos sobre mentir (somos "econômicos com a verdade").

Em um nível simples e cotidiano, vivemos todos com uma teoria da correspondência de verdade, mas seus problemas são bem conhecidos. As alternativas comuns — por um lado, algum tipo de teoria da coerência, e por outro, diversas teorias pragmáticas — podem ter sua utilidade, mas caem facilmente no mero subjetivismo.[20] Então, existe algo como a "verdade"? Se sim, por que é tão difícil alcançá-la?

PODER

Tudo isso leva ao poder, que tem sido uma palavra ofensiva em alguns círculos, principalmente desde Francis Bacon (conhecimento é poder),

---

[19]Essa é a tese do último livro de Bernard Williams, *Truth and Truthfulness: An Essay in Genealogy*.
[20]Sobre as diferentes teorias da "verdade", cf. os artigos úteis de resumo de P. Horwich, "Truth", p. 929-31, e seu estudo maior, *Truth*; R. L. Kirkham, *Theories of Truth: A Critical Introduction*; Walsh e Middleton, *Truth Is Stranger than It Used to Be*; e S. Blackburn, *Truth: a Guide for the Perplexed*.

HISTÓRIA *e escatologia*

Friedrich Nietzsche (declarações de conhecimento são declarações de poder) e o barão Acton (o poder tende a corromper e o poder absoluto corrompe totalmente). Entretanto, não podemos viver sem ele. Ao perceberem que o mal vence quando pessoas boas não fazem nada, reformadores e visionários seguraram as rédeas do poder apenas para descobrir que ou ele não serve ou funciona ao contrário. Portanto, alguns sugeriram que o poder é simplesmente algo ruim, uma visão que se assemelha facilmente a argumentos favoráveis à anarquia política. Contudo, como os comentaristas cansados do mundo sabem, a anarquia é a mais instável entre todas as situações políticas e sempre gera novas formas de poder, que costumam ser piores do que aquele que os anarquistas tentavam substituir. Se ninguém estiver no comando, as vozes mais altas, os maiores músculos e os agressores mais inescrupulosos vencerão, e todos empobrecerão. Então, nenhuma sociedade é capaz de sobreviver sem alguém exercendo o poder, mas o mundo sabe, há muito tempo, que o poder precisa ser exercido com sabedoria e controle. Era disso que tratava a Magna Carta. A violência não é a resposta. Se você combate fogo com fogo, o fogo sempre vence. Nós, humanos, portadores da imagem [de Deus], sabemos que precisamos gerenciar o governo delegado por Deus no mundo (não que os incrédulos vejam assim), mas, em geral, pioramos as coisas.

No entanto, desde o Iluminismo, muitos viram o "poder" como automaticamente corrupto e suspeito, e se possível, algo a ser resistido ou derrubado. É claro que todos os revolucionários o desejam para si próprios, supondo que, como suas ideias são superiores às dos governantes que substituem, não cairão nas mesmas armadilhas. E o ciclo se repete. A história política moderna é a narrativa de como essa ingenuidade recebeu a exposição que merecia e, ainda assim, continua descontrolada. Aliás, enigmas semelhantes esperam qualquer um que tente definir excessivamente a "violência" para incluir qualquer coisa que você faça ou diga a mim e que eu interprete como invadindo ou violando meu espaço ou até mesmo minhas opiniões. Você não pode viver assim, embora as pessoas tentem. Uma geração após a outra de políticos assumiu a vida pública na esperança de conseguir poder para tornar seu mundo, seu país e sua região um lugar melhor, mas isso sempre se mostra mais complicado do que imaginavam. Quando você pensa que está usando o poder de modo altruísta, pode simplesmente estar implementando seus próprios planos ideológicos. E, quando a pressão vem com um empurrão, bem, isso significa que chegou o momento. E, mais cedo ou mais tarde, os países se veem presos em uma queda de braço de alta octanagem, que não traz nenhum benefício para eles, nem para o mundo. O poder parece necessário nas sociedades humanas, mas não há acordo quanto ao que consiste ou à forma de administrá-lo e usá-lo com sabedoria.

Sugiro que esses cinco primeiros — justiça, beleza, liberdade, verdade e poder — são todos *indicadores vocacionais*. Fazem parte do *kit* básico do que significa ser humano. Incluem intuição moral, mas vão além: não se referem apenas ao nosso comportamento, mas também à diferença que devemos fazer no mundo. Os dois últimos nos levam a um registro diferente. "Espiritualidade" e "relacionamentos" são palavras enganosas, mas algo precisa ser dito sobre cada uma.

Espiritualidade

Cresci no mundo da década de 1960, quando o modernismo secular parecia inabalável. O culto obrigatório nas escolas originou uma forma externa de espiritualidade. Todavia, isso — certamente para os alunos, e creio que também para os professores — foi um exercício socialmente conformista com pouco conteúdo interno. Nesse contexto, aqueles que, por qualquer motivo, viram-se apegados à mensagem de Jesus foram facilmente levados a se conformar com filosofias divididas: deixe o mundo seguir seu próprio caminho, enquanto celebramos nosso segredo particular. Mas, então, as coisas mudaram. Após anos de secularismo árido, a sociedade em geral percebe, mais uma vez, que a espiritualidade é importante. Porém, essa mesma sociedade, talvez mais na Europa do que na América, não espera encontrar espiritualidade na igreja e no cristianismo oficial. As pessoas contrastam ser "espiritual" com ser "religioso", afirmando sua não religiosidade — querendo esclarecer que não frequentam a igreja ou leem a Bíblia —, e pretendem apenas o rótulo de "muito espirituais". A busca por uma dimensão para a vida humana que vai além das necessidades e dos desejos materiais e corporais continua intensa, como testemunhado pelas seções da livraria chamadas "Mente, corpo e espírito" ou algo do gênero. Apesar do desdém dos ateus em voga, todos os tipos de "espiritualidade" florescem: o paganismo direto e descarado, as combinações estranhas de astrologia, as sugestões semicientíficas como biorritmos, o renascimento da filosofia antiga e assim

HISTÓRIA *e escatologia*

por diante. Esses tipos se misturam tranquilamente em formas descompromissadas de sincretismo, em que o objetivo principal parece ser a descoberta de uma verdadeira (e geralmente oculta) "identidade" pessoal. Dessa maneira, as formas de gnosticismo são exageradas, embora, em geral, normalmente não sejam do tipo contemplativo. Existe um motivo pelo qual Dan Brown vende tantos livros e não é apenas o fim surpreendente de cada capítulo. As pessoas que seguem esse caminho declaram, às vezes com bastante orgulho, que encontraram algum tipo de "religião", como se, partindo de um início secular fixo, isso as colocasse no mesmo mapa do cristianismo.

Na verdade, há uma sensação forte no mundo moderno atual ou pós-moderno de que existem outras dimensões na vida além daquilo que podemos colocar em um tubo de ensaio ou em um extrato bancário, e que tais dimensões não são meramente um pouco de valor agregado ou decoração adicional, mas, pelo contrário, dão uma contribuição essencial para toda a nossa vida pessoal e corporativa. Quando o tema da espiritualidade surge em uma conversa despretensiosa, muitas pessoas falam de fenômenos desconhecidos ou misteriosos, de experiências do que parecem ser dimensões da vida que vão além do mundo material óbvio. Entretanto, hoje poucos têm qualquer quadro de referência que facilite o entendimento dessas coisas, portanto encolhem os ombros ou se tornam vítimas de qualquer culto estranho que ofereça uma solução. Até onde as pessoas acolhem alguma forma de cristianismo, isso é muitas vezes concebido dentro de um misto de deísmo (com uma divindade distante que ainda pode estar interessada em nosso comportamento moral) e platonismo (em que temos uma "alma" destinada a um "céu" inalcançável e fora do eixo espaçotemporal). Os crentes enfrentam uma dificuldade contínua: concebemos a espiritualidade cristã no contexto de humanos abrirem, de alguma forma, caminho em direção a Deus, ou ao céu, enquanto a cosmovisão do judaísmo e do cristianismo primitivo se concentrava na promessa de que *Deus* viria, que tinha vindo e que virá novamente para *habitar conosco*. Desse modo, novas formas de espiritualidade nos decepcionam e, mesmo quando abraçamos o próprio evangelho da encarnação, existem noites sombrias na alma em que tudo fica em branco. Temos aqui mais um paradoxo.

Então, o que é "espiritualidade" e como você a alcança ou mantém? Há uma diferença entre espiritualidade saudável e prejudicial? Em caso

INDICADORES FRAGMENTADOS?

positivo, qual é? Alguns, confrontados com a ascensão do islamismo militante e com memórias de fundamentalismos cristãos de qualquer tipo, usam isso como uma desculpa para sugerir que as religiões são perigosas e abusivas, e que a única opção segura pode ser o esteticismo puro. Sabemos que a espiritualidade é importante, mas ela continua sendo uma parte instável e talvez até mesmo arriscada da vida humana.

No quinto capítulo, argumentei que, para muitos judeus da época de Jesus, tudo isso seria interpretado dentro da suposta sobreposição de "céu" e "terra", que se concentrava no Templo. O livro de Salmos permaneceu tanto um repositório dessa espiritualidade como um recurso para sua regeneração. Ela seria tranquilamente capaz de juntar a consciência alegre da presença de Deus e o poder na ordem criada ao lado do desafio pessoal de fé e obediência, como lemos no Salmo 19 com seu paralelo entre o sol no céu e a Torá no coração. Essa tradição continha um realismo forte: existem momentos em que Deus parece totalmente ausente e insensível, e é melhor dizer isso do que fingir que está tudo bem. A tendência ao narcisismo de qualquer espiritualidade particular é mantida dentro de uma narrativa implícita muito mais abrangente: como *você* se sente hoje não é tão importante quanto o que Deus está fazendo e fará com sua criação como um todo. Também podem existir sinais de um futuro renovado, mesmo em meio ao horror. Os Sábados eram lembretes constantes de que o tempo de Deus era linear, não circular, que o "descanso" prometido estava chegando e que, como Walter Benjamin descobriu a partir de um fio de misticismo judaico, cada momento pode ser a pequena porta pela qual o Messias pode entrar.[21] Contudo, isso também parecia ser ilusório quando os romanos chegaram em 70 d.C. e novamente em 135 d.C. Essa foi, pelo menos em partes, a razão pela qual muitos parecem ter-se voltado para variações do gnosticismo no final do segundo século. Decepcionaram-se com a "espiritualidade" que conheciam. Muitos paralelos persistem nos dias atuais.

Relacionamentos

Finalmente, observemos os "relacionamentos". Mais uma vez, uma palavra intencionalmente ambígua, já que meu foco não é provar que

---

[21]Cf. cap. 3, n. 58 (p. 298).

HISTÓRIA *e escatologia*

existe algo chamado "amor" — que podemos primeiro analisar profundamente e, depois, atribuir a Deus —, mas todos nós sabemos que, de um modo ou de outro, somos feitos para nos relacionar. Todos nós somos moldados, para o bem ou para o mal, por nossos relacionamentos, sejam motivadores ou abusivos, saudáveis ou doentios. Em muitas ocasiões, as relações abusivas ou prejudiciais são aquelas para as quais voltamos como viciados. Então, aqui está o paradoxo. Como Pannenberg explicou, nós, humanos, somos criaturas exocêntricas, que nos tornamos quem somos por meio dos relacionamentos que temos fora de nós mesmos.[22] No entanto, bagunçamos esses relacionamentos e somos bagunçados por eles. Até o melhor de todos termina em morte.

Argumentei, no primeiro capítulo, que a sociedade ocidental moderna foi assombrada pelo mito de Fausto, em que o pacto diabólico inclui a seguinte proibição: *você não pode amar*. O amor já é visto naquele mito como a janela pela qual, mesmo na noite mais escura, você é capaz de discernir a possibilidade do alvorecer. Portanto, o amor faz o que a justiça, a liberdade, o poder, a verdade, a beleza e a espiritualidade fazem à sua maneira: levanta questões que vão além de si mesmas e exigem que seja contada alguma história que ofereça o significado mais amplo que todos desejam. A resposta cínica de que não há história e significado maior é sempre possível. Epicuro e seus seguidores fizeram o possível para que parecesse um posicionamento digno e até mesmo nobre. Todavia, o amor ressurgirá, de uma forma ou de outra. Destaquei no capítulo anterior uma visão particular de como o "amor" funciona em diferentes níveis de epistemologia.

É claro que existe uma pequena minoria de indivíduos que parecem ter pouca ou nenhuma necessidade de relacionamentos, mas a fala de Sartre sobre o "inferno" ser "outras pessoas" é muito cínica para a maioria de nós. Enlouqueceríamos sem contato humano, ou ao menos com alguns animais. Para a maioria de nós, uma relação amorosa ou um conjunto de relações é o que faz a vida valer a pena. Preferiríamos ser pobres e amados a ser ricos sem amor, e a maioria nos olharia com pena se discordássemos desse veredicto. Amor, amizade, companheirismo e companheirismo: tudo isso, entre outras coisas, traz não só uma sensação

---

[22]W. Pannenberg, *Anthropology in Theological Perspective*, principalmente p. 43-79.

de realização, mas também de autodescoberta, de crescer mais ainda quando ficamos sozinhos, reconhecendo quem realmente não somos por meio da introspecção torturada ou do "olhar no espelho" narcisista, mas pela resposta e sugestão daqueles que estão ao nosso redor. Em poucas palavras, somos criaturas exocêntricas, projetadas para estar centradas fora de nós, e não dentro.

Porém, os relacionamentos são realmente difíceis, seja em nível pessoal, social ou internacional. Algumas pessoas são abençoadas com amizades, vizinhos, famílias e cônjuges motivadores e não problemáticos. Muitas precisam esforçar-se bastante em relação a isso em alguns casos. Outras, devem empenhar-se consideravelmente na maior parte do tempo. Mesmo assim, as coisas podem desmoronar. As melhores amizades e casamentos têm inúmeros momentos de mistério, surpresa ou até mesmo de inquietação e decepção quando aceitamos o fato de que talvez tenhamos projetado nossas próprias esperanças e necessidades em outra pessoa significativamente diferente da imagem que nos permitimos construir.

Isso acontece tanto em nível global como pessoal. Os líderes políticos imaginam que seus adversários em outros países são como eles, apenas com idiomas e hábitos alimentares diferentes. Então, descobrem mal--entendidos, ameaças, relacionamentos destruídos e, além disso, hostilidade, na medida em que premissas mais intensas e histórias ocultas em culturas distintas acabam em uma colisão perigosa. Acreditamos que a paz e a prosperidade coletivas são melhores do que a guerra mundial e a devastação. Entretanto, embora possamos produzir armas caras para travar guerras e causar estragos, não criamos nem mesmo as armas baratas que trarão a paz ou construirão uma comunidade sábia. O mundo é capaz de produzir alimentos suficientes para todos, mas ainda não descobrimos como compartilhá-los de forma correta. E assim por diante. As relações têm importância vital, mas continuam a ser um problema sério em todos os níveis.

As escrituras hebraicas contam a história da criação e da aliança, e a essência da aliança é o amor: o amor com um propósito, um plano e uma promessa. É assim no Jardim e, mais uma vez, no chamado de Abraão. Contudo, desde o início, a relação entre o criador e sua criação é fragmentada, e isso tem continuidade ao longo de sua descendência, com os filhos de Adão, Noé, Abraão e Isaque mostrando todos os sinais

HISTÓRIA *e escatologia*

de quebrantamento, apontando para a disfuncionalidade extrema da família de Jacó, que parece chegar ao fim com a escravização de José no Egito. Então, a reconciliação marcante entre José e seus irmãos aponta, na escatologia implícita do livro de Gênesis, para o propósito maior da aliança de Deus para Israel e *por meio* de Israel para o mundo.[23] No entanto, as relações continuam a ser tensas a cada nível, com o fim do exílio babilônico no ponto baixo de uma história longa e triste. Todavia, o boato de amor não vai embora. Os profetas falam de uma aliança restaurada. Isso é apenas um sonho, o equivalente teológico de uma fantasia romântica?

PARA ONDE OS INDICADORES FRAGMENTADOS PODERÃO CONDUZIR?

Vejo esses sete aspectos como indicadores. Do modo como estão, são indicadores fragmentados, prometendo muito, mas deixando de cumprir.

É claro que podemos tentar argumentar sobre todos eles para chegarmos a algum tipo de "teologia natural". Pode-se sugerir que a paixão pela justiça e o amor pela beleza fazem sentido dentro de um mundo que Deus prometeu consertar e que ele encherá com sua glória. Nosso desejo por liberdade parece ressoar com o tema do Êxodo das escrituras. Teríamos motivo para dizer que o Deus criador é o Deus da verdade, da realidade, que chama suas criaturas humanas de portadoras da imagem para serem anunciadoras da verdade, para que sua ordem sábia possa chegar, por meio de palavras humanas de sabedoria, em seu mundo. Os quebra-cabeças humanos sobre o poder podem ser vistos como um reflexo do tema bíblico constante do poder divino. A busca do homem pela espiritualidade, em todas as formas, aponta para a fala de Agostinho de que Deus nos fez para si e nossos corações estão inquietos até que descansem nele.[24] Finalmente, nossa necessidade de relacionamentos em tantos níveis pode ser vista como uma janela nas inter-relações pluriformes dentro da divindade trinitária e em nossa vocação máxima de amar a Deus e ao próximo. A partir de tudo isso, como um tipo de versão nova do conceito moral de Kant, podemos defender nosso caminho até

---

[23]Cf. Jonathan Sacks, *Not in God's Name: Confronting Religious Violence*.
[24]O desejo de Deus aparecerá: como diz o romancista Julian Barnes no começo de seu livro *Nothing to be frightened of:* "Não acredito em Deus, mas sinto falta dele".

INDICADORES FRAGMENTADOS?

Deus. Talvez até mesmo para o Pai do Messias Jesus. E, trabalhando a partir daí, podemos esperar incorporar alguma versão dos argumentos cosmológicos e teleológicos. Nossa própria criatividade pode ser vista como um espelho da criatividade original do Criador. Nosso planejamento e nossos projetos podem refletir o senso de propósito construído no mundo que conhecemos.

Podemos pensar tudo isso, mas estaríamos caminhando em um lago congelado sem nenhuma perspectiva realista de que o gelo aguentaria firme. Pode-se imaginar Richard Dawkins, em sua resposta habitual a uma teologia natural pós-Paley, descartando tudo como. uma projeção: seu "Deus" é como você, só que maior. Jogue ali Freud, Marx e Nietzsche e o gelo quebrará. Por mais enraizados que possam estar esses "indicadores vocacionais", podem ser apenas "memes" adquiridos pelas culturas e ao longo dos tempos. E isso não é tudo. Mais profundo que o desprezo do cínico é nossa própria análise: o fato de que, individual e corporativamente, nós falhamos. Transformamos a justiça em opressão, a beleza em mediocridade, a liberdade em permissão, a verdade em notícias falsas e o poder em assédio. Transformamos também a espiritualidade em autoexploração ou autogratificação. Fizemos do chamado aos relacionamentos uma desculpa para a exploração. E todos esses, de um ponto de vista cristão, têm a palavra "idolatria" pairando sobre eles.

E a situação ainda piora. Mesmo quando não erramos, quando realmente fazemos justiça, amamos a beleza, oferecemos e defendemos a liberdade, dizemos a verdade, exercemos o poder com sabedoria e buscamos o verdadeiro Deus de todo o nosso coração e amamos nosso próximo como a nós mesmos, a entropia entra em ação. Essa é a resposta de John Stuart Mill a Kant. Por mais que você venha a inflar a capacidade moral humana — e, na minha versão, por mais que destaque qualidades vocacionais comuns a todos os humanos —, os eventos no mundo, de Lisboa a Auschwitz, os acontecimentos em nossos corações e vidas e a realidade dura de que todos nós morremos e de que a vida parece uma piada cruel, tudo isso sugere que qualquer nova versão do argumento "moral" falhará no teste da "teodiceia". O argumento ético, mesmo em minha nova forma, cai no gelo e afunda.

Dessa maneira, as sete "vocações" são, na melhor das hipóteses, indicadores fragmentados. Parecem estar apontando para algum lugar, mas conduzem à escuridão, ou a um penhasco ou aos círculos em que

HISTÓRIA *e escatologia*

começamos. Eram apenas espectros, os fantasmas de nossa própria imaginação? Ou meros impulsos aleatórios em um padrão evolutivo desenvolvido tardiamente? Afinal de contas, essas eram as perguntas erradas a fazer? Deveríamos simplesmente ter remetido ao cinismo epicurista: sim, sentimos essas coisas, mas elas não significam nada. E deveríamos silenciar essas vozes irrelevantes e buscar os prazeres tranquilos disponíveis para nós aqui e agora? Ou apenas dar um sorriso barthiano e perguntar: "Bem, aí está você, nada de bom poderia resultar de tudo isso?".

Existe uma saída para esse impasse aparente? Creio que sim, mas apenas se desenvolvermos o argumento de forma inesperada.

INDICADORES FRAGMENTADOS, HISTÓRIAS FRAGMENTADAS

Nossa descoberta de que os indicadores aparentemente promissores eram fragmentados nos leva de volta ao ponto inicial deste capítulo, com a repreensão provocadora de Jesus aos dois discípulos no Caminho para Emaús. Você está sendo tão insensato! Era assim que tinha de acontecer. E o que estava acontecendo?

Richard Hays nos lembra que os cristãos primitivos liam as escrituras de Israel "ao contrário".[25] Não foi começando com a Bíblia que encontraram um retrato falado de um Messias e descobriram Jesus de Nazaré. Eles tinham muitas imagens messiânicas baseadas nas escrituras, e Cristo não se encaixava nelas, mas observe — como dissemos antes — o que ele *não* faz. Ele não questiona: "Por que você se preocupa com essas escrituras? Elas só lhe trazem problemas e visões erradas de Deus e da salvação. Jogue-as fora e confie em mim pela novidade que ofereço". Não. Lucas diz: "Começando com Moisés e, então, todos os profetas, ele mostrou a cada um o que as escrituras diziam a respeito dele". Aqui está a verdade que vai além dos diferentes movimentos filosóficos e teológicos que tentaram defender a "teologia natural", por um lado, e os estudos históricos de Jesus e os Evangelhos, por outro. Quando você olha para trás, desde a ressurreição do crucificado até as esperanças e aspirações de Israel — e, como explicarei agora, para os sete indicadores vocacionais que observamos de forma sucinta —, não vê um vazio. O que

---

[25]R. B. Hays, *Reading Backwards*, e mais detalhadamente, *Echoes of Scripture in the Gospels*.

352

você vê é uma história corrompida e destruída, mancando, desmaiada, mas perseguindo, tropeçando no fosso aqui e ali, fazendo curvas erradas, apegando-se a soluções falsas e se agarrando a esperanças vazias. Porém, ainda assim, ela aparece, em lágrimas, como as mulheres no túmulo, tristes, como os dois no Caminho para Emaús. E, por trás dessa história despedaçada e sangrenta, vislumbramos a *narrativa da vocação de Israel*: o chamado e a aliança de Abraão, o Êxodo e o Tabernáculo de Moisés, as vitórias e o Templo de Davi e Salomão, a catástrofe do exílio e o longo e obscuro período de espera. Quando lemos de trás para frente a partir da cruz e da ressurreição, vemos confusão, falhas e enganos, mas também as promessas e vocações divinas a que Israel continuou voltando, ainda que de modo parcial e inconstante. E agora enxergamos, como nunca antes, que *esta era a exata história que deveria ser contada*, que esses eram os sinais certos se pudéssemos ser conduzidos por eles e que aquilo que o Deus de Israel fez *validou retrospectivamente* os sinalizadores de orientação genuínos que existiam antes. A chamada rejeição "apocalíptica" de qualquer "história", refletindo na suposta exegese a rejeição kierkegaardiana e barthiana de Hegel, joga fora o bule com as folhas de chá. A narrativa de Israel é a mesma da fidelidade de Deus. E, como Paulo viu corretamente, a fragilidade da história aumenta essa fidelidade.[26] Afirmar o contrário o conduz aos braços de Marcião, onde encontrará muitos amigos antigos e modernos. Ali, não há necessidade de se preocupar com qualquer tipo comum de "teologia natural": assim como os gnósticos, os marcionitas não querem ouvir que a narrativa de Israel, tendo se dividido em duas partes como um galho seco, ainda apontava na direção certa. Quando você aprender a "ler de trás para frente", vislumbrará, como o Pai vendo seu filho enlameado mancando no horizonte, a história que deu totalmente errado, mas finalmente encontrou o caminho de casa. As palavras paternas de boas-vindas — "Este é meu filho" — reafirmam a verdade que parecia ter sido eliminada pelo comportamento anterior do filho.

O mesmo acontece com os "indicadores fragmentados" que observamos. Não apontam para Deus por conta própria ou, se parecem fazê--lo, podem simplesmente estar construindo uma nova Torre de Babel.

---

[26]Isso aparece especialmente em Romanos 9—11. Cf. *PFG*, cap. 11.

HISTÓRIA *e escatologia*

Interpretados de outra maneira, podem ser desconstruídos. E, ainda assim, *no exato momento de seu fracasso, sinalizam para o maior indicador fragmentado, que acaba sendo o lugar na vida real, na história concreta, onde o Deus vivo é verdadeiramente revelado, conhecido e amado.* Todos os indicadores conduzem ao mesmo lugar.

O clamor por justiça é essencial para a vida de oração de Israel. A ostentação de justiça era fundamental para a Roma imperial. Entretanto, não funcionou quando Jesus se colocou diante de Pilatos. Todos sabiam que ele era inocente. Pilatos lavou as mãos. Sua esposa tinha pesadelos com "este homem inocente" (Mateus 27:19). A ironia é que a ação justiceira de Deus — como Paulo vê a morte de Cristo — é praticada por meio de um erro claro e vergonhoso da justiça. Em suas palavras proféticas, Jesus anunciou o reinado de Deus e denunciou a maldade de seu mundo, mas se recusava a ser "um juiz ou árbitro" quando o assunto eram os direitos de propriedade (Lucas 12:14). No final, ele mesmo foi a vítima inocente de intrigas, conspirações, falso testemunho e julgamentos incorretos. O governador romano, servo de um império que se orgulhava de sua *Iustitia* e de levar essa justiça a todos, olhou para o outro lado. Cristo caminhou para a morte como a personificação silenciosa do clamor justiceiro que surge do mundo. Se o conceito de justiça é realmente considerado um sinalizador para Deus, estabelecido gloriosamente dentro do atual contexto, é, no mínimo, como se alguém tivesse adulterado o sinal, que está apontando para o lado errado. Está fragmentado.

Na Bíblia, a beleza é indefinida. Assim como o Antigo Testamento, que, como vimos, descreve coisas belas em vez de tecer comentários sobre sua beleza, o Novo nem sempre menciona a beleza em si. Em vez disso, conta uma história que carrega seu poder sugestivo e mistério assustador, mesmo em contextos não tão promissores. Não é por acaso que um dos temas mais frequentes para a arte e a música nos períodos medieval e barroco era a crucificação de Jesus. Portanto, não podemos esquecer o paradoxo chocante. Em termos humanos comuns, a crucificação de Jesus não foi simplesmente feia e terrível.[27] É claro que, quando usamos o termo "crucificação", pensamos em Jesus, mas, no mundo romano, onde as crucificações eram triviais, a execução de Cristo se referia apenas a mais

---

[27]Cf., por exemplo, M. Hengel, *Crucifixion in the Ancient World and the Folly of the Message of the Cross.*

INDICADORES FRAGMENTADOS?

um jovem idiota recebendo o que merecia. Era algo banal. Na época, sua morte nem tinha a dignidade da singularidade. E, mesmo assim, dentro de vinte anos, as pessoas escreviam poesias em que aquela morte reunia não só o drama e o significado da vida de Jesus, como também a beleza da criação resgatada, curada, restaurada e perdoada. O cordeiro abatido se junta ao que está no trono, cercado por um arco-íris parecido com uma joia, com sete luminárias acesas, um mar de vidro como o cristal e anjos tocando trombetas. O que parecia ser a negação da beleza, a quintessência de nossa decepção cínica com sua promessa e encanto, acaba sendo a fonte geradora de uma beleza pela qual toda a criação é renovada e vibra de louvor. É dessa forma que o indicador de encantamento é recuperado pelos cristãos primitivos. Contudo, na cruz de Jesus, parecia uma simples miragem enganosa. Quando ele morreu, não houve um belo crepúsculo; apenas escuridão. E, pela manhã, somente horror.

Jesus escolheu a Páscoa, a festa da liberdade, para fazer o que tinha de ser feito. Os romanos carimbaram essa liberdade como só eles sabiam fazer. Olhando para trás, para a morte e a ressurreição de Cristo, vemos que Paulo fala com ecos do Êxodo da vitória libertadora máxima sobre o Faraó. O próprio Jesus se havia juntado aos outros profetas da época na promessa de ser livre, mas sua mensagem particular resultou em confronto e redefinição: ele insistia que a verdadeira escravidão era a do pecado, o poder destrutivo que torna as pessoas prisioneiras e deforma sua humanidade genuína até a morte. No entanto, aqui temos novamente um paradoxo. Os eventos a que Paulo se refere, a execução e o sepultamento de Jesus, incorporaram e representaram o silenciamento romano clássico do clamor judeu por liberdade. Os judeus haviam lutado bastante pela liberdade ao longo dos dois séculos, desde a invasão de Pompeu até a queda de Simão Barcoquebas, e os romanos opressores fizeram o de sempre, explicando certamente uns aos outros que essa era a única língua que esses judeus entenderiam.[28] A execução de Jesus se encaixou perfeitamente nesse padrão. O desejo de liberdade, o mistério sobre o que isso poderia significar e o sofrimento de tê-lo negado chegaram ao auge quando Jesus foi para a cruz. Se a liberdade é um indicador que aponta para além de si mesmo dentro do mundo presente, parece estar mostrando o caminho errado. Esse caminho sinaliza uma

---

[28]Para mais detalhes, cf. *NTPG*, p. 170-81.

HISTÓRIA *e escatologia*

terra prometida, mas a experiência sugere que leva apenas ao Egito, a Babilônia, a Roma. A uma cruz.

E a verdade? Pilatos pergunta a Jesus se ele é um rei e Jesus responde que veio para dar testemunho da verdade (João 18:37-38). Isso não é mudar de assunto. Parte do modo como o reino de Deus opera é por meio das palavras sábias e obedientes que trazem a ordem de Deus para o mundo confuso. Todavia, quando Jesus se aprofunda no tema para comentar que todos os que pertencem à verdade ouvem sua voz, Pilatos perde a paciência e bufa: "Verdade! O que é isso?" A única "verdade" que ele conhece é a do poder violento e cru, como apontou Foucault. Os impérios constroem sua própria "verdade". Portanto, a morte de Jesus, pelo menos no Evangelho de João, é considerada o choque direto de duas percepções diferentes da verdade. Na sexta-feira à noite, parece que a de Pilatos venceu. Se a verdade é um indicador que nos mostra algo importante no meio do mundo, então Pilatos, o proto-pós-modernista, acabou estando certo. A verdade é aquela que os poderosos criam. É a primeira vítima na guerra e talvez a maior ironia da crucificação.

O mesmo vale para o poder. As boas-novas anunciadas por Jesus eram todas relacionadas a ele. O "reino de Deus" se tratava de Deus se tornando rei, o que lembrava que tal reino estava chegando e que sua vontade seria feita tanto na terra como no céu. Alguns dos seguidores de Cristo parecem ter concluído que isso significaria, uma vez que ele tivesse sido estabelecido como o rei legítimo, que exerceriam o tipo normal de poder, sentados à direita e à esquerda do novo rei (Marcos 10:37). Jesus rapidamente desmentiu essas ideias, já que seus seguidores não entenderam a mensagem. Afirmou que os governantes das nações faziam isso de uma maneira, e por isso, faríamos ao contrário. Isso é defendido por Paulo, que tece a redefinição do poder no cerne de sua teologia. Ele vê "a palavra da cruz" como o poder salvador de Deus, embora os pagãos pensem que é loucura, e os judeus, que é uma blasfêmia. Ele declara que o reino não consiste em palavras, mas em poder. Como parte de seu monoteísmo criacional geral como um todo, Paulo permite que a autoridade máxima tenha um papel dado por Deus, ainda que limitado e responsabilizado.

O mesmo ponto é apresentado pelo próprio Cristo no Evangelho de João, em uma das afirmações mais irônicas. Pilatos repreende Jesus por

INDICADORES FRAGMENTADOS?

não responder às suas perguntas e questiona: "Você não sabe que tenho autoridade para deixá-lo ir e para crucificá-lo?" Jesus responde, de uma forma surpreendente, que essa autoridade lhe foi dada "de cima", referindo-se não só ao verdadeiro chefe de Pilatos, Tibério César, mas também ao próprio Deus. E destaca que isso significa uma cobrança para aqueles que fazem mau uso dessa autoridade. Assim como acontece com a justiça e a liberdade, a ironia do poder na narrativa do evangelho, e depois em Paulo, no Apocalipse e demais escritos, é que a crucificação de Cristo é apresentada *tanto* como o uso incorreto arquetípico do poder imperial *quanto* como a chegada secreta de um tipo totalmente diferente de poder. Porém, na Sexta-feira Santa esse segredo é inimaginável. Mesmo que reconheçamos que algum tipo de poder é necessário, a cruz indica que, mais uma vez, o poder absoluto se corrompeu completamente e que Jesus tomou toda a sua força. Se ele é um indicador dentro de um mundo caótico, a única coisa para a qual aponta é a realidade de que os tiranos abusivos o tomam para si e atropelam quem fica em seu caminho. Então, o único "deus" envolvido é aquele que os líderes dos sacerdotes invocam de forma chocante no final da audiência de Pilatos: "Não temos rei a não ser César" (João 19:15). Jesus havia anunciado um novo tipo de poder, mas parecia que, afinal de contas, o antigo havia vencido.

Espiritualidade? O realismo da espiritualidade judaica parece ter atingido seu ápice com o próprio Jesus. Falar de sua própria "experiência religiosa", como alguns tentaram fazer, é entrar nos domínios da especulação psicológica, muitas vezes inserida em categorias modernistas distorcidas. Porém, o que se destaca nos textos é que, quando as pessoas estavam com Jesus, percebiam um poder, uma alegria, um perdão e uma cura que pareciam fluir dele e sabiam que ele estava ciente disso e tinha contato pessoal constante com sua fonte máxima. Ele agia — e, eventualmente, isso foi observado — como se fosse um Templo personificado, um lugar no qual o céu e a terra se interligavam, como se o tempo de sua carreira pública fosse um Sábado eterno, um período de cumprimento, em que o futuro prometido por Deus tivesse chegado no presente. Então, a vivacidade de tudo isso, que brilha em todos os quatro Evangelhos em seus diferentes modos, serve como a moldura brilhante dentro da qual a escuridão dos Salmos, o desespero de Jeremias, os anos de lágrimas nas águas da Babilônia, todos convergem. Os Evangelhos unem "venham a mim, pois eu lhes darei alívio" com "Deus

HISTÓRIA *e escatologia*

meu, Deus meu, por que me desamparaste?" (Mateus 11:28; 27:46).[29] Como alguns dentre os grandes da fé cristã descobriram, a busca pela espiritualidade autêntica terminaria aos pés da cruz. Se a espiritualidade é um indicador em direção a Deus dentro do mundo atual, parece levar, literalmente, a um impasse.

Relacionamentos? Judas nega Jesus, Pedro o trai, os demais fogem. "Ele foi capaz de salvar os outros, mas não a si mesmo" (Mateus 27:42; Marcos 15:31).[30] Encontramos o paradoxo pela última vez. A narrativa de Jesus, explicitamente em João e implicitamente nos outros três, é uma história de amor, como o quarto Evangelho afirma: tendo amado os seus no mundo, Cristo "continuou amando-os até o fim". Entretanto, assim como em seus antecedentes hebraicos, este relato atinge seu clímax justamente por meio do *fracasso* do amor. A própria família de Jesus não o compreende e pensa que ele enlouqueceu (Marcos 3:21). As aldeias nas quais ele começou seu ministério recusam-se a aceitar sua mensagem. Ele vem para os seus e eles não o recebem. E até mesmo aqueles que o recebem acabam por traí-lo, negá-lo e abandoná-lo no final. O enigma do amor — não conseguimos viver sem ele, mas parece ser muito mais difícil do que pensávamos — está exposto em todo o seu terror confuso na cruz. Como em todos os outros casos, o mesmo acontece também neste: parece que, com a morte de Jesus, o indicador do amor, plantado de maneira tentadora nos corações humanos, está irremediavelmente fragmentado.

Quando estamos ao pé da cruz, todos os sete indicadores parecem não apenas inúteis, mas totalmente equivocados. Fomos enganados. A história da crucificação confirma a visão do cínico. Não há caminho "até Deus" a partir daí.

Mas, quando "lemos de trás para frente", descobrimos que, *afinal de contas, este foi o meio pelo qual o verdadeiro Deus foi revelado.* Se pensamos que os sete sinais vocacionais humanos nos conduziriam por uma jornada nobre em direção a Deus, estávamos profundamente enganados. Talvez o tempo todo estivéssemos realmente desejando encontrar — como Kant estava querendo? — o Deus dos "onis", a divindade onipotente, onisciente, onicompetente, o diretor celestial de grande parte da imaginação ocidental. Em vez disso, os quatro Evangelhos nos falam do Deus que

---

[29]Sobre o "grito de angústia" de Salmos 22:1, cf. também *JVG*, p. 600-601.
[30]Cf. Lucas 23:35.

sofreu a injustiça máxima, o Deus sem beleza que deveríamos desejar, o Deus encarnado que negou a liberdade, cuja nova verdade foi vencida pela máquina de fazer a verdade do império. O Messias que curou com o poder do amor foi esmagado pelo amor ao poder. Aquele cuja espiritualidade rica o ligava em uma relação íntima com o Pai se viu abandonado.

Então, esse é o ponto. Todos os primeiros cristãos insistem que a revelação divina não aconteceu simplesmente *antes* disso, na carreira pública de Jesus, ou *depois,* na ressurreição, mas, como João deixa claro, na crucificação. Foi quando eles viram "sua glória, a glória como a do unigênito do Pai, cheio de graça e verdade". O ponto é que, se buscamos um deus que corresponda às expectativas de nossa cultura ou mesmo de algum teísmo filosófico, podemos nos enganar. Existe somente um Deus assim. Como escreveu Edward Shillito, o poeta da Primeira Guerra Mundial em seu poema mais conhecido:

> *Os outros deuses eram fortes, mas tu eras fraco,*
> *Eles cavalgaram até um trono, enquanto tu tropeçaste,*
> *Mas, com as nossas feridas, só as feridas de Deus podem falar;*
> *E nenhum deus tem feridas, apenas você.*[31]

É claro que nada disso era aparente na época. Nas horas imediatamente após a morte de Jesus, ninguém disse: "Bem, isso foi muito desagradável, mas pelo menos agora vimos a glória de Deus". Os seguidores de Jesus se escondiam de medo, vergonha e tristeza. Contudo, a ressurreição os levou a olhar para trás e relatar novamente o que havia acontecido, mostrando a forma pela qual não só a história despedaçada de Israel, mas também os indicadores fragmentados de todo o universo humano, haviam acabado, precisamente em sua fragilidade, apontando para o sinalizador máximo: a própria cruz.

LENDO OS INDICADORES DE TRÁS PARA A FRENTE

Então, que tipo de "teologia natural" — se houver uma — pode agora surgir de nossa investigação dos indicadores fragmentados da vocação

---

[31]E. Shillito, *Jesus of the Scars and Other Poems.*

HISTÓRIA *e escatologia*

humana? Talvez a primeira e, de certa forma, a coisa mais importante a se dizer é que, ao contrário de grande parte da "teologia natural" do século XVIII em diante, somos conduzidos a partir dessa pesquisa a nos concentrar não na primeira pessoa da Trindade, mas, sim, na segunda, e no ponto que os quatro Evangelhos destacam como o clímax obscuro de sua curta carreira pública. Em outras palavras, essas falhas não se referem ao Criador, especialmente não à divindade deísta que teve tanto espaço no pensamento do século XVIII, mas apontam para o Jesus crucificado. Pode-se dizer que isso é um tipo de versão do "Sábado de Aleluia" da teologia natural, uma ocasião que os salmistas reconheceriam: o tempo em que tudo de errado com o mundo parecia reunir-se em um momento de desastre absoluto e sombrio. Provavelmente é por isso que a crucificação de Jesus exerceu um poder estranho sobre a imaginação humana, independentemente de as pessoas o terem visto ou não à luz da ressurreição. Quando tal ressurgimento permite um olhar retrospectivo para a mesma história, esse poder não é eliminado, mas colocado em um contexto mais amplo.

Desse modo, o que pode ser dito sobre o modo de funcionamento desses "indicadores vocacionais", em retrospecto, dentro de algum tipo de "teologia natural" renovada?

Em primeiro lugar, *os cristãos transformaram esses indicadores em temáticas para sua vida cotidiana.* Olharam para trás, à luz do novo dia, cujo alvorecer haviam discernido, e declararam que Deus *havia* estabelecido sua justiça no mundo e completaria essa tarefa na volta de Jesus. Suas visões e seus poemas, sua vida comum e seu amor compartilhado, irradiavam uma beleza que se transformou em arte e música, em poesia e drama transformadores. Acolheram a liberdade do novo Êxodo e viveram nela. Diziam muito *sobre* a verdade e, por meio de suas palavras, a verdade da nova criação se espalhou pelo mundo. Falavam e agiam com um poder curativo e restaurador. Praticavam uma espiritualidade capaz de lidar com a noite mais escura da alma, ao mesmo tempo que se abriam para experiências ricas e multifacetadas do Deus em cuja imagem se refizeram.[32] Acima de tudo, em seus relacionamentos, transformaram o boato antigo do amor em política prática, cuidando uns dos outros e de qualquer pessoa que suas mãos estendidas pudessem alcançar.

---

[32]Cf. Romanos 8:29; Colossenses 3:10.

INDICADORES FRAGMENTADOS?

Tudo isso era a moeda corrente do começo da vida cristã. O Iluminismo fez o possível para acabar com a história da igreja e vê-la como parte do problema. E é claro que a igreja falhou, pecou, foi violenta e conivente com a maldade, mas, ao mesmo tempo, a vida comum dos seguidores de Jesus ainda é a principal forma pela qual as pessoas são atraídas para a fé, até porque esses sete indicadores estão em processo de conserto. *As coisas estão acontecendo no mundo real, "natural", público, que funcionam como indicadores genuínos para o Deus da criação e da nova criação.* É claro que os problemas maiores permanecem, a igreja ainda comete erros graves, mas uma nova vida aconteceu e está acontecendo. Em outras palavras, quando olhamos para trás, desde a Páscoa e o Pentecostes, vemos em retrospectiva que as questões vocacionais levantadas no mundo "natural" eram *as perguntas certas a serem feitas.* O cinismo epicurista de um Maquiavel ou de um Nietzsche é respondido. Os indicadores podem ser fragmentados, mas fizeram o possível para dizer a verdade. Você não pode começar com eles e argumentar sobre a existência ou o caráter de Deus. Se tentar, pode muito bem acabar com um Deus muito diferente do Deus encarnado e ferido do Novo Testamento. Todavia, quando você discerne o alvorecer da nova criação, percebe que os sinais apontavam para algo verdadeiro, ainda que essa verdade só fosse visível através de um vidro na escuridão. *Agora que temos as novas respostas, vemos que essas eram as perguntas corretas.* Não eram simplesmente devaneios frenéticos de desejos aleatórios. Os indicadores apontavam para um país em que, surpreendentemente, somos agora bem-vindos como cidadãos.

Em segundo lugar, temos um novo ângulo sobre o *"ponto de contato" entre Deus e o mundo.* A expressão em si é equivocada, sugerindo um encontro meramente superficial, quase uma concessão acidental ou ilusória. Certamente, se entendêssemos tal "ponto de contato" como uma escada ascendente da revelação divina, um movimento de progresso intelectual ou humano pelo qual as pessoas pudessem subir em direção ao conhecimento de Deus, um tipo de pelagianismo mental ou espiritual, descobriríamos que essa escada não tem degraus. Como já vimos, quando olhamos para cada um dos sete indicadores, a história que os Evangelhos nos contam, aquela que termina com Jesus na cruz, simplesmente enfatiza o problema. A justiça é negada enquanto Cristo é condenado, a esperança de liberdade é reprimida, o único poder efetivo

HISTÓRIA *e escatologia*

é a violência, a verdade é engolida pela *Realpolitik*, a beleza é pisoteada e a espiritualidade acaba sendo negligenciada. O amor é traído, zombado e morto. Os Evangelhos nos mostram um evento dentro do mundo público, o mundo "natural" da história, dos seres humanos, da política e dos jogos de poder e dos tribunais ilegalmente constituídos. Não fazem nenhuma tentativa de sugerir que a crucificação consistiu em uma "intervenção" divina que pode ser visível apenas aos olhos de uma fé já alcançada. Jesus se recusou a convocar doze legiões de anjos. Elias não veio para salvá-lo da morte. *A cruz de Cristo, precisamente como um evento "natural" no mundo público real das questões humanas e da história, já é no Sábado de Aleluia o momento quintessencial de horror sem sentido. Analisado depois da Páscoa, torna-se o sinal máximo para Deus, para sua obra e seus propósitos no mundo.* E, na verdade, para a abordagem final de Deus do mal universal. A trilha de indicadores fragmentados conduz ao Deus destruído na cruz.

Também não é, como em Bultmann, um simples fato, um mero *Dass*.[33] A cruz, plantada no solo sólido da história humana, no mundo "natural" da vida e da terra, é o indicador que, simultaneamente, diz "não" ao orgulho e à loucura de todos os homens; e "sim" a todos os desejos vocacionais. O véu do Templo está rasgado. À luz do que aconteceu a seguir, vemos que a cura e o perdão do futuro surgiram em pleno tempo presente, terminando com o descanso silencioso do Sábado de Aleluia, quando Deus foi sepultado no coração da terra. *Deus estava reconciliando o mundo consigo no Messias.* Paulo costuma dizer isso de modo mais claro (2Coríntios 5:19). João comenta em sua poesia incomparável: "Ninguém jamais viu Deus. O Deus Unigênito, que está bem perto do pai — ele o trouxe à luz" (João 1:18). Todos os quatro Evangelhos nos dizem, em uma linguagem mais familiar aos judeus do primeiro século do que aos teólogos do terceiro ou do décimo terceiro, que aqui o céu e a terra se sobrepõem inteiramente. Se a disciplina moderna que se autodenomina "teologia natural" busca um deus diferente daquele pregado na cruz, procura, ainda que não propositalmente, um ídolo, e precisa ser lembrada de que nosso conhecimento de Deus, se for para ser o saber genuíno, é o reflexo do conhecimento dele sobre nós e precisa

---

[33]R. Bultmann, "Die Bedeutung des geschichtlichen Jesus für die Theologie des Paulus", p. 205.

INDICADORES FRAGMENTADOS?

ser energizado pelo amor.[34] A cruz de Cristo pertence totalmente ao universo "natural", o mundo da natureza com sangue nos dentes e garras, incluindo a natureza humana, onde a imagem terrível de Orwell, de uma bota pisoteando o rosto de um homem para sempre, resume o mundo. Porém, quando olhamos para esse evento dos ângulos que exploramos agora, podemos afirmar com confiança trêmula, mas grata, que aqui o Deus vivo é verdadeiramente revelado. Quando miramos na cruz e vemos ali as esperanças destruídas e os gritos de angústia da história, descobrimos a realidade mais profunda: que o ponto de encontro não é um lugar no qual as pessoas se erguem na ponta dos pés enquanto Deus se estende por um breve momento. *A cruz é onde a espiral descendente do desespero humano encontra o amor que sempre esteve no cerne da criação.*[35] Ali vive a melhor novidade, bem no fundo das coisas.

Acredito que por isso pinturas e outras representações da cruz retenham, mesmo para os cínicos e duvidosos, um poder pré-articulado e sub-racional, que nossa investigação pode trazer a uma articulação racional. É por isso que ateus convictos ainda irão ouvir, ou mesmo cantar, apresentações das grandes Paixões de Bach. Como explicou o diretor de teatro Peter Sellars, em relação à coreografia de "Paixão Segundo São Mateus" [um oratório], de Bach, nessa história, mais do que em qualquer outro lugar do mundo, todos os seres humanos são confrontados tanto com a escuridão absoluta da vida humana como com a possibilidade de encontrar o caminho, habitando essa história por si só.[36] Sellars disse isso sem qualquer declaração preliminar de fé. Ele não invocou uma interpretação secreta "sobrenatural", mas viu claramente a crucificação de Jesus, trazida à vida primeiro pelo evangelista Mateus e depois por J. S. Bach, como um tipo de revelação "natural" de Deus. Talvez o único tipo verdadeiro.

---

[34]O perigo disso é exemplificado nas tentativas de fundir uma compreensão bíblica de Deus com a observação empírica, como na abordagem de Thomas Chalmers da obra de Newton: cf. Eddy, "Nineteenth Century Natural Theology", p. 102.

[35]Cf. J. Moltmann, *Coming of God*, p. 277-79: a promessa do Sábado escatológico é construída na estrutura original da criação, ainda que seja discernível como tal somente à luz da Páscoa.

[36]Sellars explicou isso em uma conversa transmitida pela BBC Radio 3, em 6 de setembro de 2014. Discuti isso mais detalhadamente em *Revolution*, p. 9. Uma observação parecida poderia ser feita com base no romance de Chaim Potok, *My Name Is Asher Lev*, no qual o jovem artista judeu descobre que apenas a crucificação — em novas expressões chocantes — pode fazer justiça à dor de ser um judeu no mundo moderno.

HISTÓRIA *e escatologia*

Isso ficou claro em dois incidentes que observei perto do começo de meu livro *The Day the Revolution Began.*[37] Primeiro, em 2000, a National Gallery recebeu uma exposição organizada por seu então diretor, Neil McGregor. A exposição recebeu o título de "Vendo a salvação" e consistia principalmente em pinturas antigas que retratavam a morte de Jesus. Os jornais e os especialistas criticaram: por que, em nosso brilhante mundo moderno, precisamos olhar para essas fotos horríveis de alguém sendo torturado até a morte? Entretanto, o público em geral ignorou os *experts* e veio em massa, repetidas vezes. O poder da cruz ainda fala através das barreiras culturais.

Ou vejamos o exemplo de Jean-Marie Lustiger, o antigo cardeal arcebispo de Paris.[38] Ele contou a história de três jovens em uma cidade provinciana que decidiram pregar uma peça no sacerdote. Foram ao confessionário e "confessaram" todos os tipos de pecados que haviam inventado naquele instante. Os dois primeiros fugiram rindo. Mas o padre, após ouvir a "confissão" do terceiro, deu-lhe uma penitência para cumprir. Ele teve de caminhar até o grande crucifixo na extremidade leste da igreja, olhar para a imagem na cruz e dizer: "Você fez tanto por mim e eu não dou a mínima". Precisou repetir isso três vezes. Então, ele se afastou — era tudo parte do jogo — e, olhando para o crucifixo, disse: "Você fez tanto por mim e eu não dou a mínima". Então, ele fez isso uma segunda vez e descobriu que não seria capaz de fazer pela terceira. Saiu da igreja diferente, humilhado, transformado. E o arcebispo, ao relatar essa história, acrescentou: "E o motivo de eu conhecer esse caso é que eu era aquele rapaz". A cruz — ou talvez devêssemos chamar de "aquele que é revelado nas representações da cruz" — pode falar ao coração mais endurecido.

Em ambos os casos — da exposição e do jovem francês —, não há sugestão de um elemento "sobrenatural". É claro que as pinturas e o crucifixo são contextualizados dentro da narrativa mais ampla que a igreja sempre contou, de como esse homem crucificado ressurgiu dos mortos, de como seu espírito transformador é solto no mundo e nos corações e vidas humanos. Contudo, os visitantes da National Gallery

---

[37] *Revolution*, p. 8, 37.
[38] Cf. *Revolution*, 11f. Ao escrever esse livro, eu não sabia o nome do arcebispo, mas, tempos depois, acabei descobrindo.

INDICADORES FRAGMENTADOS?

e o rapaz não precisaram saber nada disso. Eles foram confrontados (da maneira que a arte pode e faz, tornando presente para nós uma realidade multifacetada) com um evento que *pertence ao nosso mundo natural de indicadores fragmentados.*

Uma resposta a tudo isso pode ser que estou substituindo uma linha de pensamento "romântica" — ou ao menos "sentimental" — por uma "racional". Aqueles que ouvem a *Paixão Segundo São Mateus*, que veem as grandes pinturas, que ficam petrificados em silêncio diante de um crucifixo solene, podem realmente ser levados à contemplação e talvez até mesmo à fé no Deus revelado em Jesus, mas isso dificilmente constitui algo que poderia ser chamado de "teologia natural". Como já expliquei, minha proposta não se alinha nem em método nem em resultados com o que passou a ser visto como essa tradicional teologia. Todavia, isso levanta a questão para a qual o argumento central deste capítulo pode oferecer, como resposta, uma forma genuína da "teologia natural" cristã, fazendo em uma estrutura diferente algo levemente relacionado ao que Kant tentava fazer com o "sentido moral" (e evitando a contestação de Mill), concentrando-se agora em uma análise da *vocação* humana. Nessa linha de pensamento, proponho, dentro do "mundo natural" das aspirações e dos anseios não satisfeitos — os "indicadores fragmentados", como eu os chamo —, buscarmos a crucificação de Jesus como o "sinal" mais forte e estranho de todos, dando sentido aos demais, levando-os a um ponto que apresenta a seguinte questão: Você não vê que todas essas "vocações", especialmente em suas fragilidades e paradoxos, convergem? E, então, quando questionamos, "Sobre o que é esta história? E por que as pessoas falam desse modo?", descobrimos que a resposta está na visão judaica antiga de um universo terreno em que o céu poderia, afinal de contas, estar em casa, de um presente sombrio que ainda pode ser cheio de luz em um futuro distante, de uma vocação humana capaz de refletir o Criador do universo no mundo. A variação "vocacional" do argumento do "senso moral" leva à cruz, mas a crucificação do ressurreto convida à contemplação do reino de Deus. Esse é o ponto em que a epistemologia do amor, que foi a base para nosso estudo no capítulo anterior, é reconhecida.

Em primeiro lugar, os cristãos tornaram esses "indicadores" temáticos em sua vida comum. Em segundo, oferecem uma nova perspectiva sobre a questão do "ponto de contato". Terceiro, a ideia que apresentei mostra

365

HISTÓRIA *e escatologia*

um novo caminho de volta *a um ponto de vista da nova criação, em que o pensamento teleológico tradicional pode ser visto como uma distorção radical.* Paley contou sobre um relógio e, implicitamente, sobre um relojoeiro. Podemos querer falar de criação, de "discernir o alvorecer", vendo um relógio quebrado ser consertado e relatar o novo tempo exigido pelo novo universo que havia nascido. Parte do raciocínio aqui é que a criação restaurada é precisamente a *criação* recuperada. Não é uma questão de apagar ou esquecer tudo o que aconteceu antes e simplesmente receber um novo presente do futuro. Quando o presente do futuro chega, dá sentido aos indicadores anteriores, da mesma forma que um relógio consertado dá sentido ao quebrado que havíamos descoberto. Podemos pensar que *essa* narração da hora verdadeira é o que deveria ser, antes de tudo.

O poder do argumento dependerá, então, de até que ponto o novo tempo é algo real na vida de espectadores confusos. Isso aponta para o último capítulo, em que a missão da igreja no "mundo verdadeiro e natural" deve fazer parte do conceito geral. Mais uma vez, se uma "teologia natural" pensa que pode fundamentar-se somente na "razão", separada da vida comum mais ampla daqueles que contam e vivem a história, ela está simplesmente jogando com uma forma de racionalismo modernista. É verdade que o carro não anda sem gasolina. O argumento racional é essencial dentro de um todo maior, mas tentar discutir com Deus — principalmente com o Deus da criação e da nova criação! — usando apenas a razão é como comprar uma lata de gasolina e esperar que, por conta própria, de algum modo, ela o leve para casa.

Quarto, e continuando do ponto no qual este livro começou, *o foco na cruz aborda a questão da teodiceia de uma forma nova.* Desde Lisboa, o chamado "problema do mal" foi separado da teologia da "expiação", como se a cruz, essencial para esta última, fosse irrelevante para a primeira. Sugeri que um enfoque "vocacional", fazendo o que Kant pensava fazer com o argumento "moral", nos reconduz à crucificação de Cristo. É hora de juntar as duas questões. Os três aspectos básicos da "teologia natural" — a ação divina no universo, os argumentos em favor de Deus de dentro do mundo e o problema do mal — retornam e são reconfigurados pela própria cruz.[39]

---

[39]Cf. *Evil and the Justice of God* [publicado em português como *O mal e a justiça de Deus*] e *Revolution*.

INDICADORES FRAGMENTADOS?

Em quinto e último lugar, *voltamo-nos, uma vez mais, à epistemologia.* Se, como expliquei no capítulo anterior, é o amor que acredita na ressurreição, é ele (em termos cristãos, o amor de Deus derramado em nossos corações) que nos permite ver também o contexto maior. Ao crer na ressurreição, o amor descobre que os sinais da presença do criador na velha criação eram realmente verdadeiros indicadores do novo. O amor é a forma de conhecimento que inclui — embora transcenda — os demais, e onde eles são naturalmente falhos, como acontece com o racionalismo ou com o romantismo, desloca-os ou os transforma. Com isso, percebemos uma reviravolta específica. Quando olhamos para trás, para a história e para os indicadores, ambos fragmentados, e para aqueles que lutaram e se abalaram para dar sentido a tudo isso, lembramos que o sofrimento também é uma forma de amor e, portanto, compartilha sua possibilidade epistemológica. Maria Madalena viu o anjo e, depois, o Jesus ressurreto, em meio às lágrimas. Aqueles que amaram a justiça, a beleza, a liberdade e todo o restante, e choraram por sua negação, tiveram, surpreendentemente, o conhecimento real do verdadeiro Deus que nos deu essas vocações. Nas palavras de Jesus: "Bem-aventurados os que choram, porque serão consolados". Creio que funcione do mesmo modo com a epistemologia.

CONCLUSÃO

Rejeitei implicitamente a suposição por trás de algumas tentativas de defender a "teologia natural": de que, dentro de um contexto faustiano, alguém poderia — meramente pela razão — atingir os céus e chegar à cidadela. É claro que isso é contra o que Barth tentava contestar: essa teologia conquistada com força e poder que sustentaria um sistema político também baseado nesses elementos. Em vez disso, sugiro uma "teologia natural" da *fragilidade*, correspondendo à teologia da fraqueza de Paulo em 2Coríntios. A alternativa de Barth, uma revelação "verticalmente de cima", era potencialmente problemática, com sua implicação de uma pregação poderosa do alto púlpito. O sermão de Paulo foi estruturado pela fraqueza apostólica, incorporando o Evangelho no sofrimento do apóstolo. A "teologia natural" revelada quando lemos de trás para a frente, de volta para a cruz e, então, para os indicadores

HISTÓRIA *e escatologia*

fragmentados, nunca pode ser a vitória de um racionalista. É conhecida pelo amor, o qual deve ser seu *modus operandi*.

É por isso que a escatologia da nova criação cristã primitiva, enraizada nos eventos reais relacionados a Jesus, deve resultar na *missio Dei* de carne e osso. Essa é parte da ideia. Os sinais precisam ganhar vida novamente. Quando lutamos pela justiça e defendemos os oprimidos, estamos conhecendo a Deus, tornando-o conhecido e mostrando com o espírito sua paixão pela justiça. Quando nos deleitamos com a beleza e a multiplicamos, Deus, o feliz criador, é exposto e honrado. Quando apreciamos a liberdade e a compartilhamos, quando falamos verdadeiramente, e principalmente quando abordamos a nova criação, articulando verdades novas, o Deus do Gênesis e do Êxodo está presente, é celebrado e enaltecido. Quando exercemos o poder com humildade e sabedoria, e responsabilizamos aqueles que não o fazem, estamos vivendo publicamente o poder da cruz e lembrando que a vocação humana inata, dada na criação de portadores da imagem, foi um verdadeiro indicador para a realidade de Deus e do mundo. Quando louvamos, oramos e, acima de tudo, entramos em relacionamentos sábios, altruístas e frutíferos, estamos conhecendo e honrando o Deus da criação e tornando-o conhecido. Haverá tristeza em tudo isso. E também amor. Portanto, haverá conhecimento: estaremos envolvidos na verdadeira "teologia natural", portadora de imagem. Aqueles que discernem o alvorecer despertarão o mundo.

Essa "missão" de portar imagem, moldada pela cosmologia do Templo e pela escatologia do Sábado, agora voltada para Jesus, será orientada ao propósito final, quando a terra estiver cheia do conhecimento da glória do Senhor e as águas cobrirem o mar. Às vezes, a "teologia natural" tenta alcançar esse objetivo sem passar pelo vale obscuro. Outras vezes, parece que ela lidou, talvez sem saber, com uma escatologia excessivamente consciente (como se o que pode ser conhecido apenas por meio da ressurreição já fosse conhecido na criação) e uma não tão consciente teologia da cruz (imaginando que os "indicadores" estivessem em bom estado o tempo inteiro). Porém, quando a epistemologia do amor der origem à missiologia do amor, até mesmo os indicadores fragmentados sorrirão e cantarão de alegria. E isso nos conduz ao capítulo final.

OITO O CÁLICE DA ESPERA

TEOLOGIA NATURAL E A *MISSIO DEI*

INTRODUÇÃO

> *O mundo está repleto do esplendor de Deus.*
> *Ele se apagará, como o brilho de uma folha de*
> *alumínio balançada,*
> *Ele culmina em uma grandeza, como a lama do óleo*
> *Esmagado.*[1]

O soneto extraordinário de Gerard Manley Hopkins consegue resumir, em quatorze versos, quase tudo o que desejo dizer agora enquanto sintetizo meu argumento. O poema não só articula a teologia da criação e da nova criação, com a segunda conquistando vitória sobre a destruição da primeira, como também *incorpora* esse triunfo por sua arte, criando uma beleza nova que simboliza aquela que descreve. Isso também fará parte da questão.

Oferecerei uma visão panorâmica dos rumos que a discussão está tomando. Descrevi o contexto social e cultural da busca atual pela

---

[1]Hopkins, "God's Grandeur", em *The New Oxford Book of English Verse*, p. 786.

HISTÓRIA *e escatologia*

"teologia natural" e o estudo moderno de Jesus e dos Evangelhos, mostrando como esse cenário distorceu ambas as questões, ao menos por mantê-las separadas uma da outra. Em particular, o neoepicurismo presente separou o céu da terra, bem como o passado, o presente e o futuro uns dos outros. Então, ele entendeu o que significa ser humano dentro desse mundo dividido e do tempo interrompido, de maneira que o indivíduo "moderno" está agora em um isolamento estranho e desorientador. Em vez de tudo isso, propus argumentos históricos para uma nova interpretação de Jesus e dos Evangelhos no mundo judaico, em que o Templo representava a *união* do céu e da terra, o Sábado simbolizava o futuro havia tanto tempo prometido *chegando já no presente*, e os homens eram vistos como portadores da Imagem, como refletores de Deus, situados no limite do céu e da terra, do passado e do futuro.

Nesse sentido, expliquei, no capítulo anterior, que os três aspectos principais da "teologia natural" moderna são formas sombrias e bastante distorcidas dessa percepção tripla do mundo, do tempo e da humanidade. O argumento cosmológico sabe que há algo a ser dito sobre o universo e seu Criador implícito, mas tenta esclarecer (por deduzir o Criador da criação) sem ver de que maneira, na teologia bíblica, céu e terra são planejados um para o outro. O argumento teleológico reconhece o "projeto" e procura um "projetista", mas sem discernir a percepção bíblica de que o desenho final espera por um mundo futuro. O argumento do senso moral humano — no sentido de que nossa intuição do bem e do mal vem de algum lugar — pode ser mais promissor, mas insisto que isso acontece apenas quando é substituído pela categoria de *vocação* mais rica e multifacetada. Em poucas palavras, todas as três ideias tradicionais são becos sem saída. Comecei a sugerir que nossos sentidos vocacionais — fazer justiça, amar a beleza, buscar a liberdade e assim por diante — pareciam falhar e nos decepcionar, mas que seu próprio fracasso apontava para a figura destruída na cruz (cuja representação pode ainda falar poderosamente mesmo com aqueles que não sabem nada da Páscoa), que, à luz da Páscoa, se revela como o Deus ferido dos Evangelhos. Nesse contexto, convidam-nos a começar com o mundo "natural" das aspirações humanas fracassadas e ver, na cruz — a forma "natural" como Jesus foi morto —, o momento que dá sentido a todos os outros, o maior indicador fragmentado, para o qual todos os outros apontam. É claro que, dentro da estrutura epicurista

O CÁLICE DA ESPERA

do Iluminismo, essa percepção só poderia ser compreendida como uma coincidência exagerada, irrelevante para quaisquer debates finais. Mas isso serve justamente para levantar a seguinte questão: tratar como o quadro de referência absoluto e "determinado" para a investigação algo que, por si só, deveria ser objeto de uma discussão crítica.

Então, essa proposta não segue — nem no método, nem nos resultados — os passos de uma antiga "teologia natural". Quando essa questão foi colocada em discussão, especialmente pelo Lorde Gifford, o cenário da época — resumido brevemente em nossos capítulos iniciais — trouxe à tona algumas distorções. Ainda que não possamos evitar a introdução de novas versões de nós mesmos — o princípio da incerteza de Heisenberg se aplica à teologia, à filosofia e à física —, precisamos tentar abordar as que vemos. Creio que parte de nosso problema, em nossa atmosfera epicurista contemporânea, é haver eliminado de nossos propósitos aquilo que nos torna verdadeiramente humanos e fundamenta todo o conhecimento verdadeiro, ou seja, o amor. Corrigir isso resultará necessariamente em uma "teologia natural" mais profunda e rica que deve envolver a prática. Se rejeitarmos o escapismo platônico — a estratégia mais adotada no século 19 na abordagem do desafio epicurista —, abraçaremos a *missão* em todos os níveis.

O fato de a "teologia natural" não ser defendida dessa forma não me incomoda. Interpreto essa frase no sentido mais amplo da nova criação, não só nos experimentos que foram feitos sob esse título nos últimos duzentos anos, mas no desafio da questão maior implícita: existem modos pelos quais podemos olhar para o mundo "natural", o mundo "real" — incluindo o mundo "real" da história e da vida humana —, e ver ali a plausibilidade da fé no Deus que é revelado no Novo Testamento como o pai de Jesus? Defendo a ideia de que a resposta a essa pergunta é sim. Agora tentarei trazer esse retorno positivo de novas maneiras.

Farei isso principalmente preenchendo o quadro do capítulo anterior, em que os sete "indicadores fragmentados" apontam para a cruz, mesmo que esse "apontar" só seja identificado à luz da Páscoa. Integrarei essa discussão com a visão histórica e escatológica que esbocei nos capítulos 4, 5 e 6, enraizada nos esclarecimentos do método no capítulo 3, como explorado posteriormente no capítulo 6. Isso nos permitirá, finalmente, passar da ordem natural, no sentido de narrativa real no mundo real, entendida segundo uma epistemologia criticamente realista, para os

HISTÓRIA *e escatologia*

quebra-cabeças apresentados nos dois primeiros capítulos, que encontramos no contexto verdadeiro da história "natural".

Em um cenário mais amplo — essas generalidades sempre estão sujeitas a uma qualificação, mas não são menos importantes —, as igrejas ocidentais do século 19 foram coniventes com os propósitos do Iluminismo, reduzindo o envolvimento com o mundo da política, da economia e do império. Isso resultou em um enfraquecimento da vocação, distanciada da visão bíblica, rumo a uma escatologia e uma espiritualidade platônicas. Acredito que essa tenha sido uma das razões pelas quais a questão da "teologia natural" se tornou notória naquele momento, o que pode muito bem ser o motivo pelo qual o Lorde Gifford escolheu esse como o tema de seu estudo. Diante de um universo novo, obstinado e, em sua maior parte, epicurista, que descartava qualquer apelo a uma "revelação especial", o que poderia ser dito? A tarefa de uma teologia desse tipo pode, então, ser concebida como a tentativa de falar sobre Deus fora do mundo particular da igreja. Entretanto, o cenário eclesiástico jamais deveria ter sido "privado" nesse sentido. O reino de Deus não é *deste* mundo, mas é claramente *para* este mundo.[2] O que a igreja *diz* ao mundo é uma parte do que ela *faz no* mundo. O argumento racional sobre Deus e seu contexto (o tipo de coisa que eu defendia no capítulo 3, em que a história estudada de forma responsável pode "derrotar os derrotadores" e assim por diante) é uma faceta importante de um todo maior, e isolá-lo sob o imperativo de uma pergunta feita artificialmente — aquilo que, creio, a "teologia natural" realmente fez — não é de muita ajuda a ninguém. Em outras palavras, a missão da igreja com raízes bíblicas é necessariamente uma maior e mais multifacetada tarefa do que se imaginava no século 19, incluindo tanto a argumentação fundamentada como o trabalho prático. Parte do meu propósito neste último capítulo é recuperar essas origens bíblicas e restabelecer esse discurso público tão rico.

O que conta para todo o argumento — baseado na Bíblia e teologicamente orientado — é *a nova criação*. Não é a historiografia cética,

---

[2]João 18:36 foi muitas vezes mal interpretado ("não é deste mundo"), como se defendesse um "reino" de outro mundo. O grego é claro: o reino não é *ek tou kosmou toutou*. Ele não surge de dentro do mundo, mas é criado para substituir a regra usurpadora da força das trevas citada em 12:31.

O CÁLICE DA ESPERA

nem a escatologia existencializada, mas uma nova criação resgatada, renovada e transformada em que a primeira, o mundo "natural", não é anulada, talvez através — no sentido moderno — de uma irrupção ou invasão "sobrenatural", mas, sim, resgatada, corrigida e transformada. A questão é exatamente que, além da descontinuidade implícita em todos esses adjetivos, existe também uma continuidade substancial e vital. Independentemente do que o Criador faça no final, isso não descartará, por assim dizer, o primeiro artigo do Credo. A nova criação revelará, completa e finalmente, que ele sempre foi, é e será o "formador do céu e da terra". E, com essa continuidade, a ser definitivamente estabelecida na consumação final, vem a possibilidade — e, agora, a promessa — de um novo tipo de "teologia natural".[3]

Essa nova criação, mostrada contínua e descontinuamente com o que veio antes, está enraizada e modelada na ressurreição de Jesus. Esse é o paradigma de todo pensamento escatológico. Esse evento extraordinário faz o sentido que faz, incluindo a percepção perturbadora, dentro da antiga elite israelense e da cosmovisão dos primeiros judeus. Em algumas variedades dessa visão, segundo esboçada no quinto capítulo, o cosmos e o Templo eram vistos como mutuamente interpretativos, com céu e terra sobrepostos e interligados. O Sábado e o *eschaton* também eram igualmente considerados, de modo que o futuro era visto como se aproximando do presente com amostras genuínas do objetivo traçado. Alguém pode questionar: por que devemos dar espaço a essas ideias estranhas? Lembramos que não há um terreno neutro, nem um ponto ainda epistemológico dentro das hipóteses. Precisamos eliminar a crítica fácil de que tais visões de mundo são "antigas" e, portanto, agora redundantes em nosso mundo atual. Como vimos no primeiro capítulo, o que consideramos "moderno" nesse sentido é basicamente o acréscimo de algumas notas de rodapé científicas a uma visão de mundo antiga, problemática e bem conhecida. Dentro de um cenário em que muitos exploravam diferentes combinações de filosofias, o epicurismo teve o campo em grande parte para si, arriscando uma situação em que o sentido rico e integrado

---

[3]Para uma discussão útil de um novo tipo de "teologia natural", criada dentro de uma estrutura escatológica, cf. J. Moltmann, *Experiences in Theology*, p. 64-86. Minha proposta, embora diferente da dele, defende a ideia de que a verdadeira "natureza" de qualquer coisa é revelada em seu modo escatológico de existência e é nessa nova base criacional que uma "teologia natural" cristã pode ser construída.

HISTÓRIA *e escatologia*

de uma epistemologia do amor pudesse ser reduzido às induções improdutivas de um racionalismo do lado esquerdo do cérebro ou às deduções tolas de um romantismo do lado direito do cérebro. É hora de avançar o debate para modalidades mais holísticas e frutíferas.

Sob a perspectiva da nova criação, já iniciada em Jesus e esperando seu futuro definitivo, podemos olhar para trás, para o poder e a nova compreensão do espírito, e ver, em um questionamento reflexivo, como e por que certos aspectos do mundo atual realmente apontam para esse futuro. Creio que essa conversa sobre a relação entre o presente e o futuro seja uma maneira mais bíblica e, portanto — esperamos que —, mais teologicamente frutífera de abordar a "teologia natural" do que despir a escatologia (ou distorcê-la ou desmistificá-la como foi feito nos dois últimos séculos) e transformá-la em um eixo vertical. Sempre que a conversa fica presa nas discussões "verticais" entre "natureza" e "graça", somos forçados a agir com base na suposição de que a ressurreição de Jesus — ao lado da ontologia escatológica e da epistemologia a que ela dá origem — simplesmente não tem um papel a desempenhar nesses debates. É claro que, se alguém fosse obrigado a se fundamentar em tal estrutura escatologicamente fraca, concluiríamos que qualquer tentativa de trilhar nosso caminho da "natureza" para a "graça", a fim de provar a existência de Deus, constituiria uma versão epistemológica do pelagianismo. Contudo, se, em vez disso, empregarmos a estrutura escatológica que delineamos nos capítulos anteriores, um mundo totalmente novo — literalmente —, forneceremos a abertura para as questões que envolvem a "teologia natural".

No fim das contas, não controlamos nosso futuro mais do que os discípulos — totalmente decepcionados após a crucificação de Cristo — "controlaram" sua ressurreição. Podemos deduzir a encarnação do estado "natural" do útero virginal de Maria tão pouco quanto a ressurreição do estado "natural" do cadáver de Jesus no túmulo. A encarnação e a ressurreição são dons da graça, mas, assim como os outros, precisam ser percebidos e recebidos como dons de amor, e com isso, ser reconhecidos como donos de uma continuidade genuína com o que veio antes. Uma vez mais, o "amor" se torna a forma correta de saber. Não deve ser zombado pelo racionalismo, nem subvertido pelo romantismo. Deve preservar a coragem e, em paralelo com a tarefa histórica de encontrar os eventos-chave do passado dentro do mundo natural (o elemento

O CÁLICE DA ESPERA

"amor" no "realismo crítico"), alcançar também o futuro com esperança e confiança.

Desse modo, a questão da teologia natural é realinhada — colocada entre história e escatologia — com o que chamei de "vocação" como parte desse equilíbrio. A missão da igreja orientada pelo espírito inclui a tarefa de estar sempre pronto "para responder a qualquer um que lhes perguntar o motivo da esperança que vocês carregam consigo" (1Pedro 3:15). Todavia, o cenário mais amplo dessa ordem não é o de um racionalismo isolado, mas, sim, o mesmo da vida inteira da igreja em meio a um mundo potencialmente hostil. E, em 1Pedro (a carta que acabamos de citar), a vida da igreja é vista no contexto de um novo Templo: "como pedras vivas na construção de uma casa espiritual para serem sacerdócio santo" (1Pedro 2:5) .

Isso nos leva de volta ao tema principal deste capítulo final, à concepção de Templo cósmico que estudamos no capítulo 5.

CHEIA DA GLÓRIA DE DEUS: A PROMESSA DO TEMPLO CÓSMICO

Então, como uma cosmovisão judaica do Segundo Templo pode recontextualizar nossa pergunta?[4] Para resumir a questão: a criação era vista como um Templo imenso, uma estrutura de céu e terra em que Deus habitaria e os humanos refletiriam sua imagem. O Tabernáculo em Êxodo e o Templo em 1Reis e 2Crônicas foram construídos como indicadores da realidade cósmica maior do céu e da terra e, para aqueles que conheciam o Deus de Israel e seus propósitos para o mundo, como amostras de suas futuras realizações. Eram sinais de uma nova criação, confirmados como tal quando foram remodelados com base na ressurreição de Jesus. Quando os babilônios destruíram o Templo e os profetas declararam que ele seria reconstruído, essa promessa ressoou com essa criação. Não só haveria uma morada divina em Jerusalém, para onde a presença divina retornaria, como também haveria uma criação inteira em que o Deus de Israel, o criador, viria para habitar

---

[4]Como já destaquei, não sugiro que "todos os judeus", em qualquer período específico, pensem exatamente do modo que descrevi. Acredito, com bons fundamentos históricos, que muitos o fizeram, e que Jesus e seus primeiros seguidores tomaram essas linhas de pensamento e as desenvolveram de novas formas.

HISTÓRIA *e escatologia*

e "descansar" para sempre. Assim, ainda que, às vezes, encontremos nas escrituras de Israel uma sugestão despretensiosa de que a criação já está cheia da presença divina (Isaías 6:3; Jeremias 23:24),[5] o que é prometido agora é um novo tipo de plenitude, uma saturação ou um mergulho na presença divina — glória e conhecimento — "como as águas enchem o mar" (Isaías 11:9; Habacuque 2:14). Como as águas podem cobrir o mar? Elas *são* o mar.

Isso pode servir como uma garantia em meio a circunstâncias desastrosas, como na rebelião em Números 14, que já vimos no capítulo 5. Nessa história, parece, por um momento, que a presença divina não acompanhará o povo para a terra prometida. Deus declara a Moisés: não, o julgamento cairá sobre os rebeldes, mas o propósito divino permanecerá firme:

> O Senhor respondeu: "Eu os perdoei, conforme você pediu. No entanto, juro *pela glória do Senhor que enche toda a terra,* que nenhum dos que viram a minha glória... e me puseram à prova e me desobedeceram dez vezes, nenhum deles chegará a ver a terra que prometi". (Números 14:20-23)

O ponto parece ser que a gloriosa presença de Deus, cobrindo atualmente o Tabernáculo do deserto, tem toda a intenção de habitar a terra da promessa que as pessoas infiéis desdenham, mas que essa morada será simplesmente uma amostra da intenção máxima do Criador, que é preencher toda a terra, e não somente a "terra prometida". As pessoas estão se afastando do que, afinal de contas, é apenas a primeira fase da intenção divina, mas a intenção será concretizada com ou sem a sua cooperação.

Porém, a promessa também pode ser feita em circunstâncias mais felizes. Em um dos mais majestosos entre os Salmos reais, o escritor ora para que o rei traga a justiça de Deus aos pobres e a ajuda aos mais necessitados, vendo o rei, em outras palavras, como portador da imagem, refletindo o amor e o cuidado divino com seu mundo.[6] Quando for esse o caso, Deus será louvado e sua glória cobrirá a terra:

---

[5]Cf. Isaías 66:1; Sabedoria de Salomão 1:7; 12:1.
[6]Sobre "imagem" e monarquia, cf. cap. 5.

O CÁLICE DA ESPERA

> *Bendito seja o Senhor Deus, o Deus de Israel,*
> *O único que realiza feitos maravilhosos.*
> *Bendito seja o seu glorioso nome para sempre;*
> *Encha-se toda a terra da sua glória.*
> *Amém e amém.* (Salmos 72:18,19)

Salomão constrói o Templo que se encheu de glória divina, mas o rei por vir do Salmo 72 fará justiça e terá misericórdia dos pobres, das viúvas e dos desamparados, para que a glória divina possa preencher *toda a terra*. Não está, ao que parece, tão claro o que isso significa, nem o fato de que, quando os primeiros cristãos previram a renovação de toda a criação (como, por exemplo, em Romanos 8), pensavam exatamente na mesma coisa que esses textos anteriores previam. Entretanto, podemos dizer ao menos que, em todas essas passagens, o mistério do encobrimento divino na criação, os sofrimentos e desastres óbvios e a própria morte dentro do mundo como ele se apresenta serão finalmente resolvidos. Parece que é assim que a promessa implícita de Gênesis 1 será cumprida. Como já argumentei, isso se une à ideia dos Sábados comuns, principalmente o grande festival e os diversos Sábados do Jubileu, como previsões do estado prometido. Lembramos que o Sábado é para o tempo o que o Templo é para o espaço. Como já vimos, a promessa do Templo e do Sábado converge para o conceito de "descanso". Em sua criação, Deus estará em casa. Seu povo, refletindo sua imagem, estará em casa com ele. Essa é a nova promessa, na qual as outras, *inerentes à criação original, serão cumpridas*.[7]

O que essa visão bíblica da "nova criação" tem a dizer aos vários projetos incluídos na abrangente categoria da "teologia natural"? Para começar, ela surpreende. O risco de algumas tentativas da "teologia natural" é se estruturar muito rapidamente por um ponto de partida dentro de um mundo supostamente estático e desejar prontamente uma teologia que, se não for realmente deísta, inclina-se nessa direção. Comece com o universo como uma máquina e você acabará com Deus como um engenheiro-chefe celestial, cujo ser e cujas operações podem ser deduzidos da maneira como o mundo é atualmente. Podemos supor que esse projeto estaria, então, tentando convencer os céticos para que

---

[7] Cf. Moltmann, *Coming of God* [publicado em português como *A vinda de Deus*], p. 283.

HISTÓRIA *e escatologia*

eles, ao alcançarem a fé, compartilhem a esperança de "ir para o céu quando morrerem", a saída de emergência platônica do *continuum* deste mundo fechado. Essa teologia pode muito bem voltar ao panteísmo ou ao panenteísmo, com uma epistemologia que seria incapaz de enxergar a verdade dentro do mundo presente, o que inclui a verdade para a qual, especialmente em seus pontos de ruptura, o mundo aponta para a frente, embora esse vislumbre só seja validado e explicado à luz da Páscoa. Se você concordar prontamente com Hopkins, no sentido de que "o mundo está repleto do esplendor de Deus", descobrirá que pode livrar-se de um Deus transcendente e ainda desfrutar sua grandeza, contanto que não perceba o que vem em seguida. Uma das dificuldades do panteísmo e do panenteísmo é que eles são incapazes de admitir e de lidar com o problema do mal. Tais esquemas preferem as três primeiras linhas do poema de Hopkins sem as próximas quatro: o fato é que

> Gerações caminharam, caminharam, caminharam,
> E tudo está marcado com o comércio; turvo,
> maculado pelo trabalho duro,
> E se veste das manchas do homem e compartilha seu cheiro;
> O solo está desnudo agora e os pés calçados não podem
> senti-lo.

Precisamos ignorar esse aspecto se afirmarmos que o universo e Deus são a mesma coisa ou pelo menos que tudo está "em Deus", como no panenteísmo. As alternativas são sombrias. Quando eliminamos a escatologia bíblica da nova criação, ficamos com uma "escatologia" escapista a ser ativada no presente pelo existencialismo (Bultmann), ou com a teoria deprimente de que vivemos no melhor dos mundos possíveis (Leibniz), ou com o encolher de ombros do epicurismo, ou ainda com o desespero sartriano.

Na verdade, minha sensação é que, se a "teologia natural" está tentando encontrar os blocos de construção para uma doutrina divina de dentro da criação, então, em termos do modelo que estou delineando, esse esforço deve ser considerado uma tentativa de obter o *eschaton* completo antecipadamente. É tentar pular para o momento final, quando Deus será "tudo em todos", mas sem seguir a rota da cruz que o Novo Testamento segue para chegar ali. Junto desse problema, temos a

O CÁLICE DA ESPERA

possibilidade de uma "teologia natural", que tenta discernir o ser e a atividade de Deus somente pela investigação racional, descartando, mais uma vez, a epistemologia do amor, que, como insisto o tempo inteiro, pertence à essência do verdadeiro saber. Assim, não só o conhecimento racional do lado esquerdo do cérebro será incapaz de entender o que já é verdade ou de perceber o significado dos "indicadores fragmentados" que exploramos no capítulo anterior, como também, certamente, não conseguirá vislumbrar a promessa escatológica de uma nova criação.

Em resposta a isso, sugiro, uma teologia natural que seja bíblica e escatologicamente informada deve prosseguir por meio da análise da nova criação e da luz que ela lança sobre a própria criação. As promessas do "preenchimento" da criação com a presença divina no Templo nos permitem elaborar uma resposta adequada à velha pergunta sobre por que um Deus bom criaria um mundo diferente de si mesmo. A explicação parece ser que ele pretende morar nele como se fosse uma casa e cobri-lo, até transbordar, com sua presença e glória. Isso não resultará em ocultá-lo, como Schweitzer e outros imaginaram, com um controle "sobrenatural" que não deixa espaço para o mundo "natural" original, nem resultará em qualquer diminuição da condição de criatura da criação e da identidade e sentido particulares. Em vez disso, a intenção divina é realçá-la e celebrá-la. Não são só os seres humanos que podem dizer a Deus: "Você nos fez para si mesmo". Isso é parte do que significa o *amor* de Deus: criação e celebração agradável de outras criaturas diferentes dele, mas feitas "para ele mesmo". E esse "para si mesmo" diz respeito à união alegre e não destrutiva do que é algo além de si. Essa união é aquela em que cada criatura, especialmente aquela que é portadora da imagem, será mais verdadeira, única e alegre, e o Criador terá prazer em ser assim. Então, esse amor atrai um "amor" em resposta, a categoria mais ampla, da qual o "conhecimento" é um componente essencial.

Então, como o Criador cobrirá sua criação com sua própria presença? Uma resposta, já sugerida em Gênesis 1, é "com seu vento ou seu espírito". Isso nos leva diretamente à premissa de que o Deus da criação já deve ser conhecido como aquele que envia o espírito ao mundo, o que é, ao mesmo tempo, complementado pela criação do homem à imagem divina, sinal de que Deus já é conhecido como aquele que pretende trabalhar em seu mundo *por meio da humanidade obediente*. É aqui que a

HISTÓRIA *e escatologia*

promessa da nova criação e a vocação do rei se encontram, como lemos no Salmo 72, e isso faz parte da raiz da vocação da igreja para a missão, como o "sacerdócio real" levando adiante a ordem criacional original conforme incluída, embora transcendida e transfigurada pela ordem nova e transformada da nova criação.

Com isso, temos uma alternativa à famosa proposta de Jürgen Moltmann, de que deveríamos adotar a teoria rabínica do *zimsum*, segundo a qual Deus se volta para dentro de si, a fim de abrir um espaço no cosmos para uma criação diferente dele mesmo.[8] Essa me parece ser a forma errada de se fazer. Seria muito melhor sugerir que, por puro amor criativo fascinante, Deus cria um mundo distinto de si com o propósito de ser "tudo em todos", permitindo que a criação permaneça igual enquanto se torna, ao ser coberta por sua presença gloriosa, mais do que jamais poderia ser por si só. Pode ser que o modo de Moltmann e o meu de colocar isso sejam, no final das contas, compatíveis. É claro que concordamos no que se refere ao objetivo final. Contudo, ainda que exista algo atraente no que diz respeito à humildade de Deus em se afastar para abrir espaço, parece-me que o fluxo alegre de criatividade nos grandes textos da criação de Gênesis a Salmos 103 e 104 até Colossenses 1 e Apocalipse 4 pode surgir mais claramente, colocando-o como eu fiz.

Os principais papéis do espírito e do homem portador da imagem baseados em Gênesis são, sem dúvida, fundamentais no Novo Testamento. Jesus "foi criado à imagem do Deus invisível" (Colossenses 1:15). O espírito é o *arrabōn*, o pagamento antecipado da "herança", que não se refere simplesmente aos nossos futuros corpos ressurretos, mas à "herança" como um todo, a ordem cósmica renovada de Romanos 8.[9]

Quando reconhecemos a centralidade do nexo Templo/cosmos para o pensamento judaico e cristão primitivo, diversas passagens se oferecem para fazermos uma análise específica. No topo da lista, está a discussão de Paulo sobre o ministério apostólico em 2Coríntios 2—6, principalmente os capítulos 3 e 4. Paulo contesta as críticas ao seu estilo ministerial. Para isso, traça a linha que vai da nova aliança à nova criação e

---

[8]Moltmann, *God in Creation* [publicado em português como *Deus na Criação*], p. 152-157.
[9]Sobre a ideia de *arrabōn* de Paulo, cf. Romanos 8:23; 2Coríntios 1:22; 5:5; Efésios 1:14.

O CÁLICE DA ESPERA

localiza na história de Moisés e do Tabernáculo seu relacionamento com a impertinente igreja de Corinto. Essa está longe de ser uma comparação lisonjeira. Se Paulo é paralelo a Moisés, seus ouvintes são comparados aos israelitas que construíram o bezerro de ouro. No entanto, o argumento do apóstolo depende da diferença entre seus seguidores e os de Moisés. Os ouvintes do segundo tinham o coração duro. Os do primeiro, ele insiste que foram transformados pelo espírito, para que todos nós com o rosto descoberto — ao contrário de Moisés — pudéssemos contemplar agora a glória de Deus. *Portanto, a igreja é o projeto-piloto para a nova criação.* No resumo posterior, ele diz: *ei tis en Christō, kainē ktisis,* que significa literalmente: "Se alguém está em Cristo, é nova criatura" (2Coríntios 5:17).[10] O que o espírito faz no interior dos devotos de Jesus será feito para toda a criação. A presença do espírito no povo de Cristo é o sinal e a garantia dessa presença renovadora em todos os seres vivos. Exatamente como na imagem do Templo/cosmos que invocamos, em 2Coríntios 4, Paulo localiza precisamente o ponto focado do capítulo 3 no mapa cósmico com sua referência a Gênesis 1. Foi o Deus que disse "das trevas resplandeça a luz!" que no presente brilhou em nossos corações para dar a luz do conhecimento da glória de Deus na face de Jesus, o Messias (2Coríntios 4:6). E essa passagem tão importante é definida dentro do mistério da apologia apostólica de Paulo, a explicação para seu comportamento e para a forma como o espírito opera por meio dele. Ele declara: "Mediante a clara exposição da verdade, recomendamo-nos à consciência de todos, diante de Deus" (2Coríntios 4:2). Dessa maneira, a descrença não é uma questão de argumentos ruins por parte dos apologistas, mas, sim, o resultado de uma espécie de cegueira espiritual. Todavia, uma cegueira que pode ser vencida quando, por meio do anúncio do evangelho, as pessoas discernem o alvorecer do novo dia e descobrem que tudo o mais faz sentido. É aí que a questão e a explicação detalhadas surgem: não para usar o racionalismo como um meio de forçar as pessoas à fé, mas para esclarecer e mostrar como o cenário geral se encaixa e faz sentido.

Quanto mais você se aproxima dessa visão, mais Paulo destaca a dor. Os poderes das trevas, ainda que derrotados na cruz, não desistirão sem lutar, mas isso também faz parte da questão. Os "sinais de um apóstolo"

---

[10]Cf. *PFG*, p. 879-85.

HISTÓRIA *e escatologia*

são a vida que testemunha da própria cruz.[11] Nesse sentido, os indicadores fragmentados dizem a verdade.[12]

O CÁLICE DA ESPERA

Aqui apresento o *Leitmotiv* para este capítulo: o cálice da espera. Vamos supor que você não tivesse conhecimento da tradição cristã ou de suas ações simbólicas características. Suponhamos também que, em um museu ou em uma loja de antiguidades, você encontrasse um belo cálice de prata, elegante, de formato poderoso, com delicadas inscrições dos símbolos da cruz, da árvore da vida e talvez da Páscoa, da Última Ceia ou do jantar messiânico celestial ou alguma combinação de tudo isso. Você saberia que ele era importante e cheio de significado. As pessoas não costumam produzir coisas tão bonitas, com a decoração cuidadosamente escolhida, apenas por vaidade. Alguém pensou e se preocupou com isso e alguém pagou uma boa quantia por esse objeto. Você provavelmente conhece o suficiente de antropologia comparada para saber que, em muitas sociedades, um utensílio importante como aquele pode ser usado em alguma cerimônia, em uma união de famílias ou clás. Existiriam pistas suficientes para apontar a direção correta.

A questão levantada pela existência de um objeto assim não é diferente daquela discutida no capítulo anterior pelos sete "indicadores fragmentados" (justiça, beleza e os demais). (Como ocorre em todas as analogias, o paralelo não é exato, mas o ponto precisa ser claro.) Eles são importantes, mas, por si sós, não sugerem respostas para as dúvidas que levantam e que permitem discernir totalmente o que indicam ou o motivo. Podem realmente levar à frustração ou até mesmo ao desespero. Porém, quando olhamos para trás, em sua direção, à luz da crucificação de Jesus, somos capazes de "entender"; e, quando fazemos o mesmo à luz da Páscoa, "entendemos" de uma forma completamente nova. Há um encaixe em diversos níveis. Uma resposta igual se aplica aqui também: quando ouvimos a história da crucificação de Jesus — especialmente quando descobrimos que, ao dar a seus discípulos a pista do que

---

[11]Cf. 2Coríntios 12:12.
[12]Cf. especialmente 2Coríntios 4:7-18; 6:3-10; 11:21-33; 12:7-10.

O CÁLICE DA ESPERA

significaria sua morte, ele não lhes deu uma teoria, mas, sim, um novo tipo de refeição pascal concentrada no pão e no vinho —, compreendemos, olhando para trás, para os eventos à luz da ressurreição, que as coisas que o belo cálice dizia eram verdadeiras, tratando-se de indicações genuínas para um evento único e para um ritual peculiar que remete àquele evento.

Então, para um seguidor de Jesus, o cálice vazio carrega uma beleza complexa. Um completo estranho pode reconhecer e respeitar o fato de ele ser lindo em si mesmo. Entretanto, para um devoto de Cristo, ele é muito mais bonito, pois *sabemos do que é preenchido e a razão disso*. O vinho que o encherá e será compartilhado entre os discípulos de Jesus transmitirá sua morte e seu sentido pessoal aos adoradores. Enquanto bebem, dirão, com Paulo: o "Filho de Deus, que me amou e se entregou por mim". (Isso acontece com qualquer tipo de teologia eucarística que você usa, embora, como veremos, meu argumento aponte para uma específica.) Essa ação e esse significado não diminuem de modo algum a beleza que o cálice tinha quando estava vazio no altar, ou mesmo quando se encontrava exposto no museu ou quando estava embrulhado no cofre da sacristia. Aqueles que conhecem a intenção final apreciarão ainda mais essa beleza.

Tudo isso é tanto metonímia como metáfora. É tanto uma analogia para o ponto que desejo provar como uma parte quintessencial do ponto em si. Tal como está, a criação atual tem poder e beleza, qualidades estranhamente evocativas. "O mundo está repleto do esplendor de Deus", assim como o cálice vazio que convida a uma medida de admiração e respeito até mesmo de quem está do lado de fora. No entanto, a presença de horror, sofrimento e aparente futilidade do mundo — a fragilidade dos indicadores, em minha ilustração anterior — levou alguns, incluindo, infelizmente, alguns cristãos, a supor que a beleza e o poder são uma mera ilusão ou distração. "Gerações caminharam, caminharam, caminharam": vivemos em um mundo cheio de ídolos e precisamos renunciar ao poder sedutor e à beleza. Temos de fugir. Platão está pronto para nos ajudar, explicando que a beleza e o poder do universo espaçotemporal de hoje eram o jogo de sombras lançadas por uma luz diferente, e mostrando o caminho para alcançarmos sua fonte. Grande parte do cristianismo ocidental seguiu esse caminho sem questionar. Contudo, a escatologia bíblica da nova criação que venho analisando

HISTÓRIA *e escatologia*

resistirá a essa opção tentadora. O sangue derramado é o sinal de que os ídolos foram vencidos, que não vale a pena comparar o sofrimento do tempo presente com a glória que está prestes a ser revelada e que a criação será libertada da escravidão para desfrutar a liberdade conquistada quando os filhos de Deus são glorificados. A criação deve ser preenchida com a glória divina. Por esse motivo, é bela e poderosa. Por isso, da forma como está, é intrigante e incompleta. A rejeição da "teologia natural" em alguns lugares — pensando, obviamente, em Barth nos anos 1930 — é uma reação contra aqueles que, vendo o encanto do cálice, querem usá-lo, no estilo pagão, como um meio de conquistar riqueza, poder ou privilégios. Todavia, a resposta não é jogar fora esse utensílio, mas, sim, celebrar a Eucaristia. O vinho por si só une o céu e a terra, negando a Platão sua vitória fácil.

Talvez seja necessário falar mais sobre o tipo de "preenchimento" da criação que o Novo Testamento contempla. Citei Romanos 8, que permanece no centro desse ponto de vista. Não é surpresa que Bultmann tenha subestimado a importância do horizonte de toda a criação do pensamento de Paulo — como seu aluno Käsemann corretamente apontou — e que tenha considerado a passagem supostamente "apocalíptica" nesse texto tão impenetrável. Nesse trecho, Paulo imagina Deus fazendo por todo o cosmos o que fez por Jesus na Páscoa. As conotações de "Templo" na passagem são poderosas: a linguagem de Paulo sobre o espírito "que habita" ecoa a ideia da morada de YHWH nele, logo a promessa de ressurreição deve ser entendida como a promessa final do Templo reconstruído. Porém, o motivo da "herança" também carrega conotações do Templo, uma vez que ele era o ponto principal da terra prometida, a herança conquistada após a vitória divina sobre o monstro marinho.[13] No centro do texto, Paulo fala da oração do desconhecimento, inspirada pelo espírito e compreendida pelo Pai, constituindo aqueles que oram como irmãos mais novos do Filho Primogênito pelo compartilhamento de seu sofrimento e de sua glória. Portanto, são, "segundo à sua imagem", capacitados a ser os humanos genuínos no cerne do Templo cósmico, refletindo a "glória" do criador, como em Salmos 8, em sua mordomia da criação,

---

[13]Como na combinação de, por exemplo, Êxodo 15:8 e Salmos 75:13-15; 89:9-10.

O CÁLICE DA ESPERA

e resumindo a intercessão sacerdotal de toda a criação por meio do próprio Sumo Sacerdote, Jesus (Romanos 8:18-30,34).[14] A cosmologia, a escatologia e a antropologia portadora de imagem, céu e terra juntos, formados no modelo do Messias crucificado, glória em meio ao sofrimento: não é de se admirar que Romanos 8 seja tão poderoso e relevante para o argumento deste livro.

Um resultado semelhante — a nova criação como o novo Templo, com homens renovados desempenhando seu papel nele — é apresentado em Apocalipse 21 e 22. Os ecos de Gênesis 1 e 2 são óbvios. Nem sempre foi tão claro que a visão da Nova Jerusalém é concebida com base em um imenso Lugar Sagrado, com a cidade como um cubo gigante que reflete, em grande escala, a construção do santuário interno no tabernáculo.[15] Dessa maneira, os "novos céus e nova terra" são o próprio novo Templo e a cidade é seu santuário mais íntimo, seu Santo dos Santos. É claro que essa é a razão pela qual não existe tal construção ali (assim como não há Sábado no novo mundo e, para falar a verdade, nem noite). Toda a nova criação é o Templo; a cidade é o santuário mais interior. A presença divina ("Deus e o Cordeiro") está ali e, nessa nova criação, ela substitui até mesmo a necessidade do sol e da lua, refletindo talvez o ponto estranho em Gênesis 1 de que a própria "luz" é criada antes das duas "grandes luzes". Essa é a realização final do propósito criativo original. O que estava errado com a criação original foi consertado. O que já era preliminar e apontava para o futuro na criação agora atingiu seu objetivo (discernir qual deles faz parte desse desafio). As pessoas redimidas estão agora finalmente capacitadas para ser o que foram criadas para ser: as verdadeiras portadoras da imagem, o "sacerdócio real" (Apocalipse 20:6).[16]

Vemos a mesma imagem no Evangelho de João, especialmente com as implicações de Gênesis e Êxodo no Prólogo e a forma como a imagem

---

[14]A ideia de ver essa "glória" em relação a Salmos 8 foi-me apontada pela Dra. H. G. Jacob: cf. seu estudo, *Conformed to the Image of His Son: Reconsidering Paul's Theology of Glory in Romans*. De acordo com meu ponto de vista, ela ainda não integrou isso aos significados "divinos" e relacionados ao Templo da *doxa* nessa passagem (isso diz respeito às suas críticas um tanto estranhas de C. C. Newman, *Paul's Glory-Christology: Tradition and Rhetoric*).

[15]Observei isso pela primeira vez em G. K. Beale, *The Book of Revelation: A Commentary on the Greek Text*. Ele a desenvolve ainda mais em *Temple and the Church's Mission*, que levantou muitos pontos importantes para o cap. 5 e para meu presente argumento.

[16]Cf. também 1:6; 5:10; 1Pedro 2:5, 9; e sobre o cenário, cf. Êxodo 19:6; Isaías 61:6.

HISTÓRIA *e escatologia*

do Templo da encarnação nessa passagem é desenvolvida por meio da pneumatologia do Evangelho. A Palavra se tornou carne e *tabernaculou* em nosso meio, e nós vimos sua glória. Essa imagem de Êxodo 40, embora com todo o povo (não só o sumo sacerdote) agora capaz de contemplar a glória, é o cumprimento exato dos ecos de Gênesis 1 plantados bem no começo.[17] O céu e a terra se unem ao longo da narrativa, com o próprio corpo de Jesus sendo explicitamente apontado como o novo Templo, aquele que será destruído e reerguido (João 2.21). A contextualização dessa narrativa pelo Prólogo com sua dimensão cósmica impede qualquer sugestão — como na interpretação "gnóstica" de Bultmann — de que nos é oferecida uma esfera privada, longe do mundo. Essa é a história de como toda a criação é redimida e, assim, de como tudo dentro dela que havia apontado para o futuro estava realmente corrompido, mas foi reafirmado quando se viu remodelado com base na ressurreição. Isso é parte da essência da história da Páscoa de João, vivida em um jardim, mas com a água da vida expressa no comissionamento dos discípulos pelo espírito, o que ecoa a promessa em João 7:38, de que "rios de água viva" fluiriam do coração dos crentes.[18] Os ecos do Prólogo em João 20 indicam fortemente que o evangelho inteiro aborda a criação e nova criação, com o cumprimento da segunda, não a abolição da primeira, uma vez que o "governante deste mundo" foi "expulso" (João 12:31).[19]

A verdade é que isso nos oferece uma pista sobre o que pode estar acontecendo em algumas das discussões normais acerca da "teologia natural". O problema de tentar começar com esse cenário e argumentar com Deus é que o mundo atual ainda reflete, do ponto de vista joanino,

---

[17]Cf. não só a ligação óbvia de João 1:1 a Gênesis 1:1, como também o *eskēnōsen* de João 1:14, ressoando com o *skēnē*, a tenda ou o tabernáculo, de Êxodo 25—40.

[18]A pontuação alternativa (literalmente, "Quem tiver sede, venha a mim e beba. Quem acreditar em mim, como diz a Escritura, fluirão rios de água viva de dentro de si") veria a água viva fluindo do próprio Jesus, não de seus seguidores crentes. Cf., por exemplo, C. Keener, *The Gospel of John: A Commentary*, 1.728f., com referências detalhadas a outras discussões. Porém, Apocalipse 21:19-24 pode sugerir que a leitura mais tradicional esteja correta, ecoando em Ezequiel 47 e, por exemplo, Zacarias 14:8 e B. F. Westcott, *The Gospel according to St John*, p. 123). Assim, a igreja seria vista como o novo Templo, renovando toda a criação. É claro que Jesus continua a ser a maior fonte da "água viva", como em João 4:10-15. Cf. também meu artigo "The Powerful Breath of New Creation", p. 1-15.

[19]Cf. meu artigo com J.P. Davies, "John, Jesus, and 'The Ruler of This World': Demonic Politics in the Fourth Gospel?", p. 71-89.

o fato de que está sob o comando de seu "príncipe". (Aqui encontramos, naturalmente, uma tensão, já que, no Evangelho, Jesus parece afirmar que o governante será expulso por meio de sua morte, mas na primeira carta somos informados de que "o mundo todo está sob o poder do Maligno" [1João 5:19]. Isso parece ser mais do que "já e ainda não".) O mundo foi, então, rejeitado como uma possível fonte: nada de bom pode vir daqui.

> E tudo está marcado com o comércio;
>   turvo, maculado pelo trabalho duro,
> E se veste das manchas do homem
>   e compartilha seu cheiro;
> O solo está desnudo agora
>   e os pés calçados não podem senti-lo.

Entretanto, essa não é a última palavra de João, assim como não é assim que o poema de Hopkins se encerra. Também não poderia ser a mensagem final de Paulo, embora alguns pensassem que ele desejava denunciar o mundo e deixar para lá, acreditando apenas em uma nova revelação proveniente de outro lugar. Existe um pouco de verdade nisso, mas, em sua maior parte, está errado. Na própria passagem em que Paulo mais notoriamente reflete e se baseia no que pode ser chamado imaginário "apocalíptico" (1Coríntios 15), enxergamos claramente a visão do Salmo 72 em letras grandes. O governo do Messias, já inaugurado por meio da morte e da ressurreição de Jesus, trouxe a nova criação, em que ele é o novo Adão portador da imagem, cumprindo os salmos que falam do rei e dessa imagem, e trazendo à realidade também o retrato de Daniel da exaltação do "filho do homem" em relação aos monstros.[20] Em um trecho que vimos anteriormente, 1Coríntios 15:20-28, os diferentes elementos de todo o quadro aparecem juntos e, em vez de uma suposta *abolição* "apocalíptica" do mundo, temos seu autêntico *cumprimento* "apocalíptico", literalmente um preenchimento inteiro, completando o projeto de Gênesis, celebrando o propósito de Davi e ecoando a esperança de Isaías:

---

[20]Para detalhes, cf. o cap. 4.

HISTÓRIA *e escatologia*

> primeiro, Cristo, depois que ele vier, aqueles que lhe pertencem. Então chegará o fim, quando ele entregar o reino a Deus, o pai, após ter vencido todo o domínio, a autoridade e o poder, já que é preciso que ele reine até que "todos os seus adversários estejam sob os seus pés". O último inimigo a ser destruído é a própria morte, pois ele "tudo sofreu debaixo de seus pés", mas, quando se diz que tudo sofreu, é evidente que isso não inclui Deus, que tudo submeteu a Jesus. Todavia, quando tudo lhe estiver sujeito, o filho se sujeitará àquele que todas as coisas lhe sujeitou, *com o propósito de que Deus seja tudo em todos.*
> (1Coríntios 15:23-28)

Em diversos momentos, as duas últimas frases desviaram a atenção dos comentaristas do trecho final, uma vez que as discussões posteriores da cristologia eram bastante relacionadas à questão da subordinação do filho e da extensão de seu reino. Contudo, isso significa que — não pela primeira vez — a ansiedade sobre os enigmas dogmáticos posteriores, que tentaram organizar a fraseologia supostamente vaga do Novo Testamento, desviou o foco dos teólogos em relação ao ponto principal da passagem.[21] A questão é que Deus, o único Deus, será "tudo em todos" e chegará a esse objetivo, como esperaríamos com base em Gênesis 1, por meio da obra do portador da Imagem, o verdadeiro Adão, o Rei supremo que vem para ajudar os pobres e necessitados. Céu e Terra serão um, o futuro terá finalmente começado e o Verdadeiro Humano, já entronizado, terá cumprido sua tarefa.

Na verdade, o que Paulo nos oferece é uma visão que parece não ter nome, mas realmente merece ter. Em vez de *panenteísmo*, a ideia de que tudo está "em Deus", podemos propor o *"te-en-panismo"*, a concepção de Deus sendo "tudo em todos". O panenteísmo, como o panteísmo — seu primo velho e cansado — vislumbrou uma verdade, mas a viu por outro lado e tentou chegar a ela por um atalho, sem

---

[21]Recordo-me da resposta inesquecível de Karl Barth a alguém que perguntou se a serpente em Gênesis realmente falou. Ele respondeu: o que importa não é se ela falou, mas *o que ela disse* (cf. R. E. Burnett, *Karl Barth's Theological Exegesis: The Hermeneutical Principles of the Römerbrief Period*, p. 262).

O CÁLICE DA ESPERA

seguir o único caminho possível. Ao vislumbrar o perigo de diversos modos de dualismo, o panenteísmo insistiu em juntar Deus e o mundo, sendo "Deus" uma espécie de receptáculo geral "em que" tudo o mais se encaixa. Além disso, afirma isso como verdadeiro *já, no tempo presente*. O ponto ·de vista de Paulo é muito mais sutil. Exige uma teologia trinitária implícita — ou seja, um conhecimento teológico para o qual as doutrinas posteriores oferecem uma análise conceitual —, já que aparece em diversos trechos (embora, claramente, não neste) que a união de Deus e o mundo acontecerá quando o espírito divino habitar, imergindo e irrigando o cosmos. Requer também uma perspectiva escatológica: esse "preenchimento" ainda não é uma realidade, mas é garantido pela vitória do Messias sobre os poderes do mal e pelo governo soberano em que essa vitória está sendo construída. Portanto, estamos falando de um *te-en-panismo* [Deus em tudo] *escatológico*, um momento final em que Deus preenche a todos e constitui a realidade duradoura. No que diz respeito ao nosso *Leitmotiv*, isso equivalerá a encher o cálice com o vinho precioso do amor divino, o amor messiânico poderoso que já resultou em seu reinado e que continuará amando e governando até que todos os adversários, incluindo a morte em si, sejam colocados sob seus pés. De uma perspectiva cristã, panteísmo e panenteísmo oferecem uma escatologia bastante desenvolvida que reflete parcialmente a intenção final do Criador. Por isso costumam ser populares entre aqueles que fogem dos tipos de dualismo cristão. Todavia, não podem oferecer um caminho concreto para o reconhecimento da realidade contínua do mal, talvez porque, conscientemente ou não, desejem evitar a solução drástica para esse problema, em outras palavras, a cruz. Essa é a única alternativa para a meta gloriosa prometida. Curiosamente, tendem também a não destacar o amor, seja de Deus por nós, seja o nosso por ele.[22]

É complicado dizer todas essas coisas de uma vez, colocar na mesma frase ou no mesmo parágrafo as visões da criação renovada em Romanos 8, da nova cidade em Apocalipse 21, do jardim da primavera e do espírito derramado em João 20, e da vitória definitiva e do "preenchimento" final em 1Coríntios 15. Porém, é difícil duvidar que dessa maneira os primeiros cristãos estavam conscientemente recuperando, à luz de

---

[22]Podemos discutir até que ponto um filósofo como Epicteto foi uma exceção a isso: cf., por exemplo, *Discourses* 2.22, e a discussão em *PFG*, p. 223-27.

HISTÓRIA *e escatologia*

Jesus e do espírito, a teologia bíblica do cosmos e do Templo que apresentei anteriormente. (Além disso, retomavam o tema do Sábado e do *eschaton*, o que seja talvez mais óbvio em João, mas visível também em outros lugares.) E faziam isso com uma visão consciente e biblicamente fundamentada de Cristo como o verdadeiro humano, a imagem real, e de seus seguidores, habitados pelo espírito, "renovados em conhecimento, conforme a imagem de seu criador", uma renovação caracterizada pelo amor tanto na condição de ética como de epistemologia (Colossenses 3:10). No centro da teologia cristã primitiva, encontramos a sobreposição cosmológica de céu e terra e a sobreposição escatológica do presente e do futuro, ambas focadas em Jesus e no espírito, e oferecendo uma visão do mundo e de Deus, bem como da relação entre eles, o que nos permite olhar para as questões modernas da "teologia natural" de uma forma totalmente nova.

Entretanto, o quadro não está completo. Assim como acontece com minha ilustração anterior sobre a universidade recebendo um presente espetacular e precisando adaptar-se para acomodá-lo, a imagem do "cálice à espera" também deixa algo vital de fora. Como definimos até este ponto, o cálice em si permanece igual, mas isso não vale para a realidade prometida. A criação atual é corruptível, sujeita à decadência e à morte. A promessa é que no final, nos "novos céus e na nova terra", a morte será eliminada, não do espúrio modo platônico que escapa da fisicalidade frágil para um mundo de não fisicalidade pura (que só permite a morte para reivindicar sua vitória sobre o mundo criado de espaço, tempo e matéria), mas em uma recriação do mundo material, para que possa ser imortal e incorruptível. Isso parece muito claro em Romanos 8 (por exemplo, 8:21: libertado de sua escravidão da decadência). Em Apocalipse 21:1, o "velho" que já passou deveria ser interpretado como a própria corruptibilidade, e o novo mundo, não como uma nova criação *ex nihilo*, mas como uma nova criação redentora e transformadora feita a partir da atual. Uma vez mais, a ressurreição de Cristo é o protótipo vital: um corpo renovado e imortal, "reutilizando" o material do anterior.

Para observar tudo isso, a imagem do cálice precisa ser mais complexa. Sem muito preciosismo ou artificialidade, sugerimos que o utensílio original apresentava alguns defeitos graves que o vinho derramado poderia, de certa forma, corrigir. Talvez não fosse apenas questão de "esperar". Ele estava danificado, e as propriedades internas do vinho o repaprariam. Ou poderíamos inventar outras características: talvez o cálice tenha ficado translúcido, e o brilho do vinho, visível pelas laterais da tigela, destacaria detalhes curiosos na decoração que antes eram invisíveis. Ou talvez houvesse outras maneiras pelas quais o conserto, a transformação e a beleza aperfeiçoada pudessem ser concretizados. Não importa: o argumento é provado — que "a natureza criada será liberta da escravidão da decadência" — por meio de qualquer imagem que apreciamos para vislumbrar essa promessa e essa esperança. E minha questão maior continua firme: que o cálice em si, o símbolo de toda a criação atual, aponta genuína e verdadeiramente para o "preenchimento" final para o qual foi feito e, portanto, também para o Criador, cujo propósito era esse. Essa ilustração, como será facilmente vista, precisa de uma teologia trinitária e de uma escatologia cristã tipicamente primitiva para fazê-la "funcionar". A questão que o cálice descoberto impõe ao estudioso intrigado só pode ter uma resposta com base no próprio Criador o enchendo, transformando, consertando e aumentando com seu espírito. Isso fortalece o ponto.

TEOLOGIA NATURAL E A *MISSIO DEI*

Isso nos conduz finalmente a algumas propostas detalhadas que firmam o argumento e o projeto. Haveria muitas opções possíveis para explorar do ponto de vista que defendemos, mas vou apenas sugerir cinco áreas concretas em que a questão e o projeto podem ser aprofundados.

A primeira é toda a concepção da Missão de Deus, a *missio Dei* em si. O espírito chama e prepara a igreja para um propósito que tem em vista o objetivo do criador: cobrir seu mundo com sua glória, descansar e reinar em seu lar. Essa intenção original, desviada — embora não eliminada — pela idolatria humana e pelo pecado, foi redirecionada para a tarefa abraâmica de resgatar as criaturas humanas de Deus, para que, por meio delas, a finalidade da criação pudesse ser concretizada. (Contudo, até mesmo dizer assim nos faz perceber quão distorcidas a soteriologia e a escatologia ocidental moderna se tornaram. Em vez de uma missão [platônica] destinada a permitir que as almas salvas deixassem a terra e se sentissem em casa no céu com Deus, o que a Bíblia oferece é uma missão que pretende transformar idólatras rebeldes em portadores da imagem

HISTÓRIA *e escatologia*

restaurados, pelos quais Deus encontrará sua morada permanente entre os humanos, nos "novos céus e nova terra".)[23]

Isso significa que a *missio Dei* é parte da tarefa geral da "teologia natural", assim como uma versão atualizada e concentrada em Jesus da "teologia natural" pode ser parte da missão da igreja. Reduzi-la a proposições racionalistas é, repetindo uma metáfora anterior, supor que uma lata de gasolina o levará ao seu destino sem a necessidade de um carro. A proposta da nova criação de trazer cura e justiça ao mundo, incluindo responsabilizar seus poderes, é uma das formas eficazes de a igreja dizer *que a criação atual é importante, por isso vale a pena corrigi-la,* em vez de afirmar, como ela sempre fez, que essa criação não importa, para que possamos recuar e deixar a função de consertá-la para os outros.[24] Isso faz parte do significado das curas de Cristo nos Evangelhos, incluindo as que acontecem nos Shabats: essas ações dizem que é assim que acontece quando chegam o Sábado de Aleluia, o Jubileu definitivo, a libertação dos prisioneiros e o perdão das dívidas. Toda cura é uma *reafirmação* da bondade do corpo doente, do mesmo modo que a ressurreição é a confirmação da generosidade da criação original. Sempre que há um novo trabalho de justiça ou libertação, uma nova verdade sendo contada, um exercício sábio de poder, um novo vislumbre de beleza, uma experiência de espiritualidade ou acolhimento de amor, cada vez que a ressurreição revela os indicadores fragmentados que — afinal de contas — diziam a verdade, a busca da teologia natural é fortalecida. Toda vez que o cálice é cheio novamente com o vinho sacramental, vemos por que ele foi tão bem produzido. Percebemos tanto o motivo pelo qual o consideramos sugestivo antes como a razão para estar incompleto (e, em nossa ilustração desenvolvida artificialmente, danificado) como estava. Mais uma vez, se tudo o que tínhamos era o cálice, não poderíamos deduzir dele a Eucaristia, ainda que pudéssemos adivinhar, em linhas gerais, algo parecido. Uma vez que você a conhece, percebe que o utensílio em questão apontava, o tempo todo, na direção certa.

---

[23]Neste ponto, é preciso observar o grande deslize na tradução da NVPR de Apocalipse 21:3, "o lar de Deus é entre os mortais". É claro que essa é uma forma de evitar termos específicos em relação ao gênero, mas a palavra "mortais" está totalmente incorreta: os homens em questão foram criados para uma vida nova e imortal (compare com Lucas 20:36).
[24]Sobre exigir que os governantes se expliquem, cf., por exemplo, meu *Creation, Power and Truth.*

O CÁLICE DA ESPERA

De mãos dadas com as tarefas de cura e justiça, em segundo lugar, temos a vocação do artista. Como já vimos, a estética — uma nova invenção — foi separada da corrente principal da cultura teológica no Iluminismo. Desde então, os artistas cristãos trabalham com a frustração de que muitos de seus companheiros crentes não sabem por que suas vidas e seus trabalhos deveriam ser importantes. Na igreja, como em muitos sistemas de educação ocidentais, a arte e a música se transformaram em mera decoração, em vez de serem vistas como parte de uma "teologia natural" escatologicamente informada, uma maneira de responder "ao mundo como ele é", como os indicadores fragmentados e o cálice da espera podem falar da verdadeira intenção do Criador. (É claro que aqui, como em qualquer outro lugar, não tenho a intenção de sugerir que "o artista" ocupe um tipo de posição privilegiada no cosmos, com um acesso direto à verdade que, de alguma forma, contorna a fragilidade dos sinalizadores e da própria cruz.)

É claro que isso envolve muitos aspectos. A arte visual difere da música, do teatro, da dança, e assim por diante. Mas eles têm isso em comum, ou seja, que, ao vislumbrar, simultaneamente, a beleza e a vulnerabilidade do mundo do jeito que ele é, e chamar nossa atenção para essa combinação e fazer dela algo novo, que carregue seu próprio encanto e opressão, as obras dos artistas nos mostram que o universo está realmente cheio do esplendor de Deus, embora o solo agora esteja desnudo. Talvez seja difícil para a arte transmitir toda a verdade da esperança final, oferecer novos tipos de beleza e poder que se mostrarão como meros indicadores fragmentados. É possível que o "Hallelujah Chorus" tenha muito do início do século 18, e talvez por isso possa ser escolhido como um verdadeiro vislumbre do mundo por vir, o assustadoramente evocativo "Eu sei que meu redentor vive". (Se isso tem algo a ver com a diferença entre ré maior e mi maior, deixo a discussão para os teóricos.) Todavia, meu ponto é que, na arte, que oferece a chance de dizer diversas coisas ao mesmo tempo, de um modo que a prosa comum considera quase impossível, temos a possibilidade não só de falar, mas também de expressar e incorporar a verdade do poema de Hopkins, *tanto* a explosão de glória repentina *como* a decepção trágica da criação estragada pelas "manchas e pelo cheiro do homem" *e* a resolução sobre o outro lado. Por ser uma celebração do mundo criado, a arte oferece a oportunidade de fazer tudo isso, ao mesmo tempo que traz a tentação permanente da idolatria.

HISTÓRIA *e escatologia*

Acredito que coisas semelhantes podem ser ditas em relação ao meu terceiro exemplo: as ciências. Aqui, em contraste com a maioria dos meus antecessores de Gifford, finjo não ter nenhum conhecimento específico. Assim como a arte, a ciência oferece perspectivas diversas tanto para a idolatria como para o tipo de celebração da criação que pode ser realizada dentro de um panorama escatológico cristão.

Expliquei anteriormente por que as suposições populares que costumam surgir sob o tema "ciência e religião" se baseiam em vários erros interligados. Vemos isso em um nível popular quando alguém cita Deus em um artigo de jornal e recebe inúmeras respostas on-line de pessoas que insistem, como se tivessem sido mortalmente insultadas, que a ciência moderna o contestou e estabeleceu uma cosmovisão secular para sempre. Essa ainda é a concepção ocidental generalizada, alimentada, obviamente, pelas loucuras de alguns crentes que insistem em defender posições indefensáveis e em morrer no último fosso errado.[25] Mas o que me parece, como um espectador e eventual colega de discussão, é que, quando deixamos de lado as hipóteses epicuristas de alguns cientistas desde o século 18, conseguimos recuperar a vocação familiar, felizmente reconhecida pela maioria dos cientistas anteriores, de pensar os pensamentos de Deus sobre ele.[26] Isso realmente não significa concluir algo sobre Deus a partir do que alguém poderia pesar ou medir. Na verdade, a intenção era sentir o esplendor de que falava Hopkins: admirar tanto as chamas do alumínio vibrante como o vazamento do óleo extraído, e vê-los apontando para além de si mesmos.

Como argumentei em outro momento, o uso de ilustrações relacionadas à criação nos ensinamentos de Jesus — mais claramente nas parábolas, embora visíveis em muitos outros lugares — pode indicar caminhos específicos a seguir em alguns dos debates mais dolorosos e tantas vezes mal concebidos. Se Jesus estava correto ao insistir que o reino de Deus vem como um semeador que lança as sementes, em que algumas acabam sendo desperdiçadas, outras são levadas por pássaros, outras ainda são pisoteadas, mas algumas encontram solo fértil e produzem

---

[25]É claro que é possível imaginar a rivalidade contínua entre os "criacionistas" fundamentalistas e os "novos ateus", e sobre isso, cf. as observações de John Gray citadas em 281, n. 10.
[26]Sobre o "contexto" da ciência, cf. agora o trabalho notável de R. Wagner e A. Briggs, *The Penultimate Curiosity: How Science Swims in the Slipstream of Ultimate Questions*.

O CÁLICE DA ESPERA

grande colheita, deveríamos nos surpreender se a visão agora comum das origens cósmicas constituir uma imensa semeadura de potencial de vida, cuja maioria parece falhar, mas uma parte cria raízes e dá origem à vida da forma como a conhecemos?[27] Existem muitas outras percepções a serem observadas ao abordar a questão sob essa ótica, particularmente a compreensão de que a forma e o tema principal dessas parábolas são um testemunho de que Jesus viu o mundo natural como algo repleto de indicadores para a verdade de Deus e seu reino, embora precisem ser atraídos pela arte das próprias ilustrações, bem como pelas poderosas obras de cura que defendem a mesma questão.[28]

Nesse contexto, e pensando na forma como meu argumento tem-se desenvolvido até aqui, questiono um pouco a ideia comum de escritura e natureza como "dois livros".[29] Como uma abordagem cristã abrangente, ela levantará o assunto de maneiras muito melhores do que qualquer ponto de vista que pressuponha um confronto direto. Mas em que sentido são "livros"? O perigo de usar essa linguagem é que esperamos que ambos simplesmente ofereçam informações paralelas. Porém, essa visão é muito limitada. Ela resulta de um mundo já dividido entre "natural" e "sobrenatural" de uma forma que todo o argumento deste livro desafia e aborda profundamente a questão dentro de uma estrutura quase racionalista. Como já expliquei, estudar história, incluindo a narrativa de Jesus testemunhada pelo Novo Testamento, faz parte do estudo do "mundo natural". Seja como for, o mundo da criação não é simplesmente uma grande pilha de informações aleatórias. Ele se apresenta a nós — a menos que protejamos sistematicamente nossos olhos contra essa ideia — como um cálice da espera, belo e poderoso, mas assustadoramente incompleto e talvez até mesmo danificado. Faz perguntas, estruturando os indicadores que não parecem levar a lugar algum, ou ao menos não para onde possamos vê-los sem ajuda. Assim, se a criação é

---

[27]Veja meu artigo sobre "Christ and the Cosmos: Kingdom and Creation in Gospel Perspective", p. 97-109.

[28]Talvez fosse significativo que Bultmann pensasse que o sentido original da parábola do "semeador" era irrecuperável: cf. *The History of the Synoptic Tradition*, 199f.

[29]Isso remete ao menos à concepção de Agostinho do "livro da natureza" e foi desenvolvido de diversas formas na Idade Média antes de ser adotado novamente após as Guerras Napoleônicas. Cf., por exemplo, A. W. Hall, "Natural Theology in the Middle Ages", p. 69, com referência a Raymonde de Sabunde (falecido em 1436), e M. D. Eddy, "Nineteenth--Century Natural Theology", p. 105.

HISTÓRIA *e escatologia*

um "livro", não é como um dicionário ou uma tabela com horários de trem. É mais como uma grande peça de teatro ou um poema, ou mesmo um tipo de música — creio que da sétima sinfonia de Sibelius — sofisticada, mas que nos deixa com uma sensação simultânea de perfeição e imperfeição, de um sinalizador alcançando ainda a escuridão, mesmo enquanto nos diz que ali, nas trevas, estará a verdade que agora não pode ser falada, tocada ou cantada. Ou talvez a criação seja como o *Tratado* de Wittgenstein, com seu momento sabático assustador no sétimo ponto: *"Wovon man nicht sprechen kann, darüber muss man schweigen"* ("O que não se pode falar, deve-se calar").[30] Ou pode ser que criação seja um livro como esse: não do tipo em que você "procura as coisas".[31] Afinal de contas, o perigo real de ver a Bíblia e a "natureza" como "dois livros" em paralelo é que isso poderia simplesmente aumentar a tendência — já forte em alguns lugares — de evitar a tarefa histórica envolvida em qualquer leitura séria da própria Bíblia.

Quanto à própria Bíblia, se é um "livro" ou uma coletânea, também não deve ser considerada — como alguns pensadores racionalistas quiseram fazer — o tipo de livro que existe meramente para se "procurarem as coisas". É claro que há muito o que encontrar nesse nível, bem como o que pesquisar, se isso for necessário no momento. Entretanto, usar a Bíblia desse modo e de nenhum outro seria como tentar entender música clássica ouvindo apenas a *Classic FM*.[32] Precisamos de um panorama mais amplo — o mundo público maior se abriu na Páscoa, repleto de sua ontologia e epistemologia escatológica. As Escrituras hebraicas contam a história da esperança, da criação e da aliança, do Sábado e do Templo, da promessa, do exílio e da esperança renovada. As escrituras cristãs, com base nessa narrativa, são o relato aberto do aliança renovada, da criação restaurada, do Sábado de Aleluia, do Novo Templo e da reversão surpreendente — mas alegre — do exílio e, sim, da esperança constante da eventual conclusão. A ideia de livros em que é possível

---

[30] L. Wittgenstein, *Tractatus Logico-Philosophicus*, 7.1. Publicado em português como *Tratado lógico-filosófico*. Lisboa: Fundação Calouste Gulbenkian, 1995.

[31] É claro que todas as imagens neste último parágrafo são apenas isto: imagens, planejadas para apontar para além de si mesmas. Estou bem ciente de que nenhuma delas é capaz de incorporar ou exemplificar completamente o argumento deste livro como um todo.

[32] Uma estação de rádio britânica que costuma reproduzir trechos curtos em vez de obras completas.

O CÁLICE DA ESPERA

pesquisar algo é, afinal de contas, um retrocesso na epistemologia do amor. O amor nos convida a não olhar para tudo isso de longe, preferindo tornar a história nossa, viver dentro dela e encontrar nosso lugar entre o "já" de 1Coríntios 15:20 e o "ainda não" de 15:28.

Na verdade, quando esclarecemos isso, podemos ver os "dois livros" se unindo em um nível superior. Afinal, como milhões descobriram, de cientistas atômicos a artistas abstratos, a criação representa não só uma questão, mas também um desafio: a que parte dessa história *você* pertence? Que resposta *você* dará à estranha combinação de glória e tragédia que encontramos em nosso mundo? Portanto, a criação e as escrituras (não apenas a "natureza" e "alguns textos históricos antigos") funcionam como "livros" paralelos de um tipo diferente: aquele que você lê para forçá-lo a pensar de maneira diferente sobre o mundo e sobre seu papel nele. Cada um oferece um desafio implícito, uma possibilidade de vocação. Eles podem convergir. Se e quando isso acontecer, estaremos de volta com os indicadores fragmentados de um lado e o cálice da espera do outro. Creio que essa seja uma forma de olhar para os debates atuais entre ciência e religião que podem nos levar adiante.

Meu quarto ponto, que merece muito mais atenção do que podemos dispensar aqui, diz respeito à política. As discussões sobre teologia natural, Jesus e os Evangelhos foram radicalmente moldadas por uma mistura intensa de filosofia, cultura e política, das revoluções francesa e americana à turbulenta história da Alemanha, passando por duas guerras terríveis e ainda mais atos horríveis de genocídio e terrorismo. Não é só o fato de isso nos ter forçado a pensar sobre as grandes questões novas, embora elas tenham feito isso. Essa é uma via de mão dupla. A mente das pessoas é transformada em vontade e ambição política, bem como por ideologias, teologias e filosofias que elas adotam ou rejeitam. Já escrevi sobre tudo isso em outro momento,[33] mas destaco aqui a importância constante de Salmos 72, com sua visão do verdadeiro rei fazendo justiça e misericórdia. É claro que essa imagem foi invocada na Inglaterra e em outros lugares nos séculos anteriores, de modo que a suposta exegese e a pregação bíblicas estivessem diretamente ligadas à turbulência social, cultural e política da época. Na verdade, foi como uma reação a isso que

---

[33]Inclusive em meu *God in Public*.

HISTÓRIA *e escatologia*

o Iluminismo buscou caminhos alternativos para seguir, e aqueles que, naquele novo período, ainda desejavam falar de Deus desviaram o olhar da Bíblia para o mundo da natureza, gerando sutilmente novas abordagens à "teologia natural" com a qual ainda vivemos. Nossos problemas atuais refletem — com bastante frequência — mais do que percebemos problemas de séculos anteriores. Se pretendermos recuperar uma teologia política bíblica, precisamos aprender as lições do passado.

Parte do resgate dessa teologia deve referir-se à vocação central da igreja guiada pelo espírito, conforme lemos em João 16: "Poderá convencer o mundo do pecado, da justiça e do juízo". *Parte da teologia natural é proclamar as boas estruturas do mundo, concedidas por Deus, e afirmá-las, apoiando-as sem conspiração e crítica sem dualismo.*[34] Refletimos as suposições fáceis de que "os poderes" devem estar entendendo tudo certo ou tudo errado. Lembre-se de Harnack em 1914 e de Barth em 1918. A vida é mais complicada do que isso. A igreja precisa orar por sabedoria e discernimento para declarar com precisão para onde os indicadores fragmentados devem conduzir e falar verdades novas ao poder, mesmo que — e principalmente se — o poder não queira ouvi-las, quando as forças das trevas no mundo estiverem, mais uma vez, fazendo seu pior.

Meu quinto e último ponto toma a imagem do cálice da espera e a traduz da metáfora para a metonímia. Se o que venho dizendo faz sentido, então uma teologia sacramental cristã renovada (não só a teoria, mas também a reflexão sobre a prática) pertence a um contexto mais amplo, o qual precisa ter um novo sentido em relação a ela. Suspeito que esse seja um dos motivos pelos quais os sacramentos têm sido tantas vezes um ponto de atrito para discussões cristãs internas. Muita coisa depende deles. Questões maiores se concentram ali, independentemente de as entendermos ou não. Contudo, sugiro que devemos abordá-los particularmente com base na cosmologia e na escatologia do Templo e do Sábado que venho apresentando. Os sacramentos devem incorporar uma teologia natural sábia, cheia de recursos bíblicos e cristológicos.

---

[34]Qualquer indivíduo que possa ser tentado a questionar a natureza "dada por Deus" da autoridade humana deveria estudar João 19:10-11. Esse também é um "indicador fragmentado", pois, assim como naquela mesma passagem, a autoridade pode ser — e muitas vezes é — horrivelmente abusada. Quando falo sobre as "estruturas do mundo", não pretendo citar todas as teorias que usaram esse tipo de linguagem.

O CÁLICE DA ESPERA

Nas escrituras, o céu e a terra se sobrepõem e se interligam. O futuro de Deus vem ao nosso encontro no presente. E os humanos portadores da imagem, o sacerdócio real, compartilham essa dupla sobreposição e realmente exercem sua vocação humana, fazendo-a nascer diversas vezes. Isso acontece, em parte, nas atividades de transformar grãos em pão e uvas em vinho, ou mesmo de derramar água. Todavia, essas ações são focadas no misterioso sacerdócio do povo de Deus, promovido por seus representantes, em um drama no qual esses eventos e elementos são carregados — novamente aquela palavra — com um novo significado.

Acredito que muitos trabalhos sobre teologia sacramental olham nessa direção, ainda que, assim como ocorre com os outros tópicos levantados brevemente aqui, não exista espaço para uma análise completa. A obra *World as Sacrament*, de Alexander Schmemann, aponta o caminho, embora houvesse muito mais a ser feito.[35] Já *Visible Words*, de Robert Jenson, com sua ênfase escatológica, pode ajudar, ainda que a ambiguidade de Jenson sobre a ressurreição corporal traga algumas dúvidas.[36] A combinação de espaço, tempo e imagem que explorei pode, então, dar origem a outra dimensão: a "matéria" em si. A matéria de Deus e a nossa podem sobrepor-se e compartilhar o mesmo espaço? É claro que isso é o que a encarnação afirma, legitimando, assim — creio —, uma visão do batismo e da eucaristia, e talvez de outros eventos também, como momentos em que não apenas o espaço e o tempo, como também a matéria, se encontram. O mundo está realmente *repleto* do esplendor de Deus, cheio de uma vocação solene, carregado como uma bateria, e realmente haverá momentos em que ele se apagará ou se juntará a uma grandeza.

Não há tempo ou espaço para explorar isso mais detalhadamente, mas reinterpreto o argumento aqui como uma via de mão dupla. A versão biblicamente atualizada e escatologicamente informada da teologia natural que defendo pode dar origem a novas visões dos sacramentos. Os sacramentos em si, que, assim como a música, criam sua própria linguagem única, para a qual toda a teologia se resume a meras notas de programa, podem nos ajudar a explorar novamente a interface e as

---

[35]A. Schmemann, *World as Sacrament*.
[36]R. Jenson, *Visible Words: The Interpretation and Practice of Christian Sacraments*. Para o ponto de vista de Jenson sobre a ressurreição, cf. brevemente o cap. 6.

HISTÓRIA *e escatologia*

inferências entre Deus e a criação. Podem também nos apontar novos caminhos para o que foi realizado na cruz e na ressurreição de Jesus, por meio de quem, dentro de um mundo já pleno da grandeza divina, esse mesmo Deus Criador agora lidou com a mancha, o cheiro e o solo nu.

CONCLUSÃO: O MANDATO NOVO

O argumento multifacetado que converge neste ponto é que, quando olhamos para trás, para todo o mundo da criação, como os discípulos no Caminho de Emaús contemplando toda a história de Israel, descobrimos que a ressurreição de Cristo leva a uma reavaliação não somente da história passada, mas também de todas as observações anteriores do mundo. Faz sentido até porque explica a razão pela qual os indicadores fragmentados pareciam tão importantes, por que e como são frágeis e, principalmente, como a realidade para a qual apontavam se abre agora de novas maneiras. E tal verdade, longe de revelar o Deus que é o "ser perfeito", ou a força motora, ou o arquiteto maior, aponta para o Deus que doa a si mesmo, aquele que vemos revelado na cruz.

Isso explica claramente duas coisas. A primeira é que nada disso nunca seria observável pelas epistemologias faustianas, as quais descartaram o amor. Em outras palavras, explicamos por que uma "apologética" racionalista nunca chegaria ao objetivo esperado de um tipo de "teologia natural" neutra que se sustenta sozinha. Rejeitamos qualquer tipo de teologia que se supere e tente laçar a verdade do céu de um ponto fixo na terra ou conquistar a terra prometida escatológica sem mergulhar no rio Jordão, para ganhar a nova criação; em outras palavras, sem passar pelo caminho da cruz. A segunda, que a epistemologia do amor mais rica e equilibrada é incapaz de explicar a teologia natural em retrospecto ("sim, as dicas e os enigmas eram verdadeiros indicadores, ainda que fragmentados"), mas pode fazê-lo de uma forma que contorna a armadilha subjetiva ("é verdade para nós, mas é claro que você nunca verá, a não ser que se junte ao círculo mágico"). Como a *epistemologia* do amor abrange a *ontologia* do amor — em outras palavras, reconhecendo e celebrando as verdades máximas da criação trinitária e a promessa de que o amor divino derramado inundará toda a criação —, isso gera a *missiologia* do amor, que, pelo espírito, produz sinais genuínos e convincentes de uma nova criação no mundo, abrindo corações e mentes para

O CÁLICE DA ESPERA

vislumbrar a verdade que antes era invisível pela cegueira causada pelos ídolos. Nem o racionalismo ("aqui está um argumento incontestável") nem o romantismo ("temos aqui um modo de manter seu coração estranhamente aquecido") bastarão, embora a clareza do argumento e o calor do coração sejam importantes. O que importa é o nascimento da nova criação, da forma que for, como o Sábado vindo ao nosso encontro no meio do tempo.

Em particular, a obra e a mensagem de *cura*, em qualquer nível, continuam sendo um sinal vital. Precisamos nos libertar do falso "ambos/ ou", que remete, no mínimo, ao século 18, com os cristãos apontando "milagres" como evidência do "sobrenatural" e da verdade dogmática; e os descrentes citando Hume e outros para negar o milagre e insistir no "naturalismo", negando, assim, os dogmas. Essa foi uma paródia da discussão real que precisa ser levantada. Precisamos evitar especificamente a cilada de argumentar sobre "naturalismo" e "sobrenaturalismo" como se fossem as melhores categorias para trabalhar, e como se, depois de provar a existência de algo chamado "o sobrenatural", fosse aberta a porta para a ressurreição de Jesus, tornando a Páscoa simplesmente um exemplo especial de uma verdade maior. Não, a ressurreição de Cristo foi um evento totalmente novo, e sua pregação, um novo tipo de declaração, a ser contextualizada, não pelo apelo moderno do "sobrenatural", mas dentro — e então surgindo de dentro para fora — do universo judeu do Templo e do Sábado.

Parte do problema com esses debates mais antigos era que apresentavam dois lados — os céticos, que negavam o dogma, e os crentes, que o confirmavam — tentando defender seus pontos de vista, deixando de lado a cruz. A questão da "expiação" havia sido separada da questão mais ampla que ficou conhecida como "o problema do mal", e a cruz foi atribuída somente à "expiação", fortalecendo a ideia de que o evangelho não era sobre a nova criação, mas simplesmente sobre como fugir da antiga. No entanto, quando reintegramos temas como mal, pecado e morte, vemos que a narrativa de Jesus, incluindo a cruz, reconhecida em retrospectiva como a história de como Deus se tornou rei, sempre foi concebida como a verdadeira resposta ao complexo "problema do mal": da idolatria e dos poderes das trevas que foram desencadeados por meio dele, resultando em pecado e morte contínuos. A própria cruz — que foi o tema do sétimo capítulo — declara um "não" sonoro a qualquer

HISTÓRIA *e escatologia*

tipo de pelagianismo epistemológico (usando esse termo em um sentido popular e geral) que imagina que ela poderia começar de "onde estamos" e chegar a Deus. Mas o fato de que a cruz é simultaneamente a maior manifestação do amor divino pessoal — em João, a revelação suprema da glória divina — mostra que, quando a busca humana por Deus chega a um impasse, *pode, então, descobrir Deus como aquele que morreu.* Ele mesmo se revelou ali, no beco sem saída, desvendando seu verdadeiro caráter e repreendendo qualquer tentativa de encontrá-lo por outras formas.

Então, a história — o estudo completo sobre o passado e o comprometimento total com o presente — estabelece a visão de um Deus cujos pés estão firmemente plantados no solo "natural" desse mundo. Bultmann estava certo ao afirmar que não se deve "objetificar" Deus (e que qualquer tentativa de fazê-lo seria um fracasso quase por definição), mas estava errado ao imaginar que isso exigia um recuo para o mundo privado, desistoricizado, desjudaizado do existencialismo idealista. Podemos dizer que Deus "objetifica a si mesmo" em e como Jesus (e então, por meio do espírito, em seus seguidores, embora essa seja outra história). A visão da criação e da nova criação, resultante de uma investigação histórica sobre a escatologia apocalíptica de Cristo e seus primeiros discípulos, convida a uma fé ("eis aqui o seu Deus!", como em Isaías 40 ou 52) sem tentar oferecer uma abordagem "objetificadora" ou "certa", que tão somente incentivaria uma volta a um racionalismo trivial e frágil. Apresentar a narrativa de Jesus com raízes históricas como a *narrativa de Deus* — como os próprios evangelistas fazem, escrevendo à luz da Páscoa — passa a ser o foco do trabalho da igreja na justiça e na beleza, bem como no evangelismo, gerando um relato contínuo contado e vivido que, por sua própria natureza, chama novos participantes e, se for fiel a si, nunca se chocará com a "conversa" daqueles que receberam uma "revelação especial" particular.

Nada disso sugere que a própria história pode produzir um discurso primário de Deus.[37] Creio que temos aqui um tipo de *kenosis*, correspondendo ao verdadeiro significado daquela passagem tão mal compreendida de Filipenses 2:6-8. Assim como Jesus não considerou

---

[37]Sou grato por muitas conversas sobre esse assunto com o professor Alan Torrance.

O CÁLICE DA ESPERA

sua igualdade com Deus algo a ser explorado, mas se esvaziou para ir até a cruz, o historiador não pode e não deve deduzir que uma postura de fé autoriza ou incentiva o que realmente seria um relato docético de Cristo em que as respostas são conhecidas antecipadamente e o horror total de um Deus sofredor na cruz é evitado. O ponto principal do poema dos Filipenses (2:6-11) é que o próprio Jesus usou a mancha do homem e compartilhou seu aroma, terminando onde o solo estava desnudo na rocha do Calvário e a única coisa que seus pés eram capazes de sentir eram os pregos. Em vez disso, um relato totalmente histórico de Cristo e de seus primeiros seguidores pode e deve chegar à cruz, o ponto no qual — no poema e na teologia — o verdadeiro Deus é revelado, e descobrem-se assim, no poder do espírito, pelo qual a nova criação é prevista, as condições necessárias para a fala de primeira ordem de Deus, que consiste não só em palavras, mas no poder real: das obras de justiça e beleza e da proclamação do evangelho. É aí que, como argumentamos no sexto capítulo, a "epistemologia do amor" maior que acredita na ressurreição transcende o "realismo crítico" necessário para a história: um amor que responde ao amor soberano revelado na Páscoa.

Desse modo, quando os seguidores de Jesus são obedientes ao seu chamado dentro da *missio Dei*, o que eles dizem, personificam, produzem na arte, defendem no mundo e assim por diante, tudo isso gera uma vida comum que se torna um lugar na história real (acontecimentos), em que Deus promete estar verdadeiramente presente e onde os humanos podem vir a conhecê-lo como pessoas inteiras. A comunidade então formada, como o "corpo" capacitado pelo espírito do Messias ressuscitado energizado pelo amor derramado de Deus, torna-se um lugar no qual uma nova criação — com vislumbres do alvorecer — pode ser discernida. Assim, a tarefa da história desempenha papel vital, como fonte e recurso para essa missão, não apenas relembrando as diversas estruturas filosóficas e teológicas que se desenvolveram ao longo do tempo, como também voltando à visão de mundo do Novo Testamento em que o evento central do significado da história aconteceu. Isso levará, repetidas vezes, a uma comemoração do futuro *eschaton*, o mundo da nova criação em que o amor divino será totalmente exposto. Essa celebração atual, na fé, na vida sacramental, nas leituras sábias das escrituras e na missão, constituirá a manifestação desse amor divino, a forma mais elevada de conhecimento, um amor generoso no mundo e para o

HISTÓRIA *e escatologia*

mundo. Isso indicará de forma autoautenticada (embora, com certeza, definida dentro do "ainda não" de uma fragilidade contínua, como em 2Coríntios) que a realidade definitiva do universo é o Deus altruísta revelado em Jesus. Ele nos convidará a entrar no mundo público inaugurado na Páscoa, o que nos permitirá conhecê-lo, mais uma vez, com o conhecimento cuja profundidade é o amor.

É assim que a história e a escatologia finalmente se unem. É dessa maneira que a verdadeira história de Jesus promete uma genuína, embora radicalmente redefinida, "teologia natural". É desse modo que o alvorecer da nova criação — e, com ele, a nova afirmação da criação original — deve ser discernido:

> E, por tudo isso, a natureza nunca se esgota;
> Nela vivem toda as coisas em um frescor renovado;
> E, mesmo que, por fim, as últimas luzes se apaguem
> Oh, a manhã brota nas beiras castanhas orientais,
> Porque o Espírito Santo, sobre o mundo inclinado,
> Vigia com o peito caloroso e com ah! Asas brilhantes.

BIBLIOGRAFIA

ADAMS, E. *The Stars Will Fall from Heaven: Cosmic Catastrophe in the New Testament and Its World.* Londres: T&T Clark, 2007.

ADAMS, S. V. *The Reality of God and Historical Method.* Downers Grove, Ill.: IVP Academic, 2015.

ALBURY, W. R. "Halley's Ode on the *Principia* of Newton and the Epicurean Revival in England". *Journal of the History of Ideas* 39 (1978), p. 24-43.

ALETTI, J.-N. *The Birth of the Gospels as Biographies.* Roma: G & BP, 2017.

ALLEN, M. *Grounded in Heaven: Recentering Christian Hope and Life on God.* Grand Rapids: Eerdmans, 2018.

ALLISON, D. C. *Constructing Jesus: Memory, Imagination, and History.* Grand Rapids: Baker, 2010.

———. *The Historical Christ and the Theological Jesus.* Grand Rapids: Eerdmans, 2009.

ANNAS, Jula; BARNES, Jonathan. *Sextus Empiricus: Outlines of Scepticism.* Cambridge: Cambridge University Press, 2000.

AYER, A. J. *Language, Truth and Logic.* Londres: Penguin Modern Classics, 2001 (1936).

BACCHIOCCHI, S. "Matthew 11:28-30: Jesus' Rest and the Sabbath". *Andrews University Seminary Studies* 22.3 (outono de 1984), p. 289-316.

———. *From Sabbath to Sunday: A Historical Investigation of the Rise of Sunday Observance in Early Christianity.* Roma: Pontifical Gregorian University Press, 1979.

———. "Sabbatical Typologies of Messianic Redemption". *JSJ* 17.2 (1986), p. 153-76.

BAIRD, W. *History of New Testament Research.* 3 vols. Mineápolis: Fortress, 1992-2013.

HISTÓRIA *e escatologia*

BARKER, M. *The Gate of Heaven: The History and Symbolism of the Temple in Jerusalem*. Londres: SPCK, 1991.

———. *Temple Theology: An Introduction*. Londres: SPCK, 2014.

BARNES, Julian. *Nothing To Be Frightened of*. Londres: Random House, 2008.

BARRETT, C. K. "J. B. Lightfoot as Biblical Commentator". Anexo F em J. B. Lightfoot, *The Epistles of 2 Corinthians and 1 Peter*, org. B. W. Witherington e T. D. Still. Downers Grove, Ill.: IVP, 2016.

BARTH, K. *Church Dogmatics*. Vol. 1, *The Doctrine of the Word of God*. Parte 2. Trad. G. T. Thomson e Harold Knight. Edimburgo: T&T Clark, 1956 (1938).

———. *Church Dogmatics*. Vol. 4, *The Doctrine of Reconciliation*. Parte2. Trad.G.W. Bromiley. Edimburgo: T&T Clark, 1956 (1953).

———. *Dogmatics in Outline*. Trad. G. T. Thompson. Londres: SCM Press, 1966 (1949).

———. *The Epistle to the Romans*. 2. ed. Trad. Edwyn C. Hoskins. Oxford: Oxford University Press, 1933 (1922).

———. *The Humanity of God*. Trad. Thomas Wieser e John Newton Thomas. Filadélfia: Westminster John Knox, 1998 (1960).

———. *The Knowledge of God and the Service of God according to the Teaching of the Reformation*. Trad. J. L. M. Haire e Ian Henderson. Londres: Hodder e Stoughton, 1938.

———. *Nein! Antwort an Emil Brunner*. Zurique: Theologischer Verlag, 1934.

———. e E. Thurneysen. *Revolutionary Theology in the Making: Barth-Thurneysen Correspondence, 1914–1925*. Londres: Epworth, 1964.

BAUCKHAM, R. J. "The Delay of the Parousia". *TynBul* 31 (1980), p. 3-36.

———. "Dualism and Soteriology in Johannine Theology". In *Beyond Bultmann: Reckoning a New Testament Theology*, org. B. W. Longenecker e M. C. Parsons, p. 133-53. Waco, Tex.: Baylor University Press, 2014.

———. *Jesus and the Eyewitnesses: The Gospels as Eyewitness Testimony*. 2. ed. Grand Rapids: Eerdmans, 2017 (2008).

———. *Jesus and the God of Israel*. Grand Rapids: Eerdmans, 2009.

———. *Jude, 2 Peter*. Waco, Tex.: Word, 1983.

BEALE, G. K. *The Book of Revelation: A Commentary on the Greek Text*. Grand Rapids: Eerdmans, 1999.

———. *The Temple and the Church's Mission*. Downers Grove, Ill.: IVP, 2004.

BEHLER, E. "Nietzsche in the Twentieth Century". In *The Cambridge Companion to Nietzsche*, org. B. Magnus e K. M. Higgins. Cambridge: Cambridge University Press, 1996.

BENJAMIN, W. *Illuminations*. Org. Hannah Arendt. Trad. Harry Zohn. Nova York: Schocken Books, 1968 (1958).

BENNETT, Alan. *Keeping On Keeping On*. Londres: Faber, 2016.

BENTLEY, M. *Modern Historiography: An Introduction*. Londres: Routledge, 1999.

BIBLIOGRAFIA

BERLIN, I. *Three Critics of the Enlightenment: Vico, Hamann, Herder.* 2. ed. Londres: Pimlico, 2013 (2000).

BERNE, P. "Albert Schweitzer und Richard Wagner". In *Die Geistigen Leitsterne Albert Schweitzers,* Jahrbuch 2016 für die Freunde von Albert Schweitzer (Albert-Schweitzer-Rundbrief 108). Org. E. Weber (2016), p. 55-76. Acesso digital via https://albert-schweitzer-heute.de/wp-content/uploads/2017/12/DHV-Rundbrief-2016.pdf.

BLACKBURN, S. *Truth: A Guide for the Perplexed.* Londres: Penguin, 2006 (2005).

BLAKE, William. *Selected Poems.* Oxford: Oxford University Press, 1996.

BLOOM, H. *The American Religion: The Emergence of the Post-Christian Nation.* Nova York: Simon and Schuster, 1992.

BOERSMA, H. *Heavenly Participation: The Weaving of a Sacramental Tapestry.* Grand Rapids: Eerdmans, 2011.

BOKSER, B. M. "Approaching Sacred Space". *HTR* 78 (1985), p. 279-99.

BOLT, P. G. "Mark 13: An Apocalyptic Precursor to the Passion Narrative". *RTR* 54 (1995), p. 10-30.

BOTNER, M. *Jesus Christ as the Son of David in the Gospel of Mark.* Cambridge: Cambridge University Press, 2019.

BRADBURY, M. *To the Hermitage.* Londres: Picador, 2012 (2000).

BREWER, Christopher R. "Beginning All Over Again: A Metaxological Natural Theology of the Arts". Tese de doutorado, Universidade de St. Andrews, 2015.

―――――. *Understanding Natural Theology.* Grand Rapids: Zondervan Academic, a ser publicado.

BRIGGS, A. *Secret Days: Code-Breaking in Bletchley Park.* Londres: Frontline Books, 2011.

BROWN, W. P. *The Ethos of the Cosmos: The Genesis of Moral Imagination in the Bible.* Grand Rapids: Eerdmans, 1999.

BROWNING, R. "Caliban upon Setebos; or, Natural Theology in the Island". In *The Poems of Robert Browning,* 650-55. Oxford: Oxford University Press, 1905.

BUBER, Martin. *Die Schrift und ihre Verdeutschung.* Berlim: Schocken, 1936.

BUCKLEY, M. J. *At the Origins of Modern Atheism.* New Haven, Conn.: Yale University Press, 1987.

BULTMANN, R. "Die Bedeutung des geschichtlichen Jesus für die Theologie des Paulus". In *Glauben und Verstehen,* vol. 1, 188-213. Tübingen: Mohr, 1933.

―――――. *The Gospel of John: A Commentary.* Trad. G. R. Beasley-Murray, R. W. N. Hoare, e J. K. Riches. Filadélfia: Westminster, 1971 (1941).

―――――. *History and Eschatology: The Presence of Eternity.* Nova ed. Waco, Tex.: Baylor University Press, 2019 (1955).

HISTÓRIA *e escatologia*

————. *The History of the Synoptic Tradition*. Trad. J. Marsh. Oxford: Blackwell, 1968 (1921).

————. *Jesus Christ and Mythology*. Nova York: Scribner, 1958.

————. *The New Testament and Mythology and Other Basic Writings*. Ed. e trad. Schubert M. Ogden. Filadélfia: Fortress, 1984 (1941).

————. *Primitive Christianity in Its Contemporary Setting*. Trad. R. H. Fuller. Londres: Collins, 1956.

————. *Theology of the New Testament*. Trad. Kendrick Grobel. 2 vols. Londres: SCM Press, 1951-1955. Waco, Tex.: Baylor University Press, 2007.

————. *Teologia do Novo Testamento*. Rio de Janeiro: Academia Cristã, 1984.

BULTMANN, R. et al. *Kerygma and Myth: A Theological Debate*. Trad. Reginald H. Fuller. Londres: SPCK, 1953 (1941).

BURKE, P. *What Is History Really About?* Brighton: EER Publishers, 2018.

BURKITT, F. C. "The Eschatological Idea in the Gospel". In *Essays on Some Biblical Questions of the Day by Members of the University of Cambridge*, org. H. B. Swete, p. 193-214. Londres: Macmillan, 1909.

BURNETT, R. E. *Karl Barth's Theological Exegesis: The Hermeneutical Principles of the Römerbrief Period*. Tübingen: Mohr Siebeck, 2001.

BURRIDGE, R. *What Are the Gospels? A Companion with Graeco-Roman Biography*. SNTSMS 70. Cambridge: Cambridge University Press, 1992. 2. ed, Grand Rapids: Eerdmans, 2004. Ed. de 25º aniversário, Waco, Tex.: Baylor University Press, 2018.

BURROW, J. *A History of Histories*. Londres: Penguin, 2007.

BURY, J. B. *The Idea of Progress: An Enquiry into Its Origin and Growth*. Londres: Macmillan, 1920.

CAIRD, G. B. *The Language and Imagery of the Bible*. Londres: Duckworth, 1980.

CARR, E. H. *What Is History?* Cambridge: Cambridge University Press, 1961.

CARSON, D. A., ed. *From Sabbath to Lord's Day*. Eugene, Ore.: Wipf & Stock, 1982.

CHADWICK, H. "The Chalcedonian Definition". In *Selected Writings*, org. William G. Rusch, p. 101-14. Grand Rapids: Eerdmans, 2017 (1983).

CHAMBERS, E. *Cyclopedia, or a Universal Dictionary of Arts and Sciences*. Londres: Knapton, Darby and Midwinter, 1728.

CHAPMAN, M. D. *The Coming Crisis: The Impact of Eschatology on Theology in Edwardian England*. Sheffield: Sheffield Academic Press, 2001.

CHARDIN, P. Teilhard de. *The Phenomenon of Man*. Trad. Bernard Wall. Londres: Collins Fontana, 1965 (1955).

————. *O fenômeno humano*. São Paulo: Cultrix, s.d.

COLLINGWOOD, R. G. *The Idea of History*. 2. ed. Org. J. van der Dussen. Nova York: Oxford University Press, 1994 (1946).

COLLINS, J. J. *The Apocalyptic Imagination*. Nova York: Crossroad, 1987.

————. *Daniel*. Mineápolis: Fortress, 1993.

BIBLIOGRAFIA

COLLINS, R. *The Sociology of Philosophies: A Global Theory of Intellectual Change*. Cambridge, Mass.: Belknap Press of Harvard University Press, 1998.

CONGDON, D. "The Spirit of Freedom: Eberhard Jüngel's Theology of the Third Article", in Congdon, D. *Indicative of Grace — Imperative of Freedom: Essays in Honour of Eberhard Jüngel in His 80th Year*, org. D. R. Nelson, p. 13–27. Londres: Bloomsbury/T&T Clark, 2014.

CONGDON, D. W. *The God Who Saves: A Dogmatic Sketch*. Eugene, Ore.: Cascade, 2016.

———. *The Mission of Demythologizing: Rudolf Bultmann's Dialectical Theology*. Mineápolis: Fortress, 2015.

———. *Rudolf Bultmann: A Companion to His Theology*. Eugene, Ore.: Cascade, 2015.

CONZELMANN, H. *The Theology of St. Luke*. Trad. Geoffrey Buswell. Nova York: Harper and Row, 1961 (1953).

COOK, H. *The Young Descartes: Nobility, Rumor and War*. Chicago: University of Chicago Press, 2018.

COOKE, D. *I Saw the World End: A Study of Wagner's Ring*. Oxford: Oxford University Press, 1979.

CRAIG, William Lane; MORELAND, J. P. *The Blackwell Companion to Natural Theology*. Malden, Mass.: Wiley-Blackwell, 2012.

DALEY, B. E. *The Hope of the Early Church: A Handbook of Patristic Eschatology*. Grand Rapids: Baker Academic, 2010 (1991).

DAVIES, J. P. *Paul among the Apocalypses? An Evaluation of the Apocalyptic Paul in the Context of Jewish and Christian Apocalyptic Literature*. Londres: T&T Clark, 2018.

DAVIES, W. D.; ALLISON, D. C. *A Critical and Exegetical Commentary on the Gospel according to Saint Matthew*. Vol. 2. Edimburgo: T&T Clark, 1991.

DAVIS, J. B.; HARINK, D. Harink. *Apocalyptic and the Future of Theology: With and beyond J. Louis Martyn*. Eugene, Ore.: Cascade, 2012.

DAY, J., ed. *Temple and Worship in Biblical Israel*. Londres: T&T Clark, 2007.

DE CHARDIN, P. Teilhard. *The Phenomenon of Man*. Trad. Bernard Wall. Londres: Collins Fontana, 1965 (1955).

DE LANG, M. H. "Literary and Historical Criticism as Apologetics: Biblical Scholarship at the End of the Eighteenth Century". *Nederlands archief voor kerkgeschiedenis/ Dutch Review of Church History* 72.2 (1992), 149-65.

DEINES, R. *Acts of God in History*. Tübingen: Mohr Siebeck, 2013.

DODD, C. H. *The Parable of the Kingdom*. Ed. rev. Londres: Nisbet, 1961 (1935).

_____. *As parábolas do reino*. São Paulo: Fonte Editorial, 2009.

DOERING, L. *Schabbat: Sabbathalacha und -praxis im antiken Judentum und Urchristentum*. Tübingen: Mohr Siebeck, 1999.

HISTÓRIA *e escatologia*

ECO, U. "Horns, Hooves, Insteps: Some Hypotheses on Three Types of Abduction". In *Dupin, Holmes, Peirce: The Sign of Three*, org. U. Eco e T. A. Sebeok, p. 198-220. Bloomington: Indiana University Press, 1983.

EDELSTEIN, D. *The Enlightenment: A Genealogy.* Chicago: University of Chicago Press, 2010.

EHRING, C. *Die Rückkehr JHWHs: Traditions und religionsgeschichtliche Untersuchungen zu Jesaja 40,1–11, Jesaja 52,7–10 und verdandten Texten.* Neukirchen: Neukirchener Verlag, 2007.

ELIOT, T. S. *Quatro quartetos.* Orlando: Harcourt, 1971 (1943).

ELLIOTT, M.W. *Providence Perceived: Divine Action from a Human Point of View.*Berlim:de Gruyter, 2015.

EPICURO. *Carta sobre a felicidade (a Meneceu).* São Paulo: Unesp, s.d.

ELTON, G. R. *The Practice of History.* 2. ed. Oxford: Blackwell, 2002 (1967).

EVANS, C. Stephens. "Methodological Naturalism in Historical Biblical Scholarship". In *Jesus and the Restoration of Israel: A Critical Assessment of N. T. Wright's* Jesus and the Victory of God, org. C. Newman, 2. ed., p. 180-205. Waco, Tex.: Baylor University Press, 2018 (1999).

FERGUSSON, D. *The Providence of God: A Polyphonic Approach.* Cambridge: Cambridge University Press, 2018.

————. *Rudolf Bultmann.* 2. ed. Nova York: Continuum, 2000 (1992).

FISHBANE, M. *Biblical Text and Texture: A Literary Reading of Selected Biblical Texts.* Oxford: Oneworld, 1998 (1979).

FRAENKEL, Peter, trad. *Natural Theology: Comprising "Nature and Grace" by Professor Dr. Emil Brunner and the Reply 'No!' by Dr. Karl Barth.* Eugene, Ore.: Wipf & Stock, 2002 (1946).

FRIEDMAN, T. "The Sabbath: Anticipation of Redemption". *Judaism* 16 (1967), p. 445-52.

GADAMER, H.-G. *Verdade e método: traços fundamentais de uma hermenêutica filosófica.* Petrópolis: Vozes, 1999

————. *Truth and method.* 2. ed. rev. Londres: Sheed and Ward, 1989 (1960).

GALE, M. R. *Oxford Readings in Classical Studies: Lucretius.* Oxford: Oxford University Press, 2007.

GAMMIE, J. G. "Spatial and Ethical Dualism in Jewish Wisdom and Apocalyptic Literature". *JBL* 93 (1974), p. 356-85.

GARDINER, P. L. "Historicism". In *The Oxford Companion to Philosophy*, org. T. Honderich, p. 357. Oxford: Oxford University Press, 1995.

GARDNER, H., ed. *The Oxford Book of English Verse.* Oxford: Oxford University Press, 1972.

GAY, Peter. *The Enlightenment: The Rise of Modern Paganism.* 2 vols. Nova York: Knopf, 1966.

GIBBON, E. *Declínio e queda do império romano.* São Paulo: Companhia de Bolso, s.d.

BIBLIOGRAFIA

_____. *The Decline and Fall of the Roman Empire*. Londres: Frederick Warne, n.d., v. 1.

GINZBERG, L. *The Legends of the Jews*. 14. ed. Filadélfia: Jewish Publication Society of America, 1937 (1909).

GINZBURG. *Mitos, emblemas, sinais*. São Paulo: Companhia das Letras, 1989.

_____. *Clues, Myths and the Historical Method*. Trad. John e Anne C. Tedeschi. Nova ed., Baltimore: Johns Hopkins University Press, 2013 (1986).

GOETHE, J. W. *Faust: Eine Tragödie. Erster Theil*. Org. E. Gaier. Stuttgart: Reclam, 2011.

GOLDINGAY, J. E. *Daniel*. Dallas: Word Books, 1989.

GORDON, D. R.; SUITS, D. B. *Epicurus: His Continuing Influence and Contemporary Relevance*. Rochester, N.Y.: RIT Cary Graphic Arts Press, 2003.

GRAY, John. *Seven Types of Atheism*. Londres: Allen Lane, 2018.

GREEN, A. "Sabbath as Temple: Some Thoughts on Space and Time in Judaism". In *Go and Study: Essays and Studies in Honor of Alfred Jospe*, org. R. Jospe e S. Z. Fishman, p. 287-305. Washington, D.C.: B'nai B'rith Hillel Foundation, 1982.

GREEN, Joel. "History, Historiography". In *New Interpreters Dictionary of the Bible*, vol. 2, D–H, org. K. D. Sakenfeld, 830. Nashville: Abingdon, 2007.

GREENBLATT, S. *The Swerve: How the Renaissance Began*. Londres: Bodley Head, 2011.

GROTTANELLI, C. "Nietzsche and Myth". *History of Religions* 37.1 (1997), p. 3-20.

HARRIS, J. A. *Hume: An Intellectual Biography*. Cambridge: Cambridge University Press, 2018.

HART, J. W. *Karl Barth vs. Emil Brunner: The Formation and Dissolution of a Theological Alliance, 1916–1936*. Nova York: Peter Lang, 2001.

HATTON, B. *Queen of the Sea: A History of Lisbon*. Londres: C. Hurst, 2018.

_____. *Rainha do mar*. Lisboa: Clube do Autor, 2019.

HAWES, J. *The Shortest History of Germany*. Yowlestone House, Devon: Old Street Publishing, 2017.

HAYS, C. M., ed. *When the Son of Man Didn't Come: A Constructive Proposal on the Delay of the Parousia*. Mineápolis: Fortress, 2016.

HAYS, R. B. *The Conversion of the Imagination: Paul as Interpreter of Israel's Scriptures*. Grand Rapids: Eerdmans, 2005.

———. *Echoes of Scripture in the Gospels*. Waco, Tex.: Baylor University Press, 2016.

———. *Reading Backwards*. Waco, Tex.: Baylor University Press, 2015.

HAYS, R. B.; GAVENTA, B., eds. *Seeking the Identity of Jesus: A Pilgrimage*. Grand Rapids: Eerdmans, 2008.

HAYWARD, R. *The Jewish Temple: A Non-biblical Sourcebook*. Londres: Routledge, 1996.

HISTÓRIA *e escatologia*

HEILIG, C.; HEWITT, J. T.; BIRD, M. F., eds. *God and the Faithfulness of Paul*. Grand Rapids: Eerdmans, 2017.

HEISENBERG, W. "Über den anschaulichen Inhalt der quantentheoretischen Kinematik und Mechanik". *Zeitschrift für Physik* 43.3-4 (1927), p. 172-98.

HENGEL, M. *Acts and the History of Earliest Christianity*. Trad. John Bowden. Londres: SCM Press, 1979.

―――. *Between Jesus and Paul: Studies in the Earliest History of Christianity*. Trad. John Bowden. Londres: SCM Press, 1983. Reimpresso, Waco, Tex.: Baylor University Press, 2013.

―――. *Crucifixion in the Ancient World and the Folly of the Message of the Cross*. Trad. John Bowden. Londres: SCM Press, 1976.

HESCHEL, Abraham J. *The Sabbath: Its Meaning for Modern Man*. Nova York: Farrar, Straus and Giroux, 2005 (1951).

HEWITT, J. T. *In Messiah: Messiah Discourse in Ancient Judaism and "In Christ" Language in Paul*. Tübingen: Mohr, 2019.

HICK, John, ed. *The Myth of God Incarnate*. Londres: SCM Press, 1977.

HÖLSCHER, Lucien. "Mysteries of Historical Order: Ruptures, Simultaneity and the Relationship of the Past, the Present and the Future". In *Breaking Up Time: Negotiating the Borders between Present, Past and Future*, org. C. Lorenz e B. Bevernage, p. 134-51. Göttingen: Vandenhoeck & Ruprecht, 2013.

―――. *Weltgericht oder Revolution: Protestantische und sozialistische Zukunfts-vorstellungen im deutschen Kaiserreich*. Stuttgart: Klett-Cotta, 1989.

HONDERICH, T., ed. *The Oxford Companion to Philosophy*. Oxford: Oxford University Press, 1995.

HORBURY, W. *Jewish War under Trajan and Hadrian*. Cambridge: Cambridge University Press, 2014.

HORWICH, P. *Truth*. Oxford: Oxford University Press, 1990.

―――. "Truth". In *The Cambridge Dictionary of Philosophy*, 2. ed., p. 929-31. Cambridge: Cambridge University Press, 1999.

HUNDLEY, M. *Gods in Dwellings*. Atlanta: SBL, 2013.

HURTADO, L. W. *How on Earth Did Jesus Become a God?* Grand Rapids: Eerdmans, 2005.

―――. *Lord Jesus Christ: Devotion to Jesus in Earliest Christianity*. Grand Rapids: Eerdmans, 2003.

ISRAEL, Jonathan. "The Philosophical Context of Hermann Samuel Reimarus' Radical Bible Criticism". In *Between Philology and Radical Enlightenment: Hermann Samuel Reimarus (1694–1768)*, org. M. Mulsow, p. 183-200. Leiden: Brill, 2011.

JACOB, H. G. *Conformed to the Image of His Son: Reconsidering Paul's Theology of Glory in Romans*. Downers Grove, Ill.: IVP Academic, 2018.

JACOBI, E. R. *Albert Schweitzer und Richard Wagner: Eine Dokumentation*. Tribschen: Schweizerische Richard-Wagner-Gesellschaft, 1977.

BIBLIOGRAFIA

JANICK, A. S.; TOULMIN, S. E. *Wittgenstein's Vienna*. Mineápolis: Ivan R. Dee, 1996.

JARDINE, L. *On a Grander Scale: The Outstanding Career of Sir Christopher Wren*. Londres: Harper-Collins, 2002.

JENSON, R. *Systematic Theology. The Triune God*. Nova York: Oxford University Press, 1997, v. 1.

———. *Visible Words: The Interpretation and Practice of Christian Sacraments*. Mineápolis: Fortress, 2010.

JOHNSON, L. T. *The Real Jesus: The Misguided Quest for the Historical Jesus and the Truth of the Traditional Gospels*. Nova York: HarperCollins, 1997.

JOHNSON, W. R. *Lucretius and the Modern World*. Londres: Duckworth, 2000.

JONES, G. S. *Karl Marx: Greatness and Illusion*. Londres: Penguin, 2017.

_____. *Karl Marx: grandeza e ilusão*. São Paulo: Companhia das Letras, 2017.

JONES, H. *The Epicurean Tradition*. Londres: Routledge, 1989.

JOY, C. R., ed. *Music in the Life of Albert Schweitzer*. Nova York: Harper, 1951.

KÄHLER, Martin. *Der sogenannte historische Jesus und der geschichtliche, biblische Christus*. Leipzig: Deichert, 1892.

KANT, Immanuel. "Beantwortung der Frage: Was ist Aufklärung?", *Berlinische Monatsschrift* 12 (1784), p. 481-94.

KÄSEMANN, E. *Perspectives on Paul*. Trad. M. Kohl. Londres: SCM Press, 1971 (1969).

KEENER, C. *The Gospel of John: A Commentary*. 2 vols. Peabody, Mass.: Hendrickson, 2003.

KENNY, A. J. P. *A New History of Western Philosophy*. Oxford: Clarendon, 2010.

_____. *Uma nova história da filosofia ocidental*. São Paulo: Loyola, 2008.

KING-HELE, D. *Erasmus Darwin: A Life of Unequalled Achievement*. Londres: Giles de la Mare, 1999.

KIRKHAM, R. L. *Theories of Truth: A Critical Introduction*. Cambridge, Mass.: MIT Press, 1992.

KITCHER, P.; SCHACHT, R. *Finding an Ending: Reflections on Wagner's Ring*. Oxford: Oxford University Press, 2004.

KLAWANS, J. *Purity, Sacrifice and the Temple: Symbolism and Supersessionism in the Study of Ancient Judaism*. Oxford: Oxford University Press, 2006.

KNIGHT, D. A. "The Pentateuch". In *The Hebrew Bible and Its Modern Interpreters*, org. D. A. Knight e G. M. Tucker, p. 263-96. Chico, Calif.: Scholars Press, 1985.

KOCH, K. *The Rediscovery of Apocalyptic: A Polemical Work on a Neglected Area of Biblical Studies and Its Damaging Effects on Theology and Philosophy*. Londres: SCM Press, 1972.

KOESTER, C. *The Dwelling of God: The Tabernacle in the Old Testament, Intertestamental Jewish Literature and the New Testament*. Washington, D.C.: Catholic Bible Association, 1989.

KOSELLECK, R. *Futures Past: On the Semantics of Historical Time*. Boston: MIT Press, 1985.

_____. *Futuro passado: contribuição à semântica dos tempos históricos*. Rio de Janeiro: Contraponto/Puc-RJ, 2006.

KOTKIN, Stephen. "When Stalin Faced Hitler". *Foreign Affairs* 96.6 (2017), p. 54.

KÜHN, T. *The Structure of Scientific Revolutions*. 2. ed. Chicago: University of Chicago Press, 1970 (1962).

KÜNG, Hans. *The Church*. Londres: Burns and Oates, 1968.

LARSEN, Ø. "Kierkegaard's Critique of Hegel: Existentialist Ethics versus Hegel's Sittlichkeit in the Institutions of Civil Society of the State". *Nordicum Mediterraneum* 11.2 (2016). Disponível em: https:// nome.unak.is/ wordpress/08-3/c69-conference-paper/kierkegaard-s-critique-of-hegel-existentialist-ethics-versus-hegel-s-sittlichkeit-in-the-institutions-of-civil-society-of-the-state/.

LASCH, C. *The True and Only Heaven: Progress and Its Critics*. Nova York: Norton, 1991.

LEDDY, N.; LIFSCHITZ, A. S., eds. *Epicurus in the Enlightenment*. Oxford: Voltaire Foundation, 2009.

LEE, P. J. *Against the Protestant Gnostics*. 2. ed. Nova York: Oxford University Press, 1993 (1987).

LEIBNIZ, Gottfried Wilhelm. *Die Philosophischen Schriften von Gottfried Wilhelm Leibniz*. Org. C. I. Gerhardt. 7 vols. Berlim: 1875–1890. Reimpresso, Hildesheim: Olms, 1965.

LESSING, G. E. "On the Proof of the Spirit and of Power". In *Lessing's Theological Writings*, trad. org. H. Chadwick. Stanford: Stanford University Press, 1956.

LESSL, T. M. *Rhetorical Darwinism: Religion, Evolution and the Scientific Identity*. Waco, Tex.: Baylor University Press, 2012.

LEVENSON, J. D. *Creation and the Persistence of Evil: The Jewish Drama of Divine Omnipotence*. Princeton: Princeton University Press, 1994 (1988).

LEWIS, C. S. *The Discarded Image*. Cambridge: Cambridge University Press, 1964.

_____. *A imagem descartada: para compreender a visão medieval do mundo*. São Paulo: É Realizações, 2015.

_____. *A Preface to Paradise Lost*. Oxford: Oxford University Press, 1942.

_____. *The Screwtape Letters*. Londres: Geoffrey Bles, 1942.

_____. *Cartas de um diabo a seu aprendiz*. Rio de Janeiro: Thomas Nelson Brasil, 2017.

BIBLIOGRAFIA

————. *Christian Reflections*. Londres: Geoffrey Bles, 1967.

————. *Reflexões cristãs*. Rio de de Janeiro: Thomas Nelson Brasil, 2019.

LINCOLN, A. T. "Sabbath, Rest and Eschatology in the New Testament". In *From Sabbath to Lord's Day: A Biblical, Historical and Theological Investigation*, ed. D. A. Carson, p.198-220. Eugene, Ore.: Wipf & Stock, 1982.

LINDEMANN, A. "The Resurrection of Jesus: Reflections on Historical and Theological Questions". *Ephemerides Theologicae Lovanienses* 93.4 (2017), p. 557-79.

LLOYD, G. *Providence Lost*. Cambridge, Mass.: Harvard University Press, 2008.

LONERGAN, Bernard. *Method in Theology*. Londres: Darton, Longman and Todd, 1972.

LONG, A. A.; SEDLEY, D. N. *The Hellenistic Philosophers*. Vol. 1, *Translations of the Principal Sources with Philosophical Commentary*. Cambridge: Cambridge University Press, 1987.

LONGENECKER, B. W.; PARSONS, M. C., eds. *Beyond Bultmann: Reckoning a New Testament Theology*. Waco, Tex.: Baylor University Press, 2014.

LUNDQUIST, J. M. *The Temple of Jerusalem: Past, Present, and Future*. Santa Bárbara: Praeger, 2008.

MACMILLAN, M. *The War that Ended Peace*. Londres: Profile Books, 2014.

MAGEE, B. *Wagner and Philosophy*. Londres: Penguin, 2001.

MANN, Thomas. *Doctor Faustus: The Life of the German Composer as Told by a Friend*. Trad. H. T. Lowe-Porter. Londres: Vintage Books, 2015 (1947).

————. *Doutor Fausto: a vida do compositor alemão Adrian Leverkühn narrada por um amigo*. São Paulo: Companhia das Letras, 2015.

MARTYN, J. L. *Galatians*. AB. Nova York: Doubleday, 1997.

MASON, S. *Orientation to the History of Roman Judaea*. Eugene, Ore.: Cascade, 2016.

MAY, H. G. "Some Cosmic Connotations". *JBL* 74.1 (1955), p. 9-21.

MAY, S. *Love: A New Understanding of an Ancient Emotion*. Nova York: Oxford University Press, 2019.

MAYO, T. *Epicurus in England (1650–1725)*. Dallas: Southwest Press, 1934.

MCGILCHRIST, I. *The Master and His Emissary: The Divided Brain and the Making of the Western World*. New Haven, Conn.: Yale University Press, 2009.

MCGRATH, A. E. *Emil Brunner: A Reappraisal*. Chichester: Wiley Blackwell, 2014.

————. *Re-imagining Nature: The Promise of a Christian Natural Theology*. Chichester: Wiley-Blackwell, 2017.

MCPHEE, P. *Robespierre: A Revolutionary Life*. New Haven, Conn.: Yale University Press, 2012.

MEEKS, E. L. *Loving to Know: Covenant Epistemology*. Eugene, Ore.: Cascade, 2011.

HISTÓRIA *e escatologia*

MEYER, B. F. *The Aims of Jesus.* Londres: SCM Press, 1979.

————. *Critical Realism and the New Testament.* Allison Park, Pa.: Pickwick, 1989.

MIDDLETON, J. R. *The Liberating Image: The Imago Dei in Genesis 1.* Grand Rapids: Brazos, 2005.

———; WALSH, B. J. *Truth Is Stranger than It Used to Be: Biblical Faith in a Postmodern Age.* Downers Grove, Ill.: IVP, 1995.

MOFFITT, D.M. *Atonement and the Logic of Resurrection in the Epistle to the Hebrews.* Leiden: Brill, 2013.

MOLTMANN, J. *The Coming of God.* Trad. Margaret Kohl. Mineápolis: Fortress, 1996 (1995).

MOLTMANN, J. *A vinda de Deus.* São Leopoldo: Unisinos, 2003.

————. *God in Creation: an Ecological Doctrine of Creation.* Trad. M. Kohl. Londres: SCM Press, 1985.

———. *Deus na criação: doutrina ecológica da criação.* Petrópolis: Vozes, s.d.

————. *Experiences in Theology: Ways and Forms of Christian Theology.* Trad. M. Kohl. Londres: SCM Press, 2000.

————. "The Liberation of the Future from the Power of History". In *God Will Be All in All: The Eschatology of Jürgen Moltmann*, org. R. Bauckham, p. 265-89. Londres: T&T Clark, 1999.

————. *Theology of Hope: On the Ground and the Implications of a Christian Eschatology.* Trad. James W. Leitch. Londres: SCM Press, 1967 (1965).

————. "The World in God or God in the World?" In *God Will Be All in All: The Eschatology of Jürgen Moltmann*, org. R. Bauckham, p. 35-42. Londres: T&T Clark, 1999.

MORALES, L. M., ed. *Cult and Cosmos: Tilting Towards a Temple-Centered Theology.* Leuven: Peeters, 2014.

MORGAN, R. "Albert Schweitzer's Challenge and the Response from New Testament Theology". In *Albert Schweitzer in Thought and Action*, org. J. C. Paget e M. J. Thate, p. 71-104. Syracuse: Syracuse University Press, 2016.

MOTYER, S. *Come, Lord Jesus! A Biblical Theology of the Second Coming of Christ.* Londres: Apollos, 2016.

MOULE, C. F. D. *The Birth of the New Testament.* 3. ed. Londres: A&C Black, 1982 (1962).

MURPHY, F. A. "Everything Is Outside the Text". *First Things.* 02 de novembro de 2017.

MURRAY, Iain. *The Puritan Hope: Revival and the Interpretation of Prophecy.* Edimburgo: Banner of Truth, 1971.

NEIMAN, S. *Evil in Modern Thought: An Alternative History of Philosophy.* Princeton: Princeton University Press, 2002. Reimpresso com novo prefácio e posfácio, 2015.

———. *O mal no pensamento moderno: uma história alternativa da filosofia.* Rio de Janeiro: Difel, 2003.

BIBLIOGRAFIA

_____. *O mal e a justiça de Deus*. Viçosa, MG: Ultimato, 2009.

NEWMAN, C. C. *Paul's Glory-Christology: Tradition and Rhetoric*. Leiden: Brill, 1992. Reimpresso, Waco, Tex.: Baylor University Press, 2017.

NISBET, R. *History of the Idea of Progress*. Nova York: Basic Books, 1980.

NIXEY, C. *The Darkening Age: The Christian Destruction of the Classical World*. Londres: Macmillan, 2017.

NORMAN, J. *Adam Smith: What He Thought and Why It Matters*. Londres: Allen Lane, 2018.

O'DONOVAN, Oliver. *Resurrection and Moral Order*. Leicester: IVP, 1994 (1986).

O'MEARA, D. J. *Cosmology and Politics in Plato's Later Works*. Cambridge: Cambridge University Press, 2017.

OERMANN, N. O. *Albert Schweitzer: A Biography*. Oxford: Oxford University Press, 2017.

PAICE, E. *Wrath of God: The Great Lisbon Earthquake of 1755*. Londres: Quercus, 2009.

_____. *A ira de Deus: a incrível história do terremoto que devastou Lisboa em 1755*. Rio de Janeiro: Record, 2010.

PANNENBERG, W. *Anthropology in Theological Perspective*. Trad. M. J. O'Connell. Edimburgo: T&T Clark, 1999 (1985).

_____.*Basic Questions in Theology*. Trad. G. H. Kelm. 3 vols. Londres: SPCK, 1970-1973 (1967).

_____. *Christianity in a Secularised World*. Londres: SCM, 1989.

PERRIN, N. *Jesus the Temple*. Londres: SPCK, 2010.

_____; HAYS, R. B., eds. *Jesus, Paul and the People of God: A Theological Dialogue with N. T. Wright*. Downers Grove, Ill.: IVP Academic, 2011.

PINKER, S. *The Better Angels of our Nature*. Londres: Penguin, 2012.

_____. *Os anjos bons da nossa natureza*. São Paulo: Companhia das Letras, s.d.

_____. *O novo Iluminismo, em defesa da razão, da ciência e do humanismo*. São Paulo: Companhia das Letras, 2018.

_____. *Enlightenment Now: The Case for Reason, Science, Humanism, and Progress*. Londres: Penguin, 2018.

POPE, Alexander. "Intended for Sir Isaac Newton". In *The Poetical Works of Alexander Pope*, 371. Londres: Frederick Warne, n.d.

_____. *Ensaio sobre a crítica de Alexandre Pope*. S.l.: Forgotten Books, 2018.

POPPER, K. *The Open Society and Its Enemies*. Londres: Routledge and Kegan Paul, 1952.

_____. *A sociedade aberta e seus inimigos*. São Paulo: Edições 70, 2012.

_____. *The Poverty of Historicism*. Londres: Routledge, 2002 (1957).

PORTER, S. E.; PITTS, A. W. "Critical Realism in Context: N. T. Wright's Historical Method and Analytic Epistemology". *Journal for the Study of the Historical Jesus* 13 (2015), p. 276-306.

HISTÓRIA *e escatologia*

PORTIER-YOUNG, A. *Apocalypse against Empire: Theologies of Resistance in Early Judaism.* Grand Rapids: Eerdmans, 2011.

POTOK, Chaim. *My Name Is Asher Lev.* Londres: Heinemann, 1972.

PRIESTLEY, J. B. *An Inspector Calls: A Play in Three Acts.* Londres: Heinemann, 1947.

PTOLEMY. *The Almagest: Introduction to the Mathematics of the Heavens.* Trad. B. M. Perry. Org. W. H. Donahue. Santa Fé, Novo México.: Green Lion, 2014.

QU, T. X. "'In the Drawing Power of Goethe's Sun: A Preliminary Investigation into Albert Schweitzer's Reception of Goethe". In *Albert Schweitzer in Thought and Action*, org. J. C. Paget e M. J. Thate, p. 216-233. Syracuse, N.Y.: Syracuse University Press, 2016.

RADNER, E. "Exile and Figural History". In *Exile: A Conversation with N. T. Wright*, org. J. M. Scott, p. 273-301. Downers Grove, Ill.: IVP Academic, 2017.

————. *Time and the Word: Figural Reading of the Christian Scriptures.* Grand Rapids: Eerdmans, 2016.

RAE, Murray. *History and Hermeneutics.* Londres: T&T Clark, 2005.

RE MANNING, Russell, ed. *The Oxford Handbook of Natural Theology.* Oxford: Oxford University Press, 2013.

RENWICK, P. *Paul, the Temple, and the Presence of God.* Atlanta: Scholars Press, 1991.

REVENTLOW, H. G. *The Authority of the Bible and the Rise of the Modern World.* Londres: SCM, 1984 (1980).

REYNOLDS, B. E.; STUCKENBRUCK, L. T., eds. *The Jewish Apocalyptic Tradition and the Shaping of New Testament Thought.* Mineápolis: Fortress, 2017.

ROBERTSON, J. *The Enlightenment: A Very Short Introduction.* Oxford: Oxford University Press, 2015.

ROWLAND, C. C. *The Open Heaven: A Study of Apocalyptic in Judaism and Early Christianity.* New York: Crossroad, 1982.

SANDERS, E. P. *Comparing Judaism and Christianity: Common Judaism, Paul, and the Inner and the Outer in Ancient Religion.* Mineápolis: Fortress, 2016.

————. *Jesus and Judaism.* Londres: SCM Press, 1985.

————. *Judaism: Practice and Belief, 63 BCE–66 CE.* Londres: SCM Press, 1992.

————. *Paul and Palestinian Judaism.* Londres: SCM Press, 1977.

SCHÄFER, P. *The Bar Kokhba War Reconsidered: New Perspectives on the Second Jewish Revolt against Roma.* Tübingen: Mohr Siebeck, 2003.

SCHMEMANN, A. *World as Sacrament.* Londres: Darton, Longman and Todd, 1974.

SCHOLTZ, G. "The Notion of Historicism and 19th Century Theology". In *Biblical Studies and the Shifting of Paradigms, 1850–1914*, org. H. Graf Reventlow e W. R. Farmer, p. 149-67. Londres: Bloomsbury, 1995.

BIBLIOGRAFIA

SCHÜTZEICHEL, Harald. *Die Konzerttätigkeit Albert Schweitzers*. Berna: Haupt, 1991.

SCHWEITZER, A. *J. S. Bach*. Trad. Ernest Newman. 2 vols. Londres: A&C Black, 1923 (1908).

———. *The Mysticism of the Apostle Paul*. Trad. William Montgomery. Londres: A&C Black, 1931 (1911).

———. *The Mystery of the Kingdom of God: The Secret of Jesus' Messiahship and Passion*. Trad. Walter Lowrie. Nova York: Dodd, Mead and Company, 1914 (1901).

———. *The Quest of the Historical Jesus: First Complete Edition*. Org. J. Bowden. Londres: SCM Press, 2000 (1906).

SCHWEMER, A.-M. "Gott als König und seine Königsherrschaft in den Sabbatliedern aus Qumran". In *Königsherrschaft und himmlischer Kult im Judentum, Urchristentum und in der hellenistischen Welt*, org. M. Hengel e A. M. Schwemer, p. 45-118. WUNT 55. Tübingen: Mohr Siebeck, 1991.

SCOTT, J. M., ed. *Exile: A Conversation with N. T. Wright*. Downers Grove, Ill.: IVP Academic, 2017.

SCRUTON, R. *The Ring of Truth: The Wisdom of Wagner's Ring of the Nibelung*. Londres: Penguin, 2017.

SIMONUTTI, Luisa. "Deism, Biblical Hermeneutics, and Philology". In *Atheism and Deism Revalued: Heterodox Religious Identities in Britain, 1650–1800*, org. Wayne Hudson, Lucci Diego e Jeffrey R. Wigelsworth, p. 45-62. Farnham: Ashgate, 2014.

SMITH, C.; DENTON, M. L. *Soul Searching: The Religious and Spiritual Lives of American Teenagers*. Nova York: Oxford University Press, 2005.

STANDHARTINGER, A. "*Bultmann's Theology of the New Testament* in Context". In *Beyond Bultmann: Reckoning a New Testament Theology*, ed. B.W. Longenecker e M. C. Parsons, p. 233-55. Waco, Tex.: Baylor University Press, 2014.

STARK, R. *The Rise of Christianity*. Princeton: Princeton University Press, 1996.

_____. *O crescimento do cristianismo: um sociólogo reconsidera a História*. São Paulo: Edições Paulinas, 2006.

STERN, F., ed. *The Varieties of History from Voltaire to the Present*. 2. ed. Nova York: Vintage, 1973 (1956).

STRAUSS, D. F. *Die christliche Glaubenslehre in ihrer geschichtlichen Entwicklung und im Kampfe mit der modernen Wissenschaft*. 2 vols. Tübingen: C. F. Osiander, 1840.

SYFRET, R. H. "Some Early Reactions to the Royal Society". *Notes and Records of the Royal Society* 7 (1950).

TALLETT, F. "Dechristianizing France: The Year II and the Revolutionary Experience". In F. Tallett e N. Atkin, *Religion, Society and Politics in France Since 1789*, p. 1-28. Londres: Bloomsbury Academic, 1991.

HISTÓRIA *e escatologia*

TARRANT, J. "Aspects of Virgil's Reception in Antiquity". In *The Cambridge Companion to Virgil*, org. C. Martindale, p. 56-72. Cambridge: Cambridge University Press, 1997.

TAYLOR, C. *Secular Age*. Cambridge, Mass.: Belknap Press of Harvard University Press, 2007.

_____. *Uma era secular*. São Leopoldo: Unisinos, 2017.

_____. "The Poverty of the Poverty of Historicism". *Universities and Left Review* 4 (Summer 1958), p. 77-78.

TENNYSON, Alfred Lord. *The Complete Works of Alfred Lord Tennyson*. Londres: Macmillan, 1898.

THISELTON, A. C. *The First Epistle to the Corinthians: A Commentary on the Greek Text*. Grand Rapids: Eerdmans, 2000.

_____. *Hermeneutics of Doctrine*. Grand Rapids: Eerdmans, 2007.

_____. *The Two Horizons: New Testament Hermeneutics and Philosophical Description with Special Reference to Heidegger, Bultmann, Gadamer and Wittgenstein*. Grand Rapids: Eerdmans, 1984.

TORRANCE, T. F. *Space, Time and Resurrection*. Edimburgo: Handsel Press, 1976.

TOURNIER, M. "Le Grand Soir: Un Mythe de Fin de Siècle". *Mots: Les Langages du Politique* 19 (1989), p. 79-94.

TURNER, F. M. *European Intellectual History from Rousseau to Nietzsche*. New Haven, Conn.: Yale University Press, 2014.

UGLOW, J. *The Lunar Men: The Friends Who Made the Future, 1730–1810*. Londres: Faber, 2002.

_____. *Nature's Engraver: A Life of Thomas Bewick*. Londres: Faber, 2006.

VAN KLEY, D. K. *The Religious Origins of the French Revolution: From Calvin to the Civil Constitution, 1560–1791*. New Haven, Conn.: Yale University Press, 1996.

VERMES, Geza. *Jesus the Jew*. Londres: Collins, 1973.

_____. *A religião de Jesus, o judeu*. Rio de Janeiro: Imago, 1995.

_____. *Providential Accidents*. Londres: SCM, 2011 (1998).

VOLTAIRE. *Toleration and Other Essays by Voltaire*. Org. com introdução de J. McCabe. Nova York: Putnam's, 1912.

von GOETHE, Johann Wolfgang. *Doctor Faustus*. Trad. T. Mann. Londres: Penguin, 1968 (1947).

von RAD, G. *The Problem of the Hexateuch and Other Essays*. Trad. rev. E. W. Trueman Dicken. Londres: SCM Press, 2012 (1965).

von RANKE, L. *Sämtliche Werke*. Vol. 33/34. 2. ed. Leipzig, 1874 (1824).

VOVELLE, M. *The Revolution against the Church: From Reason to the Supreme Being*. Columbus: Ohio State University Press, 1991 (1988).

WAGNER, R.; BRIGGS, A. *The Penultimate Curiosity: How Science Swims in the Slipstream of Ultimate Questions*. Oxford: Oxford University Press, 2016.

BIBLIOGRAFIA

WALLS, J. L., ed. *The Oxford Handbook of Eschatology*. Oxford: Oxford University Press, 2008.

WALSH, B.; MIDDLETON, R. *Truth Is Stranger than It Used to Be: Biblical Faith in a Postmodern Age*. Downers Grove, Ill.: IVP, 1995.

WALTON, J. H. *Genesis 1 as Ancient Cosmology*. Winona Lake, Ind.: Eisenbrauns, 2011.

———. *The Lost World of Genesis One: Ancient Cosmology and the Origins Debate*. Downers Grove, Ill.: IVP, 2009.

WARD, Keith. *Christ and the Cosmos: A Reformulation of Trinitarian Doctrine*. Cambridge: Cambridge University Press, 2015.

WEBB, Beatrice; WEBB, Sidney. *Soviet Communism: A New Civilisation?* Londres: Longmans, Green, 1933.

———. *The Truth about the Soviet Union*. Londres: Longmans, Green, 1944.

WEISS, H. *A Day of Gladness: The Sabbath among Jews and Christians in Antiquity*. Colúmbia: University of South Carolina Press, 2003.

WESTCOTT, B. F. *The Gospel according to St John*. Londres: John Murray, 1903 (1881).

WIGELSWORTH, J. R. *Deism in Enlightenment England: Theology, Politics and Newtonian Public Science*. Manchester: Manchester University Press, 2013.

WILDE, O. *The Works of Oscar Wilde*. Leicester: Galley Press, 1987.

WILLIAMS, R. *The Edge of Words: God and the Habit of Language*. Londres: Bloomsbury Continuum, 2014.

WILSON, A. N. *God's Funeral*. Londres: John Murray, 1999.

WILSON, C. *Epicureanism at the Origins of Modernity*. Oxford: Clarendon, 2008.

WILSON, R. R. "Creation and New Creation: The Role of Creation Imagery in the Book of Daniel". In *God Who Creates: Essays in Honor of W. Sibley Towner*, org. W. P. Brown e S. D. McBride, p. 190-203. Grand Rapids: Eerdmans, 2000.

WINTER, B. *After Paul Left Corinth: The Influence of Secular Ethics and Social Change*. Grand Rapids: Eerdmans, 2001.

WITHERINGTON, B. W. *Letters and Homilies for Hellenized Christians*. Vol. 2, *A Socio-rhetorical Commentary on 1–2 Peter*. Downers Grove, Ill.: IVP Academic, 2007.

WITTGENSTEIN, L. *Culture and Value: A Selection from the Posthumous Remains*. Org. G. H. von Wright et al. Trad. P. Winch. Oxford: Blackwell, 1998 (1970).

———. *Tractatus Logico-Philosophicus*. Londres: Routledge, 1974 (1921).

———. *Tratado lógico-filosófico*. Lisboa: Fundação Calouste Gulbenkian, 1995.

WREDE, W. *Paul*. Trad. Edward Lumis. Londres: Philip Green, 1907 (1904).

HISTÓRIA *e escatologia*

WRIGHT, Julian. *Socialism and the Experience of Time*. Oxford: Oxford University Press, 2017.

WRIGHT, N. T. "Apocalyptic and the Sudden Fulfilment of Divine Promise". In *Paul and the Apocalyptic Imagination*, org. J. K. Goodrich, B. Blackwell e J. Mastin, p. 111-34. Filadélfia: Fortress, 2016.

———. *As escrituras e a autoridade de Deus*. Rio de Janeiro: Thomas Nelson, 2021.

———. "Christ and the Cosmos: Kingdom and Creation in Gospel Perspective". In *Christ and the Created Order: Perspectives from Theology, Philosophy and Science*, org. A. B. Torrance e T. H. McCall, p. 97-109. Grand Rapids: Zondervan, 2018.

———. *Creation, Power and Truth*. Londres: SPCK, 2013.

———. *The Day the Revolution Began*. Londres: SPCK, 2017.

———. *Evil and the Justice of God*. Londres: SPCK, 2006.

———. "Get the Story Right and the Models Will Fit: Victory through Substitution in 'Atonement Theology'". In: *Atonement: Sin, Salvation and Sacrifice in Jewish and Christian Antiquity* (material do Simpósio de Estudos Bíblicos de St. Andrews, 2018), org. M. Botner, J. Duff e S. Dürr. Grand Rapids: Eerdmans, 2019.

———. *God in Public*. Londres: SPCK, 2016.

———. "Hope Deferred? Against the Dogma of Delay". *Early Christianity* 9.1 (2018), p. 37-82.

———. "Imagining the Kingdom: Mission and Theology in Early Christianity". *SJT* 65.4 (2012), p. 379-401.

———. *Jesus and the Victory of God*. Christian Origins and the Question of God 2. Londres: SPCK, 1996.

———. *Judas and the Gospel of Jesus*. Londres: SPCK, 2006.

———. "The Meanings of History: Event and Interpretation in the Bible and Theology". *Journal of Analytic Theology* 6 (2018), p. 1-28.

———. *The New Testament and the People of God*. Christian Origins and the Question of God 1. Londres: SPCK, 1992.

———. *O Novo Testamento e o povo de Deus*. Rio de Janeiro: Thomas Nelson, 2021 (no prelo).

———. *Paul: A Biography*. São Francisco e Londres: HarperOne e SPCK, 2017.

———. *Paulo: uma biografia*. Rio de Janeiro: Thomas Nelson, 2020.

———. *The Paul Debate*. Waco, Tex.: Baylor University Press, 2016.

———. *Paul and the Faithfulness of God*. Christian Origins and the Question of God 4. Londres: SPCK, 2013.

———. *Paul and His Recent Interpreters*. Londres: SPCK, 2015.

———. *Pauline Perspectives*. Londres: SPCK, 2013.

———. "Pictures, Stories, and the Cross: Where Do the Echoes Lead?" *JTI* 11.1 (2017), p. 53-73.

BIBLIOGRAFIA

————. "The Powerful Breath of New Creation". In *Veni, Sancte Spiritus! Festschrift für Barbara Hallensleben zum 60. Geburtstag*, org. W. Dürr, J. Negel, G. Vergauwen and A. Steingruber, p. 1-15. Münster: Aschendorff Verlag, 2018.

————. "Responding to Exile". In *Exile: A Conversation with N. T. Wright*, org. J. M. Scott, p. 328-32. Downers Grove, Ill.: IVP Academic, 2017.

————. *The Resurrection of Son of God*. Christian Origins and the Question of God 3. Londres: SPCK, 2003.

————. *A ressurreição do filho de Deus*. Rio de Janeiro: Paulus, 2020.

————. *Scripture and the Authority of God*. Londres: SPCK, 2005.

————. *Simply Christian*. Londres e São Francisco: SPCK e HarperOne, 2005.

————. *Simplesmente cristão*. Viçosa: Ultimato, s.d.

————. "Son of God and Christian Origins". In *Son of God: Divine Sonship in Jewish and Christian Antiquity*, org. G. V. Allen et al., p. 120-36. University Park, Pa.: Eisenbrauns, 2019.

————. "Son of Man-Lord of the Temple? Gospel Echoes of Ps 8 and the Ongoing Christological Challenge". In *The Earliest Perceptions of Jesus in Context: Essays in Honour of John Nolland on His 70th Birthday*, org. A. W. White, D. Wenham e C. A. Evans, p. 77-96. Londres: Bloomsbury/T&T Clark, 2016.

————. *Spiritual and Religious*. Londres: SPCK, 2017.

————. *Surprised by Hope*. Londres: SPCK, 2007.

————. *Surpreendido pela esperança*. Viçosa: Ultimato, 2020.

————; DAVIES, J. P. "John, Jesus, and 'The Ruler of This World': Demonic Politics in the Fourth Gospel?" In *Conception, Reception and the Spirit: Essays in Honor of Andrew T. Lincoln*, org. J. G. McConville e L. K. Pietersen, p. 71-89. Eugene, Ore.: Wipf & Stock, 2015.

YARBROUGH, R. W. *The Salvation Historical Fallacy? Reassessing the History of New Testament Theology*. Leiden: Deo Publishing, 2004.

ZIEGLER, P. G. *Militant Grace: The Apocalyptic Turn and the Future of Christian Theology*. Grand Rapids: Baker Academic, 2018.

ÍNDICE DE AUTORES MODERNOS

Adams, E., 238n61
Adams, S. V., 165n71
Addison, Joseph, 33, 330
Adorno, Theodor, 66
Bacon, Francis, 316, 343
Barbour, John, 142
Barrett, C. K., 150
Barth, Karl, 66, 81, 86, 87, 94, 108, 111, 213, 295, 333, 334, 199n149, 213n15, 388n21
Baur, F. C., 116
Bayle, Pierre, 37
Beard, Charles A., 185
Begg, James, 35
Benjamin, Walter, 66, 117, 118, 159, 176, 213, 240, 347, 118n68
Bennett, Alan, 136
Bentley, Michael, 184
Berlin, Isaiah, 51, 84n135, 163, 165n70, 166n73
Blackburn, Simon, 71n104
Blake, William, 48
Bradbury, Malcolm, 136
Brunner, Emil, 108, 334
Bultmann, Rudolf, 81, 90, 91, 94, 99, 112-117, 120, 122, 153-159,

194, 208-210, 214-216, 231, 362112n61, 156n49, 223n33
Burkitt, F. C., 107n52
Bury, J. B., 186, 186n119
Butler, Joseph, 31–32

Caird, George, 209, 210
Carlyle, Thomas, 181n100
Cavendish, Margaret, 39n26
Chadwick, Henry, 129, 130, 199n149
Collingwood, R. G., 138n15, 153, 188
Condorcet, Nicolas de, 61
Conzelmann, Hans, 117, 118
Cooke, Deryck, 103
Craig, W. L., 10n4
Croce, Benedetto, 153

Darwin, Erasmus, 55
Davie, Donald, 88
Davie, Grace, 88
Descartes, René, 36
Diderot, Denis, 38, 136
Dodd, C. H., 210
Doering, L., 261n19

ÍNDICE DE AUTORES MODERNOS

Fergusson, D., 35n9
Fishbane, M., 256n6
Frank, Erich, 156
Frey, Jörg, 212, 215
Friedman, T., 279n60

Gardiner, P. L., 179n91
Gassendi, Pierre, 38
Gay, Peter, 38n18, 52n67, 58n81
Gibbon, Edward, 56, 171
Gray, John, 35n10
Green, A., 275n57
Guilherme de Ockham, 39

Halley, Edmund, 38
Hamann, J. G., 163
Harnack, Adolf von, 108, 201, 331
Hawes, J., 178n90
Hays, Richard, 276, 352
Hegel, Georg Wilhelm Friedrich, 62,
    64, 67, 106, 142, 175, 181
Henley, William Ernest, 50
Herbert, George, 322
Herder, J. G., 163
Heschel, Abraham J., 261n19
Hick, John, 97
Hobbes, Thomas, 39, 56
Hume, David, 45

Israel, Jonathan, 51

Jacob, H. G., 385n14
Jefferson, Thomas, 39, 52n67,
    189n129
Jenson, Robert, 296, 296n17

Kant, Immanuel, 47, 331, 332, 351,
    365
Käsemann, Ernst, 90, 117, 118,
    120
Kierkegaard, Søren, 64, 175, 240
Koch, Klaus, 96, 118n69
Köppen, Karl, 40
Kuhn, Thomas, 291

Leibniz, Gottfried Wilhelm, 38
Lessing, Gottfried Ephraim, 18, 57,
    58, 73, 82, 169, 73n107, 82n125,
    174n83
Levenson, Jon, 255
Lewis, C. S., 181 82n125, 138n16,
    181n100, 187n124
Lightfoot, J. B., 150
Locke, John, 48
Lundquist, J. M., 257n8
Lutero, Martinho, 116, 145

Mann, Thomas, 83
Martyn, J. Louis, 213, 214
Marx, Karl, 40, 64, 101
Mason, Steve, 183
May, H. G., 258n11, 278n59
McCosh, James, 331
McGilchrist, Iain, 93, 289, 289n2
McGrath, Alister, 10n4
Meinecke, Friedrich, 185
Meyer, Ben, 72
Mill, John Stuart, 61, 331, 365
Moltmann, Jürgen, 226n37, 363n35
Moreland, J. P., 10n4
Murphy, Francesca Aran, 194n142

Newbigin, Lesslie, 174
Nietzsche, Friedrich, 43, 102
Nineham, Dennis E., 122, 232n50

O'Donovan, Oliver, 305

Pannenberg, W., 138n15, 166n74,
    226n37
Peirce, C. S., 166
Perrin, Norman, 122
Pope, Alexander, 49, 49n58
Popper, Karl, 168, 179–184

Radner, E., 182n102
Rae, Murray, 155n48
Reimarus, Hermann Samuel, 51, 57,
    72, 86, 89, 200, 231, 248, 73n107

HISTÓRIA *e escatologia*

Renan, Ernst, 93
Ritschl, Albrecht, 64, 189
Robespierre, Maximilien, 52
Robinson, John, 122
Rousseau, Jean-Jacques, 66

Sanders, E. P., 116, 192, 110n59, 164n67
Schlegel, Friedrich von, 40
Schmemann, Alexander, 399
Scholem, Gershom, 117
Schweitzer, Albert, 48, 57, 83, 86, 90, 91, 95, 99, 101, 102, 103, 104, 105, 106, 108, 111, 91n14, 95n24, 110n58

Sellars, Peter, 363
Seward, Thomas, 55, 55n75
Shillito, Edward, 359
Smith, Adam, 55, 56, 58n82
Smith, Theodore Clark, 185
South, Robert, 38
Stager, L. E., 271n53
Strauss, David Friedrich, 96–99, 112, 133
Syme, Ronald, 171

Taylor, Charles, 23
Tindal, Matthew, 85
Toland, John, 85
Torrance, T. F., 294
Trevelyan, G. M., 161, 161n61, 167n77
Troeltsch, Ernst, 113, 149, 150–151
Turner, F. M., 181

Vermes, Geza, 129, 192
Vico, Giambattista, 162, 163, 164, 84n135, 165n70, 166n73
Voltaire, 37, 37n16
von Ranke, Leopold, 121, 141, 142, 144, 152, 153

Weiss, H., 261n19
Weiss, Johannes, 95, 102, 106
Werner, Martin, 117
Wesley, John, 35
Wilde, Oscar, 82
Wilson, A. N., 44
Wilson, Catherine, 38, 40, 40n31
Wilson, R. R., 278n59
Wittgenstein, Ludwig, 121, 143, 287, 318
Wrede, William, 91, 91n14

ÍNDICE DE PASSAGENS

LIVROS BÍBLICOS

Antigo Testamento

GÊNESIS
1–3: 342
1: 224, 225, 251, 255, 256, 257, 261, 267, 268, 270, 311, 377, 379, 381, 385, 256n6, 261n19
1:1: 386n17
1: 26–28: 267
2: 225, 255, 261, 311, 385
2:2: 265n40
3: 224, 259, 261, 271
4:24: 265n41
49:1: 109n55

ÊXODO
15:8: 384n13
15:17: 258n12
15:18: 259
19: 274
19:5ss.: 274n56
19:6: 385n16

23:20: 229, 279
25–40: 268, 386n17
40: 268, 386

LEVÍTICO
25: 265
25:13: 266n43

NÚMEROS
14: 376
14:1–25: 254
14:20–23: 376
24:14: 109n55

DEUTERONÔMIO
4:30: 109n55
15:2: 266n43
30: 305
31:29: 109n55

1SAMUEL
16:7: 79n120

2SAMUEL
7: 222

7:1: 258n13
7:12: 284n65

1REIS
8:27: 254, 260n18
18:19–46: 205

2CRÔNICAS
2:6: 260n18
6:18: 260n18

ESDRAS
9:8f.: 342n18

NEEMIAS
9:36: 342n18

ESTER
6:1: 148

SALMOS
2: 222, 234, 259, 278, 280, 283, 297n19
2:8: 221, 222
8: 224, 225, 227n39, 283, 311, 384, 385n14

HISTÓRIA *e escatologia*

8:7b: 224, 225
12–14: 269n53
19: 304, 330
22:1: 358n29
40: 283
46:5: 271n53
48:2: 269n48
48:2–4: 269n53
65:8: 341
72: 212, 254, 255, 271, 305, 377, 380, 387, 397,
72:18–19: 254, 377
75:13–15: 384n13
89:9–10: 384n13
92: 262
93: 262
103: 380
104: 280
110: 235, 236, 278, 280, 283
119:96: 107
132: 259
132:1: 259n15
132:8: 259n15, 262n22
132:14: 259n15, 262n22
132:18: 259n15

ISAÍAS
2:2: 109n55
6:3: 376,
7:14: 284n65
11: 254, 255
11:1: 223
11:4: 221
11:9: 254, 376
11:10: 223
13: 238
13:10: 217n22
24:23: 217n22
34: 238
35: 279, 279n60
40: 228, 402
42: 276

49:8: 290n4
51:3: 271n53
52: 258, 402
52:7: 266n43
52:13–15: 269n48
61:1: 266n43
61:6: 385n16
65:17: 190n31
66:1: 376n5
66:22: 190n31

JEREMIAS
7:11: 237n60
23:20: 109n55
23:24: 376
30:24: 109n55

EZEQUIEL
32:7f.: 217n22
36:35: 271n53
40–47: 260n17
47: 386n18
47:1–12: 271n53
47:9f: 260n17

DANIEL
2: 78, 108
7: 114, 214, 225, 227, 234, 235, 238, 278 238n64
7:1–14: 238
7:13–14: 234n52
7:13: 235, 238
7:14: 234, 235, 235n53
7:15–27: 238
7:18: 234n52
7:22: 234n52
7:27: 225, 235n54
9:24: 265n41
12:3: 227n39

OSEIAS
3:5: 109n55

JOEL
2:3: 271n53
2:10: 217n22
2:30f.: 217n22
3:15: 217n22
4:18–21: 271n53

AMÓS
8:9: 217n22

MIQUEIAS
4:1: 109n55

HABACUQUE
2: 254
2:14: 254, 376

ZACARIAS
14:5: 228
14:8–11: 271n53
14:8: 386n18

MALAQUIAS
3:1: 229, 279

Novo Testamento

MATEUS
1:23: 284n65
3:9: 305
10:28: 233n51
11: 229, 279–280
11:28: 358
12:28: 212n12
16:28: 234
18:21f.: 265n41
25: 317
26:2: 234
26:63: 235
26:64: 235
27:19: 354
27:42: 358
27:46: 100
28:18–20: 234

ÍNDICE DE PASSAGENS

28:18: 317
28:20: 218, 235

MARCOS
3:21: 358
8:31–33: 134n7
9:1: 218, 219, 221, 222, 225, 234
9:2–8: 224n33
10: 306
10:2–12: 305
10:35–45: 233, 289
10:37: 356
11:17: 237n60
12:35–37: 236
13: 214, 216, 233, 237
13:5–23: 238n61
13:14–23: 190n32
13:24–27: 238, 238n61
13:30: 219, 221, 238n61
13:32–37: 190n32
13:32: 238
14:47: 134n7
14:62: 218, 236
14:66–72: 134n7
15:31: 358

LUCAS
1:1–4: 195n143
1:68: 203n152
3:1–2: 195n143
7:16: 203
9:27: 234
11:20: 212n12
12:4–5: 233n51
12:14: 354
12:39f.: 190n32
19:44: 203n152, 229
22:53: 233
23:35: 358n30
24:16: 333
24:21: 203n153
24:25: 327

JOÃO
1:1: 386n17
1:14: 42, 386n17
1:18: 362
2:18–22: 237n59
2:21: 386, 237n59
2:22: 237n59
4:10–15: 386n18
7:38: 386, 386n18
8:56: 304
12:31–32: 233
12:31: 386, 372n2
13:1: 318
16: 398
*18:*10f.: 134n7
18:36: 372n2
18:37–38: 356
19:10–11: 398n34
19:15: 357
20: 310, 386. 389
20:21: 321
21: 119, 219
21:15–19: 320
21:15–17: 134

ATOS
1: 233
1:6–8: 233
2: 233
2:32–36: 236
4: 296
4:23–31: 234
4:25–26: 259n16, 297n19
5:31: 236n56
17: 296
26: 296
26:26: 173n82

ROMANOS
1:3–5: 222
1:3–4: 322
1:3f.: 284n65
2: 223

2:17–29: 305
5: 226
5:12–21: 223
6: 223, 306
7: 223
8: 189, 212, 220, 223, 289, 306, 314, 377, 380, 384
8:5–8: 289
8:18–30: 190n131, 385
8:18–25: 220
8:21: 390
8:23: 380n9
8:29: 360n32
8:34: 385
9–11: 304, 353n26
10: 305
10:1–13: 305
13: 223
13:11: 219, 223
14: 309
15:7–13: 223
15:8–9: 223

1CORÍNTIOS
1:8: 218n25
4:19–21: 225
6:2–3: 225
7: 115
7:26: 219
7:29: 219
8:2–3: 314
13:13: 315
15: 114, 190, 224, 225, 226, 236, 387, 389
15:3–8: 156, 294
15:17: 296, 316
15:20–28: 190, 225, 309, 387
15:20: 397
15:23–28: 227, 388
15:24: 218
15:28: 220
15:44–46: 294

HISTÓRIA *e escatologia*

15:48–49: 224
15:51–52: 218
23:25: 258n13

2CORÍNTIOS
1:8–10: 218
1:14: 218n25
1:22: 380n9
2:14–6:13: 290
2–6: 380
3: 260, 256n6
4: 381
4:1–6: 290n3
4:2: 381
4:6: 381
4:18: 79n120
5: 289
5:1–10: 220, 290n3
5:1–5: 218
5:5: 380n9
5:14: 307, 316
5:16: 289
5:17: 381
5:19: 362
6:2: 290n3
12:9: 227
12:12: 382n11

GÁLATAS
1:4: 213
2:20: 318
5:22: 315

EFÉSIOS
1:10: 282
1:14: 380n9
1:15–23: 282
2:11–22: 282
4: 282

5: 282
6:10–20: 282

FILIPENSES
1:6: 218n25
1:10: 218n25
1:20–26: 218
2: 202
2:6–11: 403
2:6–8: 402
2:7: 202n151
2:9–11: 226
2:10: 222
3:20–21: 220,
  227n39

COLOSSENSES
1: 380
1:6–8: 315
1:15–20: 282
1:15–18a: 283
1:15: 380
1:18b–20: 283
1:19: 283
1:23: 231
3:10: 314, 360, 390

1TESSALONICENSES
3:13: 228
4–5: 218
4:15: 218
5:2: 218n25
5:6: 190n132

2TESSALONICENSES
1:3–10: 228
2: 221
2:2: 221
2:8: 221

FILEMOM
15: 203

HEBREUS
2:5–9: 182, 224n34
2:7–4:13: 283
4:9–10: 283
8:5: 274
8:7–10:18: 283
12:18–24: 283

1PEDRO
2:5: 375, 385n16
2:9: 274n56
3:15: 375
9: 385n16

2PEDRO
3:4–10: 219
3:8: 265n40
3:10: 119n73
3:13: 190n131

1JOÃO
4:2: 18n11
5:19: 387

APOCALIPSE
1:6: 274n56, 385n16
4: 76n114, 380
5: 76n114
5:10: 274n56, 385n16
13: 214
20:6: 214, 274n56, 385
21: 212, 220, 385, 389
21:1–2: 190n131
21:1: 320, 390
21:3: 392n23
21:19–24: 386n18
22: 212, 385

ÍNDICE DE PASSAGENS

LIVROS APÓCRIFOS

1MACABEUS
2:66: 230

2MACABEUS
2:8: 254n3

SABEDORIA
DE SALOMÃO
1–6: 259n16
1:7: 376n5
2: 82n127
12:1: 376n5

SIRÁCIDA
24:1–34: 271n51

LIVROS PSEUDOEPÍGRAFOS

2BARUQUE
72:2: 262n26
73:1: 262n26

2ENOQUE
33:1–2: 263n27
33.2: 265n39

4ESDRAS
7.26–44: 262
7.43: 262
8.52: 262
12: 217

APOCALIPSE
DE MOISÉS
43:3: 263n27

EPÍSTOLA
DE BARNABÉ
15.4–8: 265n40
15.4f.: 239n66
15.9: 265n40
16.1–10: 265n40

JUBILEUS
1.26: 264n37
1.29: 264n37
50.5–11: 265n39
50.5: 265n38
50.8: 263n31

O PRIMEIRO LIVRO
DE ADÃO E EVA
51.2: 263n27

TESTAMENTO
DE DAN
5.11–12: 262n26

LIVROS JUDAICOS
MISHNÁ

ABOT
3.5: 193n140

SINÉDRIO
10.2: 82n127

SABÁ
3:4: 263

TAMID
7.4: 262n24

TALMUDE
BABILÔNICO
Rosh Hashaná
31a: 262n24

SINÉDRIO
97a: 265n39

MEKILTA
Êxodo
31:13: 262n24

TOSEFTÁ
Sabá
16.21: 263

ZOHAR HADASH
Gênesis
2.4.22a: 262n24

ESCRITOS DE
QUMRAN
Documento de Damasco
10–12: 263n32
11.4b–5a: 263n31

1QS
4.22f.: 270n50

4QPPS37
3.1f.: 270n50

4QSHIRSHABB
400–407: 263n32
405.14–15: 263n32

AUTORES GREGOS E ROMANOS

EPICURO
Carta a Meneceu
125: 46n49

LUCRÉCIO
DE RERUM NATURA
1.1–43: 63n96
1.577ff.: 63n96
2.165–183: 46n48
5.195–234: 46n48

SÊNECA
Cartas
8.8: 44

TUCÍDIDES
História da Guerra
do Peloponeso
1.1.1: 140n19

Livros da série de comentários

O NOVO TESTAMENTO PARA TODOS

JÁ DISPONÍVEIS pela **Thomas Nelson Brasil**

Mateus para todos: Mateus 1—15 • Parte 1
Mateus para todos: Mateus 16—28 • Parte 2
Marcos para todos
Lucas para todos
João para todos: João 1—10 • Parte 1
João para todos: João 11—21 • Parte 2
Atos para todos: Atos 1—12 • Parte 1
Atos para todos: Atos 13—28 • Parte 2
Paulo para todos: Romanos 1—8 • Parte 1
Paulo para todos: Romanos 9—16 • Parte 2
Paulo para todos: 1Coríntios
Paulo para todos: 2Coríntios
Paulo para todos: Gálatas e Tessalonicenses
Paulo para todos: Cartas da prisão
Paulo para todos: Cartas pastorais
Hebreus para todos
Cartas para todos: Cartas cristãs primitivas
Apocalipse para todos

Outros livros de **N. T. WRIGHT**
pela **Thomas Nelson Brasil**

As escrituras e a autoridade de Deus
Como Deus se tornou Rei
Deus e a pandemia
Indicadores fragmentados
Paulo: uma biografia
Salmos
Simplesmente Jesus